古典文獻研究輯刊

三　編

潘美月・杜潔祥 主編

第 12 冊

宋代尚書學案（中）

蔡 根 祥　著

國家圖書館出版品預行編目資料

宋代尚書學案（中）／蔡根祥著 — 初版 — 台北縣永和市：花木蘭文化出版社，2006〔民95〕

目 2+308 面；19×26 公分（古典文獻研究輯刊 三編；第 12 冊）

ISBN：978-986-7128-62-1（精裝）
ISBN：986-7128-62-1（精裝）
1. 書經－研究及考訂
621.117   95015556

ISBN 986712862-1

9 789867 128621

古典文獻研究輯刊   ISBN：978-986-7128-62-1
三 編　第十二冊   ISBN：986-7128-62-1

宋代尚書學案（中）

作　　者　蔡根祥
主　　編　潘美月　杜潔祥
企劃出版　北京大學文化資源研究中心
出　　版　花木蘭文化出版社
發 行 所　花木蘭文化出版社
發 行 人　高小娟
聯絡地址　台北縣永和市中正路五九五號七樓之三
　　　　　電話：02-2923-1455／傳眞：02-2923-1452
電子信箱　sut81518@ms59.hinet.net
初　　版　2006 年 9 月
定　　價　三編 30 冊（精裝）新台幣 46,500 元

宋代尚書學案(中)

蔡根祥　著

目錄

第三編　南宋尚書學案

第一章　五峰尚書學案

胡　宏

一、生平事略

　　胡宏，字仁仲，武夷胡安國之季子也。自幼志于大道；父安國從程門謝上蔡、楊龜山、游定夫遊，得事楊時之門，又師事侯仲良于荊門，而卒傳其父之學。初以蔭補右承務郎，不調；秦檜當國，意欲用之，宏作書止敘契好而已，書辭甚厲；人問之，宏曰：正恐其召，故示之以不可召之端。止請爲嶽麓書院山長，蟬蛻于權利之外。優遊於衡山下二十餘年，玩心神明，不舍晝夜，學者稱之曰「五峰先生」。張栻師事之。秦檜死，被召，以疾辭。紹興間嘗上書論高宗不圖拯徽、欽二帝之辱曰：「昔舜以匹夫爲天子，瞽瞍以匹夫爲天子父，受天下之養，豈不足於窮約哉，而瞽瞍猶不悅；自常情觀之，舜可以免矣，而舜蹙然有憂之，舉天下之大，無足以解其憂者。徽宗皇帝身享天下之奉幾三十年，欽宗皇帝生於深宮，享乘輿之次，以至爲帝，一旦劫於讎敵，遠適窮荒。……願陛下加兵敵國，心目睽睽，猶饑渴之於飲食。」其強志敢諫如此。紹興三十二年，卒于家，年五十七。著有知言；張栻謂其言約而義精，乃道學之樞要，制治之龜蓍也。又有五峰集五卷，皇王大紀八十卷〔註1〕。

二、尚書學之著述與著錄

　　胡宏於尚書一經，無專門之著述；然嘗作皇王大紀八十卷，採邵雍皇極經世之編年，博採經傳而附以論斷〔註2〕。其中採尚書全本，分附各年之下，並時加考證

〔註1〕參見五峰集前附四庫提要；宋元學案卷四二五峰學案，總頁776；宋史儒林傳本傳；宋人傳記資料索引冊二，總頁1558。

〔註2〕參見皇王大紀前附四庫提要頁11。

議論焉。五峰集中有皇王大紀論一卷，即輯其論證而成帙也。其論尚書諸說，朱熹甚採之，而曰：

> 康誥、酒誥是武王命康叔之詞，非成王也。故五峰編此書於皇王大紀，不屬成王而載於武王紀也〔註3〕。

全祖望嘗稱五峰胡氏曰：

> 中興諸儒所造，莫出五峰之上，其所作知言，東萊以爲過于正蒙，卒開湖湘之學統〔註4〕。

以此見胡宏之學，雖非專注於尚書一經，然其尚書之論說，影響後世，亦有可觀者焉。

三、胡宏之尚書學

（一）胡宏尚書學之淵源與特色

胡宏嘗從楊時學，楊時受學於程伊川，得義理之正傳，又嘗駁王安石三經新義，著三經義辨，其中尚書一經在焉。胡宏論學，甚鄙介甫，或楊時有以教之之故也。胡宏評王安石云：

> 冢宰當以天下自任，故王者內嬖嬪婦敵於后，外寵庶孽齊於嫡，宴遊無度，衣服無章，賜予無節，法度之廢，將自此始，雖在內廷，爲冢宰者，眞當任其責者。……王安石以爲皆統於冢宰，則王所以治內，可謂至公而盡正矣。夫順理而無阿私之謂公，由理而無邪曲之謂正，脩身以齊家，此王者治國平天下之定理所自盡心者。苟身不能齊家，而以付之冢宰，爲王也，悖理莫甚焉，又可謂之公正乎！噫！安石眞姦人哉〔註5〕！

按王安石於經，獨好周禮，以爲其理財者居半〔註6〕，故三經新義中之周官新義，介甫親自執筆；胡宏則以爲周禮乃劉歆所僞作，爲亂臣賊子僞妄之書，而於介甫多所評議。其言曰：

> 王安石乃酷好亂臣賊子僞妄之書，而廢大聖垂老筆削之經，棄恭儉而崇汰侈，舍仁義而營貨財，不數十年，夷戎亂華，首足易位，塗炭天下，未知終始，原禍亂之本，乃在於是。嗚呼！悲夫，有天下者尚監之哉〔註7〕！

胡氏之於介甫如是鄙夷，或因楊時而來，則其尚書之說，亦或有取於楊時也。今楊

〔註3〕見朱子語類七十九，總頁254。
〔註4〕見宋元學卷四二五峰學案，總頁776。
〔註5〕見皇王大紀卷十九，頁18。此下省稱大紀。
〔註6〕參見林之奇尚書全解卷三六，頁14引王氏之言。
〔註7〕見大紀卷十九，頁23。

時尚書義辨已佚，然龜山語錄或記其論舜之事曰：

　　　　問象日以殺舜爲事，而舜終不爲所殺，何也？曰：堯在上，天下豈容
　　有殺兄者乎！此語自是萬章所傳之謬〔註8〕。

胡宏亦論此事曰：

　　　　象日以殺舜爲事，固非在妻二女之後，此萬章之失也〔註9〕。

二者皆以爲萬章之言不可信也。則二者之尚書說義相關，可見一斑。

　　宋史云胡宏卒傳父學。考胡安國與程門三傑游，嘗謂「三先生義兼師友，然吾
之自得於遺書者爲多〔註10〕。」是其學近程門也，胡宏改武成，其文與程頤改本全
同，亦足以證之。胡安國著有春秋傳，資治通鑑舉要補遺，是長於史學者也。胡宏
亦重春秋，其皇王大紀之作，亦有繼其父志之意；其大紀序云：

　　　　我先人上稽天運，下察人事，述孔子，承先聖之志，作春秋傳，爲大
　　君開爲仁之方，深切著明，配天無極者也。愚承先人之業，輒不自量，研
　　精經典，泛觀史傳，……事有近似古先而實怪誕鄙悖者，則裁之削之；事
　　有近似後世而不害於道義者，咸詳而著之。……史之有經，猶身之肢體有
　　脉絡也，易、詩、書、春秋，所謂經也；經之有史，猶身之脈絡附肢體也
　　〔註11〕。

按胡宏大紀之作，乃承父學，主以經、史相輔之意也。

（二）疑經改經

　　胡宏以史家之學，釐折經典，各依時代分隸，以明歷代統緒，故必求精考經文
之所屬朝代君主，以免統緒淆亂，張冠李戴也。復又考究經文所記典章制度，有不
合者，亦必求是正之。以是之故，胡宏之於尚書，有易其篇次順序以求合時代之先
後者，有改易經文章句以符禮儀典制者，有疑經文闕誤而未敢輕易者。茲列述如次：

1、疑　經

（1）疑經文有錯簡、闕文

　　舜典「在璇璣玉衡，以齊七政，肆類于上帝，禋于六宗，望于山川，徧于群神」，
胡宏疑其中有闕文及錯簡也。其言曰：

　　　　肆類于上帝，禋于六宗，此闕文失其次者也。其文宜曰：受終于文祖，
　　禋於六宗，在璇璣玉衡，以齊七政，肆類于上帝，宜于冢土，望于山川。

〔註 8〕見龜山語錄卷一，頁 18。
〔註 9〕見大紀四，頁 1。
〔註10〕見宋元學案卷三四武夷學案，總頁 671，全祖望引其言。
〔註11〕見大紀前附胡宏自序，頁 3。

書經焚毀，伏生耄矣，口授于人，故多闕失也。國有大事，必既告諸祖禰，
然後告于天地，以及群臣，此禮之常也，故有以六宗爲三昭三穆，學者多
從其說〔註12〕。

按孔安國以六宗爲四時、寒暑、日、月、星、水旱，胡宏以爲此六者當屬之天神，
經文前既言「類于上帝」，則此六者必在其中矣。故主六宗爲三昭三穆，用晉張髦之
說。胡宏之所以疑此有錯簡者，蓋前文既己言「受終于文祖」，則依常禮當並祭三昭
三穆之祖禰，故主六宗爲三昭三穆，謂當連言於「文祖」之下，始合禮制。考胡氏
此一說，乃因東坡之言而起應也。蘇軾書傳評「六宗」作「三昭三穆」之說曰：

晉張髦以爲三昭三穆，學者多從其說。然以書考之，受終之初，既有
事于文祖，其勢必及餘廟，豈有獨祭文祖于齊七政之前，而別祭餘廟于類
上帝之後者乎！以此推之，則齊七政之後，所祭皆天神，非人鬼矣〔註13〕。

按東坡以爲以禮論之，受終文祖必及餘廟，而六宗在類上帝之後，必非三昭三穆，
而胡氏亦因於東坡之禮論，然以爲六宗之說爲是，遂創失位之議；夫如是，則受終
文祖之後，即繼之以六宗三昭三穆，於禮無不合矣，東坡所評亦無著也已。

胡宏非獨疑經文失位，亦疑其中有闕文，蓋告祖禰之後，必及天地，今經文有
「類于上帝」，是祭天也，而不及地者，於禮亦有缺焉，是以胡宏疑經文應有「宜于
冢土」一句，以明祭地之義；而經文不見祭地，是有闕文也。胡氏論加「宜于冢土」
一句，而引文未加；疑其經文本亦如其論說，如此則非疑經而爲改經、補經矣。詳
見改經條下。

（2）疑經文錯字

泰誓序云：「惟十有一年，武王伐殷。」經文則曰：「惟十有三年春，大會于孟
津。」是序文與經文有不相合處，孔傳遂倡觀兵之說，以爲十一年觀兵，十三年復
伐紂也。胡宏不信孔傳觀兵之說，以爲觀兵者則其事君不能道義以爲本，故其論十
一年，乃武王之十一年，非承文王九年大統未集之數也。遂論曰：

泰誓敘曰十有一年，經曰十三年者，三之文誤也。曷爲知其然，以皇
極經世知之〔註14〕。

按胡宏此說，乃宗歐陽修泰誓論也。胡宏以「三」字誤，乃根據邵雍皇極經世之曆；
然程頤以爲一字爲誤，蓋洪範有十有三祀之言，武王克殷之後，必立訪問箕子，若
泰誓伐殷乃在十一年，則訪箕子在二年之後，於理不當如此，故據洪範以十三爲正

〔註12〕見大紀卷四，頁5。
〔註13〕見東坡書傳卷二，頁4。
〔註14〕見大紀卷十一，頁4。

也〔註15〕。胡氏不用程子之說，而取邵雍之曆，蓋皇王大紀之體例，自堯以下遵用皇極經世之曆，或以是故以十一年爲正。

2、改　經

（1）改經文之錯簡

甲、改易多士、多方兩篇之錯簡

胡宏以爲多士與多方，文句、內容、稱謂皆頗有相似，故伏生口授於人時，文失其次。其論曰：

> 多士今爾又曰夏迪簡在王庭，有服在百僚，予一人惟聽用德，宜在爾小子乃興從爾遷之下；多方克閱于乃邑，謀介爾乃自時洛邑，尚永力畋爾田，天惟畀矜爾，我有周惟其大介賚爾，迪簡在王庭，尚爾事，有服在大僚；宜在多士予一人惟聽用德之下，而殷革夏命，宜與肆予敢求爾于天邑商相屬也〔註16〕。

按考胡氏皇王大紀引多士、多方之文，多方文中「克閱于乃邑」一段不見，而見於多士篇中，而前所述改動處，亦一一實現於多士，多方篇中，唯多士「殷革夏命」與「肆予敢求爾于天邑商」之間，又有「今爾又曰」一段文節，是多士篇中有兩「今爾又曰」之文，此或傳鈔之時，依經文原本誤鈔入其中也。又按此段論說中云「宜在」，於引文中即有改易之事，而前一節疑經錯簡、闕文一段，所論堯典之文，亦曰「宜曰」，而引文中無改易之事；今以此段察之，或胡氏原本即有改易補綴，而鈔錄者順原來經文鈔入而忽其論說，故引文不能與其論說相配合也。然此僅以理推之，別無佐證，姑以疑經目之，以俟後來。

乙、改武成錯簡

胡宏於皇王大紀中所引武成之文，與孔傳本不同，蓋經胡氏改易矣。胡宏於改武成並無論說言之，或以武成之篇，自孟子云取其二三策，而後世遂多疑其文。有宋以來，若王安石、程頤先有改本，胡宏修皇王大紀，亦有改易。今考其所引武成篇文句段落，與程頤所改本完全相同，蓋胡宏之學，乃繼其父所學，而其父胡安國雖不及程伊川之門，然與楊時、謝良佐、游酢皆有交游，並嘗言己學自得於程氏遺書，是私淑程門者也；胡宏承父學，故亦多宗伊川之說也。茲述其改本段落順序如后：

> 自惟一月壬辰旁死魄，……于征伐商接底商之罪，……恭天成命，次

〔註15〕參見董鼎書集傳輯錄纂註卷四，頁18洪范「惟十三年王訪于箕子」下輯錄引伊川說。又同書卷四，頁1、2泰誓「惟十有三年春，大會孟津」下輯錄引格言與此說同，而未明言爲伊川說者。

〔註16〕見大紀卷十七，頁5、6。

接惟爾有神，……一戎衣天下大定接釋箕子之囚，……而萬姓悅服，再接
厥四月哉生明，……予小子其承厥志接肆予東征，……用附我大邑周，末
接乃反商政，政由舊接列爵惟五，……垂拱而天下治〔註17〕。

丙、改康誥經文

孔傳本康誥「非汝封又曰劓刵人。無或劓刵人」，胡氏大紀作「又曰非汝封劓刵
人，無或劓刵人〔註18〕」，蓋與王安石之新經說同也〔註19〕。

（2）改經文篇次之順序

胡宏以考史之意考尚書，分釐書篇以隸其時，以爲上古聖王之史記，故每詳考
各篇之年代。胡氏所考於書篇之順序，有異於書序者焉。其言曰：

> 孔子定書，必有先後之義，經秦焚燬，聖人之意不可盡見；愚詳考經
> 文，禹當堯時別九州，平水土，而載之於夏書之首者，此夏后氏之所以王
> 天下也。今雖以載於帝堯之時，讀者探本索原，固未失聖人之意矣。高宗
> 惟傅說之言是聽，殷所以衰而復興，禮所以廢而復起；黷于祭祀，其初年
> 時事也，若不能改，致有肜日之異，又何以爲高宗，故今載肜日之訓於說
> 命之前，以不沒高宗改過從善，致中興之實也。康誥敘曰：成王既伐管叔
> 蔡叔，以殷餘民封康叔；謹按康叔者，成王之叔父也，不應稱之曰朕其弟；
> 成王者，康叔之猶子也，不應稱曰乃寡兄；其曰兄曰弟者，蓋武王命康叔
> 之辭也，故史記武王封康叔於衛；且康叔，文王之子，叔虞，成王之弟也，
> 周公東征，叔虞已得封於唐，王命歸周公于東，豈有康叔得封反在唐叔之
> 後者乎！故不得不捨書敘而從經史也。周公征三年而歸，明年奉王東伐淮
> 夷，遂踐奄，還歸于豐而作多方，及營洛邑，成周成，反政于王，分政東
> 郊而作多士，以多士在多方之前，既無大義，而時不可逆，是以正之也。……
> 周公不見知于成王，所以敢將兵居外者，恃召父爲保爾，不然，周公其可
> 離成王左右乎！故君奭之作，在元年，而不在亂定之後也。以無逸繫於周
> 公將沒者，考於君奭、立政、洛誥諸篇，周公於成王皆有沖孺幼小之稱，
> 而無逸獨無，故知其爲最後也〔註20〕。

茲以此論與皇王大紀所引尚書之文對校，二者有所出入，且亦有改易而未言及者，
茲復補述考校如后：

〔註17〕參見胡氏大紀卷十一，頁 1 引武成篇文。
〔註18〕見大紀卷十二，頁 7。
〔註19〕參見程元敏先生著三經新義輯考彙評（一）——尚書，總頁 156 引佚文及評。
〔註20〕見大紀卷二十，頁 2、3。

甲、禹　貢

胡氏置禹貢於堯典、舜典之間，蓋以禹之治水告成，在堯時，舜未即位之前也。尚書序本置於夏書之首，蓋因大禹以是功而受禪故也，皇王大紀以史為經，故易置之，以所持基準有異也。

乙、大禹謨、益稷、皋陶謨

書序以此三篇共一序曰：「皋陶矢厥謨，禹成厥功，帝舜申之，作大禹、皋陶謨、益稷。」東漢馬融、鄭玄所見尚書之本，皋陶謨、益稷本合為一，而另有「棄稷」篇；宋代學者若蘇軾亦以為「伏生以益稷合于皋陶謨有以也〔註21〕。」林之奇則曰：「益稷帝曰來禹汝亦昌言而下，實與皋謨思曰贊贊襄哉之文相接，則伏生之書，合而為一者是也〔註22〕。」是論此二篇，皆以益稷接皋陶謨之後，然胡宏皇王大紀則以大禹謨與益稷釐析分合，字句相接而成文，置諸皋陶謨之前，此其與其他諸儒之說大異也。其釐析分合之狀如下：

> 　　自大禹謨曰若稽古大禹。……無怠無荒，四夷來王接益稷帝曰來禹，
> 汝亦昌言……方施象刑，惟明接大禹謨禹曰於帝念哉……萬世永賴，時
> 乃功接益稷夔曰：於予擊右拊可……帝拜曰：俞！往欽哉〔註23〕。

又於舜即位三十三載下引大禹謨「帝曰格汝禹……七旬有苗格」，是胡氏以為大禹謨非一時之言，而益稷之文隸於舜即位之初也。胡氏隸皋陶謨於夏大禹之元載而不在虞朝，則其以為益稷屬虞書而皋陶謨反在夏書矣。

丙、高宗肜日

胡氏論以為高宗肜日，豐過於禰，乃初年事，其後改過精誠，道德發越，遂能夢賚良弼，既得傅說而言聽計從，何復有黷於祭祀之事哉！故高宗肜日之文，其次當在說命三篇之前。今考大紀卷九，商高宗三祀下，先引說命三篇而次接以高宗肜日，與其論說義不相配合，此或傳鈔者之誤置也；若依胡氏之說，則高宗肜日篇次當先於說命也〔註24〕。

丁、西伯戡黎

孔傳以西伯戡黎歸於文王，次於微子篇之上；胡宏則以為西伯乃指武王，而其次仍在微子之前。其言曰：

> 　　先儒以為此言文王者也，及觀下武：媚茲一人，應侯順德。及矢於牧

〔註21〕見東坡書傳卷四，頁1。
〔註22〕見林氏金解卷六，頁1。
〔註23〕參見大紀卷四，頁7～1。
〔註24〕參見大紀卷九，頁2王5。

　　野維予侯興之辭，然後知孔子概以周爲言者；方紂天命未絕，武王固盡臣

　　禮，繩其祖武，嗣服西伯，媚于天子，如文王云時矣〔註25〕。

按胡氏以紂之二十四祀爲周伯發元年，而西伯戡黎隸於紂三十二祀之下，是其時西伯乃武王也。

戊、康誥、酒誥、梓材

　　孔傳書序以此三篇歸於成王，故其次在大誥、微子之命后，胡氏既考康誥有「朕其弟」、「乃寡兄」之語，定爲武王時書，而酒誥、梓材隨之，蓋三篇於書序中即同序，而其文辭亦多相近故也；是以三篇同次在武成之後，洪範之前。

己、君奭、無逸

　　君奭之篇，書序云「召公爲保，周公爲師，相成王，爲左右，召公不悅，周公作君奭」，未言作於何時，然以其內容文辭察之，其曰「迪惟前人光，施於我沖子」，又以殷之諸帝有賢臣之助，文、武亦有大臣承弼，可見成王此時當已親掌政事矣，故孔傳本序於無逸之後。史記燕世家載此事在成王幼，周公立政，因踐阼之時，是在大誥、召誥、洛誥之前也。孔穎達則曰：「周公攝王政，不宜復列於臣位，是以召公不悅。」是以爲在還政之後，與書序原次相同。王安石則以爲習文武至治之後，則難爲繼，且成王非有過人之聰明，如是而任師保之位以輔弼者難矣，是其說雖不同於孔疏，而次亦在還政之後〔註26〕。胡宏則以爲周公東征四國，將兵居外，而不虞朝廷生變者，蓋內有召公輔持故也，而君奭之篇，正周公用以堅召公奭之心者也，故其次序當在大誥之前也。而無逸篇以其內無沖孺幼小之稱，是成王已親政甚久且長也矣，故列於周公誥辭之最末。

庚、旅獒

　　旅獒篇孔傳本書序次於洪範之後，金縢之前，蓋以爲武王時書也。胡氏大紀則次於金縢、君奭之後，大誥之前，而未有論之者。以意推之，武王勝殷殺紂，天下初定，內治未修則遠方不來，朝貢不至；及武王崩，周公繼文武之治而益張皇之，內既得召公之留佐，在宗室又能安撫之，三監之流言斯時未出，天下太平，故宜遠方來獻也。胡氏於君奭之後引記曰：

　　周公踐阼，庶子之正於公族者，教之以孝弟，睦友子愛，明父子之義，

　　長幼之序；其朝於公，內朝則……外朝則……宗廟則……〔註27〕。

〔註25〕見大紀卷十，頁6。
〔註26〕參見註19程先生書，總頁191。
〔註27〕見大紀卷十四，頁4。

是其意以爲周公既攝政事而朝內外大治，故遠方西旅始來獻獒也。

辛、立　政

　　胡宏係立政于成王四年而無說。金履祥通鑑前編述其意曰：「立政之書，前儒以其誤次諸篇之後，謂是周公告君之絕筆，非也。此亦初年之書也，故其官名與今周禮未盡合，蓋猶舊制也。至稱詰爾戎兵，蓋其時東征未盡奠也，故胡氏大紀係立政於四年。」〔註 28〕

壬、費　誓

　　孔傳本書序，列費誓於文侯之命後，秦誓之前；孔傳曰：「諸侯之事而連帝王，孔子序書，以魯有治戎征討之備，秦有悔過自誓之戒，足爲世法，故錄以備王事，猶詩錄商、魯之頌。」是以爲書序之次以義而非以時也。孔穎達正義曰：「魯侯伯禽於成王即政元年始就封於魯，居曲阜之地，於時徐州之戎，淮浦之夷並起爲寇於魯，東郊之門，不敢開闢，魯侯時爲方伯，率諸侯征之〔註 29〕。」是其時則在成王即政之元年或稍後也。考書序有成王政、將蒲姑二篇，序曰：「成王東伐淮夷，遂踐奄，作成王政；成王既踐奄，將遷其君於蒲姑，周公告召公，作將蒲姑。」是成王嘗親征淮夷，踐奄，則成王既已即政矣，故其次在洛誥、多士、無逸、君奭之後，多方與孔疏之說此相合。蘇東坡亦以爲費誓與成王東征淮夷同時也〔註 30〕。

　　胡宏大紀則次費誓於君陳之後，顧命、康王之誥之前者，其意或以爲若以時論，則費誓之事在成王時，若以人論，則伯禽乃諸侯耳，不得屬列於天子事中，故列於成王將末，新君未立之前，以見君臣之義，及史事之時也；此猶史遷立孔子世家而列在諸世家之末也。

　　茲以胡宏皇王大紀所列尚書各篇之次與孔傳本之次序，列表如后：

〔註 28〕見通鑑前編卷七，頁 42 金履祥按語。
〔註 29〕見尚書正義卷二十，頁 6。
〔註 30〕戊見東坡書傳卷二十，頁 3。

孔傳本		皇王大紀		時　　代				備　　註
				朝　代		帝　君		
篇次	篇名	篇次	篇名	孔傳	大紀	孔傳	大紀	
1.	堯　　典	1.	堯　　典	虞書	唐	堯	堯	
2.	舜　　典	2.	禹　　貢			堯舜		大紀以時為序，故禹貢置在堯時。
3.	大禹謨	3.	舜　　典		虞	舜	舜	大紀列有大禹謨、益稷二篇名，然其中有分合釐析，混為相連之文。
4.	皋陶謨	4.	大禹謨					
5.	益　　稷	5.	益　　稷					
6.	禹　　貢	6.	皋陶謨	夏書	虞	堯	舜	大紀皋陶謨入夏禹紀，然用以補記禹即位前事，以見禹之謨之功。
7.	甘　　誓	7.	甘　　誓		夏	啟	啟	
8.	五子之歌	8.	五子之歌			太康	太康	
9.	胤　　征	9.	胤　　征			仲康	仲康	
10.	湯　　誓	10.	湯　　誓	商書	商	湯	湯	
11.	仲虺之誥	11.	仲虺之誥					
12.	湯　　誥	12.	湯　　誥					
13.	伊　　訓	13.	伊　　訓			太甲	太甲	
14.	太甲上	14.	太甲上					
15.	太甲中	15.	太甲中					
16.	太甲下	16.	太甲下					
17.	咸有一德	17.	咸有一德					
18.	盤庚上	18.	盤庚上			盤庚	盤庚	
19.	盤庚中	19.	盤庚中					
20.	盤庚下	20.	盤庚下					
21.	說命上	21.	高宗肜日			高宗	高宗	大紀論曰高宗肜日在初年而引文則在說命之後，是傳鈔之誤也。
22.	說命中	22.	說命上					
23.	說命下	23.	說命中					
24.	高宗肜日	24.	說命下					

				書	代			備註
25.	西伯戡黎	25.	西伯戡黎	商書	商	紂	紂	孔傳以西伯戡黎為主王時，大紀則以為乃武王也。
26.	微　　子	26.	微　　子					
27.	泰　誓　上	27.	泰　誓　上	周書	周	成王	成王	
28.	泰　誓　中	28.	泰　誓　中					
29.	泰　誓　下	29.	泰　誓　下					
30.	牧　　誓	30.	牧　　誓					
31.	武　　成	31.	武　　成					
32.	洪　　範	32.	康　　誥					
33.	旅　　獒	33.	酒　　誥			武王成王		大紀康誥、酒誥、梓材三篇入武王時事。
34.	金　　縢	34.	梓　　材					
35.	大　　誥	35.	洪　　範				武王成王	
36.	微子之命	36.	金　　縢					
37.	康　　誥	37.	君　　奭					大紀以為君奭乃成王初年之事。
38.	酒　　誥	38.	旅　　獒					大紀旅獒列在成王初年。
39.	梓　　材	39.	大　　誥					
40.	召　　誥	40.	微子之命			成王		
41.	洛　　誥	41.	立　　政					
42.	多　　士	42.	多　　方				成王	大紀多方列在營洛之前，周公東征之後。
43.	無　　逸	43.	召　　誥					
44.	君　　奭	44.	洛　　誥					
45.	蔡仲之命	45.	多　　士					
46.	多　　方	46.	蔡仲之命					
47.	立　　政	47.	周　　官					
48.	周　　官	48.	無　　逸					大紀以為無逸乃周公之末命也。
49.	君　　陳	49.	君　　陳					
50.	顧　　命	50.	費　　誓			康王		大紀以費誓為成王時，與孔傳同；然以時則在成王，以人則在諸侯之列，故次於成王歿之前以見義。
51.	康王之誥	51.	顧　　命				康王	
52.	畢　　命	52.	康王之誥					
53.	君　　牙	53.	畢　　命			穆王		
54.	冏　　命	54.	君　　牙				穆王	
55.	呂　　刑	55.	冏　　命					

56.	文侯之命	56.	呂　　刑	周	周	平王	穆王	
57.	費　　誓	57.	文侯之命			成王	平王	孔傳以費誓秦誓及諸侯之事，故次於末，大紀以時之。
58.	秦　　誓	58.	秦　　誓	書		襄王	襄王	先後爲之，故次費誓於成王時。

（三）胡宏尚書說之新義

胡宏雖長於史，然其史本乎經義，嘗曰：「經所傳者義也，史所載者事也；事有可疑，則棄事而取義可也；義有可疑，則假事以證義可也；若取事而忘義，則雖無經史可也〔註31〕。」故其皇王大紀之作，非徒爲史，亦欲經史事義兼備也。而胡氏師承楊時，學宗伊川，乃義理學之正傳，其論經論史，亦每因而發義理之見焉；故大紀論八十餘條中，於尚書事常發新議。

1、論胤征羲和非賢忠之臣

孔傳解胤征，以爲乃仲康命胤侯征羲和，蓋羲和沈湎於酒，廢時亂日故也。至蘇軾倡爲異說，以爲羲和乃忠於夏而背於羿，其湎酒廢時以自污者，乃示其不遵羿命而俟可爲之機也，是胤征乃亂臣賊子之書，孔子於胤征當無取焉。張九成用蘇說。胡宏則不盡以爲然。其論曰：

> 夏商之事，缺失最多，雖聖人去取之思不可盡見，如胤侯征羲和，以其事考之，廢之可爾，何至興師；疑其黨於羿，欲假說託於正仗兵威以恐動天下也。人臣當此之時，或內受顧託，或外掌藩宣，則宜辨之於早，小心翼翼，廣求鄰援，雖勝負不可必，行法以立命，則忠臣矣。今羲和雖不黨於羿，乃沈湎于酒，廢時亂日，自取滅亡，烏得爲忠；聖人載之者，所以爲後世戒也〔註32〕。

按胡氏雖用蘇說，以爲胤侯黨於羿，而以兵威亂天下，是軍命由羿出而非仲康矣；然彼以爲羲和亦不足以言忠，蓋忠賢自處有道，非徒自汙以避人耳目。孔子曰：「邦有道，危言危行，邦無道，危行言遜〔註33〕。」今羲和雖遜而其行不危，處事無慮，自速禍患，非可以忠臣稱之也。

〔註31〕見大紀卷七，頁 14。
〔註32〕見大紀卷五，頁 12、13。
〔註33〕見論語憲問篇第三章。

2、太甲繼成湯，乃立嫡之義

書序曰：「成湯既沒，太甲元年，伊尹作伊訓。」孔傳云：「太丁未立而卒，及湯沒而太甲立。」孔穎達疏與傳同。然史記殷本紀云：「湯崩，太子太丁未立而卒，於是乃立太丁之弟外丙，三年崩，別立外丙之弟仲壬，四年崩，伊尹乃立太丁之子太甲。」胡氏則以爲此乃成湯立嫡之義；其言曰：

> 二帝官天下，定於與賢；三家王天下，定於立嫡；立嫡者，敬宗也；敬宗者，尊祖者，所以親親也；兄死弟及，不敬宗尊祖，本支亂而爭奪起矣，豈親親之道哉！且成湯、伊尹，以元聖之德，戮力創王業，乃舍嫡孫而立諸子，亂倫壞制，大開後嗣爭奪之端乎〔註34〕！

胡氏更以爲孔子乃殷後，其於先祖之事必明；且湯以下諸明君皆立子，惟盤庚立弟，是立嫡爲常態也；仲丁以後立弟者多，殷是以亂，此立弟之不足取，而邵雍皇極經世之書，亦無外丙、仲壬之名；以此故胡氏不取史記之說也〔註35〕。

3、盤庚遷亳，非為水患，乃在新民

自來論盤庚之遷，皆以水患立論，涉河陟亳，蓋免於水患也。胡氏論之則不然。其論曰：

> 盤庚之時，非有敵國外患之虞，水火焚蕩之災也，其所以不安厥居，而必遷者，自祖乙都耿之後，三世有兄弟爭奪之禍，宗族群下，各有黨與，蕩析離居，罔有定極；盤庚欲正名而誅罰之，則傷親親召變亂，聽其所爲而從之，則不可以爲國；故必遷于亳，理之以舊制，參之以新民，消散黨與，使定于一也。自是而後，子弟更立十世，無復爭奪之禍矣。賢者所爲，盡善盡美如此哉〔註36〕！

按胡氏以太甲立嫡之義，伸引以說盤庚之遷也。盤庚之所以遷，非因水患，而在重整家族，團結親戚，以免各樹黨羽，相互對立爭奪而亂國也，此新民之意，動心忍性之謂也。故胡氏論盤庚一遷而有六善曰：

> 盤庚三篇有六善焉：以常舊服，正法度，一也；圖任舊人，二也；無敢或伏小人之攸箴，三也；以人情事理反覆訓諭，開導民心，使之通曉無纖毫恃高憑威勢之意，四也；莫厥攸居，始以無戲怠爲戒，五也；敘欽有德有謀之人，而不肩好貨，六也。一舉而六善立，殲禍亂之根，此孔子所

〔註34〕見大紀卷七，頁12、13。
〔註35〕參見前註。
〔註36〕見大紀卷八，頁16、17。

以取之訓後世也〔註37〕。

胡氏據此明孔子取盤庚之意也。並以爲盤庚三篇，往往恃神鬼立說，此乃聖人神道
設教之義，非商人尙鬼神也〔註38〕。

4、論顧命君不崩于私親之手

胡宏論顧命，以爲可見成王成德也。胡氏論曰：

> 人多以爲成王中材之主也，以愚觀其臨終處斷大事，不動聲色，過人
> 遠甚，然後知周公所以教之者至，而成王進德之勇也。……古者聖賢之君，
> 以死生爲常，故不與恒化，小人大命未終，妻子已環而泣之者周也。以大
> 臣爲腹心，故公其子而不與之私，重輔弼也；以天下爲家，故必終於正寢，
> 公卿百官受顧命，而不沒於妻子之手也〔註39〕。

胡宏發此論議者，蓋爲後世之可思而效也。後世人君多牽滯於兒女私情，不任大臣
而私其子，於是有母后臨朝之顚制，外戚擅權之大患，閹寺狐鼠之深禍，此皆不明
成王顧命之大義也。

四、胡宏尙書學之評價及影響

全祖望於武夷學案云：「南渡昌明洛學之功，文定幾侔於龜山，蓋晦翁、南軒、
東萊，皆其再傳也〔註40〕。」胡宏承其父學，其影響所及，非止一家一說也。全氏
又於五峰學案曰：

> 中興諸儒所造，莫出五峰之上，其所作知言，東萊以爲過于正蒙，卒
> 開湖湘之學統〔註41〕。

夫胡氏以其經、史、義理之學，著書立說，所作皇王大紀，雖爲史體，然經義見焉。
胡氏既以史考經，多詳加勘定，故其於經，有疑有改，而以經爲史，則又必考其時；
是胡氏尙書之學，考徵之功多而訓說之義鮮；後之學士凡有以考據研經者，則多取
於胡氏。

朱子嘗稱胡氏考證康誥非成王時，乃武王時爲得其實〔註42〕；蔡沈書傳亦以爲
康誥三篇當在金縢之前〔註43〕。王柏書疑亦稱五峰胡先生定康誥爲武王之書，大綱

〔註37〕見大紀卷八，頁17。
〔註38〕同前註。
〔註39〕見大紀卷二十，頁10、11。
〔註40〕見宋元學案光三十四武夷學案，總頁671。
〔註41〕見前書卷四二，總頁776。
〔註42〕同註3。
〔註43〕參見蔡沈書集傳卷四，總頁137。

方見倫次〔註44〕。而胡氏影響之最深者，莫過於金履祥。蓋金氏通鑑前篇，亦以經爲史，釐析書篇以見各朝聖君賢臣之事也。金氏於通鑑前編後序，明言「從胡氏大紀之例」，而其前編中亦多引胡氏之說，而經文篇次之序，亦與胡氏最相似。若胡宏置禹貢於堯時；置立政篇繫於成王四年；置多方篇於多士之前；言戡黎者乃西伯武王；次君奭於大誥之前；置費誓在成王時，雖位次相異而其意相同；序無逸在君陳之前，以爲周公末命；凡此等皆因胡宏而來也〔註45〕。

　　歷來學者，多視皇王大紀爲史，而未以經義之變體視之，故所評皆就史學立論，與其尙書學無關，茲不贅述。

〔註44〕參見書疑卷六，頁1、2。
〔註45〕參見本論文金履祥之尚書學淵源一節第五點。又可參金履祥尚書學中所列孔傳本、王柏、胡宏、金履祥四家書篇次序比較表。

第二章　艮齋尚書學案

第一節　薛季宣

一、生平事略

　　薛季宣，字士龍，一字士隆，號艮齋，永嘉人。六歲父徽言卒，伯父弼收鞠之。從弼宦遊，及見渡江諸老，聞中興經理大略，復從老校退卒語，得岳韓諸將兵事甚悉。年十七，從荊南帥孫汝翼群書寫機宜文字，獲事袁溉；溉嘗從程頤學，盡以其學校之，季宣既得溉學，於古封建，井田，鄉遂，司馬法之制，靡不研究，講畫皆可行。金兵趨江，江淮仕者聞之，皆預繫馬以備逃遁，獨季宣留家，與民共守，民亦因自奮不亂。縣多盜，季宣患之，會有伍民之會，乃行保伍法，因地形便合為總，勸民輸財蠲身，亦習射武，縣遂大治。由是盜輒兵退而民心不搖。樞密使王炎薦於朝，未至為書謝王炎，以為當今朝廷之計，莫若以仁義紀綱為本，至於用兵，請俟十年之後可也。後江湖大旱流民北渡江邊，宰相虞允文白遣季宣行淮西，收民以實邊，季宣至，為整治原隰，授屋頒牛及田器，民安定，共收民戶六百餘，較其他收官為多。後復上言孝宗，以為朝廷之中，左右近侍，每託正而行邪，偽直以售佞，並陰擠正士而陽稱道之，乃咎根所在。帝稱善，恨得之太晚；進兩官，除大理正，自是凡奏諸論薦，皆報可。後出知湖州；時朝廷頒行經總制，民不勝苛賦巧取，季宣言於朝，遂收前令，改知常州。乾道九年七月，未上任而卒，年四十，諡文憲。

　　季宣蒞事甚謹，博學精研，六經之外，史、地、兵刑至於隱書小說，靡不搜研，不以百家故廢之，惟漢儒章句，小知穿鑿異端之徒，一切屏棄。著述甚豐，有古文周易，詩書性情說，書古文訓，春秋經解、指要、論語直解、論語小學約說、浪語

集等〔註1〕。

二、尚書學之著述與著錄

薛季宣尚書之專著，有書古文訓十六卷。古文尚書十三卷，見錄於晁公武郡齋讀書志，宋志亦有古文尚書二卷，蓋十三卷含孔傳，二卷本止有經文。季宣即據之以作訓義，成十六卷。書古文訓不見著錄於宋志、郡齋讀書志及直齋書錄解題，唯朱熹嘗謂「薛士龍書解，其學問多於地名上有功夫」〔註2〕，呂祖謙東萊書說禹貢圖論中，亦數引其說〔註3〕；黃度書說，即傳薛氏之學。宋史本傳稱季宣於詩、書、春秋、中庸、大學、論語皆有訓義，藏於家；浪語集後有其姪孫薛師旦跋，亦云季宣之書，坊間罕見，或因是而宋代書錄多未著錄也。

薛季宣與陳傅良書曰：「書訓得刊其誤，尤所望者。……反古說曩聞已有傳本，後竄改亦不多，稿紙不精，脫爛不可將出，春秋敬納，得與書訓俱付象先，語以著畢，蚤尋端便見還，毋令污敗爲祝〔註4〕。」以此可推知士龍書訓，本未刊行，唯有手稿。今書古文訓之傳刊，或即其兄子薛叔似象先鈔錄刊行歟！是故流傳不廣，黃倫尚書精義及引東萊書說，而所引薛氏四條，均不見於書古文訓，蓋亦另有他薛姓者，非季宣之書也。

經義考著錄其書，云「十六卷，存」〔註5〕，四庫全書亦著錄，云爲內府藏本，然以其書以古文筆畫改爲今體，奇形怪態，不可辨識，較諸篆書之本，尤爲駭俗，其義訓亦無甚發明，故雖宋人舊帙，亦無取焉，是以僅有存目〔註6〕。今其書刊入納蘭容若之通志堂經解中，仍爲十六卷，其第十六卷爲書序，蓋季宣既以古文是訓，而復古文之舊，故合書序於一篇，置於書末。

此外，浪語集中，有河圖洛書辨、皇極解各一篇〔註7〕，可見其論洪範之說，有助書訓之明；浪語集中，更有季宣據尚書史事而作之琴曲歌詞，又有模擬尚書文句語氣內容而作之銘頌，亦足見薛士龍醉心於古學，尤得力於尚書也。

〔註1〕參見宋史卷四百三十四儒林傳本傳，宋元學案卷五十二艮齋學案，浪語集後附陳傅良撰行狀，呂祖謙撰墓誌銘，宋人傳記資料索引。

〔註2〕見朱子語類卷七八尚書綱領，總頁1989。

〔註3〕參見增修東萊書說前之禹貢圖說中。

〔註4〕見浪語集卷廿四，頁12、考陳傅良師事薛季宣，在乾道四年，季宣卒於乾道九年，想此書信必於季宣晚年，其書尚未刊行可知。

〔註5〕見經義考卷八一，頁8。

〔註6〕參見四庫總目提要卷十三，頁1經部書類存目一。

〔註7〕河圖洛書辨見浪語集卷廿七，頁8，皇極解見卷廿七，頁1。

三、薛季宣之尚書學

薛季宣少師事袁溉，傳河南程氏之學，尤得力於伊川易傳；晚復與朱子、呂祖謙等相往來，多所商榷；然朱子喜談心性，而季宣則兼重事功，所見微異；其後陳傅良、葉適等遞相祖述，而永嘉之學，遂自別爲一派。薛氏之學極博洽，爲學兼有體用，心性義理，以至小學考證，皆拳拳不捨；呂祖謙謂其「斷章缺簡，研索不遺，過故墟廢瓏，必驗其迹」〔註8〕，陳傅良謂「大抵以古人小學，神而明之，大學之道，傳遠說離……高淪虛無而卑者滯物，卒不合，合歸於一，是爲得之。讀其書，知其爲博之約〔註9〕」；可見薛氏之學，於小學之考證訓詁，大學之心性義理，皆執之以爲說。薛士龍曰：

> 古人以小學訓習童蒙，皆大學之具也。大學之道，但神而明之爾。小學之廢久矣，爲大學者失其心之地，流於異數，不過空寂之歸；開物成務之功，宜無望於賢者，但令良心不泯，天理豈外于人耶！反而求之。莫若存其大者，積小以成其大，是又不可忽也〔註10〕。

小學既爲大學之具，然則文字聲韻之學，豈能置之而勿論乎！薛氏又曰：

> 古學在求其正，不當論出之後先，如惟前出之從，則書之古文，不若漢世今文者矣〔註11〕。

季宣於書古文訓序中亦云：

> 隸古定書最古，孔氏文義，多本伏生之說，唐明皇帝更以正隸改定，而俗儒承詔，文多踳駁，古文是訓，不勞乎是正之也。

古學既在求其正，而尚書以隸古定本最古，隸古定本復有上古小學之遺意，緣此以往，庶幾得書之正矣。是以薛季宣取「古文尚書」作訓，蓋亦與其學術觀念相一致也。今述其尚書之學如后：

（一）書古文訓本古文尚書之來歷

尚書有今文、古文之異，其來久矣，其遞變之迹亦雜矣。尚書上古朝廷典章謨誥之文，其最早而可信者，當推周書諸誥誓，顧其初成，自當以周代文字寫就，猶鐘鼎銘文是也，故必爲古文；第周室衰落，禮崩樂壞，文獻散落，而士大夫之族，亦有漸淪於下者，朝廷文典，遂流傳民間；至孔子序書，選爲教材，上斷自堯，下迄秦穆，以授生徒，其書之文字，或因時殊世異，非復如其初，然亦必書以篆籀；

〔註8〕見浪語集後附呂祖謙撰墓誌銘。
〔註9〕見前書陳傅良撰行狀。
〔註10〕見前書卷廿三，頁17答石應之書。
〔註11〕見前書卷廿四，頁32答何車霖書三。

迄於戰國，周室實亡，列國各自爲政，文字演變，亦每每稍異，有所謂八體，逮秦滅六國，統一天下，書同文，車同軌，命李斯整理異體，制作小篆；復以好文者易亂法，逐頒行禁書之令；然學者猶竊藏其書，若伏生、孔騰者是也〔註12〕。漢定，伏生求其書止得二十九篇，以教於齊魯之間；漢文帝徵能尚書者，聞伏生能治之，欲召，是時伏生年九十餘，老不能行，於是詔太常使掌故鼂錯往受，以意屬讀，寫以漢時隸書之體，是爲今文尚書〔註13〕。又伏生所授如歐陽生、張生者，亦以尚書教於當時，其書亦必以漢隸書寫，自亦爲「今文」之本。漢武帝時，魯恭王欲廣其宮室，壞孔子宅，因得古文尚書及禮記、論語、孝經等凡數十篇，皆古文也。孔子之後孔安國者，悉得其書，以今生讀之，因以起其家，其書以隸書之體寫古文之形，故謂之隸古定本；其文字之體及文句與伏生所傳今文本異，謂之古文，然其篇目則與伏生所傳今文同也〔註14〕。今文之學，於漢行於朝廷，立爲博士之學：古文之學，則流傳於民間學士，迄東漢尤盛。東漢末三國之時，鄭玄、王肅淆用古今文之學，然隸古定本猶存。及唐，學者猶多見之，若陸德明、顏師古者，每每引之〔註15〕；唐玄宗天寶三載，詔改隸古之體爲唐代楷體，遂爲今字本尚書，而舊本則仍藏于書府〔註16〕，此又尚書字體之一變也。逮宋開寶中，以陸德明所釋爲隸古定尚書，與唐玄宗所定本駁異，令陳鄂刪定其文〔註17〕，隸古定尚書遂不復行於世矣。

雖然，隸古定本古文，亦未嘗絕也。考宋代郭忠恕、晁公武、賈昌朝、王應麟等，皆有及之〔註18〕，從可知矣。然所謂隸古定本尚書，其內容究爲如何？而郭忠恕汗簡所引古文尚書字與隸古定本，有何關係？陸德明釋文所據古文尚書本，又是何模樣？薛季宣所據之古文本，與前述三者有何傳承之關係？皆須先考明之，始足明薛氏古文之來歷及內容。

今考敦煌有唐代釋文殘本堯典、舜典二篇，又有大禹謨、禹貢、甘誓、五子之歌、胤征、盤庚中、下，說命上、中、下，高宗肜日，微子、泰誓中、下，牧誓、

〔註12〕史記儒林傳曰：「伏生者，濟南人也。
……秦時焚書，伏生壁藏之。」孔騰之說，見經典釋文敘錄注引家語。一說爲孔惠，又一說爲孔鮒。
〔註13〕參見史記鼂錯傳，論衡正說篇。
〔註14〕參見漢書藝文志，史記及漢書之儒林傳。
〔註15〕陸德明尚書釋文敦煌殘本堯典舜典二篇，所引甚多。顏師古漢書注及匡繆正俗中屢引之。
〔註16〕參見冊府元龜唐天寶三載事。
〔註17〕參見宋崇文總目。
〔註18〕郭忠恕宋史儒林傳本傳及汗簡。晁公武見郡齊讀書志。賈昌朝見其所著群經音辨卷七，頁5。王應麟見困學紀聞卷二，有言及。

武成、蔡仲之命，多方、立政，顧命等篇，雖或全或殘，可藉以考見唐天寶以前之尚書文字。唐玄宗詔改尚書字，而釋文未改，終唐之世，至宋開寶始改之，然則郭煌本釋文殘本，足資考察唐天寶以前之尚書文字。

　　陸德明註典釋文條例云：「尚書之字，本爲隸古，既是隸寫古文，則不全爲古字；今宋、齊舊本及徐、李等音所有古字，蓋亦無幾。穿鑿之徒，務欲立異，依傍字部，改變經文，疑惑後生，不可承用。今既依舊爲音，其字有別禮則見之音內，然亦兼采說文字詁，以字同異者也。」可知陸氏所見宋齊舊本，隸古之字本亦不多，而其所據以釋文者，亦即是本。今考敦煌釋文殘本，有經字爲古文，而釋文曰「古某字」；有經文字與今字同，而釋文曰：「古文作某」者，茲列數例如下：

經文為古字者		經文為古字者		經文同今字者		經文同今字者	
經字	釋文	經字	釋文	經字	釋文	經字	釋文
袤	古表字	煢	古文熙字	格	古作戒	巡	古作徇
畯	古俊字	斈	古文子字	睦	古文作喬	柴	古文作禷
惪	古德字	厽	古齊字	夛	古文作奧也	罷	古文作襞
旡	古既字	刅	古割字	旬	古文作旬	殄	古文作𠬶
彭	古變字	才	古哉字	旴	古作早	徵	古文作𢽾
炌	古燠字	幂	古傲字	浩	古作灝	奏	古文作𡙕𡙕
旾	古萅字			師	古文作𠈌		

以此可見陸德明所據舊本，確非全爲古文，與今文字同者亦多有，其所同者非無古文也，蓋原舊本如是，無庸以所知見古文替換改易也。所引「古作某」、「古文作某」者，其字多見於說文，是陸氏亦依己所見於說文作古文者，以爲尚書之字，古文有作如是者，非謂其所見有如是之本也。

　　至於郭忠恕所著汗簡，所引稱古文尚書字者四百餘之數，其中陸本釋文所據經文本作古字者，搜羅幾盡；而於釋文所引「古作某」之字，亦多列入，或忠恕據所見未改釋文本尚書，以釋文所引之古文確爲尚書古文，故一併列入汗簡中，非必其所見本即如是。且汗簡有以爲尚書古文，而釋文殘本中未見者；若「以親九族」，親，汗簡作「𣶒」，此陸氏未列，又不見於說文者，然秦嶧山碑「親巡」即作「𥦗軜」；汗簡作「𣏂」；又若「宵中」之宵，汗簡作「𣇧」；「三危」之危，汗簡作「𠩺」，此字見玉篇。就此察之，汗簡引稱古文尚書者，其字或即據所見舊本隸古定文字，復

加掇拾其他古代遺文，湊合而成。蓋郭氏嘗定古文尚書并釋文，且彼精博於尚書及古文字學，欲復古文尚書之舊，故有是作。其汗簡之書體，皆古文體，非隸寫古文，則其所定古文尚書，或以古文體寫成，而非隸寫古文之體也。

　　薛季宣所據尚書古文之本，薛序未言其所來自。考王應麟困學紀聞云：「宋景文筆記云：楊備得古文尚書釋文，讀之大喜，書訊刺字皆用古文。……今有古文尚書，呂微仲得本於宋次道、王仲至家。」晁公武郡齋讀書志云：「明皇不喜古文，改從今文，由是古文遂絕；陸德明獨存其一二於釋文而已。皇朝呂大防得本於宋次道，王仲至家，小較陸氏釋文，雖小有異同，而大體相類。」晁氏文曰：「予抵少城，作石經考異之餘，因得此古文全編於學官，乃延士張叟倣呂氏所鏤本，書丹刻諸石。」宋史藝文志亦載有古文尚書二卷，賈昌朝群經音辨，亦嘗引用古文尚書。可見宋代學者，每能見此書；且晁公武謂其本與陸氏釋文本相去不遠，則當時所見之本，當即同陸氏所釋本，其有無參以郭忠恕之所定，則不可知。今以薛氏所據古文本與敦煌尚書及釋文殘本、汗簡，說文所引古文相較；則汗簡所引尚書古文四百餘，去其重複，餘幾全見於薛本，汗簡所無而見於說文者，亦皆收入；敦煌尚書、釋文殘本所有古文經字及釋文所引古文，亦無不入其書中。茲分列數例見其一二：

1、見於汗簡、說文、敦煌殘本尚書及釋文者：

　　旹雍　時字。說文日部旹古文時，汗簡日部引尚書同，敦煌經文本亦同。

　　象昪　傲字。說文夰部昪，嫚也，从有从夰，亦聲。虞書曰：若丹朱昪，讀若傲。汗簡自部引尚書亦同。敦煌殘本釋文經字亦然。

　　既蠢　睦字。說文目部蠢古又睦，汗簡囧部引尚書字同，敦煌釋文殘本注云「古文作蠢」。

2、見於汗簡敦煌本釋文而不見於說文者：

　　戜於上下　格字。汗簡戈部引尚書作戜。敦煌本釋文注云：「古作戜。」

　　於彣　變字。汗簡彡部引尚書作彣。釋文殘本經字作彣，云「古變字」。敦煌字形蓋有譌變，其實當同。

　　驩呅　兜字。汗簡口部引尚書作呅。敦煌本釋文經字作呅。

3、見於說文敦煌本，而不見於汗簡者：

　　堣夷　嵎字。說文土部堣字下註云：「堣夷在冀州陽谷，……从土禺聲；尚書曰：宅堣夷。」說文山部又有作嵎銕者。敦煌釋文經字作嵎，注文闕不可考。

　　中鼻　冬字。說文夂部鼻、古文冬从日。敦煌釋文經字作冬，經云：「古文作奧也。」

彭言 靜字。說文彡部：「彭，清飾也，从彡青聲。」釋文殘本經字作彭，注云：「古靜字。」

夐作官刑 鞭字。說文革部夐古文鞭。釋文殘本作夐同。

4、見於說文而不見於汗簡、釋文殘本者：

竄三苗 竄字。說文宀部：「竄、塞也，从宀數聲。讀若虞書曰竄三苗之竄。」

司赶 徒字。說文辵部本作赶，从辵土聲。

朱劰 虎字。說文虎部劰，古文虎。

車舣 服字。說文舟部「舣，古文服从人」。

有一字而用二體者：

予閶 聞字。說文耳部聕古文聞。玉篇作閶，同字形稍變。

升聋 聞字。此字不見於說文。汗簡引尚書聞作，乃从耳米聲。釋文殘本經字「予聋」下云：「古聞字，說文古作聕，無此聋字。」

5、不見於汗簡、說文、及敦煌殘本者：

万邦 萬字。廣韻「万、十千」，玉篇方部以爲俗字。考漢碑中已有用此字，建平邠碑：「買二万五千。」此魏之魏靈藏造像記，南朝宋之爨龍顏碑，均作万字。

乃畚 命字。唯薛本有此字，未見其他書。

日昜 永字。集韻永，古作昜。

可虖 乎字。漢書楊雄傳：「超既離虖皇波。」顏師古曰：「虖，古乎字。」

帀錫 師字。汗簡帀部引義雲章師作「帀」，與此同，然未言爲尚書之字。隸續載左傳石經遺字作帀，與此同。

又有絿字，即舜典「肆類」之肆字。汗簡象部「絿」字下云：「說文以爲虞書肆類于上帝之肆，今古文尚書無之。」而薛本載之。

據上所列諸項察之，薛氏之本，實集說文、汗簡、釋文舊本，復徵引諸字書所引載古代遺文，若秦、漢碑、石經，撼合補綴而成，顧其所來自非一源，故薛氏未言其本之來歷也。蓋薛氏早年醉心於文字小學，其敘古文老子曰：「得郭忠恕所上孝經古文〔註19〕。」可見於書古文訓之所本，其啓自郭忠恕者亦甚早也。羅振玉亦嘗以敦煌殘本顧命與薛本相校，而曰：「其隸古文同者僅七字，其不同者則三十有七字，疑薛書乃采集諸家字書所引，而蓋以說文解字中之古文以成之，非衛氏改定以前之舊本，故不言所自出。不知即宋志所錄、晁氏所刻與？抑薛氏自寫定也？金壇段氏

〔註19〕見浪語集卷三十。

謂薛書不可信，洵然矣〔註20〕。」羅氏之謂薛本乃集合湊成，其言是也。其引段玉裁言以爲薛本不可信，蓋不可信其爲古文尚書原本是也；然薛氏所引，亦多有來歷，其擟輯之工夫，自不可盡棄，且亦足以示其一家一學也。

（二）書古文訓中之古文說義

四庫全書提要云：「季宣此本，又以古文筆劃改爲今體，奇形怪態，不可辨識，……其訓義亦無甚發明……故雖宋人舊帙，今亦無取焉〔註21〕。」似言薛氏之古文，於字體，訓義皆無足取者；然考之書古文訓，士龍既據尚書古文爲訓，除字體之異於今體外，其說義亦有據所謂古文者，自與今文異。漢書志謂劉向以中古文校今文、酒誥、召誥有脫簡，而文字異者七百餘字；是古今文字本有不同，而義訓亦異。今薛氏既據其古文本作訓，其訓義自亦有別於今本孔傳，非徒文字形體不同而已。若舜典命夔典樂曰：「帝曰…夔、命汝典樂，教冑子。」孔傳曰：「冑，長也。謂元子已下，至卿大夫子弟，以歌詩蹈之舞之，教長國子中和祗庸學友。」薛本則作：「帝曰：夔，女龠樂，教育学。」薛氏訓曰：

教育國子，領於典樂者，樂以和行者也。舜之命夔，先教而後樂者，

教樂之本也。夫道不可強有，必自得之，樂以和行，欲其自得之也。〔註22〕

薛氏本作「育子」，訓作「教育國子」，與孔傳作「冑子」，釋曰「元子」者不同。按說文ㄊ部曰：「育，養子使作善也，從ㄊ肉聲。虞書曰：教育子。」是知薛本作「育子」，蓋出於說文所引，許慎序云及見古文，則此「育子」爲古文尚書。釋文殘本作「冑子」。惠棟曰：

爾雅曰：育，長也。與孔、馬同。周禮大司樂云：凡有道者、有德者

使教焉。鄭注云：若舜命夔典樂，教育子。今周禮注仍作冑，非也；見釋

文。是鄭本尚書與說文同。馬融書傳云：冑，長也。育亦訓長，見爾雅，

字異義同；鄭注尚書從馬本，知馬本亦當作育〔註23〕。

馬、鄭所據，皆古文尚書，今本有作「冑」者，後人所改，惠棟之說誠是。然則薛氏本作「教育子」，乃古文尚書說，與孔傳本異。又禹貢「雲土夢作乂」，孔傳曰：「雲夢之澤，在江南，其中有平土丘，水去可爲耕作畎畝之治。」考孔傳之本，依其文義，經文本當作「雲夢土作乂」，雲與夢爲一澤。今薛氏本作「云土，乂」，其訓曰：

〔註20〕見羅振玉隸古文尚書顧命殘本補考頁 7。
〔註21〕見同註 6。
〔註22〕見書古文訓卷一，頁 17。
〔註23〕見李遇孫尚書隸古定釋文卷二，頁 12 引。

雲中土出而夢澤安治矣〔註24〕。

按夢溪筆談云：「舊尚書禹貢云：雲夢土作乂。太宗皇帝時，得古本尚書，作雲土夢作乂，詔改禹貢從古本。〔註25〕」阮元校勘記謂：「至宋初監本始倒土夢二字。」史記夏本紀作「雲夢土」，而索隱及所引韋昭說，皆作「雲土夢」，是知史記本亦作「雲土夢」，今本乃後人所改。司馬遷從學於孔安國，其說蓋亦古文尚書也。唐石經原作「雲土夢」，可知孔傳本本作「雲夢土」，至宋初始據古本改之，然孔傳文義未變也。薛氏則據「雲土夢作乂」為訓，云「雲中土出，夢澤安治」，即其據古文本之訓也。又金縢「王有疾，弗豫」，孔傳云：「伐紂明年，武王有疾不悅豫。薛氏古文本曰：「王ナ疢弔恙。」訓曰：

　　恙，古愈字；有疾而不時愈。〔註26〕

考說文心部曰：「恙，忘也，嘾也。从心余聲，周易曰：有疾不恙，恙，喜也。」釋文云：「本又作忬。忬，恙當為一字，皆從心部，予，余古同音。說文作「恙」，或即壁中書有如是者。汗簡心部引尚書字亦作「恙」，薛氏遂據作「恙」，而訓作「愈」，其義訓較順。又顧命「一人冕執銳」，孔傳曰：「銳，矛屬。」薛氏本作「銳」，訓曰「矛屬」，與孔傳義同。考說文金部銳字曰：「侍臣所執兵也，从金允聲。周書曰：一人冕執銳，讀若允。」是薛氏據說文作「銳」也。作「銳」之說，蘇東坡書傳早有之，其論曰：「銳當作銳。說文曰……〔註27〕」宋退賓錄曰：「今禮部韻尹字下有銳字，注云：侍臣所執，書一人冕執銳，古文尚書亦作銳，不知承誤作銳自何時始也〔註28〕。」孫星衍尚書今古文注疏曰：「銳，譌字也，當從說文作銳〔註29〕。」並以說文銳與鉈、鏦，鋏等字相次，而後三者皆予屬，而謂銳亦當為矛屬；其說蓋是也。然則薛氏據說文作「銳」，斯亦有得。而梓材篇「至于屬婦」，孔傳曰：「存卹妾婦。」薛本則作「至于嬬婦」薛氏曰：

　　嬬讀如努。崔子玉說：惠于嬬嬬。許叔童說：嬬，孕婦。小爾雅：嬬，
　　妾婦之賤者。上言敬寡，則上說誤矣。民無相戕，至於戲寡嬬賤，皆獲其
　　安治之至也〔註30〕。

考說文女部：「嬬，婦妊身也，从女努聲。周書曰：至于嬬婦。」則薛氏之本，蓋取

〔註24〕見書古文訓卷三，頁1。

〔註25〕見沈括夢溪筆談四，頁5。

〔註26〕見書古文訓卷八，頁18。

〔註27〕見東坡書傳卷十七，頁8。

〔註28〕見退賓錄卷一，頁11。

〔註29〕見皇清經解卷七百六十六，頁7。

〔註30〕見書古文訓卷九，頁18。

自說文。汗簡不見此「嬞」字，但女部有「敏」字，釋作「射」，疑即此嬞字。孫星衍謂：「屬與嬞聲之緩急，假借字。此孔壁古文。」屬之與嬞，其音義之關係或如孫星衍所言，然亦不詳可考，要之古文作「嬞」則是也。薛氏既作「嬞」，遂解「嬞婦」爲「妾婦之賤者」，而上文「敬寡」則解作「鰥寡」，與「嬞婦」相對；其說與孔傳以「敬養寡弱，存卹妾婦」釋「敬寡」「屬婦」不同，亦是足薛氏之古文說也。

薛氏不僅古文是訓，遵用古文之義，其於今文之說，亦有微辭。書序洪範曰：「武王勝殷殺受，立武庚，以箕子歸，作洪範。」史記周本紀曰：「武王……遂入王紂死所，武王自射之，三發而后下車，以輕劍擊之，以黃鉞斬紂頭。縣諸太白之旗。」先此墨子明鬼篇，逸周書克殷解，皆有是說，蓋謂武王有殺紂之心也。薛氏云：

> 書序稱武王殺紂，而書無一語，第云攻後以北，則紂非武王之殺，其死有由矣。觀……漢儒信尚書今文，謂紂自殺，武王親以黃鉞斬紂，懸之大白之旗；其說太甚〔註31〕。

其所謂漢儒今文，蓋指史公，又尸子，汲冢古文皆有是說，可見薛氏拳拳於古文，而於今文多有駁斥也。由此觀之，薛氏古文是訓，非徒取其文字之古，而義訓亦自成一說；四庫提要以爲「其訓義亦無甚發明」，非確論也。

（三）薛氏治尚書之觀念與方法

薛士龍據尚書古文作訓，特出於其他儒者之外，自成一格，前儒多謂彼兼重事功，有體有用，則其治尚書亦自有其觀念與方法。其序云：

> 以書學書，書而已；遺書學書，非書矣。不以不遺，未足與於書之旨，以而遺之，從之不可，或庶幾乎書之大義云爾〔註32〕。

此所謂「以書學書」者，蓋即據書而句斟字酌，斤斤於章句訓詁之間者，漢儒章句之學是也；所謂「遺書學書」，即指斷章取義，附會異說者也。不以書爲據，則非書旨，自不足與言書，當以書爲據，考明其旨要，又能出以觀世情，是能入能出，不拘於章句，不流於虛鑿，斯方可言書。浪語集「又與朱編修書」云：

> 君子之道，無精粗小大；是故致廣大者必盡精微，極高明者必道中庸；滯於一方，要爲徒法；徒法徒善，漢儒之陋，則有所謂章句家法；異端之教，則有所謂不立文字〔註33〕。

其意與前序所云相若，可知薛氏治尚書，其用古文是訓，是執守章句之眞旨，至於發揮義理，議論史政，則是遺書學書也，斯即薛氏所言讀書之法也。今析論薛氏治

〔註31〕見前書卷七，頁 16、17。
〔註32〕見前書前附序文。
〔註33〕見浪語集卷二三，頁 1。

尙書之觀念與方法如后：

1、治尚書必以孔子之言意為準

薛氏說尙書，以古文是訓，其意即以復孔子序書之舊，以冀得孔子之本意也。其書古文訓序云：

> 走之於書，學焉不如子夏，觀焉何敢望回；世無孔子，則將何所取正〔註34〕。

孔子序書，上斷自唐虞，下迄於秦穆，其旨自在其中，其欲得孔子聖人之心，則捨經而莫由；而書序薛氏以爲乃孔子所作，其一話一言，甚有旨要，若春秋之筆削焉。其論無逸「中宗、高宗、祖甲」之說，以「祖甲」爲高宗子，與史記、孔傳以太甲爲祖甲異，其言曰：

> 邵康節作皇極經世書，以易數推祖甲繼祖庚之年……蓋與書合。學者不信周公、孔子，而傳記之信，亦大繆矣〔註35〕。

無逸文中，周公既列祖甲於高宗武丁之後，而考之於史，祖甲亦後於武丁，孔子序書，未有剪裁，則其本即爲祖甲，而非太甲，當以經爲準。又書序云：「唐叔得禾，異畝同穎，獻諸天子，王命唐叔歸周公于東，作歸禾。」薛氏論之曰：

> 伏生說成湯之時，有三苗貫葉而生，同爲一穗，其大盈車，長幾充箱，民得而上諸成王；不謂唐叔。考之書序，其傳誕矣〔註36〕。

蓋書序既爲孔子所作，其云「命唐叔歸周公于東」，而伏生傳書，不及唐叔，準諸書序孔子之言，則知伏生之荒誕。故浪語集有言曰：

> 學經而他求於傳，不若專意於經，傳皆不同，則經學之文，不幾於惑矣。〔註37〕

既以經爲正，則解經之時，每取經文互證，所謂以經解經者，實必然之歸趨；薛氏解經，即爲如此。若其訓五子之歌「民可近不可下」曰：

> 民可近不可下，故近之則情通，下之則勢遼，所謂可愛非君，可畏非民也〔註38〕。

凡此之類，所在多有。雖然，若書序與經文相互抵觸，則如之何？曰：爲之調停而已。以泰誓言之。泰誓經文曰：「惟十有三年，大會於孟津。」書序則作「十一年」，

〔註34〕同註32。
〔註35〕見書古文訓卷十一，頁3。
〔註36〕見前書卷十六，頁8。
〔註37〕見浪語集卷二四，頁32答何商霖書三。
〔註38〕見書古文訓卷四，頁3。

二者互異，薛氏曰：

> 書序作十一年，泰誓作十三年，二者必有一誤〔註39〕。

又於書序之訓，則無言及，此不惜以疑經文或序文有誤，以平息調停之，甚至牽涉金縢篇。蓋金縢曰：「既克商二年。」若泰誓以為十一年為正，則金縢為十三年；若泰誓為十三年，則金縢必為十五年矣。故薛氏於金縢云：

> 克商後二年，武王之十三年或十五年也。〔註40〕

又書序說周官之篇曰：「成王既黜殷命，滅淮夷，還歸，在豐，作周官。」而周官篇云：「歸于宗周。」薛氏曰：

> 序言成王在豐，作周官；書稱歸于宗周，王歸而作周官之書，至豐乃宣之耳〔註41〕。

蓋薛氏或以宗周為鎬，豐為文王廟所在，二地不同，而序言在豐，周官經文曰在宗周，二者有異，故特為調停之說。

2、不信陰陽災異之說

夫薛士龍之學，兼重事功，精於考證，凡有一說必求有徵以驗其是非，故於漢儒陰陽、五行災異之說多所駁斥，以其無徵以考覈也。尚書之中，其最易附會以陰陽、五行、災異、神怪之說者，莫若洪範，洪範以其說九疇之中，本有五行、庶徵、稽疑、福極之疇故也。且天錫洪範，先儒皆以為神龜負文，雉雊鼎耳，多謂豐昵之應；而夢得傅說，金縢反風，言之鑿鑿，然無所考徵焉。薛季宣本無徵不信之義，其訓說尚書，於陰陽、災異之論，一概無取。其論洪範河圖洛書之說曰：

> 易繫：天垂象見吉凶，聖人象之，河出圖，洛出書，聖人則之。其言蓋有敘，觀之以理，無晦也。說者或謂河圖洛書，本皆無有，聖人為此說者，以神道設教也。是非惟不知聖人，則不達不言而化之義，烏足與較是非理道哉！或者又以為當伏犧之時，河嘗出龍馬負圖，自神農至於周公，洛水皆出龜書，此則似是而非，無所考徵；就神龜之說，成無驗之文，自漢儒啟之，百世宗之，微引釋經，如出一口，而聖人之道隱，巫史之說行；末世闇君，洎夫亂臣賊子據之假符命，惑非彝，為天下患害者，比比而是；聖人憂深慮遠，肯為此妖僞殘賊哉〔註42〕！

河出圖，洛出書，其說既出於易繫，乃聖人之言，必不誣也，其事確有之。若以神

〔註39〕見前書卷七，頁1。
〔註40〕見前書卷八，頁18。
〔註41〕見前書卷十六，頁9。
〔註42〕見浪語集卷二七，頁8、9。

道設教解之，則是聖人作僞，其說必非；若以神龜負文說之，則流於巫史之說，且無所徵驗，亦不可據；夫以二者之說解經，其害尤烈，聖人一言一行，垂法後昆，必不如是。故薛氏說河圖洛書曰：

> 傳不云乎，伏犧氏之作易也，仰以觀于天文，俯以觀于地理……始畫八卦；圖書之說，從可知矣。春秋命歷序，河圖帝王之階圖，載江河山川州界之分野，讖緯之說，雖無足深信，其有近正，不可棄也。信斯言也，則河圖洛書，迺山經之類，在夏爲禹貢，周爲職方氏所掌，今諸路閏年圖經，漢司空輿地圖、地理志之比也。按山海經所言，皆地之物產、鳥獸、蟲魚、草木之屬，其古史職方之意歟！仲尼之言，幾不外是。其曰河洛之所出，川師上之之名也。……昔周天子之立也，河圖與大訓並列，時九鼎亦寶于周室，皆務以辯物象而施地政，所謂據九鼎、按圖籍者也〔註43〕。

薛氏以河圖洛書爲山經地志、禹貢職方之類，乃在辨地物，分州界，其稱河稱洛，乃河、洛川師所圖記而上之，故以河、洛名之，圖、書之別，在詳略之分耳。薛氏以爲，河源遠在九州之外，不能詳盡，僅形其曲直原委之趨向，故略而謂之圖；洛原在九州之內，經從之地，與其所列名物，人得而詳而謂之書，如此而已。其取人治地理之說，以排神龜負文之誣，既能明河圖洛書之實有，又有陳巫史之弊說，而於史又有所徵驗，在顧命有河圖與大訓並列者，足明徵也。此說與薛氏學術觀念精神相諧協，誠足自完之論，成一家之言也。

薛氏不取陰陽災異之說，蓋以其說乃因典籍闕殘，後人出於胸臆，附會之解，不可信也。其「從孫元式假定本韓文」詩曰：

> 楊墨衰周亦既微，仙雲妄欲斁倫彝，回瀾豈直萬人敵，斷簡傳將百世師。脫落間亡烏鰂墨，蠹殘寧免白魚辭……〔註44〕

按尚書大傳有「八百諸侯俱至孟津，白魚入舟」之說〔註45〕，白魚、赤烏之事，乃符命感應之說，其所以有是說，蓋因尚書經秦火蠹殘之故，後世遂附會之也。季宣既不信災異之說，故其論洪範曰：

> 君子之言天道而一本諸人事，心，天君也，一正心而天道至矣……。天道昭昭，其要在人而已。漢陰陽家以九疇五行配合天地之數，雖有稽於易象九章之作，豈直數之陳乎！牽合之文，自有不能通者〔註46〕。

〔註43〕見前書卷二七，頁1河圖洛書辯。
〔註44〕見前書卷九，頁4。
〔註45〕見陳壽祺尚書大傳輯錄卷二，頁1引。
〔註46〕見書古文訓卷八，頁14。

其訓伊訓「作善降之百祥，作不善降之百殃」曰：

> 在天道則福善禍淫，作善而有百祥，不善而有百殃，一氣之感，無遠
> 不屆，影響之應，有不期然而然者，然亦不可推也。說洪範者謂某事爲某
> 事之應，其理或是，曾不足以言也；百祥百殃之至，其果可以理推乎？善
> 與不善之應而已〔註47〕。

可見薛氏之言洪範，不取災異、徵應之說，蓋以理則不可推，以證則無可考，故必
取諸人事以爲說。其說高宗肜日「雉雊鼎耳」之事曰：

> 肜祭之日而有雊雉入廟，可以爲異，其說不可知也，……祖己因其見
> 災而懼，言先格王正事，詳於民政而戒豐昵之祀，天雖未可推以象類，要
> 亦人情而已。高宗於得說而雊雉應於祀之豐昵，天道不遠，而亦不可從也
> 〔註48〕。

此亦本諸「子罕言天道」之義。君奭「我則鳴鳥不聞」，孔傳以「我周則鳴鳳不得聞」
解之，取太平之世則鳳鳥應之說，而薛氏則不然，其訓曰：

> 鳴鳥不聞，憂之至也。鳥聲喧矣而不入於聽，心不在聽也〔註49〕。

此說一反孔氏而以人情說之，亦不取類應之義也。

3、群經可以互證

薛季宣說尚書，除以尚書經文互證之外，亦兼取他經以爲佐，蓋六經者皆聖人
所修，其義共通，挹此注彼，可相互發明。其序書古文訓曰：

> 不讀詩、書、易、春秋，則不知聖人之心，無以別堯之禪，湯武之伐
> 也。語之不切，見諸言外。斯言之辨，可以觀於虞夏商周之書矣〔註50〕。

觀書之義，必先知聖人之心，聖人之心，於六經無所不在。薛氏於經籍之中，尤長
於易，其「書古文周易後」曰：

> 他經雖玄妙難擬，要皆自易出也。夫禮樂、王政之紀綱；詩書春秋，
> 其已事也。凡名數聲音性命事物之理，非易無自見也。六經之道，易爲之
> 宗〔註51〕。

薛氏嘗謂喜易，讀之將數百過而弗知其際〔註52〕，於易之說，尤宗程伊川易傳〔註53〕，

〔註47〕見前書卷五，頁13、14。
〔註48〕見前書卷六，頁19。
〔註49〕見前書卷十一，頁9。
〔註50〕見前書前附序文頁2。
〔註51〕見浪語集卷二七，頁14、15。
〔註52〕參見前書卷二五，頁14復張人傑學諭書。
〔註53〕參見前書卷九，頁2及卷二三，頁1。

兼取胡瑗之學。是以其訓尚書古文，亦每引易作說。其訓皋陶謨「思曰贊贊襄哉」曰：

> 思欲贊贊襄哉，不底於成不已也。在易乾之象曰：終日乾乾，反復道
> 也〔註54〕。

其訓洛誥「享多儀，儀不及物，惟曰不享」曰：

> 物者物則之物，儀、祀事之所用也。易曰：東鄰殺牛，不如西鄰之禴
> 祭，實受其福。儀不及物之謂也〔註55〕。

凡此者，皆比比而見諸古文訓之中，可見其精於易，重於易，亦每以易解書也。

（四）薛氏尚書訓義之淵源

薛氏既從學於袁溉，上承伊川之學，其說自應以伊川爲宗，於易則然，然於尚書之說，書古文訓之中，僅引伊川之說一條曰：

> 古者征伐之主，必改制度以新民之視聽，若天道之一變，變置社稷，
> 其事之大者，故爲勝夏首政。夏社，亡國之社，猶周之亳社也。伊川說夏
> 社當遷而不可毀，故湯屋而遷之，亦戒於子孫諸侯，蓋亳社之始也〔註56〕。

引伊川之說，唯此一見。伊川之說書，本止二典之說，其他則零碎無體統，故薛季宣於書，鮮所引用。薛氏引書說之最多且明者，莫過於東坡書傳，蓋東坡書說，於慶曆之後，能於三經新義之外，別闢蹊徑，一反孔傳之舊而不失於義理，且爲全書，而解義大膽新穎，迴出千古之下，故其後儒者每多推崇引用。若朱熹爲程門嫡傳，程門於蜀學頗有微辭，唯東坡書傳則每加推譽，亦可見東坡書傳之得矣。薛氏於東坡爲人文章，本即心儀私淑之矣。其「讀東坡和靖節詩」曰：

> 我讀淵明詩，頗識詩外意，坡公繼逸響，簡中有佳思。取友百世上，
> 古來獨二士。陶固泉石人，蘇則廊廟器，⋯⋯⋯⋯〔註57〕。

薛氏不獨屬意古人，亦效其體而作詩，有「戲作贈別效東坡體次其韻」詩〔註58〕，不獨效其體而作詩，於東坡之詩，亦自言有獨到之見。其「東坡在齊安賦海棠詩，爲天下絕唱，年來絕無此種，許仲蟠取之武昌，作詩寄示」下自注云：

> 王彥材謂東坡以海棠比婦人，非是，此詩皆不言婦人〔註59〕。

薛氏思慕東坡之情甚切也。有雜詩「東坡」曰：

〔註54〕見書古文訓卷二，頁15。
〔註55〕見前書卷十，頁9。
〔註56〕見前書卷十六，頁4。
〔註57〕見浪語集卷六，頁6。
〔註58〕見前書卷八，頁1。
〔註59〕見前書卷十一，頁7。

東坡、思古也。江之廣矣，一葉航斯；東坡遠矣，企而望斯。彼草蒙茸，翳于雪堂；……雪堂之圮矣，曷爲其止矣；人之匪矣，若其已矣。……〔註60〕

渴慕之極，至有顯諸夢中，與東坡神交，若孔子之夢周公者然。其「記夢」詩序曰：

二月八夜，夢侍東坡先生，論靖康後事。走謂宗澤不死，朝廷少假事權，究其施爲，國家決不至是。先生未答。坐中或相詰難。先生曰：是所謂弸抈然者。走問其說。先生曰：有詩人與樂工言樂，詩人取琴鼓之，其聲咿嚶然；樂工之琴弸抈然也。遂寤，不詳何謂。作詩記之〔註61〕。

以此見季宣心慕東坡其人，其書說訓義，多引東坡書傳之說者，蓋亦不難想見矣。薛氏說舜典「六宗」曰：

六宗古無定説。孔氏傳曰：四時也、寒暑也，日也，月也，星也，水旱也。孔叢子以爲孔子之言。蘇氏按祭法星爲幽宗，水旱爲雩宗，秦世猶有所謂天宗，此六宗之名，於記猶有存者〔註62〕。

蘇氏反王氏之說，王氏用晉張髦三昭三穆之說，蘇東坡以爲孔傳之說，必有所本，並引祭法以證，此薛氏之所採也。其說仲虺之誥曰：

是故無湯之賢，而又無桀之君，不以湯心爲心，乃以湯爲口實，行其不義，是亦矯誣上帝，布惡於下而已。蘇氏論仲虺忠愛，可謂至矣，湯之所憝口實之病，終不敢謂無也。君臣之分，放弒之名，雖臣子不能蓋，走固謂湯亦弗之蓋也〔註63〕。

蘇東坡謂雖仲虺善解湯憝德，然終亦不敢謂無，薛氏取之，固謂湯亦不能掩飾之也。其他若論康誥「人有小罪非眚，乃惟終，自作不典式爾，有厥罪小，乃不可不殺」一節，引東坡設甲乙之法以解之〔註64〕。其解呂刑「上刑適輕下服，下刑適重上服」，引蘇軾設甲乙之狀以解之〔註65〕。凡此者皆明引東坡書傳之說。至於洪範五紀，解歲爲歲星十二年一週天〔註66〕；解大誥，以寧王爲武王〔註67〕；解康誥「非汝封又曰劓刵人」，不以爲倒錯，而以史官承上略去說之〔註68〕；解「速由文王作罰，刑

〔註60〕見前書卷十一，頁21。按雪堂乃蘇軾謫居黃州時所營居室之號，後赤壁賦有述及。
〔註61〕見前書卷八，頁3、4。
〔註62〕見書古文訓卷一，頁9、10。
〔註63〕見前書卷五，頁5、6。
〔註64〕參見前書卷九，頁4。
〔註65〕參見前書卷十五，頁8。
〔註66〕參見前書卷八，頁5。
〔註67〕參見前書卷八，頁24。
〔註68〕參見前書卷九，頁5。

茲無赦」，則以為不可遽用文王之刑〔註69〕；其解文侯之命，以見周德之衰〔註70〕；凡此皆本諸東坡書傳之意。據此可知，薛季宣書古文訓之義說，其淵源於東坡者，蓋非虛語。

東坡之外，薛士龍所取於宋代前輩之說者，亦不在少數；其解伊訓「臣下不匡，其刑墨」，引劉敞七經小傳之說〔註71〕；其說洪範五福六極之義，則用胡瑗之洪範口義〔註72〕；其說顧命諸重席，則引葉水心之說〔註73〕；其說泰誓武王十一年，即武王在位之十一年，非通文王九年而為十一年，其說出於歐陽修泰誓論〔註74〕；而其不信河圖洛書，神龜負文之言，亦與歐陽修、廖偁同〔註75〕。其論甘誓「五行三正」，引陳鵬飛之說〔註76〕；其說西伯戡黎，以西伯為武王，則出於胡宏皇王大紀〔註77〕；凡此皆足見解薛氏訓書，取精用宏，廣納眾善也。

（五）薛氏書訓之新解

薛季宣古文是訓，除有採於前儒之說外，於書義訓解，亦多有自傳之處，蓋彼精究典籍，泛覽圖書，而長於考證，故每有出人意表之見者焉。其解河圖洛書，以為川師所上山經地圖，禹貢職方之類，已見前述。其解大禹謨「六府」以為即六官之府，非如孔傳謂「金土水火土穀」也。其說曰：

> 六府，六官也；六官以五行稼穡名府，六者治而民得所養矣。……六府官不詳見。孟子稱禹治水，益掌火，稷教稼，契作司徒，則水、火、穀、土之官可見。考之周制，伯夷、皋禹，殆木、金二府乎！設官輕重隨時，六府之名號，象德之遺意爾〔註78〕。

此蓋薛氏長於典章制度，又主以書解書，故創為此說，而不採左傳之言〔註79〕。其說甘誓「奴戮」之義，不用孔傳「辱身及子」之說，其言曰：

〔註69〕參見前書卷九，頁6。
〔註70〕參見前書卷十五，頁12、13。
〔註71〕參見書古文訓卷五，頁13。劉敞之說，見七經小傳卷上，頁7。
〔註72〕參見書古文訓卷八，頁14。胡瑗之說，見洪範口義卷下，頁29～34有關五福六極之說。
〔註73〕參見書古文訓卷十三，頁6。
〔註74〕參見書古文訓卷七，頁2。
〔註75〕歐陽修、廖偁之說，參見歐陽文忠公文集卷四三廖氏文集敘。
〔註76〕參見書古文訓卷四，頁1。
〔註77〕參見書古文訓卷六，頁2。胡宏之說，見皇王大紀卷十，紂之二十四祀，周西伯發元年，三十二年西伯發戡黎，此西伯為武王發。
〔註78〕見書古文訓卷二，頁3。
〔註79〕其文原出於左傳文公七年晉郤缺之言，以釋九功者。左傳本合六府三事為九功，其義蓋猶洪範五行并稼穡而言，非指官府。

奴，囚奴也。男子入於罪隸。軍事主嚴，無五刑之屬，憀但二等耳〔註80〕。

此蓋薛氏古文作「伿」而非「孥」，故不謂及子之說，此亦薛氏古文說之一例也。其言軍中不以常刑論處，亦以制度爲說，考諸費誓「大刑」，「無餘刑，非殺」，其說或亦有理，較之「孥戮」之說，更見聖王之德。又其說西伯戡黎曰：

> 書序：殷始咎周，周人乘黎。蓋商人咎周之不伐紂，故武王有乘之舉；
> 泰誓觀政之語，謂乘黎也〔註81〕。

孔傳以爲「乘，勝也，所以見惡」，其說於文意顛倒。薛氏謂「咎周」爲「咎周之不伐紂」，其意謂商人之不耐紂之暴虐，望伐之而拯民於水火之中；其義蓋與湯誓「時日曷喪，予及汝皆亡」，及仲虺之誥「徯予后，后來其蘇」之意同，蓋亦以書解書之法也。其說於書序之文義爲順，咎周爲因，乘黎爲果，較諸孔傳倒果爲因，顛倒其文作解，亦有見有得者也。其解酒誥「群飲，汝勿逸，盡執拘以歸于周，予其殺」曰：

> 諸侯凡人有罪，自可專殺，況於方伯之重，不當以歸天子，必束歸於
> 天子者，蓋無殺之之意，使係縲於道路，困頓於拘囚，悔恨自咎於心，則
> 自新可冀矣。曰予其殺，非果於殺之之辭，不使諸侯殺之，存心於養誨之
> 也〔註82〕。

其說義與康誥「速由文王作罰，刑茲無赦」相類。諸侯執群飲者歸于周，於法制言之，有異於常者，故必求之言外，即薛氏序所云「語之不切，見諸言外，斯言之辨，可以觀於虞夏商周之書」也。至於其論呂刑「五過之疵，惟官、惟反、惟內、惟貨，惟徠」，薛氏解之曰：

> 官如見厥君事戕敗人者。反如爲父母復讎者。內如夜入人家，登時殺
> 之者。貨如捕盜見拒、傷殺之者。來如不得已應之者。五罪相若，惟審察
> 其本心，而後宥其瑕疵，無幸免之人矣〔註83〕。

其說與孔傳大異。孔傳以爲五過或以此五事而執法者有疵，若同官位，詐反囚辭，內親用事，行貨受賄，或有舊交往來，皆足令執法者故縱宥當罪者，是五事皆就執法者爲說。薛氏則反就訊囚立言，謂所犯事相類，而其情不同；若自衛殺人，與故意謀殺，其殺人一也，其原因則有異，不可一概論之。爲此說者，必精於律令刑規，方能爲之，薛氏正善爲之者也。然其解「惟貨」，以爲「捕盜見拒傷殺之」，則甚牽

〔註80〕見書古文訓卷四，頁2。
〔註81〕見前書卷六，頁2。
〔註82〕見前書卷九，頁15。
〔註83〕見前書卷十五，頁6。

強，其意謂保護自家財貨而捕盜見拒，故傷之殺之歟？凡此者，皆薛氏之新見也。

至於字義訓詁，薛氏亦時出新義。若舜典「元日」，薛氏曰：「舜之元年正月朔也。……上日書元，蓋舜之元年也〔註84〕。」益稷「在治忽」，則曰：「忽絲之微也。毫釐眇忽，十十相乘而成分者〔註85〕。」伊訓「具訓于蒙士」，則以爲「矇古文省，周官矇掌弦歌諷誦〔註86〕」。武成「血流漂杵」，則謂「漂，濺也，濺血至於染杵〔註87〕」。於洪範稽疑，則以「之卦」爲驛，「本卦」爲克〔註88〕。皆字義訓詁之有異於前儒者也。

（六）薛氏尚書學之義理基礎

薛季宣上承伊川之學，爲理學之支派，雖不若朱、陸之專言心、性，而兼重事功，詳於典章文物制度，此猶孔門四科之中，有政事、文學之科也。伊川之學，以論語、孟子、大學、中庸爲宗，薛氏之學亦以此爲基礎，蓋其學說一皆以孔子聖人之心是求，故尤重於論語，彼嘗述及其學術之所資云：

仲尼之述者六經，今或亡而或存；易以盡神，春秋凝命，禮樂存誠，
詩書正性，孝經立其大本，魯語會其蹊逕；其次諸儒所說，亦彰彰而孔明；
中庸述於子思，易傳成於卜商，春秋左氏之辭，公羊逮於穀梁〔註89〕。

所謂「魯語會其蹊逕」者，指論語也。論語皆孔門弟子記其師之言，是以可爲六藝之喉衿，五經之管轄也。薛氏解書訓義，一本諸論、孟、學、庸之義理立論，其取正於孔子之意也。若其解大禹謨「正德、利用、厚生、惟和」，則曰：

三者不和，則不立；和者，中庸之至也〔註90〕。

此以中庸「發而皆中節謂之和」以解「惟和」也。其說大甲「虞機張」曰：

虞人張機，必先求己視矢之括，當弩之度，然後釋放，罔不中物。人
君之道亦由此也。大學之道，在知止，在止於至善，人之有止，猶機之有
度，於止知其所止，無往而不善矣〔註91〕。

是引大學之理以解虞機之向度也。其訓畢命「樹之風聲」曰：

旌善別惡而使民之居里，各從其類；淑慝所處，用是以表明之；善者

〔註84〕見前書卷一，頁13。
〔註85〕見前書卷二，頁19。
〔註86〕見前書卷五，頁13。
〔註87〕見前書卷七，頁15。
〔註88〕見前書卷八，頁1。
〔註89〕見浪語集卷十四，頁7〈七屆〉。
〔註90〕見書古文訓卷二，頁3。
〔註91〕見前書卷五，頁15。

章而惡者病，則相與入於善矣。風聲，教化也；孟子曰：仁言不如仁聲之
入人深也。修道之教，章善以癉惡；不言之化，風行於百姓也〔註92〕。

此引孟子之說爲依據，以明風聲之化深也。其論多方曰：

> 自武王之伐商，至周公之歸政，三監淮夷之亂，蓋再作矣。商人化於
> 紂之威虐不已深乎。周公寬以教之，優以柔之，不譽以威而勤於教，懷柔
> 其德性，蓋久而後服也。民遷善而遂誠服也。民遷善而遂誠服，迄致刑措
> 之美，聖人移風易俗，寧求一切之近功乎！孔子謂必世而後仁；又曰五誥
> 可以觀仁。至矣〔註93〕。

此以孔子之言世而後仁，以見周公五誥之仁政也。此外，薛氏有皇極解一篇，其訓
義之文，幾爲儒典之集合拼湊體，今舉一例，以見其概。皇極解說洪範「凡厥庶民，
無有淫朋，人無有比德‧惟皇作極；凡厥庶民，有猷，有爲，有守，汝則念之」曰：

> 子言之，可與共學，未可與適道，可與適道，未可與立，可與立，未
> 可與權。君子之於天下也，無適也，無莫也，義之與比。孟軻有言，所謂
> 大人者，言不必信，行不必果，惟義所在。執中無權，猶執一也。是故識
> 輕重之爲貴，識輕重則知權矣。君子之時中，時中爲權；君子所過者化，
> 所存者神，上下與天地同流。大受者不可以小知也〔註94〕。

此段文字，幾全引論語，孟子之言爲之，薛氏略無一語出之。然則可見薛氏之解書
訓義，其義理基礎之所在也。

（七）薛氏尚書學之文學成就

薛季宣好古求眞，而文章之古者，莫如尚書，韓退之謂「周誥殷盤，詰屈聱牙」，
足見其古樸之文風矣。薛氏於尚書，既古文是訓，其爲文也，亦每模擬尚書之風格，
或取尚書中之史事以資爲文。若周鼎銘者，言周九鼎之制及其來歷，而其文實仿尚
書風格而作，文曰：

> 惟七年成王使召公卜宅洛色。厥三月，公既得吉卜，周公至於新邑營，
> 以王命戒，定九鼎于郟鄏攸居。周公拜手稽首曰：孺子王矣，惟先王格天
> 新命，肆天王惟末命而承，我乃誕居大鼎于茲洛。予惟卜年七百載，惟三
> 十其世。王其丕承皇天休命，將茲大寶，毋愆于敬，亦毋荒于卜。王拜手
> 稽首曰：皇天顯宅我周家，敷永命于公誠卜，我不知守器之說，公其誨我；

〔註92〕見前書卷十四，頁3。
〔註93〕見前書卷十一，頁20、21。
〔註94〕見浪語集卷二七，頁2。

惟予冲子憯息，惟公安命其承。周公若曰：………〔註95〕。

若此之文，其與尙書周書之語氣文辭皆極相似，較之僞古文諸篇，猶有過之，非深於尙書者，其能爲之歟！又有峚山頌，頌禹之事，蓋亦掇取大禹謨、堯典等虞書有關禹之文言，敷陳而成〔註96〕，皆是之類。

薛氏又有琴曲一組，皆言上古政事而切於尙書者〔註97〕，若「神人暢」者，言堯事天理人，堯民虞歌其聖。曰「南風歌」者，舜治天下也。曰「襄陵操」者，禹治水作，其辭多出於尙書者，辭曰：

　　　湯湯洚水兮，懷山襄陵；浩浩滔天兮，昏墊生靈；導之入于海兮，王
　　事有程；啓呱弗子兮，匪我忘情。

又有「適薄歌」，言夏民去桀歸湯；有「文王操」，頌商末鳳鳥集於周之祥；有「克商操」，爲武王作，其辭曰：

　　　天命文考，翦滅大商，發將天命，戈矛有光，非余武兮，獨夫自亡，
　　非余武兮，天啓先王。

此蓋取於泰誓之辭意也。凡此者，皆有取於尙書。可見薛氏之深於尙書之學，而善爲之發揮，以成其文學風骨也。

（八）薛氏疑議尙書

薛季宣據尙書古文作訓，其文辭與孔傳本本少有異同；其本乃集前人言尙書古文而成，薛氏湊合改編，可謂之尙書改本。既編是本，然亦未以爲即尙書之完本，觀其詩曰「蠹殘寧免白魚辭」可知之矣。薛氏於序言隸古定最古，最爲可據，故其於尙書文字之間，鮮少言及疑改之事。若舜典「陟方乃死」，自韓愈以「陟方」爲「升遐」，本即死義，如康王之誥「新陟王」指成王新死是也。自後世言者多據之爲說，以「乃死」二字爲羼入衍文。薛氏於此引韓愈之說，而又曰「乃死，釋上文」，然未以爲衍文也〔註98〕，皋陶謨之末「思曰贊贊襄哉」，自王安石、蘇東坡以來，多以「思曰」爲「思日」，薛氏書說雖淵源於東坡甚深，於此亦不以爲錯字〔註99〕。

總合觀之，薛氏書古文訓之疑經之處，止有二條，一爲疑泰誓經或序文，一爲疑書篇順序有不倫者，茲列述之如下：

1、疑泰誓者

〔註95〕見浪語集卷三二，頁9。
〔註96〕參見前書卷三二，頁4、5、6。
〔註97〕此一組琴曲，見浪語集卷十三。下述所引皆在焉。
〔註98〕參見書古文訓卷一，頁19。
〔註99〕參見前書卷二，頁15。

泰誓序云：「惟十有一年，武王伐殷」而泰誓經文則曰：「惟十有三年春，大會于孟津。」尚書既爲孔子所定，而序又孔子所書，今二者顯有不合處，故薛氏云：

> 書序作十一年，泰誓作十三年，二者必有一誤〔註100〕。

此以爲二說必有一誤，蓋亦程頤之說也。考薛氏於金縢「既克商二年」，云「武王之十三年或十五年」，觀其辭意或較偏取於十三年之經文。朱子語類云：「舊有人引洪範十有三祀訪于箕子，則十一年之誤可知矣〔註101〕。」考董鼎書集傳輯錄纂註泰誓下引作程頤之說是也。

2、疑書篇順序不倫

薛氏論多士「惟三月，周公初于新邑洛」曰：「三月當爲營洛之明年，成王幸洛之春也。」因論召誥、洛誥、多士之順序曰：

> 書序成周既成，遷殷頑民；召誥成王伻來毖殷，而周公之祝辭有曰：殷乃引考，王伻殷家承敍萬年。則遷民在幸洛前矣。周書自大誥後，多不倫次，各以事類相從，史之法也〔註102〕。

如薛氏之言，則多士當在召誥、洛誥之前矣。然薛氏以爲史官以類相從之法，雖有疑議，然亦爲之調停也。

四、薛氏書古文訓之評價及影響

薛氏尚書古文，輯拾前人所載之古文，改編成篇，其字劃既有古體，又有隸古，復有當代文字，駁雜怪異，且流傳不廣，學者多無評騭之辭，唯交遊所及若朱熹、呂祖謙者，尚有一二言及耳。朱熹謂曰：

> 薛士龍書解，其學問多於地名上著功夫〔註103〕。

通考薛書，其於地名山川河岳之事，訓釋頗詳，至有言及地理之歷史沿革者，至於洛書河圖，亦皆以川師與圖職方說之，其用心於地理者，誠是也。呂祖謙書說有禹貢圖說，其中引薛氏之論多條，亦足證朱熹之言非虛，蓋彼既長於考證，且博覽群籍，又兼於事功典制故也。

四庫全書提要則以爲其書字體，奇形怪態，不可辨識，駭俗驚世，而其義訓又無甚發明，故而不取〔註104〕。此亦過言矣。考其書之古文，字字皆有來歷，雖非即

〔註100〕見前書卷七，頁 1。
〔註101〕見朱子語類卷七九尚書二泰誓，總頁 239。
〔註102〕見書古文訓卷十，頁 14。
〔註103〕見朱子語類卷七八尚書一綱領，總頁 1989。
〔註104〕參見同註 6。

古文尚書之舊，亦足以窺其一斑；其輯掇之功，不可沒也。其義訓雖無特異發明之處，要皆以孔子聖人之意爲準，則不失其爲正流。而其解書，於字義則取古文作訓，出孔傳本之外，且解義每多新見，訓詁亦皆有據，雖偏於典章名物，然是成其一家之學，於有宋諸儒尚書學說之中，自有其特殊之風格及價値。其後有黃度尚書說之作，即淵源薛氏之學〔註105〕，可見其尚書學亦未可止以地理山川之成就爲限也。

第二節　黃　度

一、生平事略

　　黃度，字文叔，號遂初，紹興新昌人。好學讀書；祕書郎張淵見其文，謂似曾鞏。隆興元年進士，知嘉興縣，入監登聞鼓院，行國子監簿，疏請屯田復府衛，以銷募兵，具屯田府衛十六篇上之。遷監察御史。光宗以疾不過重華宮，上書切諫；又與臺諫官劾陳源諸人，上不聽，遂出修門，上諭使安職，固辭。寧宗即位，詔復爲御史，改右正言，時韓侂胄驟竊國柄，度具疏論其姦，韓假御筆阻之，遂固辭；詔以沖祐祿歸養。俄知婺州，自是紀綱一變，大權盡落韓侂胄之手，然韓素憚忌之，不敢加害於度。起知泉州，仍進寶文閣奉祠如故。侂胄誅，召除太常少卿，累遷江淮制置使；至金陵，罷科糴輸送之擾，活饑民無數；擊賊斬盜，招歸業者九萬家。遷寶謨閣直學士。度以人物爲己任，推挽不休，爲禮部侍讀，入覲論藝祖垂萬世之統，一曰純用儒生，二曰務惜民力。上納其言。謝病丐去，遂以煥章閣學士知隆興府歸越，提舉萬壽宮，嘉定六年十月卒，年七十六，諡宣獻。先生志在經世，而以學爲本，至老不倦，晚年制閫江淮，著述不輟，時得新意，往往晨夜叩書塾爲朋友道之。作詩、書、周禮說。著史通，抑僭竊，存大分；別爲編年，不用前世史法，至於天文地理井田兵法，即近驗遠，可以依據，無陋迂牽合之病，又有藝祖憲監，仁皇從諫錄，屯田便宜，歷代邊防，行於世。又嘗作周易傳，書未訖簡而沒。嘗以言忤當路者，故名列僞學黨〔註106〕。

二、尚書學之著述與著錄

　　黃度篤學窮經，至老不輟，有書說之作。宋志著錄黃度尚書說七卷，陳振孫書

〔註105〕參見本文論黃度尚書學之淵源一節。
〔註106〕參見宋史卷三百九十三列傳，頁 16 本傳，宋元學案卷五十三止齋學案，陳振孫直齋書錄解題卷二，頁 9，經義考卷八一，頁 7、8 引呂光洵序，宋人傳記資料索引冊四，頁 2847，葉適水心集卷二十，頁 8～11 龍圖閣學士黃公墓誌銘。

錄解題同〔註107〕；葉水心作黃度墓誌，云有詩、書五十卷，周禮五卷；而黃文叔詩說序云：得其詩說三十卷，則其書說當係二十卷〔註108〕。經義考著錄與宋志同，云存，並錄呂光洵序曰：

> 洵得黃氏尚書說七卷於武部呂江峰氏，與太史唐荊川氏校其訛謬，以授黃氏子孫，刻諸家塾〔註109〕。

是其書於宋世已刊行流傳，迨九峰蔡氏書傳出，諸家書說多湮沒不復行世，其書漸絕，雖黃氏子孫亦不能得。呂光洵得之，與唐順之共校，遂復刊行而存其說。四庫全書所著錄，蓋據呂、唐所校刊之本也。其書亦收入通志堂經解中，仍作七卷。

三、黃度之尚書學

明呂光洵序黃度尚書說曰：「宋禮部尚書宣獻公遂初黃先生，與紫陽朱子，止齋陳子，水心葉子相友善，……幸而存者尚書說，其訓詁多取孔氏；而推論三代興衰治忽之端，與夫典謨訓誥微辭眇義〔註110〕，」四庫提要承呂氏之說，以為黃度之時，吳棫書裨傳始出，未為世所深信，不知孔安國傳出於梅賾託名，故度作是編，其訓詁一以孔傳為主〔註111〕。是二說皆以為黃度尚書之學，以傳統孔傳之說為淵源。呂序及四庫提要又以為黃度書說，於義理之說，若夫人心道心，精一執中，安止惟幾，綏猷協一，建中建極諸義，多所發明，以義理研經者，亦固足取焉〔註112〕。今論其尚書學如后：

（一）尚書學說與孔傳之關係

呂光洵序以為黃度尚書之說，其訓詁多取孔傳，今考諸其書，有不然者焉。蓋其書本諸孔傳者，固已不少，其為孔傳疏釋者，亦或有之，此為尚書學者所必然，其所異者，多寡之數而已。其書之訓詁與說義本諸孔傳者，若堯典序「將遜于位」，訓曰「遜，循也〔註113〕」，若經文「庶績咸熙」，訓曰「熙，廣也〔註114〕」；皆是也；至於義說，若舜典「六宗」，黃度曰：

> 孔氏曰：四時、寒暑、日、月、星、水旱，雖不見所據，而孔氏書出

〔註107〕參見直齋書錄解題卷二，頁9。
〔註108〕參見水心集卷二十，頁8及卷十二，頁8、9。
〔註109〕見經義考卷八一，頁7引。
〔註110〕同前註。
〔註111〕參見四庫全書總目卷十一，頁15、16提要。
〔註112〕同前書及註107。
〔註113〕見黃度書說卷一，頁1。
〔註114〕見前書卷一，頁3。

於屋壁，本有傳，恐其說或有所自也。諸家皆後出臆斷，與不得已，寧從孔氏〔註115〕。

又若洪範「天乃錫禹洪範九疇」，黃度曰：

> 古說神龜負書。或疑其迂怪難信，非也；伏羲畫八卦，伏羲之前，非無易也，禹敍九疇，禹之前非無書也。本有此理，聖人發其妙耳。龜焉，則其開先也。易繫曰：河出圖，洛出書，聖人則之。又曰：伏羲氏仰則觀象於天，俯則觀法于地。……以類萬物之情，是則不獨觀法於圖也〔註116〕。

此所謂古說，實即孔傳所謂「洛出書，神龜負文而出，列於背，有數至于九」者也。是其從孔氏訓詁說義者也。黃度亦時爲孔傳作疏釋，以圓其說；若禹貢「治梁及岐」，禹貢梁山、岐山，皆入冀州，而孔傳以爲雍州山，黃氏爲之解曰：

> 遂治梁次第至岐，禹貢皆屬冀，孔氏曰：雍州山。據漢言也。周梁山屬并，今韓城縣。……韓奕曰：奕奕梁山，韓侯受命，是爲晉望。案禹貢冀界自龍門南逾河，而西自梁山，至岐山，虞夏皆都安邑，若但南薄河爲界，形勢迫險，豈所以爲帝都哉！逾河自梁及岐，包長安於其中，是爲漢三輔，帝都西界爲形勢爲可見矣〔註117〕。

其說以爲禹貢以梁、岐入冀州，孔傳以漢代之地理言在雍州，其地於虞時當在冀也，蓋冀爲帝都所在，不應至河爲界爲迫隘，故必逾河至梁岐，始有帝都之形勢，猶漢之包長安三輔也。又其解康誥篇「汝陳時臬司師」曰：

> 臬，射的也。孔氏訓爲法，法之爲臬者，言議法如射之有的，必求其中；此因物立義也。臬、讞音近，漢以來稱讞獄，恐今人緣義而易歟〔註118〕！

按爾雅釋宮曰「在地者謂之臬」謂門橜也，說文「臬，射準的也，从木从自」，黃度據說文之義，以疏孔氏之訓，以爲因物立義，其義相通。凡上述者，誠本諸孔傳而爲說也。

然通考其書說，其中訓詁義說之異於孔傳者，亦不在少數，甚或有明批孔傳之失，或評孔傳之非是者，若堯典「宅南交」，孔傳以爲「南交言夏與春交」，黃度以爲非也。其說曰：

> 交，孔氏曰：夏與春交，非也。秋亦與夏交。先儒嘗難此義。或曰：

〔註115〕見前書卷一，頁5。
〔註116〕見前書卷四，頁9。
〔註117〕見前書卷二，頁1。
〔註118〕見前書卷五，頁8。

南夷足趾交，名交趾，故稱南交。按漢初置交趾郡，後置交州。杜佑通典

曰：復禹舊號。是則本名交，其曰交趾者，後世增益之也〔註119〕。

其以爲孔傳之義爲非，蓋春與夏交，夏亦與秋交，何獨言春與夏交而遺其他乎，此義劉敞七經小傳嘗疑難之〔註120〕。故其取交爲本名作說，而不用孔傳也。又若冏命序「穆王命伯冏爲周太僕正」，孔傳曰：「太僕長，太御，中大夫。」而黃度則曰：

正，長。周禮太僕下大夫二人，猶當以一人爲長〔註121〕。

二說皆據周禮，孔傳以爲太御，蓋太御名雖與太僕不同，然其下隸屬者甚夥，有正長之勢，故取太御爲之解；黃氏則取其同稱者，而以其一人爲長，故曰太僕正，與孔傳說異。訓詁名物之外，於解義亦每與孔傳不同，若呂刑「俾我一日，非終惟終，在人」，孔傳曰：「一日所行，非爲天所終，惟爲天所終，在人所行。」其義謂天命我牧民，其命終與非終，惟視君之勤與不勤；終作斷絕解，終之者，天也，所終者，天命也。黃度解此，則不然。其言曰：

天之於民，均平齊矣，豈有賢愚之異哉！使我一日之力，非終爲不勤，

則流而墮於小人矣；惟終爲勤，則企而趨於君子矣。非終惟終，則皆在夫

人耳。非終或作或輟，不純一，猶曰不克終日也〔註122〕。

黃氏以爲此節乃指人修德而言，蓋性相近，天之俾人甚齊，其有賢愚之異者，蓋在終與非終，勤與不勤之別，能終且勤，可以企於君子，否則入於小人之域。然則黃氏以義理修德之說解之，與孔傳大異其趣。更有進者，於章句標照，亦多處與孔傳異。若立政篇「其在受德暋惟羞刑暴德之人」，孔傳以受德爲紂之字，其以受德爲讀矣。黃度以爲非，其言曰：

古說受德紂字，未可信，德暋絕句，德暋，凶德也，受之德厥強爲惡

〔註123〕。

黃度以「德暋」連辭，與孔說異。按其上文言夏桀，亦曰「桀德惟乃弗作往任，是惟暴德罔後」，正與下文「紂德暋惟羞刑暴德之人」同義，孔傳於「桀德」曰「桀之爲德」，而訓「受德」爲紂字，是前後不倫也；若「受德」爲紂字，則「桀德」爲桀字歟！黃度之說甚是。

總上觀之，黃度書說，其有取於孔傳義訓，誠爲事實，然其非孔異孔者，所在

〔註119〕見前書卷一，頁2。
〔註120〕參見劉敞七經小傳卷上，頁1。
〔註121〕見黃度書說卷七，頁11。
〔註122〕見前書卷七，頁14。
〔註123〕見前書卷六，頁16。

多有；前儒每謂王安石喜與孔傳異，然其釋「南交」亦與孔傳同，東坡亦好立異，然六宗之說以孔傳爲有傳授而從之；劉敞七經小傳，其異孔傳者亦十數條而已；今黃度書說中，訓義之異於孔者，批孔傳爲非者，不下數十條之夥，其可謂之「以孔傳爲主乎」，考諸其書，其有取於宋代前儒者及自出機杼者亦多矣。

（二）尚書學說之淵源

　　黃氏書說，既有取於孔傳；然非以孔傳爲主；則其所取法者，究爲何家派？通考其書說，亦有迹可尋焉。其書稱引宋代學者之說，其指名者，劉貢父一條〔註124〕，王安石一條〔註125〕蘇東坡六條〔註126〕，胡安國一條〔註127〕，范祖禹一條〔註128〕，薛季宣兩條〔註129〕；以蘇說爲最多。然比對諸家之說，黃度取蘇氏之說誠夥矣，然引蘇氏說而加以批評者，亦有之〔註130〕；而其雖不稱名，而實引薛宣之說者尤多，且多取其說，鮮有非之評之者。其明引薛季宣之說者二條，在禹貢「雲土夢作乂」，取士龍「江波爲雲，竹澤爲夢」之說。在西伯戡黎，則引薛士龍之說，以西伯爲武王〔註131〕。其不指名爲薛氏之說，而實爲薛氏說者，若禹貢「禹錫玄圭，告厥成功」，孔傳以爲「堯賜玄圭以彰顯之」，王安石以爲禹錫玄圭於堯，以告成功；林之奇則謂禹以玄圭告成于天；而薛季宣則謂乃舜嘉禹治水之功，告之於天，受寶圭賜，定禪禹之事也。黃氏於此，則曰：

　　　　玄，天色也。孔氏曰：錫玄圭，天功成是也。禪禹定於此矣〔註132〕。

按黃氏雖未言帝爲舜，然禪禹者舜也，不言可知，其以此論舜禹之禪定矣，是用薛氏之說也。黃氏於伊訓「具訓于蒙士」下曰：

　　　　或曰：蒙，矇古字從省爲蒙。周官瞽矇掌弦歌諷誦，召武公稱矇誦，衛武公亦曰矇不失誦；所謂工執藝事以諫者也。湯作官刑具以訓瞽矇，使歌誦之以儆邦君卿士〔註133〕。

〔註124〕見前書卷三，頁6。
〔註125〕見前書卷四，頁10、11。
〔註126〕見前書卷二，頁4、14、15，卷三，頁4，卷六，頁4、16。
〔註127〕見前書卷七，頁18。
〔註128〕見前書卷六，頁16。
〔註129〕見前書卷二，頁7，卷三，頁22。
〔註130〕若前書卷四，頁16，洪範庶徵「曰王省惟歲」以下一節，蘇氏以爲乃五紀之文，脫簡於此，黃氏以爲非，雖未指爲誰說而稱「或曰」，實東坡書傳之說。其他尚有數條，不贅列。
〔註131〕同註129。
〔註132〕見黃度書說卷二，頁17。
〔註133〕見前書卷三，頁6。

此「或曰」之說，實始見於薛氏古文訓也。又牧誓「庸、蜀、羌、髳、微、盧、彭、濮人」，黃氏曰：

> 髳、微、盧、彭則難考矣。或曰唐姚州有微水蠻，戎州羈縻有微、髳二州，今瀘州古巴之國，又今雅州有盧山縣。彭今眉州彭山縣有彭祖冢及祠。凡此名稱雖同，未必是，……已不可必也〔註134〕。

其引「或曰」之說，亦薛氏之說〔註135〕，雖曰未可必，而取其說以補書傳之缺，猶逾於無說，是亦有取於薛氏矣。又無逸篇祖甲之說，孔傳以爲太甲，黃度則曰：

> 案史記殷自有祖甲。高宗子祖甲淫亂，殷復衰。國語亦曰祖甲亂之，七世而殞。邵康節皇極經世書，祖甲繼祖庚而立，歲在壬戌，廩辛立於乙未，其歷年之世次皆與書合。鄭康成謂武丁欲舍祖庚而立祖甲，祖甲以立弟不義，逃于民間，是蓋賢矣。其說當或有所受。國語、史記，容或誤歟！
> 〔註136〕

其說亦取於薛氏而文辭幾近抄錄，所引鄭康成及邵雍之證亦同〔註137〕，足見其取於薛季宣之說也。

黃度之多取於蘇說者，蓋薛士龍書古文訓之說，亦淵源於蘇東坡爲多〔註138〕，故其祖薛氏而祧蘇氏也。其書說中，引蘇氏說亦多見於薛氏者，若東坡以「文侯之命」爲見周德之衰，薛氏用之，黃氏亦曰：「夫子錄文侯之命，著周之亡也〔註139〕。」；其仲虺之誥引蘇文忠之說，謂仲虺誠忠矣，而湯之慙口實之病，仲虺終不敢謂無，放殺之名，雖其臣子不能蓋。薛氏亦引蘇氏此說，而續曰：「固謂湯亦弗之蓋也〔註140〕。」而黃度則曰：「夫惟湯武未嘗求蓋也。夫不蓋其名，是以爲仁義之盡；使有其實而欲蓋之，則私而已矣，何以湯武爲〔註141〕！」是發揮薛氏之論，而以公私之義明之也。

再就治尙書之觀念、方法及風格言之。亦足見黃度之說源自薛氏者黃度嘗謂：

> 大抵說經，當有據。詩書王制孟子左氏傳國語可據，史記已有不可據者，其他傳記，苟不可致實，則必難據也〔註142〕。

〔註134〕見前書卷四，頁5。
〔註135〕見書古文訓卷七，頁9、10。
〔註136〕見黃度書說卷六，頁4。
〔註137〕參見書古文訓卷十一，頁3。
〔註138〕參見本文薛季宣部分論薛氏尚書學之淵源一節。
〔註139〕見黃度書說卷七，頁18。
〔註140〕見書古文訓卷五，頁6。
〔註141〕見黃度書說卷三，頁4。
〔註142〕見前書卷五，頁19。

又曰：

> 故當盡廢諸說，而一之以經文。……故備攷本末，指其誤謬，以伸經
> 文，使學者無所惑焉〔註143〕。

是其以經文爲準，並參以他經，以尚書互證經義，以易經之理訓解尚書，凡此皆黃
氏治尚書之觀念。若其解多士「天顯民祇」，則曰：

> 陟降厥士，日監在茲，天顯也。予臨兆民，懍乎若朽索之御六馬，民
> 祇也〔註144〕。

是以經解經之義也。若堯典「巽朕位」，黃氏曰：

> 堯在位久，高而能降，顯而知晦，故欲以位巽四岳。易巽彖曰：以木
> 巽火。火出而木泯也〔註145〕。

此「巽象」者非，當爲「鼎象」。鼎卦象辭曰：「以木巽火。亨，飪也。聖人亨以享
上帝，而大亨以養聖賢。巽而耳目聰明，柔進而上行，得中而應乎剛，是以元亨。」
其說有取於「柔進而上行」「以養聖賢」，是進賢於上位；鼎卦象曰：「君子以正位凝
命。」，是堯巽於四岳之義也。又「釐降二女於嬀汭」，黃氏曰：

> 易二女同居爲睽，二女能執婦道于頑嚚傲慢之間，堯於是以舜爲果可
> 敬也〔註146〕。

是黃度取易義以解書義也。凡此者，亦皆薛氏治學之觀念與方法〔註147〕。至於薛季
宣依古文作訓，每有言古文云何者，黃度書說亦同。若禹貢梁州「岷嶓既藝」薛氏
曰：「汶，古岷字。岷山亦曰蜀山，在茂州汶川縣〔註148〕。」黃度解之，全同薛氏
之文〔註149〕。又甘誓「孥戮」之文，黃氏則曰：「古書孥作奴〔註150〕。」若酒誥「妹
邦」，黃度曰：「妹、沬古字通〔註151〕。」若梓材「懷爲夾」，黃氏曰：「夾音協，當
作挾，古字省或脫〔註152〕。」若蔡仲之命「郭鄰」，黃度曰：「逸書作虢凌，虢郭古
字通〔註153〕。」或據古文，或用薛氏之說，皆可證黃度之尚書說，與薛氏關係之密

〔註143〕見前書卷二，頁14，禹貢篇論三江。
〔註144〕見前書卷六，頁2。
〔註145〕見前書卷一，頁4。
〔註146〕見前書卷一，頁4。
〔註147〕參見本文論薛季宣之尚書學中，有關其治尚書之觀念與方法部分。
〔註148〕見書古文訓卷三，頁12。
〔註149〕見黃度書說卷二，頁8。
〔註150〕見前書卷二，頁18。薛氏書古文訓作伮，奴也。
〔註151〕見前書卷五，頁1。薛氏亦有是說，見書古文訓卷九，頁1。
〔註152〕見黃度書說卷五，頁15。
〔註153〕見前書卷六，頁9。薛氏亦同，見書古文訓卷十一，頁12。

切，其淵源於薛士龍之書古文訓，無疑也。

據此結論，則有可議論者焉。蓋今本宋元學案，到黃度於止齋學案，標爲止齋陳傅良之學侶，王梓材曰：

> 案梨洲原表列先生於艮齋之門。而徧考載籍，殊無明文。以與止齋一見如故，列爲止齋學侶可也〔註154〕。

按薛季宣長黃度六歲，薛氏卒年四十，而黃遂初三十四耳。依年齡而推，黃氏可以及薛艮齋之門。今以黃氏尚書說考之，其出於薛士龍之學，至爲明白；黃宗羲列黃度於艮齋之門，雖未見其所據，然就其學術觀念、方法、特徵，及其尚書說之淵源推之，梨洲之表，亦非妄列；王梓材未考及此，輒移黃度於止齋學案，雖非極誤，亦失之草率，而枉誣先輩也。

（三）尚書學中之義理

黃氏尚書之學既以薛士龍爲宗，而薛氏訓解尚書，一皆以聖人之言爲準，旨在明聖人之心，以彰聖王之事功。薛氏學受袁溉，上承伊川，固解義多據論孟學庸爲基礎，黃氏之學，既源薛艮齋，其以義理解尚書，自亦固然也。四庫提要謂「以義理談經者，固有取焉」。士龍之學兼重事功，談及心性者較少，黃度則稍加充廣，時就心、性、理作說也。其說堯典曰：

> 記曰：脩身則道立，尊賢則不惑。以親九族，齊家也；平章百姓，治國也；……皆能昭明其德。詩曰：商邑翼翼，四方之極。協和萬邦，平天下也，建萬國，親諸侯，合和之，無彼疆此界，而眾民皆化，於是大和；此大學本末先後之論也。凡典籍之言道德者，皆本此，故推以爲道路〔註155〕。

黃氏以大學之言說堯典首章，並指爲典籍言道德之本，其以道德解尚書也可見矣。其說鯀「方命圮族」曰：

> 鯀才高也；……咈戾；方命，方執不順理也。天命之性，物理具焉，窮理盡性，以至於命；理、性、命同也。水失其性，而五行皆亂，彝倫由是而斁。……夫有材而不知道，逆而施之，鮮不敗其類〔註156〕。

按孔傳謂「方命」爲「好此方名，命而行之」，則所謂命者，乃君上之命令也。薛氏謂「方命，不循天道」，黃度本士龍之說，復衍其義，謂命乃天命之謂性之性，在天爲命，在人曰性，人之性有才，物之性有理，在能率性順理與否耳。箕子曰「鯀堙

〔註154〕見宋元學案卷五十三上齋學案，總頁975。
〔註155〕見黃度書說卷一，頁1。
〔註156〕見前書卷一，頁3。

洪水，汨陳五行」，則是內不能率其才性，外不能順物之理，故彝倫攸斁。其說大禹謨「人心道心」曰：

> 人心應緣接物，與民同患者也，易流故危，典禮興行，人紀攸立，故曰人心。道心冥漠虛寂，不可名象者也，無迹故微，卓乎獨立，道體斯在，故曰道心。道心體也，人心用也；用之而危則害道，不用則偏體孤德，墮於荒茫，不可以同………不墮於無，不沒於有，然則有無皆迹也，故謂之兩端〔註157〕。

彼以體用有無解道心人心，則道心、人心為二，有近理、氣二元之論。其論蓋有取於道家之說。老子曰：「無，名天地之始；有，名萬物之母；故常無欲以觀其妙，常有欲以觀其徼。」是體與用相成以見其功，形而上則為道心，此心冥漠，道沖牝靜，故為微而難察；形而下之為人心，人心接物，故必動而後見其用，猶氣之流轉而賦成萬物，然接物而動，易隨物化，故其用也危；故人心必執道心以行云，始不危，道心必依人心而在，始見其迹。其說益稷「安汝止」曰：

> 為人君止於仁，為人臣止於敬，為人子止於孝，為人父止於慈，與國人交止於信，莫不各有所當止也，而安之為難，不安則易畔也〔註158〕。

孔傳解此曰：「當先安好惡所止。」以好惡人欲之所定執解之。薛士龍書古文訓則曰：「安止即安安也。於止知其所止，則幾微之動，吉之先見者，皆得之矣〔註159〕。」其以安其所安作解，而接之以吉康，是亦利而行之者也；黃度以五倫之所當行止於五德解之，蓋據大學「止於至善」之說為言〔註160〕，並訓「惟幾、惟康、弼直」曰「幾當察，康當戒，弼直當親」，皆以進德修身為宗極，是「仁者安仁」之義，安而行之，任重道遠，斯甚不易，然能之者亦不易畔棄矣。其說義較孔傳，薛氏為長。凡此者皆見黃度以道德，心性為說，黃宗羲列入學案之中，誠非誣妄也。

（四）尚書學中之新論

　　黃度說尚書，多宗薛季宣，亦有取於孔傳，然彼亦博學泛探之士，與薛氏類近，故每就尚書以發其新論。若其說皋陶謨「撫于五辰」曰：

> 五辰，緯星。凡星皆出辰沒戌，故五星為五辰，十二舍經星亦為十二辰。歲星司肅典，致時雨；熒惑司哲典，致時燠；太白司義典，致時暘；辰星司謀典，致時寒；填星司聖典，致時風。經星有常不變，緯星有伏有

〔註157〕見前書卷一，頁13。
〔註158〕見前書卷一，頁17。
〔註159〕見書古文訓卷二，頁18。
〔註160〕參大學傳三章，用朱子章句。

息，有進有退，與日相終始，變則不可準羅齊，惟聖人能安之，而以日星
爲紀，日成，月要，歲會，由是而出，故庶績凝焉〔註161〕。

按孔傳曰：「撫順五行之時。」黃度以緯星出於辰時，五謂之五辰，五辰即五星也，
則各有所司，並配以洪範五事之用，合以庶徵之驗，共成此說，此乃黃氏所爲新解
也。其論高宗肜日篇曰：

> 秦漢以來，人主不求神仙，即興祕祀，大抵畏死耳。觀祖己非天夭民
> 之語，高宗疑若亦爲祈長年者；夏帝孔甲，好鬼神之事，大降龍二，三代
> 以前常有此等事；周官致天神，致地祇，致人鬼物魅，秦漢寶雞神光皆是，
> 然則雊雉不足怪也。高宗固爲能知鬼神之情狀者，而獨不免以夭壽二其
> 心，則害道，此祖己所爲作訓也。理性命一貫之學也。說命三篇窮理盡性，
> 高宗之學精矣，至此始能通於命而其道備〔註162〕。

孔傳云：「祭祀有常，不當特豐於近廟。」而黃度解「昵」爲「褻黷」，謂不用常典
則流於褻。歷來解此，皆以爲高宗祭祀，豐于近廟，故有雊雉之異，惟史浩以雊雉
於廟，在高宗肜祭成湯之時，蓋成湯于高宗爲遠，祭祀甚薄，故雉雖懼人之鳥，猶
能登鼎而雊，足見高宗之豐於近廟而薄於遠廟也〔註163〕。然此說猶不能脫離近廟之
說。黃度既訓昵爲褻，遂以爲高宗之祭，爲祈長年，懼夭短而祭，是祭近於淫褻而
入於迷信，棄性命理之學而求諸非道，足見高宗之於學，尚未臻極；然經祖己之導，
高宗始戡破性命之阻而入於道。其說本經文「降年有永有不永，非天夭民，民中絕
命」之意，於文義較相傳近廟之說爲順。

顧命之篇，有「三宿，三祭，三咤」之文，孔傳訓「咤」爲「奠爵」，黃度以爲
非；其訓說曰：

> 咤，噴聲；字亦作吒。項籍喑噁叱咤，悲不敢哭，聲噴而止也〔註164〕。

黃度用說文「吒」字之義，以吒、咤同，故訓咤爲噴聲，而不取孔傳「奠爵」之義。
孔傳以禮儀釋經義，其說本諸王肅，鄭注謂「卻行曰咤」，亦據行禮之度作解；而此
字從口，自來解之者，皆與口中發聲有關，奠爵，卻行之義，不知從何而來，故黃
度本諸說文之義，謂「悲不敢哭」，蓋其時成王新殯，爲子之心哀痛可知，故雖受顧
命傳位，其心思之愈切，悲之愈急，有不能忍而強忍之，故發噴聲；此據人情而說
義也。禮記問喪篇曰：「親始死，雞斯徒跣扱上衽，交手哭，惻怛之心，痛疾之意。……

〔註161〕見黃度書說卷一，頁 15。
〔註162〕見前書卷三，頁 22。
〔註163〕參見史浩尚書講義卷十，頁 13。
〔註164〕見黃度書說卷七，頁 6。

夫悲哀在中，故形變於外也。……喪禮唯哀爲主矣〔註165〕。」可見黃氏此解，於禮之心及人之情，自有其精義存焉。

　　黃度又嘗論書何以終於二誓。孔傳亦嘗論其義曰：「孔子序書，以魯有治戎征伐之備，秦有悔過自誓之戒，足爲世法，故錄以備王事，猶詩錄商魯之頌。」自來說書者多如是，黃度論之則不然。其言曰：

　　　　費誓見周初牧民職業，秦誓春秋霸國爭雄盛衰之變也。秦自穆公敗崤，終阨於晉，兵不復出函雍，事業若無足言，而身修行美，權尊分嚴，教民耕戰，綏服西戎，子孫皆能奉其舊業；夫子知其終必得志於天下，推其效則自穆公垂創之爲可繼，故錄其書使與費誓自爲後先，見周室盛衰之節焉。且夫子何以知秦必得志於天下也；曰見其禮而知其政，聞其樂而知其德，興亡之效，奚而不知也。……故夫子序書，以秦承周，以崤誓繼典謨命·其旨微矣〔註166〕。

納蘭容若撰新昌黃氏尚書說序，評黃氏此論曰：「竊以爲不然，周公、魯公，皆周卿士，周公之誥，錄于書，魯公之誓，亦錄于書，無以異也。夏之書終以嗣征，周之書終以秦誓，無以異也；而謂夫子序書以秦承周，以崤誓繼典謨命，其旨則微；毋乃近于讖緯之說〔註167〕。」黃度以夫子序秦誓而論秦之必得志於天下，是有近於巫矣。然其說亦非獨創，蓋上承薛季宣之意。薛氏曰：

　　　　秦誓之作，所以繼周而王乎！則智勇而惟老成有德之容，孔子知其後之大矣。孟子以爲好善優於天下，秦穆公之謂歟！因而知之，穆公是矣。

　　　　禹謨帝誥，上繫于虞夏之末，周書訖於秦誓，旨哉〔註168〕！

其論與黃度之說相去無幾，可見其學派淵源關係。納蘭容若不於書古文訓作評，而於黃度書說評之，是亦不知其源本矣。況薛士龍之說，亦自有根源。考邵雍皇極經世書云：

　　　　秦始盛于穆公，中于孝公，終於始皇。……所以仲尼序書，終于秦誓一事，其言不亦遠乎？

又曰：

　　　　秦穆公能改過自誓，伯之優者也。故序書上自典誥，下及秦誓，聖人猶取之而不廢，是亦不得中行而與之，必也狂狷乎之義也。王者不作，近

〔註165〕見禮記卷五六，頁14、15、16。
〔註166〕見黃度書說卷七，頁21。
〔註167〕見通志堂經解黃度書說前附。
〔註168〕見書古文訓卷十五，頁17。

　　　　於王道者，雖一善必錄，聖人之心如此。然終于秦誓，則世之盛衰，道之

　　　　污隆可知之矣，穆公有此一善可稱，宜乎國以盛強〔註169〕。

薛季宣於邵雍之書頗好且精〔註170〕，其說殆出於邵氏也。其他若歐陽修之正統論，
亦有類似之言。

（五）疑議經、序

　　黃度之學源自薛季宣，其疑議經文、書序，亦相類似。今述其如下：

1、疑經字脫誤

　　黃度疑泰誓經文「十三年」與序文「十一年」二者不同，故疑經字誤而信書序。
其言曰：

　　　　序爲十一年，書爲十三年，史記作十一年與序同。案書序伊訓、泰誓
　　　　書年皆有義，伊訓防疑，泰誓闕疑。書十三年當是傳寫至夫子時已誤，夫
　　　　子以周史考之，實爲十一年，承書之誤不改，而自於序正之，蓋闕疑之類
　　　　也〔註171〕。

薛季宣亦嘗疑此，而不定經誤或序誤，黃度於此直定言經誤而不信有還師之說，較
之薛氏爲堅決。此外，黃氏每言某字古文或脫或簡者；若益稷「作會」，黃度曰：

　　　　鄭又以會爲繢，恐當是。字當作繪，恐脫或古字簡〔註172〕。

又梓材篇「懷爲夾」，黃氏曰：

　　　　夾音協，字當作挾，古字省或脫，謂挾而有之〔註173〕。

又顧命「太保受同、祭、嚌、宅授宗人同」，黃氏曰：

　　　　或曰：宅、咤字脫其旁，亦謂一不敢哭也〔註174〕。

除疑字形脫落，或古文簡體之外，又有據前人書義而置疑者；若泰誓中「播弃犁老」，
黃氏曰：

　　　　正義：老人面凍梨色，則犁當作梨〔註175〕。

此文乃孔穎達正義引孫炎之言，孫炎既曰梨色，則其所本之經作「梨老」也，故有

〔註169〕見邵雍皇極經世書卷三，頁45、46。
〔註170〕薛氏書古文訓，據皇極經世推知無逸之祖甲爲武丁子祖庚弟，而非湯孫太甲。見其
　　　　書卷十一，頁3。浪語集卷九，頁8，有「讀皇極經世書」詩，其文曰：「大易誠知
　　　　自畫前，後天不識異先天；工夫用盡還無事，巧歷勞推不盡年。」可以知之。
〔註171〕見黃度書說卷四，頁1。
〔註172〕見前書卷一，頁18。
〔註173〕見前書卷五，頁15。
〔註174〕見前書卷七，頁6。
〔註175〕見前書卷四，頁3。

是疑。

2、疑書序

薛季宣以書序出孔子手，故於書序無疑說，而黃度以為書序雖出夫子之手，然世代傳鈔，古今體變，魯魚亥豕，容或有之。故其於書序亦致疑焉。黃氏論牧誓序曰：

> 孟子武王虎賁三千人，史記同；序之傳恐誤。武王曰：予有臣三千；
> 中堅當馳道者也〔註176〕。

黃氏據史記，孟子之文疑書序，蓋孟子長於詩書·世又近古，史記史公曾從孔安國問故，二說相同，故以為可信，是以疑序文「三百人」當為「三千人」之誤。

蘇東坡嘗謂洪範庶徵「曰王省惟歲」以下一節，當屬五紀脫簡之文；黃度以為非也。其言曰：

> 五紀會歲月日星以起歷數而立天道，庶徵序歲月日時以成歲功而驗休
> 祥，事辭雖相涉，而其用不同〔註177〕。

黃度雖學承薛氏，而薛氏之說淵源於東坡，然薛氏、黃氏於東坡改經之說，均未加採納，僅有疑議之論耳。

四、黃氏尚書學之評價

呂光洵於黃度尚書說序中，稱黃氏之說，推論三代治忽興衰之端，與典謨訓誥微辭眇義，皆明諸心，研諸慮，以其所契悟注而釋之，其辭約，其義精，粲然成一家之言〔註178〕。蓋黃度之學雖本諸薛氏，然較之薛士龍，於義理之闡揚則有過之，誠尚書著述中，於訓詁名物與夫義理微言兼具者也。納蘭容若通志堂經解黃氏尚書說序云：

> 夫說書亦難矣。九峰之傳，程直方辨之，余芑舒疑之，袁仁砭之，明
> 太祖集諸儒更定之；公之說諸儒未有議之，由其義之純而辭之約也〔註179〕。

納蘭氏之言，其稱舉黃氏者，以為有過於蔡沈集傳，其意雖善而論有瑕疵，何則？蓋樹大易招風，故蔡九峰之傳，議疑論評者特多也。雖然，儒者鮮議黃度之說，亦不足以之論其說之無可觀者。然則黃度之書，其價值安在哉！曰：其可觀者有三。其一、可見黃度尚書學一家之言。其二、足證黃度之學承自薛季宣，黃梨洲列之為

〔註176〕見前書卷四，頁5。
〔註177〕見前書卷四，頁16。
〔註178〕見同註109。
〔註179〕見同註167。

艮齋門人，於焉有據，而王梓材改列止齋學侶，失之誣妄，可明宋代學術傳承之迹。其三、若以薛氏書古文訓與黃度尚書說比而論之，可見當時學術之風氣：夫薛氏之書，於宋代目錄中均未著錄，而黃度之作，則見錄於陳振孫書錄解題及宋志，此不可謂陳氏及脫脫等均未見薛氏書古文訓，蓋或駭於其體式論說之怪誕，是以一如四庫全書之不取薛氏書也。黃度既源於士龍，然其體式平正，訓詁時據孔傳，雖亦多加非議，而未見怪於當時；且彼復加重義理性命之說，時有新奇之論，雖其中有出於薛氏者，時人亦不以怪異視之也。再者薛氏之古文訓，朱熹以爲多於地名上著功夫，時人若呂祖謙者，亦於禹貢圖說中引薛氏說而已，稍後薛氏之說，亦見引於傅寅禹貢集解，似若薛氏之書，其可取者惟地理耳，殊不知黃度之說，多取於薛氏，可見其學說亦未以地理爲限也。薛氏尚書之說，後世傳之者鮮有，陳傅良、葉水心、樓鑰等均授學於薛氏，陳傅良有書抄，今亦已逸〔註180〕，葉適、樓鑰，均無尚書之學可傳，微黃度書說，吾人不能見永嘉學派尚書說傳授蛻變之迹矣。

〔註180〕見經義考卷八一，頁7，云「未見」。

第三章 橫浦尙書學案

第一節 張九成

一、生平事略

　　張九成，字子韶，自號橫浦居士，亦稱無垢居士。錢塘人也。八歲即能默誦六經，通大旨，嘗對客問曰：「精粗本末無二致，勿謂紙上語不足多，下學上達，某敢以聖賢爲法。」十歲善文，時儕稱雄〔註 1〕。及遊京師，從楊時學。性梗介剛直，不與權貴游。紹興二年，上將策進士，詔考官以直言者置高第，九成對策，謂金有必亡之勢，中國有必興之理；而中興之主，大抵以剛德爲尙，而忌逸樂消沉；且言閹宦不可以名聞，以干預政事。此策權置第一。楊時遺書曰：「自中興以來未之有，非剛大之氣，不爲得喪回屈，不能爲也。」僉判鎭東軍，與監司不合，投檄而歸，從學者日眾，出其門者多爲聞人。入爲太常博士，改著作郎，除宗正少卿，禮部侍郎，兼侍講經筵。上嘗命講春秋，固辭而易以論孟講之〔註 2〕。在經筵言西漢災異事，迕時相秦檜，謫守邵州。丁父憂，既免喪，秦檜恐其議己，令司諫詹大方論其僧宗杲謗訕朝政，謫居南安軍。在安南十四年，執經趺坐，庭磚成印，其力學若是之專且勤。檜死，起知溫州，意不合，即丐祠歸，數月病卒，時紹興二十九年六月也。年六十八。著有尙書、大學、孝經、論語、孟子說，無垢錄，橫浦心傳考。四庫書目采錄孟子傳二十九卷，橫浦集二十卷。

　　無垢早與徑山僧宗杲遊。宗杲善談禪理，九成日與往來，浸淫佛學，是以其學逃儒而歸於釋。朱子作雜學辨駁正之，以爲九成之學，陽儒而陰釋，於孔門正學，

〔註 1〕參見宋元學案卷四十橫浦學案，總頁 748。
〔註 2〕同註 1。

有似是實非，易導人於歧途，以爲其患烈於洪水猛獸〔註3〕。橫浦雖得力於宗門，然清苦誠篤，所守不移，亦未嘗諱言其非禪〔註4〕。且楊龜山弟子，以張九成風節最光顯，其羽翼聖門之功，未可泯也〔註5〕。

二、尚書著述及著錄

九成之學，初從楊時入，爲程門再傳，乃義理之正宗也。後從僧宗杲游，始習禪機，亦時以佛義釋儒典。其心傳錄首載宗杲以天命之謂性爲清淨法身，率性之謂道爲圓滿報身，修道之謂數爲千百億化身〔註6〕；是其借禪機以詁儒理，殆爲事實。

九成尚書之著作，有尚書詳說五十卷，宋志有錄，而經義考則曰：「未見。一齋書目有之。」又書傳傳統論六卷，經義考云：「載橫浦集中，自堯典至秦誓，各爲論一篇〔註7〕。」今書傳統論載於橫浦集自卷六至卷十一，一如朱彝尊之說。至於尚書詳說，今雖云未見，而黃倫尚書精義，多收宋人經說，其每條之首，幾皆列無垢之說，似即本九成尚書詳說而推廣之。精義一書，陳振孫頗疑其僞托，然九成詳說之目，僅見著錄，其書久經湮晦，即使精義果相沿襲，亦未嘗不可藉是書以探九成尚書學也。

精義所引無垢之說，亦非全本。蓋其書乃輯自永樂大典，故永樂大典原缺之篇章，則不可復識；而其書亦非每段皆引九成之說，間或引伊川、東坡、張氏而不及九成者，是又不可見九成之全說矣；且一章之中，引九成之論，亦嘗經篩節，故每有「又曰」之詞，是其論說非完璧也。今就橫浦集中書傳統論，並輯尚書精義引無垢之說，以論探張九成尚書學云。

三、張九成之尚書學

九成尚書著述，今所見在者，一如前述，非完整之書，故僅能就其所見者而論之，其不見者則未必本無也。茲論其尚書學如次：

（一）尚書學說之淵源

張九成少誦六經，長從學於楊龜山時，於儒學經典多有論說，其尚書詳說有五十卷之富，堪稱力作。宋代慶曆以前，說經者多遵二孔章句訓詁；慶曆以還，有劉

〔註3〕同前書，註引黃震之言。，總頁75。
〔註4〕同前書，註引全祖望之言。
〔註5〕張九成生平事略，參見宋史本傳宋元學案，四庫總目提要橫浦集下所述。
〔註6〕同註3。
〔註7〕見經義考卷八十，頁8。

敞、王安石、蘇軾諸儒，大倡異說，一改前度，視漢唐章句訓詁如土梗；無垢身處
其風，論說諸經，每多異說，然其尙書學說，亦有淵源可考；茲分遠源與近源論之：

1、遠源於孟子

　　張九成從楊時游學，得伊洛正傳，而二程之學，出於孟子，嘗謂得孟子不傳之
學，是故伊洛學者，皆長於孟子。而孟子書中，引尙書以論古帝王之事者獨多，故
趙岐題辭以爲孟子尤長於詩書；是以二程學者說尙書，多依孟子立論，蓋其思想之
所宗也。若林少穎之奇，亦爲龜山再傳，其尙書全解中，每引孟子之言爲據，即爲
一明徵〔註8〕。而九成經學著作今見存者，唯孟子傳二十九卷，且嘗兼職經延，所
說亦以論孟爲多，嘗謂：「看六經須先精求語、孟〔註9〕。」可見九成之學，與諸二
程學者同長於孟子，亦淵源於孟子。

　　九成於尙書論說中，引孟子立言者不少。其書傳統論之論金縢篇也，以爲成王
出郊而天乃雨反風，是其心足以動天地，遂曰：

　　　　孟子深識此理，故曰：盡其心者知其性也，知其性則知天矣。存其心，
　　養其性，所以事天也〔註10〕。

可見其論成王出郊而天動以應，即孟子所謂盡心、知性、知天之義；心可動天之觀
念，於此立焉。又其論舜典命契作司徒，「敬敷五教，在寬」曰：

　　　　契於是乃因其自然之性，乘閒暇時啓發其親遜之心，使之還其所固
　　有，豈不美哉……儻惟督迫之，驅逐之，則斯民將驚苦無聊，方晝思夜夢
　　之不寧，何暇樂於從善乎！此孟子養氣所以有揠苗之喻，而契之敷教，所
　　以有在寬之義也〔註11〕。

此引孟子揠苗之說，以證契敷教在寬之義，是以孟子說尙書，非據尙書以言孟子也。
凡此之例所在多有，是見其思想根源於孟子。至於宋代以前諸先儒說尙書者，若鄭
玄、孔傳、孔疏，間亦引之，唯多在名物訓釋而已，如禹貢、顧命篇中即可見矣。

2、近根於蘇軾書傳

　　東坡之學，素與二程異趣，是故程門學者於坡翁多鄙之，唯東坡書傳之著，見
重於義理之家；朱熹嘗稱東坡之說，不可不觀而取參焉〔註12〕。考宋代尙書之學，
作者雖眾，北宋時能迥出先儒，卓爾成家者，唯王安石尙書新義及東坡書傳而已。

〔註8〕參見本論文林少穎之奇一節。
〔註9〕宋元學案之橫浦學案，總頁75註引。
〔註10〕見橫浦集卷九，頁6。
〔註11〕黃倫尙書精義卷四，頁9引無垢曰。此書以下簡稱精義。
〔註12〕參見本論文蘇軾一節，而四庫提要東坡書傳條亦有此說，可參。

王氏新義，多爲其新法作地，與義理之學多相乖舛；東坡之書傳，則與理學相近，發揮聖賢王者之術，而與王氏新義相拮抗，是以見重於時儒。楊龜山嘗作三經義辨以指王氏之謬〔註13〕，其立場與東坡相似；而九成從學於龜山，傳義理之學，於有宋尚書之說，當以東坡書傳爲近而可取；復且九成參染禪佛，而東坡亦談禪佛，思想形態亦較近似；或以是之故，九成尚書說多取東坡之論以立言也。

九成書說，引用宋代學者之論，以東坡最多，無慮數十處，且明言爲東坡之說，而其他諸儒所論，惟程子、橫渠各一引之，而王安石，劉敞之說，則暗用而未明示；以此可見九成尚書學，實近取於東坡書傳，其論禹貢兗州「厥田爲中下，厥賦貞」曰：

> 使云厥田惟中下，厥賦惟中下，此成何等文乎？儻爲第九，則當云：厥賦惟下下，有何不可？而故變文爲貞乎？又州自爲第九，何與賦事？兗州所載，無第九之文，今遽近舍厥田之正，而遠求州爲第九州之說，豈不迂乎？余嘗疑之，未敢斷也。而東坡云：賦當隨田高下，此其正也；其不相當者，蓋必有因。故如向所云相補除者，非其正也。此州田中下，賦亦中下，皆第六等。然後余心斷然不疑〔註14〕。

此論所疑者，謂孔傳也。孔傳云：「貞、正也；州第九，賦正與九相當。」九成疑孔傳而不敢斷，而據東坡之論爲斷而不復疑，其崇用東坡之書說，可謂篤矣。

東坡書傳，異於先儒者頗多，而九成多遵用不疑。若東坡說禹貢，有「味別」、「地脈」之論，無垢因之。其論荊州「潛沱既道」曰：

> 水從江漢出者，皆曰沱、潛，但地勢西高東下，雖於梁州合流，還從荊州分出，猶濟水入河，還從河出。東坡謂禹雖賢聖，何由知荊州之水，乃梁州之沱、潛也，以味別之耳。荊、梁相去數千里，非以味別，安知其合而復出耶？然水脈相貫，理之自然〔註15〕。

此即用東坡「味別」以辨水合分之論也。又其論導山一段曰：

> 其言導山之事，自雍州始，岍山在扶風。東坡謂即吳岳也。岐在美陽縣西北。荊山有三條，岍爲北條〔註16〕。

又曰：

〔註13〕見經義考卷七九，頁七楊時書義辨疑下引晁公武曰。
〔註14〕見精義卷九，頁2引。
〔註15〕見精義卷十，頁17引。
〔註16〕見精義卷十一，頁17引。

信如東坡地脈之說，則禹之窮察地理，亦可謂神矣〔註17〕。

九成說禹貢導山，用「三條四列」之說，即東坡地脈之論也。其他若論君奭「寧王」，用東坡寧王指武王之說〔註18〕；論君陳，不用鄭玄以爲周公子，而主東坡謂非必周公之子〔註19〕；皆是明證。而東坡書傳中，大異於先儒者有二：一謂胤征、顧命有孔子該刪而未刪者；二謂穆王、平王之無志，以見周之不可復興。此大異之論說，九成不獨用其說，更進而補充發揮，推廣其意以說尚書之義。

　　考東坡書傳論胤征曰：「太康失國之後，至少康祀夏之時，皆羿、浞專政僭位之年，胤征之事，蓋出於羿，非仲康所能專。羲和，淫湎之臣也，而貳於羿，蓋忠於夏也〔註20〕。」而張九成之說胤征，則盛稱東坡曰：

　　　　東坡按史記及春秋傳晉魏絳，吳伍員所說，以見征羲和出於羿擅國政時，非仲康之意，其說詳明，信不誣矣。……讀書如東坡之見，可謂過人矣〔註21〕。

然東坡之論，以爲羲和眞沉湎之臣，故其論曰：「夫酒荒厥職之人，豈復有渠魁脅從之事，是彊國得眾者也。」九成則以爲羲和非眞淫湎之臣，乃佯狂避禍以伺謀圖也。其論曰：

　　　　然余考之，羿挾天子以令諸侯，羲和在朝，知必將篡位，稍出智慮，必爲有羿所圖，故一付於酒，如竹林諸子之處魏末晉初也，以智求免，將有所待耳。明知日食而不告者，其意以謂吾夏臣也，乃盡職於羿朝，何爲乎？以酒自污，使羿不疑，一旦軒然歸國，知日蝕之禍，當有篡位之舉，故胤兵起師，將以圖羿而復夏氏也。胤侯蓋羿心腹之臣，故遣往征之爾。功之不成，天也；羲和之心，非東坡其誰與明哉！至其淫湎事，偶未深辨，故余表而出之〔註22〕。

由是觀之，東坡論羿與胤侯皆夏叛臣，挾君自擅，而未言羲和何以忠於夏，九成據而補足，表而出之，實東坡之功臣。

　　至於康王之誥，東坡論曰：「成王崩，未葬，君臣皆冕服，禮歟？曰：非禮也。」〔註23〕無垢則於康王之誥論曰：

〔註17〕同前書卷十一，頁2引。
〔註18〕參見精義卷四十一，頁3引。
〔註19〕參見精義卷四二，頁22引。
〔註20〕見東坡書傳卷六，頁6。
〔註21〕見橫浦集卷六，頁1。
〔註22〕見前書卷六，頁10、11。
〔註23〕見書傳東坡書傳十七，頁13。

康王報誥，藹乎其相孚也，炳乎其相輝也，累累乎端如貫珠之相聯也，

讀之使人見忠愛之實，想輯睦之風。……若夫釋喪而冕服，諒陰而有言，

則有東坡之論在，學宜擇焉〔註24〕。

九成此論，似不全取東坡之說，考東坡書傳云：「然則孔子何取于此一書也？曰：至矣，其父子君臣之間，教戒深切著明者，猶足以爲後世法，孔子何爲不取哉！然其失禮，則不可以不論〔註25〕。」可見東坡於康王之誥，猶以爲有是取者，而失禮處，不可不論，九成之意，與東坡實無異也。

東坡書傳，論文侯之命，以爲知東周之不復興也，蓋宗周傾覆禍敗極矣，而其書乃施施然與平康之世無異，是知平王之無志也〔註26〕。九成論文侯之命，其激烈之辭，有過於東坡者，其論曰：

以史考之，是平王因申侯殺其父而得立也。嗚呼！尚忍言之耶……使平王知有父子，方且痛傷求死之不給，肯爲殺父者所立乎？使平王權以濟事，方且枕戈嘗膽以報父仇，肯命文侯而無一言以及幽王乎？今文侯之命，止有嗣造天丕愆，與夫侵戎我國家兩句而已，略無傷痛之辭，何也？豈犬戎兇暴，申侯殘忍，初造國家未能勝之，故爲此畏懼，將以有待耶？而在位五十年，略無施設……是於申侯甚厚報其殺父立己之恩……是特不孝之子而已耳。然則此書何是存而孔子不刪去，何也？此蓋存之以著平王之罪，與胤征同也〔註27〕。

無垢此論，發揮東坡論平王之無志，進以指平王爲見利忘親不孝之人，且與東坡論胤征之見連類比觀，以爲皆孔子著不忠不孝者之罪也。

無垢尚書學說源於東坡，然非全盤接收，亦有用東坡意而別圖解義者。若東坡論君牙、冏命二篇，以爲知周德之衰；蓋昭王南征而不復，穆王不討弒君之賊，無慚恥之意，而乃欲以車轍馬跡，周行天下，君牙、冏命二篇，皆無哀痛惻怛之語，是見穆王之無道〔註28〕。而張九成冏命論曰：

君牙乃在昭王時，區區無補之臣，而伯同之爲太僕，乃見穆王馳騁天下，有車轍馬跡而不能正救者也；是二人不足以有爲也。穆王其父昭王溺死於漢水，略無恢復之志，而馳騖四方，與兩篇之言，大不相似，是有其

〔註24〕見橫浦集卷十，頁1。

〔註25〕見同註23，頁14。

〔註26〕見東坡書傳卷二十，頁2、3。

〔註27〕見橫浦集卷十一，頁6、7。

〔註28〕參見東坡書傳卷十八，頁6。

言而無其實者也。然而余三復兩篇，見其懇懃惻怛，有足以感動人者，何也？……夫二篇之命，亦必當時仁人君子憫穆王之無志，故修辭立誠以勸勵於臣下。……曰：安知非出於穆王之自為耶？曰：使出於穆王，其懇懃惻怛如此，必當大有為於天下。……余斷以謂非出於穆王而出於大臣之賢者也〔註29〕。

按九成之論呂刑也，云：「周道之衰，穆王實為有罪，且以昭王之死不明，而略無痛悼之意〔註30〕。」此與冏命論同，分明本諸東坡之說；雖然，九成之說與東坡相異者亦有二端；其一以為君牙、冏命，有懇懃惻怛之辭，而東坡則否；其二以為穆王之無志，除穆王非令主外，君牙、伯冏，亦非賢臣；此東坡未嘗論及。所以然者，九成以為穆王無志，非表現於二篇，乃因馳騁馬跡而見焉，而穆王既非明君，則無由而得道有道之言如二篇者，是以另立代作之說以彌縫之，而代作者無一言及昭王，蓋為穆王諱也。以此觀之，張九成書說雖本諸東坡，而發揮旁通，別立己見，卓爾不拘於東坡者，足見其尚書學識見論說之功深也。

九成尚書之學，於宋代諸儒，取於東坡書傳者獨多，其他諸儒之說，雖亦一二引用，而未明言何人所說，今按考諸家之說，知所引為王安石新義之論也。無垢君奭論云：

此一篇之意，皆周公慰勉召公，同相成王，保守文武之基業。召公之意，以謂成王幼小，一惑流言，乃疑周公，其才止中人耳；而我與周公當師保之任，儻或成王不能保守，其罪者在於我，故每懷不悦，常有惟恐失墜之意而欲求去焉〔註31〕。

考黃倫精義引王安石之說曰：

成王可與為善，可與為惡者也。周公既復辟，成王既即位，蓋公懼王之不能終，而廢先王之業也，是以不悦焉。……民之習治也久矣，成王以中才承其後，則其不得罪於天下之民，而無負於先王之烈也，不亦難乎！如此則責任之臣，不得不以為憂也〔註32〕。

可見九成以召公不悦，為成王中才也，此說實本諸介甫。又無垢論盤庚三篇曰：

上篇之意，大抵主在群臣，……此盤庚將遷，又恐民當道塗跋履，艱難辛苦，將有怨咨吁歎之事，故先委曲開喻，使之忘其勤勞而曉其志意

〔註29〕見橫浦集卷十一，頁4、5。
〔註30〕同前註頁6。
〔註31〕見橫浦集卷十，頁3。
〔註32〕見精義卷四十，頁1引。

也。……此盤庚已在新都所作之篇也，專爲士大夫設。蓋未遷涉何時，則
并臣民而告之，欲其上下一心，以從我之號令也；今既在新都，民各安業
無他心也，所以圖天下之治者，正有賴於士大夫，不可少失其心焉〔註33〕。

此以盤庚之篇，分別對群臣、庶民、士大夫爲言，此亦王荊公之論也。林之奇尚書
全解引荊公之言曰：

上篇告其群臣，中篇告其庶民，下篇告其百官族姓〔註34〕。

可見此分別之論，亦本諸王氏新義也。張氏說舜典「禋于六宗」曰：

禋于六宗，以告祖宗……言六宗則文祖在其中矣〔註35〕。

林少穎全解謂王安石「三昭三穆爲六宗，從晉張髦之說」〔註36〕，東坡書傳嘗評王
氏說曰：「惟晉張髦以爲三昭三穆，學者多從其說。」〔註37〕是王氏以六宗乃祖先
三昭三穆之廟也。九成云「以告祖宗」，即用王氏之說。

　　蘇、王二家外，張九成尚參用劉敞之說。劉敞論泰誓曰：

觀兵孟津者，所以憚紂也，欲其畏威悔過，反善自修也。如紂遂能改
者，武王亦北面事之而已〔註38〕。

而九成論西伯戡黎曰：

今天下既歸文王，至文王敢稱兵伐近王圻之國，亦可警畏而修省矣。
使紂修省，文王將率天下諸侯北面而就臣之位不疑也〔註39〕。

九成雖用劉敞之說，而移泰誓爲西伯戡黎，改武王爲文王，亦取用而不必全同之義
也。

（二）尚書學中之理學思想

　　張九成爲程門再傳，龜山高第，故其解六經，多在心性義理之思想爲之說義；
或問無垢六經與人心所得如何？無垢曰：

六經之書，焚燒無餘，而出于人心者常在，則經非紙上語，乃人心中
理耳〔註40〕。

其意謂六經文字，隨事義變，且經暴秦之禍，殘缺不全，由六經文字以求聖人之意，

〔註33〕見橫浦集卷七，頁11，卷八，頁1、7。
〔註34〕見林之奇全解卷十八，頁5引。
〔註35〕見精義卷三，頁1引。
〔註36〕見林氏全解卷二，頁11引。
〔註37〕見東坡書傳卷二，頁4。
〔註38〕見劉敞七經小傳卷上，頁7。
〔註39〕見橫浦集卷八，頁12。
〔註40〕見宋元學案卷四十橫浦學案，總頁743。

若緣木而求魚，終無所得，是欲求聖人之意，當求諸人心所常同之理，方識六經文字本旨，而知聖人之意矣。是故無垢之尙書學，每以理學爲之說也。換言之，據無垢之尙書論說，亦可見其義理之學。茲陳述之如左：

1、心、理、天

無垢之論金縢，以爲周公作冊書，禱於三王以代武王之死，其心至誠；而成王啓冊，出郊反風，亦以誠心而至異；是可見心之所發，能動天地也。無垢曰：

> 惟學問之深者，人欲不行，驚憂之迫者，人欲暫散，故此心發見焉。此心既見，則天理在我耳。欲代武王，欲天反風，惟吾所造如何耳。……造化何在，吾心而已矣。吾人如此其大，而或者以人欲而狹之，殊可悲也。孟子深識此理，故曰：盡其心者知其性也，知其性則知天矣。存其心，養其性，所以事天也。夫知天在盡心，而事天在存心，則人之於心，其可不謹乎〔註41〕？

九成之意，謂天人一心，本無彼此，心即天，心即理，能盡吾心之至誠，則與天地鬼神合，亦足以造化天地，參合陰陽矣，唯眾人之心，每牽於人欲，而窒礙不明，則此心之能明見，當析其天理、人欲之別。無垢論大禹謨「人心道心」之言曰：

> 所謂天下四方萬里事物之本，何物也？曰：中而已矣。蓋天下此心也，四方萬理，此心也；若事若物，此心也；此心即中也。中之難識也久矣；吾將即人心以求中乎？人心，人欲也，人欲無過而不危，何足以求中！又將即道心以求中乎？道心，天理也，天理至徹而難見，何事而求中！曰：天理雖徹而難見，惟精一者得之。精一者何也？曰：精則心專，入而不已；一則心專致而不二，如此用心，則戒謹不睹，恐懼不聞，久而不變，天理自明，中其見矣。既得此中，則天下在此也〔註42〕。

此論人心人欲，道心天理，本諸伊川之說；而此心即中之言，則爲楊龜山學說之要旨〔註43〕。無垢釋此「中」義，見於洪範「皇極」，其論曰：

> 皇極，九疇之大本也。子思曰：喜怒哀樂之未發，謂之中。又曰：中者，天下之大本也，致中和，天地位焉，萬物育焉。中之大如此，人人皆具有此大中，特無人發明之耳〔註44〕。

〔註41〕見橫浦集卷九，頁6。
〔註42〕見精義卷六，頁4。
〔註43〕參見經義考卷七九楊時書義辨疑引楊龜山自序之言曰：「五十有九篇，予竊以一言蔽之，曰中而已矣。」
〔註44〕見精義卷二九，頁11。

夫中既爲天下之本，而人人本具此大中，如此精一以求此道心之中，去人欲之蔽，則中其自見；大中見則天理在焉，而天下不外乎吾心而已。故張九成說益稷賡歌之事。曰：

> 天下之理，一處明則萬理皆明，一處暗則萬理皆暗，舜因禹夔之說，乃悟萬事皆自己出〔註45〕。

吾人即理，心外無事，即吾心則天下之理見矣。故就六經之紙以求理，心無所得；以吾心而求六經，以令聖人之心，則萬世莫有其失，蓋千萬人之心，一人之心也，聖人之心，與吾心無異也。王應麟困學紀聞曰：

> 孝經引詩十，引書一。張子韶云：多與詩書意不相類，直取聖人之意而用之，是六經與聖人合，非聖人合六經也。六經即聖人之心，隨其所用，皆切事理〔註46〕。

以此見張九成主張「六經即聖人之心」，我心與聖人同，則六經即吾心。此與陸象山所謂「六經皆我註腳」，何以異哉！黃宗羲謂九成爲「龜山門人，二程再傳，安定，濂溪三傳，陸學之先」〔註47〕，觀九成「天下皆本吾心」、「六經即聖人之心」之說，是見黃宗羲之說有以焉。

朱子語類嘗記朱子問弟子曾讀無垢文字否，並詢以觀後心得。語類云：

> 某說：如他說動心忍性，學者當警惕其心，抑遏其性。如說惟精惟一，精者深入而不已，一者專致而不二。曰：深入之說，卻未是，深入從何處去〔註48〕？

蓋朱子本其「性即理」之說，以盡心知性，然後知天，天命之謂性，本乎心性，下學上達，知天合天，與「心即理」之說不同。朱、陸異同，人皆知之。而九成之說，既爲陸學之先，朱子評之，以爲深入無所事事，可以概之矣。夫宋明理學，有心學一派，陸、王是也。心學之說，有取乎禪佛之義，若萬法唯識之說，菩提明鏡之喻是也。張子韶與宗杲游，習染禪理，故其學多取合於佛道；黃震謂其多借儒以談禪，陽儒而陰釋，亦非無因。

2、天人相應

天下既不外乎吾心，則吾心之動靜，天下必有以應之，故無垢言天下相應，其說甚夥；若金縢篇周公作冊，成王出郊，則武王瘳而天反風，此天人相應之例也。

〔註45〕見精義卷八，頁 13、14。
〔註46〕見宋元學案卷四十橫浦學案，總頁 75。
〔註47〕見同前註，總頁 74。
〔註48〕見朱子語類卷七八尚書一大禹謨，總頁 217。

又其言舜典「在璿璣玉衡，以齊七政」曰：

> 天子者，乃日月五星之主也，使主非其人，其象必變；是七政待人主
> 而齊也。今察璣衡七政，皆齊，然後知洪水之災，以見堯大數已過，不得
> 不退也；七政既齊，又以見舜歷數在躬，不得而辭也〔註49〕。

天人既相應，若影響然，則天有所象，人必應之，人為差忒，天亦示焉，由是災異
之說出焉。無垢於大禹謨曰：

> 夫從逆即是凶，不必謂逆之外別有凶也。昔燕王旦謀反日深，變怪
> 愈至，如大風折木，鼠舞端門，失火城樓，此怪非自外來也，即旦惡逆
> 之心，凝結成象耳，豈自外來哉；此君子所以戒謹乎其所不睹，恐懼乎
> 其所不聞，而不愧屋漏，不欺暗室，誠諸中形諸外，此理之自然者也。……
> 謂使吉在道外，則福可邀，使凶在逆外，則禍可避，如此則異端得志而
> 吾道衰矣〔註50〕。

災異既生，人當有以應之；蓋災異之所以生，在吾心有人欲蔽障，天理不明，道心
隱慝故也。故必有應以省其心，使吾心復其清明，行事無所差忒，則天變災異，自
然而息矣。無垢論高宗肜日云：

> 高宗不聽傅說之戒而祀豐于昵，是耳不聰也；所以不聽者，以其明不
> 足以見理也。雉以見不明之孽，鼎耳以見不聽之過〔註51〕。

又曰：

> 以謂於肜日有雊雉之異也。蓋野鳥入廟之變，非細事也，其變自王心
> 而來，無此心則無此變，先格王心，則變自消矣〔註52〕。

災異之來，既緣人心而生，故人主之施政，亦當求合於人心天理，故無垢說堯典命
羲和敬天授民之事曰：

> 想見堯之心，深通造化之理也……出入一循乎天，此天人一致之理
> 也。……大抵聖人之政，一循天理，天理自何而見乎，人情是也〔註53〕。

又曰：

> 欲知天之所在，即民可見也，故天之聰明，即民之聰明也。……同寅
> 協恭和衷，則知典禮之合於天；政事懋哉懋哉，則知賞刑之合於天，其應

〔註49〕見精義卷二，頁9。
〔註50〕見精義卷五，頁7。
〔註51〕見精義卷二二，頁16。
〔註52〕見精義卷二二，頁2。
〔註53〕見精義卷二，頁2。

如此。……蓋位有上下，理無上下，理之所在，雖匹夫可以動天；理之所

黜，雖天子謂之一夫〔註54〕。

以心是知之，張子韶雖習於禪佛，頗用玄理，主心即天地之說，然其終未入於空寂，多主施政民情，亦有助於生民，有合先聖之宏模焉。

3、力學與造化

夫吾心即天下，而人之心有人心、道心之別，然則何以存吾天理而去除人欲，以見心即理之至高境界？曰：在於力學。無垢論皋陶謨「九德」之言曰：

夫自寬至彊，皆天與之性也，自栗至義，皆學問之力也。任性而行，必至大過，以學問輔之，則成有用之德矣。……一任之天而不以學問輔成之，終爲不才之人，無可法則之士矣，眞可惜也，此所以寬必養之以栗，至於彊必養之以義，然後可爲全材也。以學問輔之，則所謂允迪厥德也〔註55〕。

天與之性，有上智、中人、下愚之異，然人心之本中則無不同，力學以養其性而存吾心，誰曰不可哉。九成論成王顧命曰：

成王特中材之主爾，周公大聖也而疑之；管蔡流言也而惑之，曾不若昭帝之於霍光、孫亮之辨鼠矢也；平時如此，死蓋可知。及夫周公爲師，召公爲保，太公在前，畢公在後，四子挾而維之，一日即位，天下廓如也。觀周官之敕戒，君陳之訓辭，森嚴尊大如天帝之臨北極也，此蓋學問之力也〔註56〕。

成王中才，猶能力學以克終，太甲不惠於阿衡，亦可以密邇桐宮以變之，則學之爲用，於進德爲大爾。

學既於進德有大用矣，然則有中德於心者，當以學造化未學者，進而造化萬民而輔相天地也。九成論伊尹之於太甲即是也。其言曰：

太甲心雖省悟，然心不勝欲，所以欲變而未能也。伊尹見其未能，非言語所能救也，當造化以驅除其惡，使之一變而歸於道焉……使聖人無造化之術，則亦何貴於聖人哉！其造化之術如何？伊尹乘欲變未能之幾，乃使不近於弗順義理之人，以絕其爲惡之萌，放之桐宮以起其悲愴之心，密邇先王其訓，以發其仁義之性〔註57〕。

〔註54〕見精義卷七，頁10、11。
〔註55〕見精義卷七，頁1、2。
〔註56〕見橫浦集卷十，頁9。
〔註57〕見精義卷十七，頁10、11。

伊尹既以太甲不明，故造化以騙其惡；而周公與伊尹同，大誥論周公以文，王大寶龜卜休，眾人皆曰違卜，而周公當眾論疑貳之際，乃獨以義觀之，聖人之見，其造化之大乃如是〔註58〕，則周公所造化者，豈止成王一人哉！無垢論旅獒「不役耳目，百度惟貞」曰：

> 愚者以耳目爲我，聖人以心爲我；以耳目爲我，則姦聲亂色，足以熒惑其心志，以心爲我，則耳目具位而不縱；天下萬事皆以心，造化之心正，則耳目正矣。蓋心體本正，以心爲我，無往而不正；故百事之度皆得其正〔註59〕。

夫學既可去人欲而明吾心，能明吾心，則能救治未明者，少則一人，大於萬民，廣及百度，尊及天地，可以吾心造化也。然則復心大中之道，其至矣哉。

（三）尚書學中之政治觀念

知遠疏通，書教也，尚書者所以言政事也。故學尚書之用，在於知政而用於政也。無垢論堯典曰：

> 後世人主讀此書者，味此名者，撫心自問曰：吾之德果如堯乎？吾之用賢果如堯乎？同天如堯乎？知人識變如堯乎？……學之爲王者事其已久矣。吾儕讀書，當學堯舜之德，堯之用賢，堯之同天，堯之知人，堯之識變，果何自而來哉？當亦知所主也；盍深思其所以然，他日以堯舜之道輔吾聖君，則亦有所據矣〔註60〕。

讀尚書在乎知政，而其極則從政以成王業之功，故上於國君，下在臣民，皆當有取於尚書以助王道也。書所載既言政事，則凡爲政之常，書皆已言之矣，若知人，用賢，去惡，無逸，新民，慎刑，征伐等，皆研尚書者所必論者，茲不再贅言之矣，唯舉張九成於尚書學中，關於政治之觀念而述之。

1、政權之轉移

夫君者，何爲而立？曰：天命有德，所以牧民也。故禮記禮運篇云：「大道之行也，天下爲公，選賢舉能，講信修睦。……大道既隱，天下爲家，各親其親，各子其子，貨力爲己，大人世及以爲禮，城廓溝池以爲固。」是古者德宏，天下爲公，禪讓賢聖，相繼爲政；後世德衰，傳子而家天下，則王者大器，眾人所伺窺者也，亂於是乎生焉。故無垢讀書，於政權之轉移，嘗數致其悲歎之意。其言曰：

〔註58〕見精義卷三二，頁22。
〔註59〕見精義卷三一，頁7。
〔註60〕見橫浦集卷六，頁2。

> 堯禪舜，舜禪禹，其俗成矣。大道之行，天下爲公，選舉與能，至禹
> 乃傳其子，雖曰天命，而德自此衰矣。是大道既隱，天下爲家，大人世及
> 以爲禮之時也〔註61〕。

是傳賢傳子之異，有以見世道之衰也。自夏禹傳啓以後，在位者以家視天下，天下
以我可取而代之視大位，則所謂擅權、篡奪、革命之事起，要約、盟誓之辭生。無
垢論湯誓曰：

> 余讀堯舜二典以還，初見甘誓，而悵然曰：去堯舜未遠而有此舉，堯
> 舜之風，不復有矣；既而又讀胤征，則又異焉；去舜未遠，已有篡弒挾天
> 子令諸侯之事。……今讀湯誓，乃公然以臣伐臣，取天下而有之，其驚駭
> 耳目，震動心志，並又甚矣。……使啓知太康不肖，擇聖賢而援之，使堯
> 舜之風相踵而不絕，安有胤征，湯誓之事乎？此余所以深悲也〔註62〕。

禹之傳位於啓，蓋固啓賢，天下歸之，而太康非賢，當另擇賢者以續禪讓之緒，然
傳子之制既定，而諸子非皆聖賢，傳子而擇其賢者，應可補於幾微；然君既非賢君，
必求諸大聖之臣之輔相之，以佐王權之不偏不縱。故無垢論太甲上云：

> 嗚呼！傳子之弊，乃至是哉。禹再傳而得太康，太康以畋遊失邦；
> 湯一傳而得太甲，太甲以縱欲被放，使啓興湯復舉堯舜故事，擇天下大
> 聖賢而授之，安得有此危事哉！噫！太甲非伊尹，事其去矣。蓋君天下
> 自有君天下之姿，如太康、太甲，其姿乃如世祿之家不肖之子，豈有君
> 天下之器局乎？然傳子之法既行，雖伊尹亦無如之何，特恃聖賢於其間
> 造化之耳〔註63〕。

君既非必賢，幸賴聖賢之臣輔之，以成王業而不墜；而臣亦未必皆聖賢，或有聖賢
之臣，而人主不能信用之，則又陷天下於紛亂之地矣。商高宗肜日失禮，祖己諫而
高宗納之，故商祚不墜；紂昏暴虐，雖有祖伊，比干之諫，箕子、微子之賢相輔，
猶怙終不悛，遂至亡祀；有周成王，雖有周、召左右，尚疑周公，而召公不悅，若
非金縢之冊，郊天反風，成王不悟，周家其危殆矣。是故前王命嗣，必擇大臣輔弼，
以冀王權得正，天下以寧；顧命之篇，其此意乎？無垢論顧命曰：

> 顧命之義，以謂成王將崩，顧祖宗基業，傳之後嗣，而有付託之命
> 也。……孔子取之，益以詔天下後世人主勿自棄也〔註64〕。

〔註61〕見橫浦集卷六，頁7、8。
〔註62〕見橫浦集卷六，頁11。
〔註63〕見橫浦集卷七，頁2。
〔註64〕見橫浦集卷十，頁7、8。

成王既命召、畢輔康王，康王命畢公允釐東郊，遂至大治，幾於刑措，此顧命之功也。及昭王南征不復，穆王有馳騁馬跡天下之心，周德於是乎衰矣。無垢論冏命曰：

> 君牙乃在昭王時，區區無補之臣，而伯同之爲太僕，乃見穆王馳騁天下，有車轍馬跡而不能正救者也。是二人不足以有爲者也。穆王其父昭王溺死於漢水，略無恢復之志，而馳騖四方〔註65〕。

是上無明君，下無賢臣，國祚不衰者鮮矣。平王以下，周德益衰，終至滅亡。凡此興亡治亂之事，皆生於政權轉移之不由其道也。無垢於此，數致意焉。

2、順性為治，治於無事

衛靈公篇言孔子稱舜曰：「無爲而治者，其舜也歟！夫何爲哉，恭己南面而已矣。」無垢既以天下在吾心，而天下之心，即一人之心，能盡量吾心以治天下，夫何爲哉！順萬物之性，以治萬物，何所事哉！無垢論禹貢「弱水既西」曰：

> 天下之水既東趨，惟弱水爲西下；是天下之水，其性東流，而弱水之性，獨西流也。禹行其所無事，不敢於水性之外，增損一毫也。故導河、導江、導漾，皆隨其性，使之東趨，而導弱水獨至於合黎，餘波入於流沙，此蓋隨其性而使西流也。豈獨治水哉！聖人之治天下，無不行其所無事，此天下所以疊疊然日趨於治也。蓋廣谷大川異地，民生其間異俗，剛柔遲速輕重異和，器械異制，衣服異宜，修其教，不易其俗，齊其政不異其宜，是亦眾水性東而亦隨其東，弱水性西而亦隨其西之意〔註66〕。

治天下者，若能順物之性，順民之性而爲之治，皆可無爲而治已，若順水性而導之然。反之若以隄防激阻，出於勉強，至力到勢大，潰然決墜，則無所擋障，天下皆亂矣。夫天聰明自我民聰明，天明畏自我民明威，而吾心即天理，盡吾心則天理從而民自安，不必強求之於吾心之外也。無垢論咸有一德云：

> 無心求於天而天佑之，無心求於民而民歸之；天非私我也，以天心在此，天雖欲外吾心，不可得也；我非求民也，以民心在此，民雖欲外吾心，亦不可得也。是一德者，是天與民歸之機也。或者於此心之外別求天佑，於此心之外別求民歸，是不知本者也。蓋此心即天心，非此心之外別有天也；此心即民心，非此心之外別有民也〔註67〕。

夫如是，爲治者何爲於事哉？順性而行，反求吾心，斯則治於無事矣。

3、革命者不幸論

〔註65〕見橫浦集卷十一，頁4。
〔註66〕見精義卷十一，頁1。
〔註67〕見精義卷十八，頁16。

　　夫大道既隱，天下爲家，貨力爲己，大人世及以爲禮，故王者大器，天下眾人之所共窺而欲得，得天下者若得無窮之寶藏，由是上焉者云革命，下焉者則弒殺篡迫，無所不至矣。無垢論革命者，當皆出於不得已也，是不幸之事，非有所獲益也。其湯誥論曰：

　　　　其弗敢蔽，弗敢自赦，在予一人，無以爾萬方之語，皆慚德在心，不得不爲此悲苦之言也。讀之使人淒然。況當時諸侯有懷慚德者，其敢少肆乎？嗚呼！湯亦可謂不幸矣。處危亂之時，行放君之事，人見其尊臨天下，位居九五，而不知其憔悴無聊，與狴犴之人等也；其亦可謂不幸矣。彼爾莽、卓及爾操、懿，偃然不慚，真天下凶人也，借湯爲口實，是益重湯之慚德爾〔註68〕。

革命之不幸者，豈獨湯哉！周之武王，亦有此不幸矣。無垢論泰誓下云：

　　　　君臣至此，亦天下之不幸矣。武王不幸值如此君，至於如此立誓，知我罪我，其惟春秋，此所以有伯夷之非，而又有孟子是之也。……至讀湯誓、太甲、泰誓，則如入狴犴中……使人憂愁無聊，無復生意，況湯武當此時乎！此余所以憐湯武之不幸也〔註69〕。

豈獨湯，武之爲革命者爲不幸哉！至於謀其事者，雖事本不爲九五之位，然亦不幸之受害者也，伊尹是也。無垢論太甲上曰：

　　　　然則伊尹何其不幸歟！一出則放桀，再出而又將放太甲焉。此豈美事哉！人臣之大不幸者也，伊尹亦無如之何〔註70〕。

夫伊尹相湯伐桀，其事實伊尹爲之主謀，其所以行放桀之事，出於人臣所不當爲，然亦不可不爲，以昭蘇百姓，以報時曷喪之怨，事出於不得已；而相太甲，而太甲不明，商祚有將墜之危，故放諸桐宮，密邇先王三載，太甲改過思庸，然後就君位；是放太甲者，在造化太甲之性，以起其明智之心，非出於大器之篡謀私欲也。然以後世之人視之，以爲彼亦革命，我亦謂之革命，殊不知湯武之心，出於大公而不得已，後世篡位者，視天下爲大寶而私心欲奪之也；二者表同而心異，不可同日語也。此亦湯武之所以有慚德也。若夫君權轉移有道，則如此不幸可弭於無形。

4、反變法

　　王安石熙寧變法，大事更張，雷厲風行，並作三經新義以爲新法張本；而東坡則因作書傳以反之，與新義大辯數十處。無垢書說，淵源於東坡，故其政治立場，

〔註68〕見橫浦集卷六，頁13。
〔註69〕見橫浦集卷八，頁16。
〔註70〕見精義卷十七，頁7。

與東坡相近；且靖康之難，徽、欽被擄，人多以爲咎起於新法，宋李燾嘗曰：「當安石萌芽，唯光軾能逆折之，見於所述文字，不一而足。軾著書傳，與安石辯者凡十八、九條，尤爲切近深遠，其用功不在決洪水、闢揚墨下。使其言早聽用，寧有靖康之禍〔註71〕？」無垢親罹此禍，或亦有同感焉。故其於變法之事，多持非之之意。其論畢命曰：

> 古之聖賢，其用心若出乎一人，若同乎一心。後之有位者，見人之有
> 功，則飾辭以毀之，見人之有作，則曲意以敗之。王濬平吳，幾於不免，
> 府兵成制，破壞無餘；聞君陳、畢公之風，使人抱經而歎〔註72〕！

祖宗之制，前人之法，既行之有功，處事有成，後繼者當規隨之，不必毀棄前轍，另立他途以擾民生事。故周公經營之，君陳祖述之，而畢公成就之，三后協心，同底於道。無垢論舜典曰：

> 使不遇大變，則賢者亦安常守分，與眾人同耳，豈肯表表自將求異於
> 人哉！商鞅不知此義，盡變先王之法以求功；宇文融不知此義，盡括天下
> 之田以求功；此先王之世皆爲可誅也〔註73〕。

是法雖可變，然皆因不得已之大變而爲之，方有功，若生事要功，反得其咎。王安石嘗以盤庚自況，以爲新法張本，然無垢則以爲因變遷都，以新民俗，以化惡德，此亦商家祖宗之法，遷都非新法，乃遵祖法也〔註74〕。

5、尚書說與當時政治環境之關係

靖康之禍，江右淪陷，宋室南渡，是朝廷經大變而苟延於世，有志有識者，當勠力王室，務求匡復；然南宋一偏而不復，當今有志有識者氣憤而不能平也。志不能伸，則或寄托於文字言語之間者有之。無垢親睹靖康之難，親見偏安之苟，或有感而托於尚書之說焉。無垢對策言中興之王宜用剛德治之，即其例證〔註75〕。尚書之中，記有大變而復續嗣者，唯穆王與平王耳。穆王即位，無視於昭王南征而不復；平王東遷繼位，不報殺父弑君之仇，此與南宋偏安，不求報徽、欽之仇，不圖雪靖康之恥，有相似者焉。或以此故，無垢論穆王，以爲無志而有罪，周德以此而衰；而君牙、伯冏，亦無補之臣而已，不足以有爲也〔註76〕。至於論平王，則以爲不孝

〔註71〕見愛日齋叢鈔卷二，頁13載引李燾之言。
〔註72〕見橫浦集卷十一，頁2。
〔註73〕見精義卷四，頁8。
〔註74〕見橫浦集卷七，頁1。
〔註75〕參見宋史本傳。
〔註76〕參見橫浦集卷十一，頁4、5、6。

子而已，孔子存其書，乃在著平王之過也〔註77〕。穆王、平王之論，先儒皆未嘗如此說之，至宋蘇氏軾始倡爲之，然東坡之論穆王無怛惻之心以悼昭王，而不及君牙伯冏；而論平王無志以見周德之衰，未及孔子著過之辭；無垢本東坡之說而廣之激之，蓋亦有所爲而爲之也。王應麟云：

> 張子韶書說，於君牙、同命、文侯之命，其言峻屬激發，讀之使人憤
> 悗，其有感於靖康之變乎？〔註78〕

其說乃有見者也。非特此也。世之爲政者說書，多重無逸、大禹謨、洪範，至於繪圖文，置諸座右屛間。而無垢說書，特重五子之歌，與立政，其意亦異矣。無垢論立政曰：

> 周公作此一篇之書，所戒無非任人之事。……有此天下，非其人而使
> 共政，其喪亡也必矣，故歷陳夏商以爲戒；人主當書此置之座右〔註79〕。

無垢論五子之歌曰：

> 太康繼啓，一出畋獵，便至失國……雖大禹平生之功，不能蓋此畋獵
> 之過也。爲人君者，其可少肆乎！市意有天下者當善此歌，置之座右，以
> 警放肆之心，其庶幾知免乎〔註80〕？

夫無逸之戒，戒人君一人而已；而立政之戒，戒一朝也，無逸之戒，戒事之未然，五子之歌，痛既淪亡之後。無垢皆以爲有天下者所特重，是或當時朝臣有用非其人，而又感於靖康之難，而朝臣未克收復，是以特舉是二篇以爲諷激者哉！

（四）疑經改經

張九成說經，陳振孫以爲「援引詳博，文意瀾翻，似乎少簡嚴」〔註81〕，朱熹論無垢說經曰：「橫說豎說，居之不疑〔註82〕。」是橫浦之說經，務敷暢經文，發揮經旨，而於可置疑之處，亦爲之尋理敷義，無所疑考，故無垢於尙書之可疑處，亦居之不疑；於前人以爲錯誤改正處，亦一一爲之通說。東坡書傳，於經文有疑借簡者，若康誥首段四十八字疑爲洛誥之文；有疑衍文者，若舜典「夔擊石拊石」一節，疑益稷之衍文，如是者甚多；無垢尙書之說，雖淵源於東坡甚深，然於東坡疑經改經處，則鮮取之。雖然，無垢尙書中，亦可見致疑之處二焉。

〔註77〕同前註頁 7。
〔註78〕見經義考卷八十，頁 8。
〔註79〕見橫浦集卷十，頁 7。
〔註80〕見橫浦集卷六，頁 8。
〔註81〕見經義考卷八十，頁 8 引。又見文獻通考卷一百七十七「無垢尙書祥說五十卷」條
　　　下引。
〔註82〕見朱子語類，總頁 3173。

1、改洪範之錯簡

　　無垢論洪範「次四曰協用五紀」一段，黃倫尚書精義引其文，雖未明言爲錯簡，然察其論，則已改置經文矣。其言曰：

　　　　政必有主之者，故歲月日星辰曆象生焉。五者不同，其用在和協而不亂也。人事不亂，則五紀和矣。王省惟歲，卿士惟月，師尹惟日，天下政事皆總於此。師尹總日要，卿士總月要，天子受歲會，天下之事，整整乎不可亂矣。然庶民惟星，其好惡則天子卿士師尹所當察也。日月之行則有冬有夏，曆數自此生矣。皆以人事協和王事〔註83〕。

其論五紀一段，則又曰：「王與庶民尊卑之敘也，天理如此，其可紊乎〔註84〕！」而於八庶徵一章之後「王省惟歲」一段，黃倫精義未引無垢之說。可見無垢於此，以爲「王省惟歲」一段，其文當在五紀之下，因移而合解之，故於庶徵處無釋焉。而此改易經文之說，東坡書傳早有之矣，無垢取而用之耳。又考金履祥通鑑前編卷六於「王省惟歲」一段曰：「東坡蘇氏、石林葉氏、無垢張氏。容齊洪氏，皆曰此五紀之傳，今從之。」足證上述朱熹之論實有差誤。

2、疑尚書篇第有誤

　　尚書篇目前後之序，孔傳自有其說，不可亂也；而無垢則以爲其先後之序列有不合理者焉。其論洛誥曰：

　　　　余以召誥考之，周公以三月十二日乙卯至洛；二十一日甲子，以書命庶殷；二十五日戊辰，王在新邑。此書之作，大抵王以年幼，未能辨國事，未容周公之歸也。其書宜在命庶殷之後，而庶殷之丕作，宜在戊辰之後也；不如此說，則齟齬參差，其說不合。然則此書有往新邑伻嚮即傮之語，疑若在豐而爲此書也。余以日月考之，周公三月二十一日，已在洛都，非與成王對談，安得拜手稽首誨言之辭乎？然則往新邑之往，宜與自今以往之往同，然後義理疏通，不相阻礙〔註85〕。

考召誥一文，可分兩段，自「惟二月既望庶殷丕作」，乃記召公、周公相宅卜宅之過程，自「太保乃以庶邦家君」至末一段，則記周公誥告庶殷之辭。今無垢以爲洛誥一書，當爲成王、周公對面之辭，而其書作之必在周公既至洛之後，而成王遲至戊辰始至洛，則此洛誥之作必在成王既至洛之時，其時在三月二十五日戊辰之後，始爲可能，故無垢解往爲往後之往，非前往之往。而無垢又云「庶殷丕作宜在戊辰之

〔註83〕見精義卷二八，頁21。
〔註84〕見精義卷二九，頁1。
〔註85〕見橫浦集卷九，頁13。

後」，則召誥「庶殷丕作」以下周公誥告庶殷之辭，其序當在洛誥「戊辰王在新邑……入太室裸」之後，然則無垢之意，是召誥一文所記之事，以時考之，有在洛誥之前者，有在洛誥之後者。且召誥之主要文字在後段，然則召誥當列於洛誥之後矣。

按無垢此說，可議者有二：其一，不同於序言「使來告卜」而解作對面之辭，是不遵書序之說矣。其二，記尚書者每就一事爲主，同一事而前後有相聯繫者，則并記之，有如後世紀事本末之體也；尚書之中，金縢一篇，前記周公冊祝，禱於三王，中記周公平三監，成王疑周公，後記大風折木，出郊反風；其事前後相連，而以時言之，則是四、五年間之事矣。而大誥在金縢事之中段，今獨立而置之金縢篇之後，誰曰不可。如是觀之，則無垢此說，有勉強生議之嫌。雖然，亦橫浦之一說也。

（五）尚書義之新說

張無垢之尚書說，雖淵源於東坡書傳，說義前有所承，然亦非盡蕭規曹隨而已，蓋九成既宗承義理之學，旁習禪佛之機，復激于國難多蹇，是故其說尚書，每有異於先儒前輩者；茲述其大者如下：

1、君牙、冏命作者非穆王

無垢或激於靖康之難，故特寄意於君牙、冏命，以諷國難當前而不求復興報復者；此說雖取於東坡，然東坡以爲君牙、冏命無惻惻之辭，以見穆王無道，周德始衰。然九成則以爲二篇中殷懃惻怛，有足感人者；穆王既非令主，而此二篇有感人之辭，故九成爲之新說云：

> 德宗何人哉！有陸贄作奉天詔書，遂使山東父老爲之泣下；則夫二篇之命，亦必當時仁人君子，憫穆王之無志，故修辭立誠，以勸勵于臣下；惟其誠實所寓，所以使人讀之，必至于感動也。……曰：安知非出於穆王之自爲耶？曰：使出於穆王，其態懃惻怛如此，必當大有爲於天下；蓋有是言者，必有其誠，有其誠者必有其志，穆王無如此……安得有此至誠之言。故余斷以謂非出於穆王而出於大臣之賢者也〔註86〕。

非特二篇非穆王之言，至於君牙、伯冏二臣，無垢亦以爲無補之臣，是亦有激之言也。

2、蔡仲之命乃周公之意

九成用王安石之說，以爲成王乃中才之王，雖經周、召之造化，能克承大業而不墜，然命蔡仲之時，成王造化之功未深，其言意未必有如是深明也。故無垢以爲

〔註86〕見橫浦集卷十一，頁5。

蔡仲之命，出於周公之言，其說曰：

> 天豈有親疏哉？惟德是輔耳。惠之所在，民心之所在也，無惠則民心去矣。民亦豈有常心哉！此雖成王命蔡仲，實周公之言也。……此周公之戒，所以反覆於終之之說歟……此周公所以戒也〔註87〕。

3、文侯之命在著平王之罪

周平王因申侯殺幽王，東遷而即位，不爲其父報仇，故東坡以爲平王無志而周室不復興矣。無垢據東坡之說而推之，曰：

> 是於申侯甚厚，報其殺父立己之恩。嗚呼！尚忍言之耶，是特不孝之子而已耳。然則此書何足存而孔子不刪去，何也？此蓋存之以著平王之罪，與胤征同也〔註88〕。

東坡書傳說胤征，乃羿挾天子以令諸侯，命胤侯征伐夏之忠臣羲和；孔子不刪，以著叛臣之罪；而九成引此而用之於文侯之命，以是著承大變之君，無恢復之志者之罪也。

4、書終費誓、秦誓之義

夫尚書者，皆記帝王大臣之言與事，而終繼之以費誓、秦誓，或有不倫，先儒前輩，多有說義。孔傳止曰秦穆悔過而已。孔疏則云：

> 諸侯之事而連帝王，孔子序書，以魯有治戒征伐之備，秦有悔過自誓之戒，足以爲世法，故錄而備王事〔註89〕。

邵雍皇極經世書則曰：

> 仲尼序書，終於秦誓一事，其言不亦遠乎……是亦不得中行而與之，必也狂狷乎之義也。王者不作，近于王道者，雖一善必錄。聖人之心如此，然終于秦誓，則世之盛衰，道之隆污，可知之矣〔註90〕。

而張九成之說，與孔疏不同，亦與邵雍之說不合。其言曰：

> 事至於此，王道絕矣。平王不勝其罪矣。故孔子之意，以謂使平王用兵得如伯禽，申侯、尤戎庶可誅戮乎！使平王悔過得如穆公，聽言用賢，周家其中興乎！今而亡焉。故痛憤而以伯禽、穆公繼其後也。以謂如此二人，猶勝於平王也。惜乎此義未有發之者，余故表而出之〔註91〕。

〔註87〕見精義卷四十一，頁2、23、26。
〔註88〕見橫浦集卷十一，頁7。
〔註89〕見尚書正義卷二十，頁6。
〔註90〕見邵雍皇極經世書卷之三，頁46。
〔註91〕見橫浦集卷十一，頁8。

孔疏以爲二人可以爲後世法，無關諸侯帝王之異；邵雍以爲秦將繼周而起，故以秦誓殿之；而無垢則以二篇皆孔子爲痛平王之無道而有意置之，以見猶勝平王，以顯平王之不如諸侯也。

四、張九成尚書學之評價

張子韶師承龜山，本可謂之義理正宗，然從宗杲遊，習於禪佛，遂爲程門學者所斥，視爲異端；排之最力者，莫如朱熹，朱熹嘗作雜學辨以駁正之，又嘗謂九成之說，其患烈於洪水夷狄猛獸。黃震謂九成之學，多借儒談禪〔註92〕。

考張九成上承楊時，復合佛理，成心學一門，開陸學之先，故其論尚書，多以心即天理，天下惟在吾心說之；朱子嘗評九成說「惟精惟一」之理未是，此猶朱、陸之異同，不可強合之也。而無垢說經，自成一體，圓通無礙，義理發揮，可謂至矣。是以朱熹雖評九成說理之非，而猶稱其有「氣魄」，「說得一般道理，一切險而動」〔註93〕。而陳振孫則曰：

> 無垢諸經解，大抵援引詳博，文意瀾翻，似乎少簡嚴，而務欲開廣後學之見聞，使之不墮於淺狹，故讀其書者，亦往往有得焉〔註94〕。

是無垢說書有氣魄，氣度寬大，有足以提振後學者也。而朱熹、黃震，皆謂九成入禪而害儒，擾亂六經。四庫全書總目提要，於九成孟子傳下云：

> 故特發明義利經權之辨，著孟子尊王賤霸，有大功，撥亂反正有大用，每一章爲解一篇，主於闡揚宏旨，不主於箋詁文句，是以曲折縱橫，全如論體。又辨治法者多，辨心法者少，故其言一切近事理，無由旁涉於空寂〔註95〕。

今考九成尚書之說，雖非全貌，然其中義理，一如提要所云「辨治法者多，辨心法者少」，言事皆合於人情事理，並無涉及佛理空寂之思，是亦根基於純儒而發心學之義理也，斯亦不足以病之斥之，如朱熹之言也。全祖望嘗評張九成曰：

> 龜山弟子以風光顯著者，無如橫浦，而駁學亦以橫浦爲最。晦翁斥其書，比之洪水猛獸之災，其可畏哉！然橫浦之羽翼聖門者，正未可泯也〔註96〕。

全氏之評，允爲中肯，橫浦復起亦不可易也。

〔註92〕見宋黃震所著黃氏日抄卷四十二，四庫本，子部，儒家類。
〔註93〕見朱子語類卷一百三十二。
〔註94〕見註81。
〔註95〕見四庫全書總目卷三十五。
〔註96〕見全祖望所補黃宗羲宋元學案卷四十橫浦學案序錄下全氏案語。

第二節　史　浩

一、生平事略

　　史浩字直翁，明州鄞縣人。紹興十四年登進士第，歷溫州教授，郡守張九成器之。秩滿除國子博士。因轉對言擇立皇子，納之。紹興三十年，普安郡王皇子，進封建王，除權建王府教授。三十一年，會金主亮犯邊，帝欲親征，建王抗疏請率師前驅，史浩力言太子不可將兵，建王悟，俾浩草奏請扈蹕以供子職。三十二年，立建王為皇太子，浩除起居郎兼太子右庶子。孝宗受禪，浩以中書舍人遷翰林學士知制誥。張浚宣撫江淮，將圖恢復，浩與之異議，以為當先為備禦，是為良規，勿輕進。御史王十朋論之，出知紹興。淳熙初，除少保觀文殿大學士兼侍讀，五年，復為右丞相。時有軍民相亂之事，朝廷欲各取其首讙呶者梟首以徇，史浩以為不可，蓋民不得平，言亦可畏。上怒以為諷己比秦二世。浩徐進曰：自古民怨其上者多矣：時日曷喪，予及汝皆亡，豈二世事！後上嘗批策，以為國朝以來，過於忠厚，誤國敗軍者未嘗誅戮，當懋賞立於前，誅戮設於後，始有成。浩因奏曰：唐虞之世，四凶極惡，止於流竄，三考之法，不過黜陟，未嘗有誅戮之科，誅戮大臣，秦漢法也。自經筵將告歸，乃薦江浙之士十五人：薛叔似，楊簡、陸九淵，石宗昭，陳謙，葉適，袁燮，趙靜之、張子智等，後皆擢用，多至顯要。此皆南宋理學重鎮，因史浩薦而起用也。淳熙十年，請老。光宗御極，進太師；紹熙五年卒，年八十九。賜諡文惠，追封越王，配享孝宗廟庭。著有尚書講義二十二卷，周官講義十四卷，論語口義二十卷，會稽先賢祠傳贊二卷，鄮峰真隱漫錄五十卷〔註97〕。

二、尚書之著述與著錄

　　史浩有尚書講義之作。中興書目云：「淳熙十六年，正月，太傅史浩進尚書講義二十二卷，藏秘府〔註98〕。」是其書蓋當時經進之本。考史浩傳記其對上之言，每引尚書以對，因息上怒，解上意者，是其精熟於是經也。宋史本傳有記史浩嘗講周禮，故有周官講義十四卷；傳記雖未言其講尚書，推其事言之，則尚書講義或即經筵所述，而更有所修補而成。孫應時燭湖集有上史越王書曰：

　　　　書傳多所發明帝王君臣精微正大之蘊，剖決古今異同偏見，開悟後學
　　　心目，使人沛然飽滿者，無慮數十百條。……欲以疑義請教者，一一疏諸

〔註97〕參見宋史卷三百九十六本傳及宋元學案卷四十橫浦學案，頁756，宋人傳記資料索引
　　　　冊一，頁475。
〔註98〕見經義攷卷八十，頁8下引。

　　　　下方〔註99〕。

以此觀之，其書或與孫應時商榷之也。其書名曰「講義」，而書內亦皆順文演繹，頗近經幄講章之體，或用今言以說訓，或用比喻以明義，皆講說經幄之法也。

　　尚書講義宋志著錄「二十二卷」，經義攷云「未見」而一齋書目有之，是其書流傳不廣，藏書之家已久無傳本，故朱彝尊注曰未見也。今本史浩尚書講義，乃四庫全書自永樂大典各韻中輯成，並依經文考次排訂，釐爲二十卷〔註100〕。其書本來面目，不得而知矣。而四庫本中，亦有因永樂大典原缺而闕文者，若秦誓，梓材等篇皆是也。

三、史浩之尚書學

　　宋史史浩傳記浩對上而引湯誓「時日曷喪」及舜典「流、放、竄、殛」之言，是可見史浩精於尚書，俯仰掇拾其中，蓋亦深矣。其書奏進於淳熙十六年〔註101〕，在史氏卒前五年，告老之後六年，是所著講義，爲史浩老成之定論也。四庫提要曰：「其說大抵以注疏爲主，參攷諸儒，而以己意融貫之。」則其說自成體系，與其他家數別異，當有可觀者焉。故朱熹嘗稱「史丞相說書，亦有好處」也〔註102〕。茲述其尚書學如次：

（一）與二孔、諸儒學說之關係

　　四庫提要謂史浩說書，以注疏爲主，參攷諸儒之說，融以己見。今考其書，於孔傳稱先儒，於孔疏則間有標以「正義曰」「唐孔氏」者，而於宋代諸家，除王安石之說曾明指其名，並引用爲說一條外，其他諸家之言，皆以「說者」、「或曰」出之；未加標明爲何者之言。可見二孔及王氏之說，亦見重於史氏矣，蓋彼三家皆曾立於學官，爲朝廷科場取式者也。今就史浩尚書說所採擷於諸家而可考者，略述如下：

1、採二孔之說

　　自來說尚書者，雖若東坡、王安石之徒，說經每異於二孔，然亦不能離二孔以談尚書也。史浩講義雖有評孔傳者甚多，要之亦基本於是者。若冏命序云「穆王命伯冏爲周太僕正」，孔疏本孔傳之說，以爲太僕正即周禮太御，以爲於群僕官中最長，且最親昵於帝王者也，故穆王重其責而命之〔註103〕。史浩於此，其說即明據二孔之

〔註99〕見四庫提要卷十一經部書類，頁 11、12。史浩尚書講義前附。
〔註100〕參見註99。
〔註101〕見同註 98 引。
〔註102〕見朱子語類卷七八尚書一綱領，頁 1988。
〔註103〕參見尚書正義卷十九，頁 13。

說曰：

> 或又曰兼周官太僕與五路之屬、大馭、戎僕，齊僕、道僕，田僕俱總
> 之，故其責任不輕也。穆王所以加一正字，使正於羣僕侍御之臣也。既責
> 以發號施令，又責以繩愆糾謬，似非下大夫所掌之職；其曰今予命汝作大
> 正，則知其責任異於周官之大僕也〔註104〕。

其文所論，與孔疏所言相同，雖未直指大僕正即周禮之太御，而其推論實與孔疏同
也。

2、採史記之說

太史公史記，引用尚書之文極多，且史公親聞見於孔安國，故史記中尚書之說，
存漢儒書說甚眞甚夥，歷來說尚書者引用其說，自非偶然。史浩亦有用史記之說。
若堯典「胤子朱啓明」，孔傳以爲胤國子爵朱也。史公則以爲胤子朱即堯之子丹朱。
史浩於此，即用其說曰：

> 臣有放齊者，不恤丹朱之囂訟而以開明襃之，意堯之必予子也〔註105〕。

其說雖未明言出於史記，然其爲史記之說無疑。

3、採張景之說

張景有洪範論七篇，今已佚〔註106〕。其文散見於林之奇全解所引用者。張景論
洪範，以爲五福六極，自相配合；有一福對二極者，有二福對一極者，離析配對，
異於漢代之說〔註107〕。史浩則遵用其說曰：

> 蓋人之有生，不壽則短折矣；不富則貧矣；不康寧則憂矣、疾矣；不
> 好德則剛而爲惡，柔而爲弱矣；不考終則凶矣〔註108〕。

其說與張景所云全同，不獨此也，於五福六極之義說，史浩亦有取於張晦之也〔註109〕。

4、採胡瑗之說

胡瑗有洪範口義。其說洪範八政之「師」，以爲乃師保之師，非如孔傳所云指兵
師之師也〔註110〕。史浩講義，今本於洪範八政條闕文，然於舜典命皐陶作士一節下，
則曰：

〔註104〕見史浩尚書講義卷十九，頁15。
〔註105〕見前書卷一，頁1。
〔註106〕參見通鑑長編卷二百八，頁8及宋朝事實類苑卷五，頁47，並參經義考卷九五，頁
　　　　六張景條下。
〔註107〕參見林之奇尚書全解卷二五，頁31、32。
〔註108〕見尚書講義卷十二，頁33。
〔註109〕參見林之奇全解卷二五，頁3、31、32，尚書講義卷十二，頁31、32。
〔註110〕參見胡瑗洪範口義卷上，頁26、27。

　　　　皋陶明于五刑、墨、劓、荆、宮、大辟也，不得不并蠻夷寇賊而言也。
　　其實所以弼五教也。刑以威四夷，詰姦慝，誅暴亂，則蠻夷之殺伐，寇賊
　　之誅鋤，皆隸之士，師實未嘗用干戈以窮討也〔註111〕。

5、採劉敞之說

　　劉敞有七經小傳，其中尚書部份，頗興異論，王安石尚有取之；又每疑經文
有脫簡，有缺文衍字，遂有改武成之事。史浩於劉氏之說，亦有取焉。若劉氏以
爲堯典「宅南交」當本作「宅南曰交趾」，後人傳寫脫兩字〔註112〕。史浩於堯典
下，則云：

　　　　以方言之，則宅嵎夷曰暘谷，宅南曰交趾，宅西曰昧谷，宅朔方曰幽
　　都〔註113〕。

是明用劉敞之說，雖不言而可知也。

6、採程頤之說

　　程伊川有二典解，其說尚書之義，每爲學者所宗遵，若伊川說「湯既勝夏，欲
遷其社，不可，作夏社、疑至、臣扈」，伊川以爲湯乃聖人，無有妄作，若初欲遷而
後不可，則惟事不周而妄作也；故以爲欲遷者，眾人也，不可者，湯也，以存其社
以爲戒〔註114〕。史浩於此，則曰：

　　　　昔者共工氏之子曰后土，能平九州，故祀以爲社；然而旱乾水溢，
　　尚有變置之法，孰謂平其國而不可遷其社乎。讀書者當以意逆之可也。
　　湯既勝夏，其欲遷社者，眾人之情也，其不可者，湯也。湯既以爲不可，
　　乃作夏社、疑至，臣扈之書。夏社者，意必存其祭祀，若周家微子之命
　　也〔註115〕。

其說義本乎程伊川，雖少有不同，然淵源之跡可見。

7、採王安石之說

　　王安石尚書新義，頒諸學官，爲科舉取士標準，歷六十餘年，學子奉讀，唯其
說是式者眾矣。南宋雖不專用王氏之說，然王氏說仍與先儒諸家並參用。而王安石
之說，亦自有其可取之處，朱熹尚且謂有數處標點可正先儒之失，不可不看〔註116〕。

〔註111〕見尚書講義卷二，頁15。
〔註112〕參見劉敞七經小傳卷上，頁。
〔註113〕見尚書講義卷一，頁7。
〔註114〕參見程氏全集遺書卷六，頁6、7。
〔註115〕見尚書講義卷七，頁5。
〔註116〕參見朱子語類卷七八，頁6、7、9諸條。

史浩講義中徵引前人之說，唯王安石明列名號，足見其取於王安石者亦不少矣。其於洛誥曰：

　　　　……惟王安石以爲：復者，告也。明辟，君也。周公以定洛告成王，非攝位而還之也。復者，若說命所謂說復於王、孟子所謂有復於王者是也。若謂周公作是書而還位於成王，則召公爲保，周公爲師，相成王爲左右，是成王自即位已爲君在上，不知周公昔何所受而今還之也。漢儒不達復字之義，乃以爲還位，後世紛紛，遂有復辟之論。以事理考之，當以王說爲然也〔註117〕。

8、採李校書之說

　　李校書未知何許人，然林之奇全解中，頗引其說。林氏全解於堯典「曰若稽古帝堯」引李校書曰：「李校書推本古文書以曰字爲胡越之越，與召誥越若來三月同〔註118〕。」史浩講義於此則曰：

　　　　曰當讀爲粵字，粵者始詞也。若稽古者，順考古帝。堯之德，猶今紀功德之文曰謹按是也〔註119〕。

李校書以「越若」連言，爲發語之辭。古粵、越、曰同音通用，文選東都賦、魯靈光殿賦，李善注引皆作「粵」字。爾雅以粵、越通。漢書律歷志引武成云「粵若來三月」，金文小盂鼎有「雩若翌乙亥」之文〔註120〕，可見「粵若」、「越若」、「曰若」本爲一辭，皆發語辭。李校書以「曰若」同「越若」，而史浩則以爲通「粵」，其實同意，蓋史浩或從漢書、文選注、爾雅等得之作「粵」，然其發軔當出於李校書也。唯史浩不以「粵若」連用，而尚以順訓若也。

9、採陳鵬飛之說

　　陳鵬飛有書解三十卷，當時號稱名家，其書今佚，然林之奇、夏僎書解中每多引之。尙書太甲上論「伊尹放太甲」之當否，夏僎詳解引陳少南之說，以爲伊尹放太甲，乃汙其身而善其君〔註121〕。史浩論伊尹放太甲曰：

　　　　想見當時之人，不知伊尹者，紛紛之言，必不少恕，伊尹忍之，以成事業，此所以爲自任也。……是以強力堅忍，以身當天下之謗而不辭，卒

〔註117〕見尚書講義卷十五，頁11。
〔註118〕見林之奇全解卷一，頁3。
〔註119〕見尚書講義卷一，頁3。
〔註120〕參屈萬里尚書集釋、尚書異文彙錄。
〔註121〕參夏僎尚書詳解卷十二，頁1。

之太甲處仁遷義，而商家數百年之祀，自是而延〔註122〕。

身受天下之謗，是汙其身也；使太甲處仁遷義，是善其君也。可見其有承用於陳少南之說也。

10、採蘇軾之說

蘇軾有書傳十三卷，專駁王安石新義之說，李燾謂能與王介甫新說大辯十餘條者；朱熹亦甚稱之。東坡書傳，每標新說，異於二孔、王氏，其明彰大著者，若謂胤征羲和沈湎，乃忠於夏而貳於羿，謂康王諒闇吉服繼位為非禮，謂穆王之君牙，冏命無悱惻之言，則其無志而周衰；謂平王不問殺父之讎，可見平王無志而周不復矣：皆東坡之名論。史浩講書，於文侯之命，即言平王無志，是用東坡之說也。又若堯典「有鰥在下」，東坡以為四岳舉舜，特言「鰥者，乃欲帝妻之〔註123〕。史浩曰：

必曰有鰥在下者，言其無妻也。其意若曰舜雖可以嗣德，然側陋一介，人未必服，堯乃以女妻之，天下必以堯之貴戚而不敢慢也，所以為舜地者至矣〔註124〕。

其說顯然出於東坡而益加發揮，以為四岳之意，蓋喻堯以女貴舜，使能嗣位而見信于天下也。史浩受知於張九成，張九成之尚書說，多本蘇軾而來，故史氏書說用蘇氏之論，蓋必然者也。

11、採張九成之說

張九成有尚書詳說五十卷，書傳統論六卷，其說多淵源於東坡而更發揮論議。夏僎詳解多取其說。史浩初入仕途，即見識於張九成，且甚器之，是史浩之說，與九成自始即甚有淵源關係。若顧命篇，張九成即論成王之行，以為生死之際，鮮有不亂，成王乃中材之主耳，反鎮靜若素，顧祖宗之基業，傳之後嗣而有付託之命，其告命明白若此，蓋皆以周、召師保，太公、畢公夾輔，遂使成王以中材上臻聖賢之域，蓋學問之力〔註125〕。史浩論之則曰：

觀成王疾病之際，上言祖考之德，下託元子之孤，所以保基業，貽似續者，皆以為民，其言無一毫之私，氣定心平，了然不亂，非得道於周公，安能若是乎！……蓋其平生學力深固，不於是時發見，其將何時乎〔註126〕！

〔註122〕見尚書講義卷八，頁2、3。
〔註123〕參見東坡書傳卷一，頁8。
〔註124〕見尚書講義卷一，頁12。
〔註125〕參見橫浦集卷十，頁8、9書傳統論之說。
〔註126〕見尚書講義卷十九，頁3、4。

史浩雖不以爲成王中材之主，然其論顧命之義，皆以爲成王力學所致，二說若出一轍，斯可見史浩取於九成者矣。

雖然，史浩博取於二孔以來迄有宋諸家之說以爲己用，然每加發揮推衍，非錙銖墨守者，是融匯而貫通之，不專一說。於各家之說，亦多取於此而捨于彼，並時加評說而指瑕，若二孔、王安石、蘇東坡、張九成等皆在批評之列，可見孫應時燭湖集謂「剖決古今異同偏見」，其言非虛。

（二）說解尚書重在義理

史浩見重於張九成，張氏則爲楊龜山高弟，直承伊川之學，是史浩於理學傳承，自有地位；其自經筵告歸，薦江浙學者十五人，其中多南宋理學之巨擘，若陸九淵、葉水心、楊簡、袁爕、呂祖謙等，皆受薦而入仕，連茹而起，忠定之力，是有功於義理之門也。蓋史浩本亦理學之徒，於理學上承九成，下開陸、楊，故其說經，多主義理，本於孔孟之說。故黃宗羲列史浩於橫浦學案之下，全謝山祖望譽爲有昌明理學之功〔註127〕，豈誣也哉！

夫天地造化，皆本有自然之理存焉，人生而爲萬物之靈，皆得理之精微，又得氣之靈秀，是以能自修己，成仁而成物，由盡心而知性，進而知天。凡天地間事，得其正者即本自然之理而發顯者也，既知其理，循而行之，據以推之，則何事何物不得其正耶！史浩尚書講義，即每言此「理」，云「皆自然之理」，若有賢當舉，有才當用，此即合於自然之理矣〔註128〕。其說洛誥「復子明辟」用王安石之說，蓋王氏之說，「以事理考之，當以王說爲然」〔註129〕；又若大禹謨載並戒舜曰：「儆戒無虞，罔失法度，……無怠無荒，四夷來王。」史浩以爲並事堯舜之君，於游豫田獵之逸，斷無有之事，何自而知之耶，蓋以理推也〔註130〕。堯舜既聖，必無荒怠之事，益之所戒，舉其害德者以堅舜修德之心，愛君之道也。

史浩說講尚書既本諸理，亦重在發明義理之蘊，可以下列三端見之：

1、解經輕名物訓詁，重在明聖王之道

燭湖集謂史浩書傳多所發明帝王君臣精微正大之蘊，史浩講說，亦曾自言輕名物而重義理。其說顧命曰：

周公得是道於堯舜禹湯文武，故兼三王而施四事，實其緒餘土苴，其惟精惟一之學，則當世傳之成王，後世傳之孔子，蓋成王則見而知之，孔

〔註127〕宋元學案卷四十橫浦學案史浩條後全祖望按語。
〔註128〕參見尚書講義卷十二，頁17。
〔註129〕見前書卷十五，頁11。
〔註130〕見前書卷三，頁4。

子則聞而知之，是或一道也。觀成王疾病之際，上言祖考之德，下託元子
之孤，所以保基業，貽似續者，皆以爲民；其言無一毫之私，氣定心平，
了然不亂，非得道於周公，安能如是乎！……若夫仗衛之儀，執事之人，
禮經具載，所謂籩豆之事，則有司存，此不必解，姑取其得道於堯舜禹湯
文武周公者言之，蓋大節也〔註131〕。

以此可見史浩於名物數度，視若末節，有司小吏皆可明之，且禮儀之書多有載之，
人多識之，而道統大節，義理精微，且非有知道者闡揚指點，世人何得而知惟微惟
危者哉！史浩於顧命論之，則知後世言道統之傳，自周公之下，即直接孔子、孟子，
而不列成王，蓋亦失之於不見成王之修德而承道也。

2、不言災異，執理以推

尚書之中，言及怪異現象者不鮮，若舜典「烈風雷雨不迷」，金縢之「出郊反風」，
高宗肜日之「雉雊鼎耳」皆是也，說者多本災異之論；至於洪範，說者益多附以漢
儒災異之說矣。史浩則不然。其說舜典「烈風雷雨弗迷」，則曰「行深山大澤中，雖
烈風雷雨而不變，皇天格也〔註132〕」；於金縢「出郊反風」，則曰「唯出郊迎勞之際，
反風起禾，是爲殊異，蓋非此則無以顯天威，特爲周公動也，大抵人臣秉公正之操，
行其所學，不欺此心，俯仰無愧怍者皆然，是故人雖可誣，天不可誣〔註133〕」。皆
以人修德上感而言，無災異之論；其論高宗肜日「雉雊鼎耳」，益見其不循災異爲說
而執本於理，其言曰：

雉、野禽也，不應反室，況乃升鼎而又鳴於鼎之耳乎！孔氏以爲耳不
聰之異，漢五行志劉歆以爲鼎三足，三公象也。蓋鼎爲重器，而以耳則能
行，野禽居鼎耳，小人將居公位，敗宗廟之祀也，天意若曰當用三公之謀
以爲政；此皆附會未必然者。今以經考之爲足可驗。觀其言典祀無豐於昵，
則知高宗之祭，厚於近而薄於遠矣；意者方其登降灌薦之間，而雉入於室，
雉畏人者也，使其有人在側，則雉安能前，雉之能前，則其人之寡少可知；
人之寡少則器用儀物之菲薄，又可知矣，此祖己因其祥而戒之也〔註134〕。

史浩不信漢儒、孔氏災異之說，而分析高宗肜日當時之景況，以合豐近薄遠之戒；
蓋雉乃畏人之鳥，若祭祀高宗時，豐厚隆盛，則人必多熙攘絡繹，雉無由而臨，據
此推論，雉既飛鳴鼎耳，則其時必人稀禮薄，否則此事何由而生。凡此皆就人情事

〔註131〕見前書卷十九，頁 4。
〔註132〕參見前書卷二，頁 3。
〔註133〕見前書卷十三，頁 10、11。
〔註134〕見前書卷十，頁 14。

理推測言之，免蹈災異之迷，可見史浩之重在義理也。

3、說義多據學、庸、論、孟

史浩講義中，稱引論、孟者甚多，其稱孔子，每謂之「吾先聖人〔註 135〕」，足見彼尊崇孔孟之道極矣。其解尚書義，亦每比於大學、中庸以見其義。若乎論堯典「欽明文思，安安」，則以爲堯具是四德乃出於本性之自然，是天命之謂性也；安安者，率自然之性而行之，安其所安，無一毫作爲，推而至於光被四表，格于上下，即率性之謂道也〔註 136〕。而「克明俊德」一段，史浩則以爲乃堯修道之教，蓋古之欲明明德於天下者，其本在於正心誠意，堯之德盛，出而應世未有不由其德而天下治者；故其解俊德不用孔傳「明俊德之人」，而一本大學「自明其明俊之德」解尚書，並爲之論曰：

> 堯之所以能致此者，大學之道也。孔子曰：修己以安百姓，堯舜其猶病諸，言其甚難也。孟子曰：天下之本在國，國之本在身，人人親其親，長其長，而天下平！此堯之道所以推之萬世而不可易，後聖有作，豈能越是道而行之耶！其曰修道之教也宜矣。韓愈謂堯以是傳之舜，舜以是傳之禹，禹以是傳之湯，湯以是傳之文武周公，文武周公以是傳之孔子。夫數聖相距數百歲，何所見而相授受，直得大學之道而矣，此堯所以爲出治之祖也〔註 137〕。

其意若謂一本尚書之道理，無出於大學之道者。故其論大禹謨，謂禹謨所敘，罔匪以德，至是帝堯大學之道，得所付矣，大學之道，在明明德，舜得是道，所言所行，罔非明德〔註 138〕。其論皋陶謨，則謂「皋陶之學，大學之道也」，蓋「慎厥修身」，修身也；「思永」，正心誠意也；「惇敘九族」，齊家也；「庶明勵翼，邇可遠在茲」者，即治國平天下之義也〔註 139〕。史浩論虞書如是，論周書亦如是。其論多士，多方，則曰：

> 自作不和，此心不靜也，爾當和之修其身也；爾室不睦，肯肉相怨也，爾當和之，齊其家也；身修矣，家齊矣，爾邑克明，能克勤乃事，則國治矣。此成王、周公之誥命，不忘大學之道也〔註 140〕。

足見史浩說書，其基本於大學之義理結構也。眞西山著大學衍義其中亦多引用尚書

〔註 135〕參見前書卷六，頁 18、卷七，頁 7。
〔註 136〕參見前書卷一，頁 4。
〔註 137〕見前書卷一，頁 6。
〔註 138〕參見前書卷三，頁 8。
〔註 139〕參見前書卷四，頁 3。
〔註 140〕見前書卷十七，頁 21。

之文，蓋亦此意也。於中庸亦然。其說大禹謨「人心惟危，道心惟微，惟精惟一，允執厥中」十六字，則本中庸之義曰：

> 喜怒哀樂之未發謂之中，既曰未發，何時而見此道心也，豈不微乎；惟其發而中節，人始知其自中出也；不從中出，則喜怒哀樂四者之動，吉凶悔吝生焉，此人心也，豈不危乎！……舜執其兩端而用中於民，以其得一也；得一者心有所得，於喜怒哀樂未發之前，所謂心悟也。……惟一可以見中，道生一故也。堯舜禹三聖相授以一道，中而已矣〔註141〕。

史浩據中庸解十六字，前乎者蘇軾早已用之矣；然史浩推此「中」義，以說尚書洪範之義曰：

> ……然則洪範九疇，不畀鯀而錫禹者，非天也，皆鯀禹之所自致，所謂禍福無不自己求之也。子思著中庸，引鳶飛戾天，魚躍于淵，蓋言人能用中，故感格高深，鼓舞飛潛，天地之和，應之如此；至語其極，則曰上天載，無聲無臭。至矣，無聲無臭者，禍福惟其自召，天實無為也。子思之中庸，與箕子之洪範，實相表裏〔註142〕。

史浩既以為中庸、洪範相互表裡，故其說九疇之序，皆執一「中」字為之說曰：

> 天地得大中之道於混沌未判之前，故能用其中於覆載闔闢之間，其造化密移，周行不息，有中以主之也。而其實則見於五行。……若其用則待聖人而後行焉，至次二則中之降而在人，故須敬以用其中；……次三則中之見於養人，故須農以用其中；……次四則中之見於歷象，故須協以用其中；……次五則中之立於正位，故須建以用其中；……次六則中之施於有用，故須乂以用其中；……次七則中之見於決疑，故須明以用其中；……次八則中之著於克應，故須念以用其中；…次九則中之顯於禍福，故須或嚮或威以用其中〔註143〕。

其說凡九疇皆主於中而已，故五行得中，則其性可順，若潤下炎上，其用可成，若作鹹作苦是也〔註144〕；五事得中則發而皆中節，以表中之用也〔註145〕；五紀得中，則大道備，可言皇極矣〔註146〕；至於皇極一疇，本即大中之義，無黨無偏，無有作

〔註141〕見前書卷三，頁11、12。
〔註142〕見前書卷十二，頁7。
〔註143〕見前書卷十二，頁7、8
〔註144〕見前書卷十二，頁10、11。
〔註145〕見前書卷十二，頁12。
〔註146〕見前書卷十二，頁14。

好，無有作惡，無反無側，皆中也〔註147〕；六三德，正直、剛克、柔克，所謂沈潛剛克，高明柔克，即執其兩端而用中於民也〔註148〕；稽疑之疇，內揆吾心，外質臣民，幽而龜筮，儻無不從，是皆協于中而天意之所屬〔註149〕；庶徵之應，則中與和非二事，中節則皇極之道也，苟得中於五事，無不中節，則雨陽燠寒風，無不應時而至，不時則爲恒矣〔註150〕；五福六極之疇，謂天之用中，民有中而不能自中，須聖君用中而感召之，敷錫之，民能得中嚮以五福，不得中則威以六極〔註151〕；凡九疇皆不離中之說，可見史浩執中庸以說尙書之文義也。

史浩除執中庸之「中」作說之外，於尙書之中，亦取一「光」字以明大學之理；所謂「光」者，即大學所謂「明明德」、「止於至善」、「平天下」之意。其言曰：

> 光者，光明也。惟茲光明悉本於性，天生蒸民，有物有則，人人皆具是光明，眾人迷焉，晦而窒之，一身不能用；聖人覺焉，擴而充之，所以能滿天下，是故讀書者能了此一光字，則百篇之內，凡所謂光，皆帝王心傳之妙，日用之本無餘蘊矣〔註152〕。

其意即光乃本性之德，由明吾性之光，擴而光宅天下，光被四表，光天化日，亦即大學明明德、新民、止於至善之說也。

總上述三點而觀之，史浩說尙書，本諸孔孟之道，據大學，中庸之說，摒棄災異，不執訓詁，專力於義理函蘊之發揚，不失爲義理之尙書學者也。

（三）尙書說義與道家思想

史浩尙書講義與他家異者，在其中多引用老、莊道家之說以資講論，所以然者，或即其學與張九成近，九成之學承楊龜山，而又與釋門宗杲遊，故其學頗有禪學氣息，可謂開後來心學陸王之先聲〔註153〕，史浩承其緒，捨佛而取道，佛道之間亦相近，且史浩所舉薦者，即爲楊簡，陸九淵，袁燮等心學之流，可見史浩之學，本即遠道問學之途，而入尊德性之域，其有取於道家之言，未足爲怪。若其說湯誥「爾萬方有罪，在予一人，予一人有罪，無以爾萬方」，則曰：

> 夫萬方皆自作之孽，而湯招之在己，至己有罪，則不以累萬方。傳曰：

〔註147〕見前書卷十二，頁 17、18。
〔註148〕見前書卷十二，頁 19。
〔註149〕見前書卷十二，頁 24。
〔註150〕見前書卷十二，頁 25。
〔註151〕見前書卷十二，頁 31、32。
〔註152〕見前書卷一，頁 2。
〔註153〕參見本論文張九成一節。

> 江海所以爲百谷王者，以其善下之也〔註154〕。

其引老子之言以解湯之所以招罪在己，蓋在能容，此王者所當能如此也。其解洪範之名曰：

> 大本立於太極之先，是之謂正位；正位，虛位也；虛位者，天地之母，而萬物之祖也。太極以虛而生天地，天地以虛生萬物。蓋天地之性，虛則無物，故能順大中之道而運行焉。傳曰：天地之間，其猶橐籥乎？虛故也。萬物受天地之中以生，亦以虛而能育，是故人之一身，自頂至踵，百體皆實，而其中必有虛而無我者，心是也。故傳曰：惟道集虛。虛者心齋也。向使天地不得大中之道於混沌未判之前，其能行二氣而不停乎〔註155〕！

史浩論洪範大法，本中庸所謂中者天下之大本之說，並論大本之本即虛位，虛能生物，虛室生白，並引老子五章作證，又引莊子心齋之說，其說有取擷於道家之學明矣。又其說顧命曰：

> 道之在天下，人之得之者，率能合死生爲一致，齊彭殤爲妄作；其於世間事業聲名，已不足爲，而況富貴貧賤壽夭，又安能動其心乎！其感而後應，迫而後動，不得已而後起，蓋其適來適去，出於無心，初無繫累，是以人倫五者，天下萬事無所處而不當也〔註156〕。

其說成王臨終見其不亂，知成王之德入於聖域，遂據莊子齊物論死生爲一及養生主時順之義，以見成王之所以不亂，蓋有得於道，而此「道」用道家之言說之也。

（四）疑經改經之說

宋代慶曆以前，學者多守章句訓詁，慶曆以後，有劉敞、王安石、蘇東坡、程伊川等相繼言及疑經改經之說，若改正武成，即其明例。史浩承前輩之後，於尚書有疑改之說，在所難免。然其所改者，率多枝節小處，若大段全篇，則未見之。其論武成曰：

> 祀於周廟，告于祖宗也；柴望大告，告于天地山川也；庶邦冢君暨百工受命于周，告于鎬京，所會之諸侯群臣也。此史氏舉其凡自，而其辭則載之于後，固非簡編之脫誤也〔註157〕。

史浩以史官記事之體式言武成非脫誤，其中日月有差，蓋亦因記者之文先後穿插所致耳。

〔註154〕見尚書講義卷七，頁18。
〔註155〕見前書卷十二，頁2、3。
〔註156〕見前書卷十九，頁3。
〔註157〕見前書卷十一，頁19。

史浩疑經文者，若大禹謨「禹曰：惟德動天，……矧茲有苗」一段，其則疑有斷簡失次。其言曰：

> 舜既已倦勤，禹有天下，遠人不服，禹當召六卿而恭行天討，若後世所謂親征也，乃會群后奉辭而罰罪，豈禹自知不能服苗，尚仗舜之餘威乎？
>
> 抑口授之筆錄，屋壁之斷簡失其次乎？所不敢知也〔註158〕。

此一疑者，宋代其他學者未之言也。又其疑書序「夏社、疑至、臣扈」三篇，編序失次。其言曰：

> 是三篇者當在夏師敗績之後，今附于此，所未可曉。豈此書既逸，編次者失其序乎？〔註159〕

蓋此三篇之序，今本在「夏師敗績，湯遂從之，遂伐三朡，俘厥寶玉，誼伯、仲伯作典寶」之下，史浩既以為遷夏社，當在夏師敗績之後，則其序應在典寶之後也，故有是疑。然此疑不合於理，蓋序云「湯既勝夏」，其意即夏師已敗績矣；下篇典寶，時在伐三朡之後，序加「夏師敗績」者，乃補述其事之始末，而稍變其文耳。是史浩此疑，未能深體序文之意也。

其直改經文文字而為之說者，如皋陶謨「思曰贊贊襄哉」，史浩從王安石新義之說改作「思曰贊贊襄哉〔註160〕」；其於康誥「非汝封又曰劓刵人」，則從王安石新義，直改作「又曰非汝封劓刵人〔註161〕」，及堯典「宅南交」用劉敞說「宅南曰交趾」而已。

（五）尚書講義新說

朱子語類記朱熹嘗論史浩說書亦有好處，朱熹曰：

> 如命公後，眾說皆云命伯禽為周公之後。史云成王既歸，命周公在後。
>
> 看公定予往矣一言，便見得是周公且在後之意〔註162〕。

是朱子稱史浩此說為有得，故蔡沈書集傳即用史浩之說。然史氏之論「命公後」不遵孔氏說，其論證甚詳，其言曰：

> 命公後者，使公且住洛，緩其歸周之期也。……公順將其後，監我士師工者，居洛以監觀刑獄百工之事。……說者以命公後為立伯禽於魯，其說似非。古者諸侯入為王卿士，未有即命其世子嗣位者，周公身存而伯禽

〔註158〕見前書卷三，頁15。
〔註159〕見前書卷七，頁5。
〔註160〕參見書疑卷二，頁2引王氏之說。史氏說見尚書講義卷四，頁7。
〔註161〕王氏之說見林之奇全解卷二八，頁23。史氏說見尚書講義卷十四，頁9。
〔註162〕見朱子語類卷七八尚書一綱領，頁1988。

自立，可乎？解書者徒見建爾元子，俾侯于魯之詩，遂遷就而為之説；使成王果越舊章而為之，周公亦豈肯受乎？〔註163〕

又洛誥末「王入太室，祼。王命周公後」下曰：

其曰後者，不敢絕周公之歸，意姑留以鎮洛之辭也。説者乃謂王立周公之後於魯。夫使之居洛而立其子，是成王疑周公不用命，立其子以堅其心也，周公豈反側而跋扈者，何必為此；使成王果有是心，周公方且恐懼之不暇，而敢受之乎？〔註164〕

又於「亳姑」之序下曰：

周公歸老，成王俾居於豐，不忘叔父之恩，而使居京師也。周公有疾將沒，欲歸葬成周者，不敢以凶事累君父，無家可歸，故欲歸舊治也。因此知洛誥所謂命公後，乃告周公以少留于洛，非立伯禽明矣。使伯禽先在魯，周公必欲葬于魯矣〔註165〕。

史浩之説，以文義論之，「命公後」之前有「小子其退即辟于周」，是成王欲自洛歸鎬，遂命周公留洛後歸，若解作「命伯禽於魯」，則前後文義不相接，且下後有「迪將其後」，孔傳云「其今已後之政」，以時間言，文義亦不接，當指命周公留洛之因，乃在「監我士師工」，如是則文義暢順矣。於禮而言，諸侯入為王卿士，其國與爵猶在，自無立子代之理；於情而言，身在而立子，非恩寵有過度即藉以定臣心，兩者皆非吉事，周公成王之間，當不至如是。史浩之説，一如朱熹所言，有其好處也。

然史浩講義之中，自立一説，異於他説者頗多，除上述一條之外，其大者若五子之歌曰「厥弟五人，御其母以從，徯于洛之汭，五子咸怨」，孔傳以為「怨其久畋失國」。史浩則不然，以為五子之歌非所以為怨也。其言曰：

五子之為弟，內奉其母以徯其兄，初無忿戾之辭詆其兄而傷其母之懷，乃上述先祖之戒，自怨自責，若己有過，以求媚于民，庶幾民之悔禍，以歸其兄，使夏之宗廟社稷，不淪胥于后羿之手也。……孰謂五子之歌為怨詞也哉？〔註166〕

於其三曰「惟彼陶唐，有此冀方」下云：

……雖太康一時失道，然所以承襲者，其來久矣。后羿殊不念此，遽有拒奪之心。今或以此而風，天下豈無仗順而起，為吾君討賊者乎？然而

〔註163〕見尚書講義卷十五，頁18。
〔註164〕見前書卷十五，頁22。
〔註165〕見前書卷十八，頁19。
〔註166〕見前書卷六，頁2、3。

無有，此所以怨也。由是以論五子之怨，非怨其兄也，傷時無仗順者而悼
其社稷邦邑之無所恃也〔註167〕。

又於「今失厥道，亂其紀綱，乃底滅亡」下云：

> 風、風也，所以風天下也。使其當時怨詈並興，聲后羿之罪，以激天
> 下之心；天下之心，未必能動，而其母子或中后羿之奇禍矣，故優柔其辭，
> 使天下聞之而不忍叛，味之而不敢忘〔註168〕。

又「關石和鈞」下云：

> 五子之於家國，思所以復其社稷宗祀者，蓋無所不用其至。彼其精誠
> 之所感格，上動於天而下結於民，宜乎子孫祀夏配天，赫然中興〔註169〕。

總史浩之意，五子之歌非爲怨其兄也，乃怨天下無起義勤王之師，朝廷無大力輔弼
之臣，以救國難。五子作歌之意，在風諭天下，以激勵人心，使不忘夏后之德，不
叛夏后之政，欲使激起勤王之義師也。此說與孔傳怨艾之說大異其趣。

又其論西伯戡黎，以爲戡黎者非西伯文王，實周人而已，所以戡黎者，欲拯文
王出羑里也，與孔傳謂西伯實爲文王不同。其說曰：

> 西伯戡黎，何也？蓋當是時，紂始囚文王於羑里，故曰商始咎周也。
> 文王之民，唯恐紂之殺文王也，故乘黎以恐之，冀紂有所憚而不敢殺，故
> 曰周人乘黎也。祖伊……果恐而奔告，則周人之計得矣。其曰西伯者，祖
> 伊歸罪於文王之言也。此書祖伊作，不得不以西伯名，故書序改之曰周人
> 乘黎，明非西伯也。……然則出文王於羑里者，實周人乘黎之功也〔註170〕。

史浩以序文與經文有「西伯」「周人」之異，遂作調停之言以爲經文作者乃祖伊，故
稱西伯，序文則周史所記，故改爲周人；其說不然，若文王當時尚囚於羑里，周人
乘黎，適足以激紂殺人之心，夫紂何懼之有，上恃天命，下制人臣，鬼侯、鄂侯，
動輒醢醯，比干之親，猶忍殺之，若周人欲乘黎以救文王，紂必以爲有如林之旅，
無可畏者，是乘黎之爲適足害之也。意周人必投鼠忌器而不敢妄動，遂有閎夭之徒，
爭求美女奇器善馬以贖文王之舉，如是於情於理始通。史氏之說，蓋牽強成文耳。

史浩之論泰誓，與孔傳、王安石異。孔傳云：「大會以誓眾。」是解泰爲大。王
安石則以泰爲易經泰否之泰，謂傾紂之否而之泰也。考孟子滕文公下趙歧注引作「太
誓」，墨子非命上中下三篇，亦皆引作「太誓」，故史浩創爲新說曰：

〔註167〕見前書卷六，頁7、8。
〔註168〕見前書卷六，頁8。
〔註169〕見前書卷六，頁1。
〔註170〕見前書卷十，頁15。

泰字當作太，意必太公所為也。孟子引此篇，亦用太字是矣。左傳昭公元年引太誓曰：民之所欲，天必從之。亦書太字，無可疑也。說者乃曰：紂之時，天地之不交而否，至是當泰矣，故曰泰誓。又曰：泰者大之極也，猶天子之子曰太子，天子之卿曰太宰。皆非是也。夫書有湯誓、秦誓，以人名也；甘誓、費誓，以地名也，未有以義名者。今武王之戰曰太誓，太公所為，豈非以人名乎！曰牧誓戰於牧野，豈非以地名乎！苟或知此，不必鑿其說也。昔湯為順天應人之舉，以得伊尹，故湯誓之序曰伊尹相湯伐桀，明非湯之本心也。今武王太誓，豈非以為吾不得太公，事不克濟，故以此名之乎！……大明之詩曰：殷商之旅，其會如林。其卒曰：維師尚父，時維鷹揚，涼彼武王，肆伐大商，會朝清明。乃知武王非太公未必成事；則太誓之名，亦與書序伊尹相湯伐桀之意同也〔註171〕。

史浩此說，蓋因泰誓有作太誓者，而大明之詩先言尚父，且誓名有以人名，以地名，未有以義名，是以遂生太公作太誓之說，並證以湯誓。其說新則新矣，然不免附會穿鑿之失。考其失有二：其一、所引證據，不足支持其說；蓋大明之詩，明言「武王伐商而朝會」，未言太公誓眾，故縱作者為太公，而誓者為武王必矣，觀誓中稱「予一人」可知；若以人名之，則曰武誓方可，豈可謂之太誓哉；湯誓之證，適足反其說，蓋湯之誓亦未以伊尹名「伊誓」，則太誓不可謂太公之誓也。其二泰誓，作太誓，亦有作大誓者，禮記坊記、左傳成公二年傳、襄公三十一年傳、昭公元年傳、昭公二十四年傳、孟子滕文公下、墨子尚同下、天志中、國語周語下，所引皆作大誓〔註172〕，史浩似未有所知，故獨評作「泰」之非，並評王安石、顧彪之說〔註173〕，未有一言評及作「大」者，是其說有欠周延也。

考載籍所引，有作「大」、「太」、「泰」三字。孔傳釋作「大會以示眾」，正義引王肅云「武王以大道誓眾」，則其字於漢本作「大誓」；王應麟因學紀聞云：「泰誓，古文作大誓。……晁氏曰：開元間，衛包定今文，始作泰。」其說或是；然考廣州越秀山出土西漢南越王墓有兩「太子」印章，其印文皆作「泰子」，可見「太」之作「泰」，自西漢時已有之，不必至唐始改之也。墨子非命下引大誓，吳鈔本及道藏本作「大明」，大明者，大盟也，盟、誓義同也〔註174〕。今詩大雅大明之篇，其內容

〔註171〕見前書卷十一，頁1、2。

〔註172〕參見許師錟輝《先秦典籍引尚書考》上冊頁62、63。

〔註173〕前引史浩之文中所引說者，又曰二說，前者即王安石之說，後者為顧彪之說。顧彪於隋煬帝時為祕書學士，有古文尚書疏義之作；其說見惠棟九經古義引。

〔註174〕見同註76，頁66。

即敘述武王伐紂，會於牧野之事，其題曰「大明」，或亦即「大盟」也。大明之詩，有「會朝清明」一句，說者多以說「昧爽」，然考諸屈原天問，有曰「會鼂爭盟，何踐吾期」，「會鼂爭盟」一作「會鼂請盟」〔註175〕」，可見大明即大盟，亦即大誓之意。復考近世出土侯馬盟書，盟字正作「明」字〔註176〕。總是所述，書經是篇本作「大誓」，後始有「太誓」，「泰誓」之名。由是言之，史浩獨見泰之作太，而不見太之作大，故有此聯想，遂為之說，其失明矣。

史浩於康王之誥，承東坡之說而更推擴之，不獨吉服非禮，誥命亦非禮，立於應門之內亦非禮。其言曰：

> 或者謂康王不當吉服以見諸侯；諸侯戴文武成王之德久矣，若在亮陰而使太保傳命，安有不聽乎？此非知時之言也。夫商民之頑，成王周公勤勤於此，凡幾歲幾書，而猶未服；今康王苟惸然在哀疚中，諸侯來弔者，不睹其面而去，安知商之士民不起三監武庚之念乎！其勉康王出見諸侯，所以冥消商人不軌之心也。……於此可見當時綿蕝之禮，所以絕危疑顧望之心，皆出於從權也〔註177〕。

不獨此也，其論王出立於畢門，諸侯朝於應門之左右，禮也；古者天子不下堂而見諸侯，康王出於應門之內，天子之失禮也。史浩以為方其居廬，不敢御正衙以行朝覲之義，亦從權也〔註178〕。又論康王當三年不言之時，乃有是誥，亦非禮也，然當危疑之際，而無一言以慰諸侯之望，則臣下無所奉行也，亦從權之義〔註179〕。其說又與東坡異，蓋亦自得諸胸臆也。

凡此皆其新說之犖犖大者，其他義訓一二字而自作解者亦不鮮，茲不贅言。

（六）借講尚書以發揮議論

史浩尚書之著述，既曰「講義」，自是欲講明義理而論以後世今日之事，冀因研經以助修治也。此經筵講義之常態也。史氏講義每稱後世如何如何，蓋欲後世知經，而進德從政，有所法則也。其論二典即為明例。其言曰：

> 凡讀二典，不可將作後世看。後世視此等事，多以為緩而不切；唐虞之時，茲事甚重，蓋四時不定，則庶功不成，利害非小；只看月令無一事

〔註175〕參見段玉裁詩經小學。
〔註176〕參見里仁書局出版《馬盟書》中圖版宗盟類，其中多有。若一：二二作「，」即「趙孟之盟」。
〔註177〕見尚書講義卷十九，頁4、5。
〔註178〕見前書卷十九，頁5、6。
〔註179〕見前書卷十九，頁7。

不順天時，聖人安得不以爲急乎〔註180〕！

史浩之意，謂後世不識堯「欽若昊天，敬授民時」，及舜「在璇璣玉衡，以齊七政」之大義，以爲緩而不切，其實一切施政皆由此而生而成，後世當法堯舜也。其論舜典，則直以爲舜之一切，皆足爲後世作法。其言曰：

> 舜得其氣之大全，蓋欲使之爲天下後世作法，不得不生於側微。……夫既起於隱陋，則萬古耕稼陶漁者，皆得以取法。夫既父頑母囂象傲，則萬古處父子兄弟之間，皆得以取法。夫既百官事之，二女女焉，則萬古爲朋友長幼夫婦者，皆得以取法。夫既齊七政，頒五瑞，巡狩以覲諸侯，協時月正日，同律度量衡，舉賢去不肖，則萬古爲君者皆得以取法。向使舜不生於側微，則人倫五者，政化百爲可以法爾，耕稼陶漁何所法乎？……然則天固生舜於側微之中，其意蓋爲天下後世作大模楷，欲使天下後世自天子至於庶人，皆當法舜也〔註181〕

以此見其餘之論多若是者。其亦時據書義引而伸之，以明爲治之理。若彼論蔡仲之命曰：

> 竊嘗謂周公位冢宰，凡所欲爲，無不如志，而善則稱君，過則稱己，周公造次未嘗忘之。且誅管蔡者，成王也，非成王之命，周公安敢專罰，而經之所載，直言周公位冢宰而爲之，可謂過則稱己矣；封蔡仲者，周公也，非周公知之，成王何自而封，而經之所載，直言請命於王而封之蔡，可謂善則稱君矣。彼後世負不賞之功，而招權以自用者，固周公之罪人也〔註182〕。

史浩論周公之爲臣之道，以誅管蔡證當有罪則稱己，封蔡仲證善則稱君，以明爲人臣者當法周公之行，此即引伸蔡仲之命之意而發揮之，以諷人臣之不如此者，其爲周公之罪人也；其諷喻之意甚明白也。

四、史浩尚書學之影響及評價

史浩受知於張九成，其學說與九成爲近，於尚書之說，亦多取東坡、無垢，而旁涉道家之說以解經，皆緣張九成而來。其尚書講義，多順文敷演，頗類經幄講章之體。朱熹稱其解洛誥「命公後」，不用孔傳「命伯禽爲周公之後」之說，而謂乃「成

〔註180〕見前書卷一，頁9。
〔註181〕見前書卷二，頁1、2。
〔註182〕見前書卷十七，頁12、13。

王既歸，命周公在後」。然考此說林之奇全解先已倡之〔註183〕，朱子之譽史氏，或失之不察也。

四庫提要評論史氏尚書講義曰：

> 其說大抵以注疏為主，參考諸儒而以己意融貫之。當張浚用兵中原時，浩方為右僕射，獨持異論者，責其沮恢復之謀；今觀其解文侯之命一篇，亦極美宣王之勤政復讎，而傷平王之無志恢復，則其意原不以用兵為非，殆以浚未能度力量時，故不欲僥倖嘗試耶！

按提要舉史氏文侯之命之說以論其為政之心意，誠為精闢，然史氏論文侯之命，其說或亦本乎張九成、蘇軾之論也。而提要以為史氏大抵以注疏為主，而未論其說之出於無垢張氏，且未詳察史氏尚書學說之特色也。

〔註183〕 參見本論文論林之奇之尚書學。

第四章　少穎尙書學案

第一節　林之奇

一、生平事略

　　林之奇，字少穎，福州侯官人。紫微呂本中入閩，之奇從而學焉，以廣大爲心，以踐履爲實，稱高弟。紹興丙辰，將試禮部，行至衢州，以不得事親而反，益肆力於學，呂本中奇之。由是及門者嘗數百人，學者稱三山先生。中紹興二十一年己巳進士，調蒲田簿，改長汀尉，薦除正字，遷校書郎。因進言謂「堯舜執中，不離仁義」，次言「宜革文弊，歸於忠實」，次言「無尙老莊之學」，高宗褒納之。會朝議欲令學者參用王氏三經義之說，之奇上言王氏三經，率爲新法地，晉人以王、何清談之罪，深於桀紂，而靖康禍亂，考其端倪，王氏實負王、何之責。或傳金人欲南侵，之奇作書上當路者，主能戰然後能和，能戰則必以得人才爲先。以痺疾乞外，由宗正丞提舉閩舶參帥，議遂以祠祿家居，自稱拙齋。東萊呂祖謙嘗受學焉。淳熙三年卒，年六十有五。所著有尙書、春秋、周禮說，論、孟、揚子講義，又拙齋文集二十卷。今唯尙書及文集存〔註1〕。

二、尙書之著述及著錄

　　林氏尙書之作，有「尙書全解」一書，宋史稱「書說」，朱子引稱，亦曰「書說」；而其孫林畊序，則稱「書解」，鄧均序亦同〔註2〕；經義考則謂之「尙書集解」〔註3〕；

〔註1〕參宋史卷四百三十三儒林傳本傳，及宋元學案卷三十六紫微學案。
〔註2〕見通志通經解林之奇尙書全解前附林畊及鄧均之序。
〔註3〕見經義考卷八十，頁2。

而建安余氏刊林氏之書，則作「三山林少穎先生尚書全解〔註4〕」。今稱「尚書全解」，蓋本諸余氏刊本，林少穎自始未稱「全解」也。考有宋一代尚書之作，除經義攷有胡瑗「尚書全解」之名，然朱子以為乃僞作〔註5〕。尚書之訓解，有詳解，有精義，然不可謂得聖人之「全」，故稱「全解」者，非謂「周全」之義，乃「完整無缺之解本」也。蓋其書解嘗有不完之刊本者。

考是書宋志著錄五十八卷，今本僅標題四十卷，為其孫林畊所釐訂。林畊序云：

> 先拙齋書解傳於世者，自洛誥以後，皆訛，蓋是書初成，門人東萊呂祖謙伯恭取其全本以歸，諸生傳錄，十無二三，書坊急於鋟梓，不復參訂，訛以傳訛，非一日矣。

朱子嘗謂是書自洛誥以後，非林氏解者〔註6〕，王應麟玉海亦云：「林少穎書說至洛誥而終，呂成公書說自洛誥而始〔註7〕。」蓋呂祖謙受學三山，欲終始其師說也。是知是書嘗為書坊僞續，以刊行之；宋志謂五十八卷者，蓋即書坊所刻麻沙本是也。朱熹所見，亦為是刊本耳。今林畊所釐為四十卷之本，於洛誥以下至終篇，皆有解，且謂嘗歷經諸多艱難始得其備。其序云：

> 友人陳元鳳儀叔攜書說拾遺集示余，蠹蝕其表，蠅頭細書，云得之宇文故家，蓋宇文之先曾從拙齋學，親傳之稿也，其集從康誥至君陳，此後又無云。遂以鋟本參校康誥、酒誥、梓材、召誥皆同鋟本，自洛誥至君陳，與鋟本異，其詳倍之，至是益信書坊之本誤矣。

其後又云得建安余氏所刊「尚書全解」，而「尚書全解」除以宇文家本相較外，另有一本可較證者，其序云：

> 學錄葉君真，里之耆儒，嘗從勉齋遊，其先世亦從拙齋學，與東萊同時，又出家藏寫本林、李二先生書解及詩說相示，校之首尾並同，蓋得此本而益有證驗矣。

就其序所云觀之，則東萊呂祖謙所得，蓋其書初成稿本，而林之奇嘗解洛誥至秦誓，乃其後所續完者也。然亦有可疑者，呂祖謙號稱三山高弟，其所持去之本，即止於洛誥，若其持去之時，即知林少穎尚有繼作，本非完書，則東萊無由持去，更無由作東萊書說，起自洛誥以下，且云續之奇之書，則呂祖謙所得者，當為完書；若東萊得書去後，林之奇復繼作，則以東萊與少穎之師生之誼計之，亦無不知之理，然

〔註4〕亦見林氏全解前附林畊序中。
〔註5〕見經義考卷七九。朱子說亦見經義考該條下引用。其說可信。
〔註6〕見朱子語類卷七八綱領。
〔註7〕見四庫提要卷十一東萊書說條下引述之。

則東萊當亦不爲書說以續其師之說矣。且柯山夏僎作書解，引林氏語至洛誥而止；朱熹亦云洛誥以下，非林氏解，王應麟亦以爲如是：諸公皆大儒者，博識兼通，於尚書亦稱大家，皆不知林氏解洛誥以下，此亦不合情理。且新安余氏雖號稱精於刊行善本書籍，然其從何而得全本，亦難理解，蓋林畊序云其父勉齋嘗遍尋而不獲，若其書爲林之奇最晚年作，則當爲家藏，傳諸其子孫，外人皆不知，則余氏何由而得哉？而林畊所言「全解」所得備之經過，亦巧合過甚，近于神化，如曰余氏刊本，刊成僅數月而書坊火，板本不存，致使林書求之不得，若非神力，即爲謅言無疑。朱熹一生多在福建，與余氏新安爲近，且與東萊過從甚密，研討尚書，時有往還〔註8〕，且不得知，則余氏之本，實在可疑。是故四庫總目提要云：「毋乃畊又有所增修，託之乃祖歟？」以爲乃林畊託祖名之續作。

　　考今本「尚書全解」，洛誥以前與洛誥以後，就觀點評釋之間，相當一致，並無矛盾，所謂「合人心之所同然，以義爲主，無適無莫」是也〔註9〕。然就其文言之，洛誥以前引他人之說，與洛誥以後者，稍有不同，如洪範嘗引「范內翰」云云，而顧命引則曰「范純夫內翰」；又洛誥以前，引蘇東坡書傳曰「蘇氏曰」，洛誥以後，則除「蘇氏曰」外，亦有用「蘇東坡」者；且立政篇於「三宅三俊」解，有「又一說」者，可見洛誥以後之解，與其前文少異，而「又一說」之文，亦知此非原有之完本也。四庫提要所言近之。蓋林少穎書解本止於洛誥，而其平時授生徒時，嘗及洛誥以後諸篇，而其生徒亦各有所記，故有宇文氏、葉氏之本，及後林畊多方搜尋，集而彙理之，以續其後，較諸麻沙本，亦得其正解矣。而畊序詳言集得之經過甚詳且巧，或務取信於人者也。雖然，其續作亦當有所本，不失林少穎之初衷，庶幾等觀之可也。

　　四庫提要復云其書流傳既久，又佚其卷三十四多方一篇，通志堂刊九經解，竭力購之弗能補，乃從永樂大典錄而補之。今多方一篇之前，無書序之文，蓋補綴之時即無其文者也。

　　林之奇著述頗豐，而於尚書尤多注意，努力從事焉。其孫林畊序嘗謂：

> 先拙齋初著之時，每日誦正經，自首至尾一遍，雖有他務，不輟；貫穿諸家，旁搜遠紹，會而粹之，該括詳盡，……自壯至耄，用心如此之勤，用力如此之深，始克成書。

可見林之奇於尚書，積學力久，覃深研幾，遂有大成。鄧均序亦云：「拙齋著書多而

〔註 8〕見朱子語類卷七八綱領曰：「呂伯恭解書自洛誥始。某問之曰：有解不去處否？曰：也無。及數日後，謂某曰：書也是有難說處，今只是強解將去爾。要之，伯恭卻是傷於巧。」其下更有他條言及此者。可見二者論書往還之事實也。

〔註 9〕見林之奇序文。

於尚書尤注意，即少穎先生書解是也。」今拙齋之作，存者唯尚書全解及文集而已，可見林氏尚書之學，實即其平生學術之所聚，朱熹每稱其書解，亦非無因也。

三、林之奇之尚書學

林之奇之學，有宋理學之正傳也。蓋少穎嘗學於呂本中，號爲高弟，而呂本中乃楊時嫡傳，受其學載道而南，遂開閩學一脈；龜山楊時則受學於二程，上繼之以濂溪，故知少穎之學乃開義理一途〔註10〕。宋代理學家之解尚書者，經義考有列胡瑗「尚書全解」一書，然亦引朱子之說，以爲乃後世託名之僞作；而楊時之「三經義辨」，乃針對王安石「三經新義」而作，非專就尚書以言尚書者，且未作全部解說。北宋以理學解尚書者，唯張九成有全書之作，然今又逸失，未能睹其全貌，無垢張氏以下，則數之奇矣。林氏尚書全解，世稱繁重，然亦以是見其用功之勤，所得之深，洵爲宋代理學家尚書著述之見於今者之代表作。今紬繹尚書全解之文，以見其尚書學之特色如次：

（一）以義理爲宗

林之奇既爲理學正傳，其言經以義理爲宗，乃爲必然。故其於「尚書全解序」中云：

> 理義者，人心之所同然也。聖人之於經所以關百聖而不懟，蔽天地而無恥者，蓋出於人心之所同然而已，苟不出於人心之所同然，則異論曲說，非吾聖人之所謂道也。

義理之學既本於人心，則心性之論，乃義理所重者，凡有議論，乃窮根究本於人心之所同然，否則乃異論曲說爾。其解舜典「汝作司徒，敬敷五教，在寬」曰：

> 汝作司徒者，言汝爲司徒之職，謹布五教於民，其有不率教者，又當寬以待之也。詩云：天生烝民，有物有則，民之秉彝，好是彝德。秉彝之性，人之所同有也，其有至於喪其秉彝而亂人倫之性者，未必其中心之誠然也，良由教化有所未明，習俗有所未成，則其固有之性，逐物而喪矣。惟教化已明，習俗已成，將見復其固有之性矣〔註11〕。

敷五教之事，即在章明民之所以秉於天者，以去其習俗之染，以復其固有之性。而人之秉之天者，自天子至於庶民，無有或異，是以人君治國，必本此以施政，始臻大治。其論洪範「皇建其有極」下云：

〔註10〕見宋元學案濂溪、伊川、龜山，紫微諸學案。
〔註11〕見林氏全解卷三，頁8、9。

故彝倫之序，必先五行以盡性，五事以踐形，然後施於有政而建皇極
焉；此蓋己正而物自正，非至於正物然後所以正己也。……故聖人建皇極
以教民，而民之趨於皇極者，必有其序焉。惟皇上帝降衷于民，民之所以
稟受於天者，莫不有皇極之道，惟其固物有遷，梏於叢爾形體之微，故小
己自私，至於偏頗反側，而失其所以固有之中，流於物欲而不能自反。人
君既已建皇極於正，使民皆知大中之道，本於天性之固有，而去其所謂偏
頗反側者，則大中之道，將卓爾而自存矣〔註12〕。

夫皇極之建，大中之道，本諸天性之固然，則君王者，去自私而棄偏側，則大中之
道自存。故有私心，則流於物逐，無私心，則合於公義，此施政者之所當戒哉。故
林氏之說蔡仲之命「率自中，無作聰明亂舊章。詳乃視聽，罔以側言改厥度」曰：

率自中與率性之謂道之率同。耳之德爲聰，而聰則用之以聽；目之德
爲明，而明則用之以視；是聰明在己，而視聽用以應物也。故當循其所謂
大本之中，順性命之理而行之，則其聰明出於自然，而無有私意小智撓乎
其間，豈至於變亂舊章哉！苟任一己之聰明，不能行其所無事，則其亂變
前世之舊也必矣〔註13〕。

義理乃人心所同，本夫天性之所固有，而有所率修，以爲施政之基；是以凡所作爲，
皆本諸人情之理，始合於道。林氏解經，嘗以「本諸人情」爲準，此即基於義理而
發者也。其論舜典「五流有宅，五宅三居」曰：

蓋教皋陶原情而定罪耳。夫欲刑者之服其罪，流者之安其居，則必權
人情之有宜輕者，有宜重者，有宜輕重之中者，其流罪有宜居近者，有宜
居遠者，有宜居遠近之中者，皆酌之以人情，而不背戾於法，此所貴於惟
明克允也〔註14〕。

其論大禹謨「罔咈百姓以從己之欲」云：

夫盤庚之將遷都，民咨胥怨而不從，盤庚不強之以遷也，方且優游訓
誥，若父兄之訓子弟，至於再，至於三，必使之知遷都之爲利，不遷之爲
害，然後率之以遷焉；何嘗咈之以從己欲哉？夫王者之安天下，必本於人
情，未有咈百姓而可以從先王之道也〔註15〕。

宋代義理之家，素重大禹謨「危微精一」之論，自程子以來，諸儒歷有發明，敷陳

〔註12〕見前書卷二四，頁 41、42。
〔註13〕見前書卷三三，頁 29、3。
〔註14〕見前書卷三，頁 11。
〔註15〕見前書卷四，頁 1。

其義。孔傳於此，僅說「危」「微」、「精一」、「中」之義，至程子始著「人心」、「道心」之別。程子嘗曰：「人心人欲，故危殆；道心天理，故精微；惟精以致之，惟一以守之，如此方能執中〔註16〕。」天理、人欲之義，遂大顯於世，宋史有道學傳，蓋亦沿此而來。林之奇爲程學四傳。於「危微精一」之傳，特重其事以爲三聖發明道學之要，聖學相傳之淵源，俱盡在此；並以己見而爲之言曰：

> 中庸曰：喜怒哀樂之未發謂之中，發而皆中節謂之和。苟於其既發而爲私欲所勝，則將發而不中節矣。夫所發者既危而不安，則未發者亦將微而難明，誠能惟精惟一，以安其危，則喜怒哀樂中節而和矣，所發者既和，則未發之中，亦將卓然而獨存矣，故能允執厥中，此蓋與中庸之言相表裡。自堯舜禹以至孔孟所以相傳者，舉不出此，學者不可以不深意而精思之也〔註17〕。

林之奇引中庸之言以解「危微精一」之說，蓋「允執其中」之「中」，與中庸之「中」，有相近之處，程門素重「中」義，故中庸之說極周到鞭辟，程門後學如張九成者，於此解亦重言「中」義〔註18〕；而引中庸解此十六字者，前有蘇東坡〔註19〕。東坡以爲人心、道心不二，放之則二，精之則一，而林之奇以爲人心、道心判然有別，能精一，則人心可和而道心可獨存，是二者判然有別也。朱子解此十六字，言之多矣，亦主人心、道心爲二。其言曰：「人心者，是血氣和合做成，嗜欲之類，皆從此出，故危。道心是本來稟受得仁義禮智之心。聖人以此二者對待而言，正欲其察之精而守之一也；察之精，則兩箇界限分明，專一守著一個道心，不令人欲得以干犯，譬如一物，判作兩片，便知得一箇好、一箇惡，堯舜所以授受之妙，不過如此〔註20〕。」朱熹於中庸之與「危微一中」之說，亦曾申其相關之義曰：「書傳所載多是說無過不及之中，只如中庸之中，亦只說無過，不及，但喜怒哀樂之未發謂之中一處，卻說得重也〔註21〕。可見林之奇持中庸以說尚書，以發揮其道心道學之說，實得理學之正統，上承程子，而下接朱熹也。

（二）徵諸先聖之說

林之奇序嘗云：「學者之於經，苟不知義之與比，先立適莫於胸中，或以甲之說

〔註16〕見朱子語類卷七八，總頁214。
〔註17〕見林氏尚書全解卷四，頁27。
〔註18〕見黃倫尚書精義卷六，頁41引無垢之說。
〔註19〕見蘇軾書傳卷三，頁7。
〔註20〕見朱子語類卷七八，總頁218。
〔註21〕同前註。

爲可從，以乙之說爲不可從，以乙之說爲可從，以甲之說爲不可從，如此則私議蜂起，好惡關然，將不勝其惑矣，安能合人心之所同然哉。」經之用既爲傳聖道，而言經者紛紜，何者爲是，何者爲非，誠難定論；然聖人之道，傳者聖人也，傳之者亦聖人也，聖聖相傳，蓋得其眞旨無疑矣。林氏嘗曰：

> 蓋聖人發明其心術之祕，以相授受，故其言淵深，又必有聖人復起，默而識之，自得於言意之表，非詁訓章句之學可得而知也〔註22〕。

此亦孟子所言「以意逆志」之義也。然所逆者與逆之者，非聖不能，而聖人眾人，其本質實未嘗不同，苟能去私見而無適莫，則得人心之所同，斯亦可以逆聖人之志矣。尚書之義，傳諸堯舜禹湯，經孔子編次之，而其道大明，是以欲識聖王之道，必先識孔孟之言，以孔孟之言上逆堯舜禹湯之志，斯得正傳眞旨矣。程子嘗答「窮經旨當何所先」曰：「於語、孟二書，知其要約所在，則可以觀五經矣。讀語、孟而不知道，所謂雖多亦奚以爲〔註23〕？」夫論語者，孔子之記言，乃五經之管轄，六藝之喉衿；而孟子一書，引書尤多，可見其長於書者，故據二聖之言以言書經，則鮮有所失。林氏書解，其引孟子、論語之言，不計其數，蓋即本諸聖人言經之義也。試舉數例以明之。其解堯典「放勳」云：

> 鄭玄云：放猶至也，謂堯有大功也。孔子曰：大哉！堯之爲君也，蕩蕩乎民無能名焉，是勳之謂也〔註24〕。

此據論語孔子之言堯事而解「放勳」之義也。其於立政篇「三宅三俊，嚴惟丕式」解云：

> 蓋既曰用有三宅，克即宅，曰三有俊，克即俊，以見其好賢樂善之誠心，有加而無已也。……子曰：無爲而治者，其舜也歟！夫何爲哉，恭己南面而已。嚴者恭己之謂也，協于厥邑，丕式見德，則無爲而治矣〔註25〕。

此引孔子言舜之爲治，以言理國之在任賢，則可無爲而治之矣，並以恭己，無爲以解書義，即亟上逆孔子之志以言經義也。又其解伊訓「立愛惟親，立敬惟長，始於邦家，終於四海」曰：

> 王者之治天下，將欲仁覆天下，豈必人人而愛之，人人而敬之哉！惟盡吾孝悌之心，親其親，長其長，舉斯心而加諸彼，而天下平矣。……或問孔子曰：子奚不爲政？子曰：書云：孝乎惟孝，友于兄弟，施於有政，

〔註22〕見林氏尚書全解卷四，頁26。
〔註23〕見二程遺書粹言一，頁25。
〔註24〕見林氏尚書全解卷一，頁3。
〔註25〕見前書卷二五，頁11。

是亦爲政，奚其爲爲政。蓋愛於親，敬於長，政之所出，必本於此；窮而在下爲匹夫，則施之於家，不爲有餘；達而在上爲天子，則施之四海，而不爲不足。此實治天下國家之至德要道，言近而旨遠〔註26〕。

此則以孔子論尚書之言，以明爲治之法，在親其親，敬其長而已，推而廣之，可及四海。其解大禹謨「克勤于邦，克儉于家」曰：

既有是功，而又勤於邦，儉于家，不自滿假，此人情之所尤難也。孔子曰：禹，吾無間然矣。菲飲食而致孝乎鬼神，惡衣服而致美乎黻冕，卑宮室而盡力乎溝洫。此克勤于邦，克儉于家之實也〔註27〕。

此則引孔子稱禹之言，以證禹勤儉邦家之事。又解立政篇曰：

抑嘗觀周、召之告成王，未嘗不以禹、湯之所以得，桀、紂之所以失，反覆而陳之；蓋詩曰：殷鑒不遠，在夏后之世。殷鑒在夏，則周鑒在殷矣。能以行事爲戒，豈遠乎哉！周、召欲成王克紹文武之大業，必言其不可如桀紂廢墜禹湯之遺緒也，不獨戒成王爲然，其戒殷之多士，多方之諸侯，亦莫不然。孔子曰：周監於二代。蓋謂是也〔註28〕。

此則據孔子之言，以明周、召之言義，在取監戒於前代，以免蹈覆轍之危；周之所以能郁郁乎文者，端在此也。

論語中，孔子之言及尚書者凡九條，其他言堯、舜、禹、及商周之事者亦不少，林氏多引之以說尚書，此其徵於孔子之意至明，亦當然之事。而有進於是者焉。林氏解書，亦嘗據孔子之意以訓解書文義理者，茲亦舉數例以見之。其說洪範「五事」曰：

孔子曰：君子有九思：視思明，聽思聰，色思溫，貌思恭，言思忠，事思敬，疑思問，忿思難，見得思義。言君子之治己，有此九者之殊，而此九者莫不各有所思，視之於明，聽之於聰以下，皆是理之自然不可易，各正其所，無以復加也；自五事以下，各言用，而隨其所用各繫一字，亦猶九思之各有所主；蓋其理之所當然也。五事者，聖人之所由以盡性，充之以踐形者也。視聽言貌思，其用不同，而蔽之以一言，則曰修己以敬而已。修己以敬，則五事各得其正，而無狂僭豫急蒙之失，故於五事曰敬用〔註29〕。

〔註26〕見前書卷十五，頁25。
〔註27〕見前書卷四，頁25。
〔註28〕見前書卷三八，頁12。
〔註29〕見前書卷二四，頁16。

此以孔子之「九思」與洪範「五事」比觀，因言五事之下所謂「恭、從、明、聰、睿」，乃五事之所主，而爲理之當然，據此以反駁五行五事相配，以言災異讖緯之說，如孔疏、王安石、蘇東坡等。林氏以爲五事自貌、言、視、聽、思，必皆敬用者，此蓋踐形之學也，自恭、從、明、聰、睿者，蓋學所以踐形也；而肅、乂、哲、謀、聖，則可以踐其形矣，此聖人之事業；孟子曰：「惟聖人然後可以踐形〔註30〕。」可見林氏根源於孔子之意，以明修身之道，以期立天下之大本也。又林氏解費誓曰：

> 夫刑非聖人之所忍言也。今伯禽之誓，既言常刑，又言大刑，又言無餘刑非殺，可謂忍於言用刑矣，而夫子乃錄其書於帝王之次者，蓋平居無事之時，人主不可以用刑也，至於用兵，則不厭夫三令五申之，所以全民命而重戎事也。孔子曰：不教而殺謂之虐，不戒視成謂之暴，慢令致期謂之賊。將爲戰守攻築之備，苟不先爲之誓戒，及陷於罪，遂從而刑之，自民言之，則爲虐之、暴之、賊之，自國而言，則失戰守攻築之大計，民之叛服，國之安危係焉。故甘誓、湯誓、泰誓、費誓之言用刑，夫子皆不以爲過者，以其爲誓師而言也〔註31〕。

按費誓與孔子之言，本無相關之處，然林氏引孔子此語，敷陳其義，以明誓師言刑之當然，乃在爲國爲民，安之教之，遂以孔子不以爲過爲準。凡此皆衍孔子言義以解書也，林氏全解此例極多，不勝枚舉矣。

　　至於林氏解引孟子言尙書諸事，一如其引論語然。史記孟荀列傳曰：孟軻乃述唐虞三代之德，是以所如者不合，退而與萬章之徒，序詩、書，述仲尼之意，作孟子七篇。」趙岐孟子題辭曰：「孟子之意，以謂帝王之盛，惟有堯、舜，堯舜之道，仁義爲尙。」蓋孟子素重先王堯舜之道，故其書言及尙書者尤多，共計三十五條，可謂長於書者也〔註32〕。林之奇於孟子，亦有述作曰孟子講義，今佚，其序則云：「孟子、論語，皆先聖之法言，學者之要道也，然孟子之書，大抵推明論語之意，故學論語者必自孟子始〔註33〕。」以孟子長於書，其書又多言及尙書之事，故林氏引孟子言尙書諸事以解經者，比之論語尤夥。如林氏解仲虺之誥「葛伯仇餉」一段曰：

> 湯之征伐，蓋始於葛，其略見於仲虺之言，其詳見於孟子。孟子曰：
> 湯居亳，與葛爲鄰，葛伯放而不祀。湯使人問之曰：何爲不祀？曰：無以

〔註30〕見前書卷二四，頁25。
〔註31〕見前書卷四十，頁15。
〔註32〕見許師錟輝所著「先秦典籍引尙書考」第九章「孟子引書考」。
〔註33〕見經義考卷二百三十四，頁3引。

供犧牲也。湯使遺之牛羊。葛伯食之，又不以祀。湯又使人問之曰：何爲不祀？曰：無以供粢盛。湯使亳眾往爲之耕，老弱饋食。葛伯帥其民要其有酒食黍稻者，奪之，不授者殺之，有童子以黍肉餉，殺而奪之。書曰：葛伯仇餉。此之謂也。爲其殺是童子而征之，四海之內，皆曰非富天下也，爲匹夫匹婦復讎也。湯始征自葛載，十一征而無敵于天下，東面而征西夷怨，南面而征北狄怨，曰：奚我后，我民之望之，若大旱之望雨也，歸市者弗止，芸者不變，誅其君，弔其民，如時雨降，民大悅。書曰：徯我后，后來無罰。孟子之時，去古未遠，必其載籍之所傳者如此，是可以明仲虺之意。蓋湯之於葛，其始也未嘗有伐之之意，其祀也則遺之以牛羊，既不祀也，則使亳眾往爲之耕，及其殺饋餉之童子，然後不得已而伐之，其伐之也，非以快一時之私，爲匹夫匹婦之讎也〔註34〕。

按孔傳於此曰：「葛伯遊行，見農民之餉於田者，殺其人，奪其餉，故謂之仇餉。仇，怨也。湯爲是以不祀之罪伐之。」而孟子以爲湯之伐葛伯，乃因其殺遺餉之童子，爲童子復讎也。夫不遺餉而殺奪之，此尚有下情，而既遺餉而殺之，則無可忍之道矣。孟子以爲湯伐葛伯者以此，與孔傳所說不同。林氏於此取孟子之言以爲正，以爲孟子去古未遠，載籍師傳，或有其說，而其言娓娓甚詳，是有逾於孔傳者矣。又林氏解武成「有道曾孫周王發」云：

> 言已憑我文祖之有道，將往大征商紂，以大正其罪也。當是時，始興兵往伐商，未知克與不克，而紂猶在上爲天子，遽稱周王發，此殆是史官增加潤色之辭，非必其禱神之言本如此也。孟子因咸兵蒙問舜南面而立，堯率諸侯北面而朝之之說，嘗舉孔子之言曰：天無二日，民無二王。舜既爲天子矣，又率天下諸侯以爲堯三年喪，是二天子矣。天下之不可以有二王也。苟以武王稱周王發而繼之以今商王無道，則是二王矣。孟子於武成取二三策，則其所不取者，必此類也〔註35〕。

此據孟子之說不取武成，推而申之，以言武成有不合義理，顯言二王之事，進而言武成之文非其本來面目，乃史官潤色之辭，故孟子有所不取。而林氏於「血流漂杵」下云：

> 孟子則以謂盡信書，則不如無書，吾於武成，取二三策而已，以至仁伐不仁，何其血之流杵也。審如孟子之說，則是血流漂杵之言，蓋深疑之也。予嘗深原孟子之意，蓋恐學者傳之失眞，以謂武王牧野之戰，其殺人

〔註34〕見林氏尚書全解卷十四，頁22。
〔註35〕見前書卷二三，頁20、21。

誠如是之多，故其後世嗜殺人之主，必將指武王以爲口實，故爲此拔本塞源之論，此孟子所以有功於武王也〔註36〕。

此不但引孟子之言解經，更爲孟子辯護，以明武成血流漂杵之事，非無其事，乃孟子解書義耳。又其解泰誓下「獨夫受，洪惟作威，乃汝世讎」曰：

> 言紂作威而殺戮無辜，以與一世之人爲讎，則斯民無有戴之爲君矣。是獨夫耳；獨夫者，失其所恃之勢，與匹夫無異；與匹夫無異，而且與一世之人爲讎，是自取滅亡之禍也。齊宣王問於孟子曰：湯放桀，武王伐紂，有諸？孟子對曰：於傳有之。曰：臣弑其君，可乎？曰：賊人者謂之賊，賊義者謂之殘，殘賊之人，謂之一夫，聞誅一夫紂矣，未聞弑其君也。其言蓋出於此。苟不能撫民而虐之，則是讎也，非后也。舉天下之人而讎一獨夫，豈爲弑君哉！〔註37〕

此引孟子以解稱紂爲獨夫之意；所謂獨夫，與天下之民爲讎，殘賊百姓，故民視之如仇，如是則君非其君矣，何以謂弑君哉，所殺者乃一賊殘之人耳，故謂之獨夫。凡皆引孟子之言及尚書之事以解書者。其他據孟子之論以說書義者，無處無之。至若解召誥之「節性」，即引孟子性善之論以說義理。其言曰：

> 欲服殷御事，無他，節性而已。孟子曰：性無有不善，水無有不下。殷之御事當成王之世，天下之所謂惡人也，周之御事，天下之所謂善人也，雖有美惡之異，然原夫殷御事所稟於天之性，未喪之前，與周之御事有以異哉？惟上之人有以唱之，遂陷溺其良心，而不義之習，遂與性成，寖淫日久，牢不可遏，必有以節之而後可也。節之者非強其所無也，以其所固有之性，還以治之，去其不善而反之善也〔註38〕。

考古無性善之說，詩烝民所云「天生烝民，有物有則，民之秉彝，好是彝德」，其彝德猶外在於人，而須秉而好之，孔子論性，尙云「性相近也，習相遠也」，未明言性善，至孟子始揭性善之義。召誥之時，其所謂「性」，當與孔子之言性相近，無所謂善惡，而林之奇持孟子之善性說以解書，即見其徵持之意。其解大禹謨「六府三事」之義曰：

> 夫水、火、金、木、土、穀，惟修，謂之六府，此天地之養萬物者也。……正德、利用、厚生，謂之三事，此則聖人體天地化育之德以養萬民者也。孟子論王道之始曰：不違農時，穀不可勝食也；數罟不入汙池，魚鱉不可

〔註36〕見前書卷二二，頁25。
〔註37〕見前書卷二二，頁31。
〔註38〕見前書卷三十，頁25。

勝食也；斧斤以時入山林，材木不可勝用也；穀與魚鱉不可勝食，材木不可勝用，是使民養生喪死無憾也。養生喪死無憾，王道之始也。五畝之宅，樹之以桑，五十者可以衣帛矣；雞豚狗彘之畜，無失其時，七十者可以食肉矣；百畝之田，勿奪其時，數口之家，可以無飢矣；謹庠序之教，申之以孝悌之義，頒白者不負戴於道路矣；七十者衣帛食肉，黎民不飢不寒，然而不王者，未之有也。謹庠序之教，申之以孝悌之義，此所謂正德也；穀與魚鱉不可勝食，材木不可勝用，養生喪死無憾，此所謂利用也；五畝之宅，樹之以桑，雞豚狗彘之畜，無失其時，百畝之田，勿奪其時，此所謂厚生也〔註39〕。

夫孟子之言本非爲尚書而說，其義本因孔子「富之、教之」之理，而林氏引以說尚書三事，雖義亦相通，然孟子教以孝悌之義，列於末，而林之奇則引而說正德，在三事之首，此其小異耳。然以此足見其徵用孟子之義，斑斑彰明焉。

雖然，林少穎亦有不以孟子之說爲是者。如論禹貢冀州之賦，以爲歲有豐凶水旱之不同，不可必取於每歲之常賦，當視其歲而有增損不同。因引孟子而論之曰：

孟子曰：治地莫善於助，莫不善於貢。貢者校數歲之中以爲常。樂歲粒米狼戾，多取而不爲虐，則寡取之，凶年糞其田而不足，則必取盈焉。爲民父母使民盻盻然將終歲勤勤不得養其父母，又稱貸而益之，使老稚轉乎溝壑，烏在其爲民父母也。孟子此言謂其有激而云，將以救戰國暴虐之弊政則可，若謂禹貢之法爲不善，則不可。蓋九州之賦，既有每歲之常數，而又有雜出於他等之時，則是其於凶年無取盈之理。觀禹貢一篇，然後知禹之貢法，未嘗有不善也〔註40〕。

孟子以貢法之不善，在於不能調適於豐凶水旱之間，而林之奇則據禹貢有「錯」之法，以爲貢法亦有可上可下之制，非如孟子所言，故以孟子之說偏頗而不用。又其論禹貢揚州貢道，亦以爲孟子誤會書義。其言曰：

孟子曰：禹疏九河，瀹濟、漯而注之海，決汝、漢，排淮、泗而注之江。此蓋誤指吳王夫差所通之水以爲禹迹，其實非也。使禹時江已與淮通，則何須自江而入海，自海而入淮，爲是之迂回也哉〔註41〕！

此則據禹貢以見江與淮未通，繞行入貢，以證孟子之言有誤。又林氏於微子篇論紂與微子之親族關係曰：

〔註39〕見前書卷四，頁 11、12。
〔註40〕見前書卷七，頁 14。
〔註41〕見前書卷八，頁 2。

　　　　史記宋世家曰：微子者，殷帝乙之首子，紂之庶兄。此說與呂氏春秋
　　同。孟子則以爲紂爲兄之子，且以爲君，而有微子啟，王子比干。紂爲兄
　　之子，則是微子者，紂之叔父也。此二說不同。案泰誓曰：剝喪元良。微
　　子之命云：殷王元子，使微子果是紂之叔父也，則不當以元良、元子言之
　　也。故當從呂氏春秋、史記宋世家之言，微子者，紂之母兄也〔註42〕。

此據尙書微子之命、泰誓以定微子啟乃帝乙元子，紂之庶兄，以爲孟子之說有誤，
然微子之命與泰誓之篇，皆僞古文，據之以證孟子之非，未允。此外，林氏以牧誓
虎賁三百人，孟子史記皆曰三千爲非〔註43〕。林氏全解之非孟子之說者，僅此四條，
其餘則每徵引以爲說解經義之據。總之，論語、孟子之言凡與經義相關者，引以證
經，與經義可通者，引以說經，此林氏徵於聖人之言者也。

　　林氏此意，亦前有所承者，遠則如趙岐之說，近則本程伊川之論，而其師呂本
中亦有言曰：「學問當以孝經、論語、中庸、大學、孟子爲本，熟味詳究，然後通求
之詩、書、易、春秋，必有得也，既自做得主張，則諸子百家長處，皆爲吾用〔註44〕。」
林氏承義理之學，本諸聖人之言，乃必然耳。

（三）取捨於先儒前輩之說

　　困學紀聞云：「自漢儒至於慶曆間，談經者守訓故而不鑿，七經小傳出，而稍尙
新奇矣；至三經義行，視漢儒之學若土梗〔註45〕。」是自劉敞、歐陽修、王安石、
蘇東坡等，競爲新說，先儒訓詁章句之學，時人多鄙之。而林氏解經，於先儒前輩
之說，則多方比較分析，取捨之間，唯視義理之合否。其序曰：

　　　　苟欲合人心之所同然，以義爲主，無適無莫，平心定氣，博採諸儒之
　　說而去取之；苟合於義，雖近世學者之說，亦在所取；苟不合於義，雖先
　　儒之說。如此則將卓然不牽於好惡，而聖人之經旨，將煥然而明矣。

林氏所取者，除五經論孟之外，於漢則史記、鄭玄、孔傳，於唐則孔疏，偶及韓、柳
之說，至於宋代諸儒前輩，搜羅極富，故卷帙浩繁，朱子以爲傷於繁，亦良有以也。

　　林氏於孔傳，是非參半。若林氏引孔傳釋舜典「時月正日」曰：「漢孔氏曰：合
四時之氣節，月之大小，日之甲乙，使齊一也，此說爲備。」是用孔傳之說，然其
非孔傳亦不鮮。若舜典「納於大麓」，林氏論曰：

　　　　孔氏曰：麓，錄也，納舜使大錄萬機之政。此說不然。周官曰：唐虞

〔註42〕見前書卷二一，頁 13、14。
〔註43〕參前書卷二三，頁 1。
〔註44〕見宋元學案卷三十六「紫微學案」，總頁 75。
〔註45〕見困學紀聞卷八經說。

稽古，建官惟百；內有百揆四岳。則是當堯之時，官無尊於百揆者，大錄
萬機之政，非百揆而何，既已納于百揆矣，又納于大麓，必無此理〔註46〕。

又於堯典「以親九族」曰：

九族當從夏侯、歐陽氏以謂父族四、母族三、妻族二。孔氏謂高祖玄
孫之親，非也。蓋高祖非己所得而逮事，玄孫非己所得而及見，若必謂非
高祖玄孫之親，但據其族係出於高祖者，則但本宗族亦何以為九族哉！其
既睦之九族若只本宗之一宗，則其睦也，亦不廣矣。若以謂父族四、母族
三、妻族二，則旁及他族而本族亦在其中，則其所睦者，豈不廣哉〔註47〕！

凡此皆以孔傳不合經義，或取他經以證其非，或用其他學者之論，一以義為準。

至於史記之言及尚書者，林氏引用，亦有取有捨。若其論伊訓之序「成湯既沒，
太甲元年」，以為孔傳之說為非，而史記之說為是，其論曰：

太史公曰：湯崩，太子太丁未立而卒，乃立太子之弟外丙；外丙即位
二年崩，立外丙之弟仲壬；仲壬即位四年而崩，伊尹乃立太丁之子太甲。
則是湯之後，立外丙、仲壬二世而後太甲立。然考序文，則類夫太甲承湯
之後，無外丙、仲壬之二世者；故漢孔氏以謂太甲太丁子湯孫也。太丁未
立而卒，及湯崩而太甲立，稱元年。此亦無所依據，得順序文而為此說耳
〔註48〕。

此則林之奇不用孔傳而用史記之說也。孟子亦以為湯之後有外丙、仲壬，史記與孟
子同，且較詳，故用史記之說也。然史記亦有不合其說義者。若舜典序「虞舜側微」，
林氏論之曰：

孟子曰：舜居深山之中，與木石居，與鹿豕遊，其所以異於深山之野
人者幾希。又曰：舜之飯糗茹草，若將終身焉。以是觀之，則知舜之其居
側，其人微，一匹夫耳。而史記案世本帝系，以為堯與舜同出於黃帝……
蟜牛生瞽瞍，瞽瞍生舜，如此則舜者，黃帝之八代孫，蓋帝之族姓也，豈
有帝之族姓而謂之側微者哉！左氏傳載史趙之言曰……則是自瞽瞍而
上，皆有國邑以相傳襲，尤不可謂之側微也。故當以孟子及書序之言為證
〔註49〕。

林氏以書序與孟子之言合，而與史記之說有所不合，故不取史記之說。又其論文侯

〔註46〕見林氏尚書全解卷二，頁4。
〔註47〕見前書卷一，頁7。
〔註48〕見前書卷十五，頁15、16。
〔註49〕見前書卷二，頁1、2。

之命，史記以爲乃襄王賜晉文公重耳之誥命，而林氏則本之左傳以證史公之非，史記確誤解左傳之文，林氏非之，自有其見地。

至於唐孔穎達疏，蓋多爲孔傳張義，故其用捨之間多與孔傳同，茲不必贅論矣。至於有宋以來諸儒之說，其引用而評論者，以王安石之三經新義，蘇東坡之書傳爲最，蓋二書爲北宋解說尚書之大作，影響深遠，故多引論析評。王安石之說，林之奇每加譏評，偶有取之而已；而蘇氏之說，則是非各半，較之王說，取者爲多。至於其他學者，若程伊川有河南經說，解堯典、舜典，並改武成，故林之奇於堯、舜二典中多所引用以說義，況程氏即其學之淵源乎！其論堯典「乃命羲和」云：

> 程氏曰：前既言堯之克明俊德，始於敦睦九族，以至於協和萬邦，黎民於變時雍，此又言立政紀綱，分正百官之職，以熙庶績，而事之最大最先者，未有不本於此，蓋人君之治天下，惟此二端而已……作典者論堯之德，盡在於此矣，自帝曰疇咨以下，著其事以見堯之聖。此說甚善〔註50〕。

林氏之於程說，於二典之中非之者有二：其一、舜典「烈風雷雨弗迷」，程氏曰：無烈風雷雨之迷錯。」林氏以爲其辭亦不順〔註51〕。其二「六宗」之說，程氏用晉張髦「三昭三穆」之說，林氏以爲不可從〔註52〕。於禹貢篇，林之奇多用曾旼之說，朱子嘗謂：「曾彥和、豐熙後人，解禹貢，林少穎，吳才老甚取之〔註53〕。」林之奇於禹貢解說中，亦嘗謂曰：

> 曾氏論禹貢山川地理，援引書傳，考究源流，其說皆有依據，比諸儒之說爲最詳，學者能取信於先儒之說，則思過半矣〔註54〕。

至於洪範篇，則多蘇洵、曾鞏、劉執中、張景之論，此四者皆有洪範之專著。而胡瑗、張橫渠亦偶引之，可見其理學淵源。其評王安石之論，每引楊時三經義辨爲說，蓋亦師承相關，且義理之有相倅者也。

（四）解尚書之原則與方法

林氏解書，既求合於人心之所同然，又冀同徵於先聖之大義，復採擷先儒、近學之說，上下徵引，旁搜遠紹，多方索求，而諸說紛陳，時使人無所適從；故欲定其是非，明於取捨，必先有定則於胸臆，復持之有法，方克成事而不迷於眾言。林氏於解經之際，亦有其所持之原則及方法。茲分陳於后：

〔註50〕見前書卷一，頁9。
〔註51〕參前書卷二，頁5。
〔註52〕參前書卷二，頁11。
〔註53〕見朱子語類卷七八綱領。
〔註54〕見林氏尚書全解卷七，頁1。

1、解經之原則

（1）持之有證

尚書古遠，其義湮泪，後世或有多說，甚至有怪異之論；然凡有其說，必求其證，無證可求，雖其說有足採之者，未以爲必也。林氏解經說義，求證之意甚切。其解顧命「狄設黼扆綴衣，牖間南嚮……西序東嚮……東序西嚮…西夾南嚮…」云：

> 先儒以西序東向之坐爲旦夕聽事之坐，東序西向之坐爲養國老、享群臣之坐；此二者不若牖間南向之坐爲有所經見。鄭康成、王肅之說亦然，蓋亦是相傳爲說也〔註55〕。

其言「牖間南嚮」爲有所經見，蓋見於周禮司几筵及明堂位也。周禮云：「凡大朝覲，王位設黼依，依前南鄉，設莞筵紛純，加繅席畫純，加次席黼純，左右玉几」，而明堂位則曰…「天子負斧依，南面而立。」皆此坐也。而東序西序之坐，其用未見載於典籍，先儒、鄭、王之說，皆各以意說者也。又其解「赤刀」云：

> 赤刀，寶刀也。漢孔氏爲赤刀削。鄭氏則曰：曲刃刀，皆以意言。鄭氏又謂武王誅紂時刀，赤爲飾。亦不知何所據而言〔註56〕。

可見林氏解經，務求言之不虛妄，有證有據，始持之以言，否則皆臆說，不可取信。其解君牙云：

> 穆王以大司徒之職所當爲者而命君牙，且先之以纘乃舊服，無忝祖考，以洪敷五典，爲君牙祖考之舊服，則君牙之祖考，蓋皆典是職矣。累世司徒之官，蓋若鄭桓公、武公父子繼爲周司徒也歟！成王之將崩，康王初立，芮伯爲司徒，而君牙在穆王之世爲之，則君牙者，竊意是芮伯之子孫，世襲父職。雖以經文前後參較，知其若此，然經無明文，不敢必以爲然也〔註57〕。

林少穎欲求君牙之身世，參攷經文，求諸史事，皆有理可推，然經無明文，亦不敢以爲必然，此其力求有證以說義，非獨以此要諸眾說，亦以之履於己論也。

（2）以書爲正

凡義有數說，皆有明文，見諸典籍者，則其取捨之間，亦有難者矣。夫如此者，林氏則以尚書之說爲正。其論冏命曰：

> 後世之論穆王者多過其實。左氏傳曰：穆王欲肆其心，周行天下，將皆必有車轍馬迹。又有得八駿以造父爲御，西巡守，會西王母於瑤池。蘇

〔註55〕見前書卷三七，頁14、15。
〔註56〕見前書卷三七，頁17。
〔註57〕見前書卷三八，頁18。

氏因之，遂以穆王之書爲周德之衰。今觀此篇，其言純正明白，切於治體，彼其於僕御之臣，丁寧反覆如此，至謂愼簡乃僚，無以便嬖側媚，則其僕御豈有敢導王爲非者，而王之言既然，則亦豈肯爲無方之遊哉。以是知世之論穆王者，皆好事者爲之也；當以書爲證〔註58〕。

按穆王之事，見於左傳，亦見於尚書，而二者所論事有相矛盾者，則捨左傳而用尚書，蓋林氏以爲左傳亦後人追述之辭，而尚書則當事者之眞言，二者自有輕重之異。又其論呂刑「王享國百年」曰：

> 漢孔氏曰：穆王即位，年過四十矣。史記周本紀：穆王即位，春秋已五十矣，立五十五年崩。說者因以穆王年百四歲。案無逸言商三宗及周文王享國之年數，皆以其在位之久；曰王享國百年者，皆其在位之年也，史記以爲立五十五年。當以書爲正〔註59〕。

夫左傳之說，林氏猶且不取，而以尚書爲正，然則孔傳、史記之說，等而下之者，既有悖於尚書正經，其所不取，乃必然之事也。

（3）不務鑿說，多所闕如

林氏既力求說之有理，言之有證，則凡理有所不通，證有所不足者，不必勉強爲之解說，大肆穿鑿，闕如可也。其論舜典「予擊石拊石，百獸率舞」下云：

> 薛氏、劉氏，皆以爲益稷脫簡重出。蓋方命夔典樂，而夔遽言其擊石拊石，致百獸率舞之效，非事辭之序也。而益稷篇又有此文，故二公疑其差誤。以理觀之，義或然也。然筆削聖人之經以就己意，此風亦不可長。
>
> 孔子曰：多聞闕疑，愼言其餘則寡尤。此實治經之法也〔註60〕。

林氏經解，率多如此。至於舜典「夔曰，於……」句是否衍文，已於前劉敞學案中相關論題之下詳加分析說明，請參看。林氏解禹貢「華陽黑水爲梁州」曰：

> 荊州其川江漢。據江漢之水發源于梁州，由荊而東，以入於揚州，然後入於海。今以江漢爲荊州之川，則禹貢之梁州，其無合於職方氏之荊州乎？然而未敢以爲必然。姑闕之以俟後學〔註61〕。

其解「蔡蒙旅平」，亦以爲鄭玄之言蔡山在漢嘉縣，不知其所據而當闕之〔註62〕；其論「訖于四海」，則以爲東、南、北，皆海，而西獨云「流沙」，有所不通，其

〔註58〕見前書卷三八，頁31。
〔註59〕見前書卷三九，頁3。
〔註60〕見前書卷三，頁2。
〔註61〕見前書卷九，頁7。
〔註62〕見前書卷九，頁9。

言曰：

> 此實某之所深考而未知其說也。大禹之功，萬世永賴，與天地同垂於不朽，其書之傳，所以爲法於萬世，則其制度不容如是之差，意其必有所乘除相補以爲疆理天下之定制。某淺陋，未足以知此，請闕之〔註63〕。

無證之說，闕之，無理不通之說，亦闕之。至於字辭有不可解者，亦闕之可也。若其解盤庚中「暫遇姦宄」曰：

> 其曰：暫遇姦宄者，大抵肆爲浮言之人。暫遇二字，類不通，姑且闕之〔註64〕。

又若湯誥「賁若草木」，林氏曰：

> 王氏不解賁字之義。薛氏增廣其說，謂賁若者，方興而未就也。蘇氏曰：賁、飾也，其理甚明，炳若丹青。此二說皆鑿。某嘗思此二句，其言若草木，兆民允殖，則文義足矣，雖不加賁字，亦無害也。加賁字則其說穿鑿而難通。賁字當讀爲譬字，譬若草木也。然變易經文以就己意，某嘗尤之矣，尤而效之，不敢爲也。當闕之〔註65〕。

凡此皆文辭有不通者，不求強解穿鑿而付諸闕如也。林氏解經，嘗屢評王安石之好鑿，然王氏有所闕之者，林氏亦每加稱許以爲得之。其論大誥「敷賁、敷前人受命」曰：

> 孔氏以賁爲大，則讀爲扶云反……蘇氏、林子晦則皆以爲飾，讀爲被義反……其與孔氏雖音訓不同，而其義之不明白，則一也。惟王氏疑其有脫誤而不可知者，宜闕之，此爲得體。薛博士增廣王氏之說，尤爲詳備曰：敷賁敷前人受命，茲不忘大功；殷小腆，誕敢紀其敘；天降威；若兄考，乃有友伐厥子，民養其勸弗救；越天棐忱，爾時罔敢易法，矧今天降戾於周邦：凡此皆書義疑有脫誤不可知者，學者闕焉。王氏解經，每不合於義者，不旁引曲取以爲之說，至闕之，此王氏之所長也〔註66〕。

以此觀之，林少穎之解經，實寧闕而勿濫，此正經解之正途，亦合孔子「於其所不知，蓋闕如」之義也。

（4）注意經文語辭之性質及結構

夫經文古奧，而記者非一，或當事者之言，或史官所記之辭；有同義而異字者，

〔註63〕見前書卷十一，頁19。
〔註64〕見前書卷十九，頁17。
〔註65〕見前書卷十五，頁9。
〔註66〕見前書卷二十七，頁7、8。

有變文而敘事者；有錯綜以成文，有為後事張本者，凡此皆使解經者誤入歧途，易陷穿鑿。故為經解者當先知其文辭章法，然後能得經意之實也。少穎解書，特重此意。其論堯典「欽明文思安安」曰：

> 此言與序大抵相同，然序則言聰明文思，此則言欽明文思，蓋史官便於文體而序述也。前言聰明者，言堯能分明邪正，得虞舜於側微，卒授以天下，故言聰明，欲與下文讓于虞舜文勢相接；此言欽明文思者，意與下文允恭克讓相應。皆隨宜立文，非有深旨於其間也〔註67〕。

又於「乃命羲和」「分命羲仲…」「申命羲叔」下云：「前言乃命，後言分命、申命，皆是錯綜其文以成義也。」是「聰明」與「欽明」，乃因上下文相關不同而隨文用之，非有別義深旨；乃命、分命、申命，亦敘述之辭，無義可說，苟以用辭不同而必強生分別，則是穿鑿附會也。經文之中，時有前有所述而後無所繼之句，林氏則以為乃文章結構照應之法。若其解堯典「九載績用弗成」曰：

> 靜言庸違，象恭滔天；與夫九載績用弗成之下，文無所總者，為舜典張本也〔註68〕。

經文之中，有當事者之言，有史官之辭，當加以辨別，若論語中有夫子之言，有弟子之言，亦有記者之言，若不加離析，則使玉中合瑕，義或曲違矣。林氏解經，亦嘗分辨離析。其解堯典「有鰥在下曰虞舜」曰：

> 薛氏曰：舉舜而言其鰥者，欲帝妻之也。此說雖可喜，然據下文女于時，觀厥刑於二女，即是妻舜之事，出於堯之意，將試舜以所甚難者。若以有鰥在下為言，則是以女妻舜者出於四岳之請，非堯意也。夫岳舉舜於側微之中，未知堯之用否，而先請以女妻之，非人情也。竊謂此史臣增加潤色之辭，因堯以女妻舜，遂加有鰥在下於上，以見其未娶爾；正如湯誓稱予一人，當桀紂在上，湯武濟否時未可知，豈宜遽稱予一人也哉？竊謂皆是史官增加潤色之辭，學者以意逆志可也〔註69〕。

夫既能明乎經文之性質，用途，主體，及文章之結構，則解經之時，可免於張冠李戴，扭曲經義，亦可減穿鑿附會之說；欲求經旨者，不可不勉力於是焉。

2、解經之方法

林之奇解經，以義理為宗，以聖人之言為徵，而復以經典所載為證，旁求遠紹，號稱繁博；而就方法而言，亦依其原則宗旨，加以衍伸。分述如下：

〔註67〕見前書卷一，頁4、5。
〔註68〕見前書卷一，頁29。
〔註69〕見前書卷一，頁31。

（1）以經解經

夫經文之中，有用字相同者，有用法相同者，有內容相近者，有對比而見其異者，如此之類，皆足相互發明，以此證彼，所謂「以書爲正」，「有所經見」，即此法之基原也。其解梓材之稱「王」曰：

> 王氏曰：成王自言，必稱王者；以覲禮考之，天子以正遇諸侯則稱王。此誥正教康叔以諸侯之事故也。其意以王爲成王之自稱，故爲此說。然考之於書，王自稱有曰予一人，有曰台小子，有曰予小子，未有自稱王者；以王爲成王之自稱，非人情也〔註70〕。

此通觀全書，求其通則，以見王之自稱，無自稱王者，可知王者之說有悖於經義。又其論酒誥「御事」曰：

> 御事，謂凡治事之臣也。王氏以爲相，唐孔氏以爲公卿，其意蓋以上言畏相而下言御事厥棐有恭，此君臣報施之義，故以爲相與公卿也。書之稱御事多矣，牧誓之言御事，則在邦冢君之下，司徒之上；大誥之言御事，則在庶士之士；顧命之言御事，則在百尹之下，以是知御事者，蓋總言也，非指定其人而稱之也〔註71〕。

此則通考書文，以得「御事」一辭之正解也。夫經文之中有文義俱相似者，可會而觀之，其義自曉。林氏解說命中「惟天聰明，惟聖時憲」曰：

> 皐陶謨曰：天聰明自我民聰明。泰誓曰：天視自我民視，天聽自我民聽。言天之聰明，即民之聰明，君能公其心以憲天聰明，而率其臣以欽若，則自合乎民心矣。民之從义，蓋得天下之所同然，非勉強而從之也〔註72〕。

此會合書言「天聰明」之文，以見天聰明之義。而經文之中，有義同而詳略互異者，林氏每取以互補，其解大禹謨「禹曰朕德罔克」以下云：

> 自朕德罔克以下，正如舜典所謂舜讓于德弗，弗嗣也。典謨所載，其文簡，其事備，蓋其爲體，或詳於此，而略於彼，或略於此而詳於彼，以互相發明。如舜受終於文祖，而下則言在璿璣玉衡，以齊七政，至告祭於上帝百神，覲諸侯，巡狩方岳之事，無所不載；而禹受終于神宗之下，則惟記一言曰：率百官，若帝之初。觀此則在璿璣玉衡以下，不言而可見也。

尙書之中，有事同而言略異者，則可相比以見義。若太甲之與成王，皆繼體之君，受大臣之輔，故林氏皆以爲「中才之王」。又盤庚之與多士，皆是遷民之事，故可比

〔註70〕見前書卷二九，頁39。
〔註71〕見前書卷二九，頁15。
〔註72〕見前書卷二十，頁15。

而觀之，其義尤詳。林氏曰論多士曰：

> 此篇與盤庚，皆是告以遷居之意，故其辭意多相類。非我一人奉德不
> 康寧，即盤庚所謂予迓續乃命于天，予豈汝威也；時惟天命無違，即所謂
> 天其永我命于茲新邑也；無我怨即所謂爾無共怒，協比讒言予一人也；大
> 抵皆然。蓋古之聖人，惟不忍鄙其民而欺之，故其諄諄告諭之言，開其爲
> 此而禁彼，不約而同也〔註73〕。

凡上述者，皆據經中文義之相同、相似、相關性，以相互比較，探索，以冀得經義
之正解也。本經如是，至於本經無可互見者，或見諸他經，則同理可互觀互補，故
林氏解經，亦主詩書易禮互通之法也。

（2）以史證經

尚書所載，皆上古言事，其事或不他見載諸文字者，則其事若無可據論；然林
氏既本諸人心所同然以見經旨，則上下古今，人心人情皆可相通，是以上古之事，
其所以成事之情理，與後世之事，必有相通之道，故以後世史事以證上古事理，無
悖於人心同然也。林氏論皋陶謨「彰厥有常」曰：

> 必其德之有常者，然後可以爲德，一作一輟，未足以爲德也。且以一
> 德之常以明云：如霍光可謂有濟亂之才耳，而其爲人，在漢武帝左右，小
> 心謹德，未嘗有過，是其能亂而敬，而其出入殿門，進止有常處，郎僕射
> 竊識視之，不失尺寸者二十餘年，此其亂而敬之有常者哉！武帝以是知其
> 可用，故其末年托以遺孤，卒能擁昭立宣，不負社稷之寄，彼於九德之一，
> 能守有常，武帝彰而用之，其成效已如此〔註74〕。

此引霍光之才性以證人有九德之一，且能持之有恆，尚且有如霍光之事功者，其吉
也無疑矣；況九德咸事，俊乂在官哉；此正人心之所同然也。其解大禹謨「禹拜稽
首固辭」曰：

> 蓋言禹又不敢受帝之位也。於是再拜稽首而固讓焉。古之人於賓主授
> 受之際，猶以三辭三讓然後成禮，況於受天下之重，輒敢易而爲之哉，故
> 必辭讓至於再三；再三辭者，皆出於其中心之誠然也，非勉強而爲之：如
> 漢文帝立自代邸，東嚮讓天下者三，南嚮讓天下者再，此亦知夫天下大器，
> 不敢輕受，文帝所以致刑措之治，其端蓋本諸此〔註75〕。

以人心可以如此，以事理可以如此，而典章制度，亦有百世損益之效應，林解

〔註73〕見前書卷三二，頁14。
〔註74〕見前書卷五，頁9。
〔註75〕見前書卷四，頁3。

於舜典「鞭作官刑，扑作教刑」下曰：

> 唐刑法志曰：唐用刑有五，一曰笞。笞，恥也，罪之小者則加鞭撻以
> 恥之。此舜典所謂扑作教刑是也。二曰杖。杖，持也，可持以擊之，此舜
> 典所謂鞭作官刑是也。要之，此二者皆鞭撻之刑，有輕重之不同〔註76〕。

此引唐刑法以明舜典之刑，是據後世史事以明前世經義也。

（3）以詁訓解經

林之奇之學，以義理爲宗，傳程門之學，於詁訓之事章句之學，本不甚重視，林氏嘗曰：「蓋聖人發明其心術之祕，以相授受，故其言淵深，又必有聖人復起，默而識之，自得於言意之表，非詁訓章句之學可得而知也〔註77〕。」至於名物數度之解釋，亦林氏之所鄙。林少穎曾云：「要之學者之於經，其義理之是非，眞僞有以惑世者，則雖毫釐錙銖之差，不可不辨。至於物之名數，古人假借以爲別異，此則不必辨也〔註78〕。」雖然，訓詁之學，林氏亦每用之，且不乏獨到之處。

甲、引古文尚書以校經

所謂古文尚書，指隸古定本及古書所引古文家之尚書說。考唐玄宗不喜古文，命衛包改以今書，而古文本尚存書府。五代宋初，郭忠恕猶見此書，並作釋文，今其古文尚散見於所著汗簡之中。此書後不見其傳，而薛季宣作書古文訓，尚見其書，然則古文尚書，於林氏時當可及見。林氏解書，數引古文尚書，尤以解禹貢所引爲夥。其解禹貢「濟河惟兗州」下云：

> 濟字，今文書作從水從齊，而古文書周禮職方氏，班孟堅地理志皆
> 從水從㐬。案說文從水從㐬字注云：㳂，沇也，東入海也。而從水從齊
> 字注云：濟水出常山厗子縣贊皇山東至癭陶入濔。由此二字音同，故後
> 世遂以從水從齊字爲兗州之濟，其實字訛也。今當從古文書作從水從㐬
> 者爲證〔註79〕。

此所引爲漢書引周官文，非僞古文周官篇，乃漢人所見古文尚書也。又「滎波既豬」下曰：

> 據古文書波自作從山從番，與嶓冢之嶓同，意者鄭氏所從本訛以波爲
> 播，故其說如此。夫既職方作其浸波溠，而今文書又作滎波，則是以爲波

〔註76〕見前書卷二，頁27。
〔註77〕見前書卷四，頁26。
〔註78〕見前書卷七，頁21。
〔註79〕見前書卷七，頁2。

字無疑也，安得以爲播邪〔註80〕？

又「導菏澤」下云：

> 徐州浮于淮泗，達于河。案古文作菏字，而說文並與之同意。蓋謂浮
> 於淮泗，達于此澤也。然禹貢九州之末，皆載達于河之道，不應於徐州獨
> 菏澤，此當以今文書爲證〔註81〕。

此二例皆以爲古文非今文是。其解舜典「簫韶九成」曰：

> 案古文尚書簫字從竹從削，箾、舞者所執之物；簫與箾音雖同而義實
> 異。說文於管簫之簫注云：參差管；而從竹從削之箾，注云：舜樂名。箾
> 韶，延陵季札觀周樂，見舞箾韶者，其字從竹從削之箾，以是知箾韶二字，
> 蓋舜樂之總名也。今文作管簫之簫，故諸儒皆以爲細管之備，而說者又謂
> 編管爲之，其聲肅然如鳳凰聲，此皆曲爲之說，非古書之本意也。今當從
> 古文書以簫韶者爲舜樂之總名，則得之矣〔註82〕。

此例則以古文爲是，其考證訓說精詳而合理，並有古文爲證，復根據說文推之，其
考據之功夫，雖後世考據學者亦不過如是。

乙、以音韻之學訓經

尚書大禹謨曰：「降水儆予。」林氏解此則曰：

> 降水當從孟子作洪水字，其說曰：降水者洪水也。蓋謂降水者，洪水
> 之異名，而說文降字洪字，皆音胡公反，以是知此二者不惟義同，字亦通
> 用〔註83〕。

孔傳以「降水」爲誕降嘉種之降同，曰水性流下故云下水。林氏以音同通假爲說，
雖本之孟子，然其說理有進之者矣。古音之學，始於宋代，迄清而大盛，宋儒據音
韻之學以訓詁經義者鮮，林氏此例，實發機栝也。

丙、引說文以說經

林氏雖不重物之名數，然有能說之者，亦不煩費辭，禹貢、顧命之篇，多名物
制度，故亦多引說文作訓。其解顧命「天球」曰：

> 天球，玉可以爲磬者，益稷曰：戛擊鳴球是也。說文亦曰：球，玉磬
> 〔註84〕。

〔註80〕見前書卷九，頁3。
〔註81〕見前書卷九，頁4。
〔註82〕見前書卷六，頁31。
〔註83〕見前書卷四，頁23、24。
〔註84〕見前書卷三四，頁18。

又「執銳」解云：

> 説文曰：戈，平頭戟也，鉞，斧也，殳，兵也，惠、劉、瞿無文。至
> 於銳則以爲銳，曰侍臣所執兵也，從金允聲，周書曰，一人冕執銳，則知
> 漢時作銳。……又案今文尚書一人冕執銳，孔安國傳曰：銳、矛屬也，疑
> 孔安國之時，舊是銳字，後傳作銳字。説文銳，芒也，亦與矛不類〔註85〕。

此引説文之義以訓經字，又以説文證經文之訛誤，實可見林氏訓詁之學，功力甚篤
厚，雖宗於義理，然亦不偏廢於詁訓也。

（五）疑改經傳

　　林之奇解經，必與尙書爲正，故其信書經之文，鮮言經文之誤，況疑之乎！然
疑改經傳，自先秦兩漢即有其事，唐孔穎達號稱經傳忠臣，尙有置疑於武成者，劉
知幾疑尙書十事〔註86〕，即其皎皎者；至宋慶曆風起，疑經更盛，浸至南渡，雖有
擁護經傳者，亦難免存疑經傳於一二。林氏篤信經文，嘗屢評學者輕於變易經文，
其言曰：

> 君子於其所不知，蓋闕如也。若欲以己意而增損聖人之經，此近世學
> 者之大患，不可爲也〔註87〕。

故其於尙書解中，屢言不可以己意變易經文，並以此嚴責自身，是以全解一書，於
前輩常置疑改之處，每云「不可變易經文」。若舜典「夔曰：於，予擊石拊石，百獸
率舞」，劉敞、蘇軾，皆以爲益稷脫簡重出，且言之有理矣，求之有證矣，然林氏則
以爲：

> 故二公疑其差誤，以理觀之，義或然也。然筆削聖人之經，以就己
> 意，此風亦不可長。孔子曰：多聞闕疑，愼言其餘則寡尤。此實治經之
> 法也〔註88〕。

唐誥「惟三月」至「乃洪大誥治」，蘇東坡以爲乃洛誥之文，簡編脫誤，至有移易，
然林氏則曰：

> 某嘗謂蘇氏之説經多失之易，易則己意之有所未安者，必改易經文以
> 就之，如此則經之本文，其存者幾希，非愼言闕疑之義也〔註89〕。

而王安石以爲「非汝封刑人殺人，無或刑人殺人，非汝封又曰劓刵人，無或劓刵人」，

〔註85〕見前書卷三七，頁22。
〔註86〕見史通通釋卷十三外篇疑古第三。
〔註87〕見林氏尚書全解卷一，頁25。
〔註88〕見前書卷三，頁2。
〔註89〕見前書卷二八，頁4、5。

當作「又曰非汝封劓刵人，無或劓刵人」，林氏以為：

> 此則改易經文，以就己意，非闕疑之義〔註90〕。

可見林氏於經文中之可疑者，例皆不輕言疑改，而每以闕疑處之，其重於闕如而輕於疑改可知也。雖然，林氏於尚書經傳序之文，亦嘗置疑焉。今陳其說如下：

1、疑孔傳

林氏於孔傳之說，或取或捨，未以為必然，然其於孔傳之文，研習亦異常仔細，故有疑衍疑脫之說。其解牧誓序「戎車三百兩，虎賁三百人」云：

> 漢孔氏曰：車步卒七十二人，凡二萬一千人。據其數當有二萬一千六百人，不言六百者，蓋古者記載之辭，惟總其數而略其小，猶詩三百五篇，但言詩三百也。據舉全數而云二萬一千人者，此蓋出於漢孔氏之意，從古文而云爾，而今文孔氏注於二萬一千人之下，乃加舉全數三字，此蓋出於後世儒者之所箋注，以發明孔氏之意，非其本文也，而後世傳寫者誤以相屬，遂以為先儒之語，何不思之甚邪？夫孔氏省六百字而乃加舉全數三字以釋其義，此必無是理也〔註91〕。

此以為孔傳有後人箋注，誤屬入注文而成衍文者，其說於文於理甚充分，當以為然。又洪範七稽疑「卜五占用二，衍忒」，林氏曰：

> 衍忒之義，說者不同，漢孔氏無說，疑有脫漏〔註92〕。

此以孔傳無說而疑其脫漏，是亦觀察入微之功有以致之者也。

2、疑書序

夫書序之作者，先秦典籍之中，未見記載，至史記始以為孔子所序。史記孔子世家云：

> 序書傳，上紀唐虞之際，下至秦繆，編次其事。

嗣後漢書亦承其說，漢志云：

> 書之起遠矣，至孔子纂焉，上斷於堯，下訖于秦，凡百篇，而為之序，言其作意。

自是厥後，言書小序者皆以為孔子序書言其作意。而林之奇則以為非。其言曰：

> 某竊嘗以謂書序者，乃歷代史官轉相傳授以為書之總目者。蓋求之五十八篇之序，有言其作意者，如堯典序曰：昔在帝堯，聰明文思，光宅天下，將遜於位，讓于虞舜，作堯典。欲略一篇之旨，斷以數言，若此之類。

〔註90〕見前書卷二八，頁23。
〔註91〕見前書卷二三，頁2。
〔註92〕見前書卷二五，頁1。

謂之孔子作序，言其作意可也，如此篇序曰：湯歸自夏，至于大坰，上一
句言其作誥之時，下一句言其所誥之地，而湯之慙德與夫仲虺之所以廣湯
之意者，初無一言及之，若此之類，其爲史官記載之辭也審矣〔註93〕。

又曰：

> 書序本自爲一篇，蓋是歷代史官相傳以爲書之總目，吾夫子因而討
> 論是正之，以與五十八篇共重於不朽，其文多因史官之舊，故其篇次亦
> 有相爲首尾者，不必敘其本篇之意。……凡此皆是史官序事之體，而說
> 者乃以若此之類者，皆聖人之深旨，至欲以春秋褒貶之義而求之，皆過
> 論也〔註94〕。

林少穎以爲書序之作者，乃歷代史官相傳爲書總目而作，孔子於書序，乃因而討論
正之而已，今之書序中，尙有部份文句爲史官首尾相因之辭，孔子未加改正而仍其
舊。書序之作，亦非一人，林氏依其體例內容爲之說曰：

> 蓋書序之作，類非一人之所爲，故有一篇之義包括數句之間者，如太
> 甲之序……，亦有姑撮其事之始而略載之者，如康誥、酒誥、梓材三篇之
> 作。……〔註95〕

又其解咸有一德序云：

> 嘗謂書序之作，非出於一人之手，蓋歷代史官相傳以爲書之總目，既
> 非出於一人之手，故自有詳略不同〔註96〕。

其論無逸序則謂「書之序有直言其所作之人而不言其所作之事者」，林氏以此觀書
序，有言其事，有言其人，又有詳有略，體例非一，必非一人之乎，則如之何可云
皆出夫子之手！且孔子序書，亦必前有所承，林氏於君奭序曰：

> 世皆以序出於孔子之手。如此等序，使其無所傳記，孔子生於數百載
> 之下，何由逆知其故乎！故某以爲必是歷代史官遞相傳授以爲書之總目，
> 孔子因而次第之也〔註97〕。

以此推之，書序之作，乃雜出眾手，非夫子一人之所爲也。林氏既以書序乃其時史
官所記，而序文與經文有不合者，爲後人所改纂。其論伊訓序曰：

> 篇內曰元祀，而序曰元年者，殷曰祀，周曰年，此序疑出於周世之所

<hr>

〔註93〕見前書卷十四，頁1。
〔註94〕見前書卷十四，頁1。
〔註95〕見前書卷三一，頁2。
〔註96〕見前書卷十七，頁2。
〔註97〕見前書卷三三，頁6。

纂定，故以年稱之〔註98〕。

由是林之奇以爲序之成，亦因後世所纂定，未必如其本來之舊，或纂定者即在周世史官也。

3、疑經文

林氏於經，本極主不輕疑易，然書經之中，實有相互矛盾，不可調停之者，或有力證以見其誤者，林氏亦主疑誤之說。林氏疑經文，端有數事：

（1）疑經文非其原貌

林氏於書解序中，嘗論尙書經文有艱深與易曉之別，凡今文者皆艱深，而壁中之書多易明，以此知書之文句，非本來面目，當有後人編纂潤色之文屬於其中，故其以爲「凡書之所難曉者，未必帝王之書本如是，傳者汩之矣」。其論泰誓中篇，復有更進之說曰：

> 書本百篇，遭秦火不存。至漢稍稍復出。伏生以口傳二十八篇，孔壁續出二十五篇。某嘗疑此二者，必有所增損潤色於其間。何以知之？以孟子知之。孟子之舉康誥曰：殺越人于貨，愍不畏死，凡民罔不憝。孟子之舉泰誓曰：無畏寧爾也，非敵百姓也，若崩厥角稽首。而今文泰誓曰：罔或無畏，寧執非敵，百姓懍懍，若崩厥角。其字大抵相同，而其文勢意旨，則大有不同者。康誥，伏生所傳之書也，泰誓，孔壁續出之書也，故某以是二者異同之故而致疑焉。蓋伏生齊人也，齊人語多與穎川異，晁錯受書之時，伏生老不能正言，使其女傳言教晁錯，晁錯所不知者十二三僅以其意屬讀而已；壁中科斗文字，孔氏得之，其時科斗書廢已久，時人無能知者，姑以隸體定其可知者爾，則是此二者必有己之不能曉者，而以其意導合，龘令成文耳。學者生於千載之下，當夫簡編訛脱之餘，固不必以今之書爲信然，而亦當信其可信者，而闕其可疑者，不可以爲漢儒所傳之書爲出于帝王之手，而不敢略置疑於其間也。孟子生於戰國之時，去帝王之世猶未遠，而六經猶在，尚且以爲盡信書不如無書。蓋苟理之所不安，則莫可信也。況又燼於秦火，爛於孔壁，而增潤色於漢儒之手乎〔註99〕？

林少穎以孟子所引古本泰誓、康誥與今本泰誓、康誥，文字有異，解義亦不同。按孟子萬章下引康誥曰：「殺越人于貨，閔不畏死，凡民罔不譈。」孔傳本則作「凡民自得罪，殺越人于貨，暋不畏死，罔弗憝」，是「凡民」二字在上文。考說文心部引

〔註98〕見前書卷十五，頁 17。
〔註99〕見前書卷二二，頁 26。

周書曰：「凡民罔不憝。」與孟子所引同，蓋知孟子所引，即古文之原本面目，古文書經原作「凡民自得罪，殺越人于貨，暋不畏死，凡民罔不譈」，而今本嫌其重出而刪去也。刪去者林氏以爲蓋爲漢伏生、鼂錯之徒；此一比較所得，實乃高明之見。至於泰誓，林氏以爲乃因科斗文之不明，遂使孔安國等誤爲句讀，並以意屬讀，故成今本之貌；其疑泰誓非古本來面目，誠爲有見，惜乎未能更進而悟今本泰誓爲僞，以揭僞孔千古之謎，是失之交臂也。

（2）疑經文誤字及衍文

林氏於經文之有疑誤及衍文處，每加闕如，然亦有數處定爲誤字者，若泰誓「惟十三年春」，林解曰：

> 序云：惟十有一年。而篇首曰十有三年者，何也？案洪範篇首曰：惟十有三祀，王訪于箕子。而史記又謂武王克商二年，問箕子以天道，則是洪範之作，蓋克商二年之後。洪範既爲十有三祀而作，則伐商爲十有一年也審矣。世儒徒以此篇首十有一年爲洪範十有三所泊，故傳者亦誤作十有三年矣，其實一字誤作三字也〔註100〕。

按林氏以爲序言十一年不誤，而經文十三年乃泊於洪範而誤，且據史記以知訪箕子在伐殷之後二年，可知伐殷在十一年，經文誤作十三年也。林氏不信觀兵之說，故其間必無兩年之退待。考朱子語類於泰誓云：「舊有人引洪範十有三祀訪于箕子，則十一年之誤可知矣。」今按引洪範爲證以言之者，乃程伊川也，董鼎書集傳輯錄纂註泰誓篇下嘗引述之。林氏乃繼程學，而其說則相反，可見林氏此說，乃一己之見也。

又呂刑「今爾罔不由慰日勤」，林氏解之曰：

> 日勤，先儒解以日爲子日之日，釋文一音人實反，只當作日字讀，言今爾當無不由朕之言相慰勉，而日愈勤〔註101〕。

按今本尚書正作「日勤」，釋文曰：「日，人實反，一音日」則陸德明所本作日，而他本有作曰者。考孔傳謂「今汝無不用安自居，日當勤之」此「日」字解作日或曰，均可通。唐孔疏解此曰：「今爾等諸侯無不用安道以自居，曰我當勤之哉！」此字則不可能作「日」解，是孔穎達所本作「曰」。林之奇所謂先儒，以全解考之，多批孔傳，是林氏所見孔傳本作「日」字，而林之奇以爲作「日」爲非，作曰爲是，是林氏疑此有誤字也。

〔註100〕見前書卷二二，頁 5。
〔註101〕見前書卷三九，頁 17。

又舜典「夔曰：於，予擊石拊石，百獸率舞」，林氏以爲薛氏、劉氏主張此乃益稷經文重出，誤置於此成衍文，林氏曰「以理觀之，義或然也」，然林氏於此後取闕疑之義，亦其解經之一貫原則。

（3）疑改武成

自孟子曰：「盡信書，不如無書，吾於武成，取二三策而已。」厥後經秦火，孔壁古文等事，復有僞孔古文之出現，歷來研習尚書者，於武成一篇，疑之最深，辨之最力，考之最多，遂至改之者亦最眾；甚至唐孔穎達據孔傳本作正義，極力迴護孔傳之說，然於武成一篇，亦疑其經文序次不當，篇簡或有脫漏，然未加釐訂；逮乎有宋，更有進而改之者，林氏之前，有劉原甫敞、王介甫安石、程伊川頤、孫元忠朴〔註102〕，皆就孔疏之意，發揮改易，而每有不同。林氏篤信孟子，又繼程、楊之學，雖堅守經文，不敢輕易，然孟子有言在先，程子倡之在後，林少穎雖云「某今於此，不敢輕有去取」，然亦不免有疑改之論。其論曰：

> 某所見當是武王既歸於豐，偃武修文，歸馬放牛，示天下弗服矣，則既生魄，庶邦冢君暨百工受命於周，至若曰：嗚呼群后以下，皆繫於此；既告群后以后稷、公劉、太王、王季、文王之德，然後率之以祀于周廟，以至於柴望，大告武成，於理爲稱。然此篇見存者止於如此，其間文勢，或有脫逸不全者，亦未可知；雖疑其先後之次如此，亦未敢以爲必然之論也〔註103〕。

又曰：

> 丁未祀于周廟，至大告武成，此文當屬於予小子其承厥志之下。蓋武王既歸馬放牛，示天下不服乘，則其王業於是乎成矣。……武王既克殷有天下，於是庶邦冢君及內之百執，咸來受新命于周……既諸侯群臣來受新命於周，於是武王爲之述其先王積德累功之艱難，故己得以成此王業，蓋將帥之以祀于周廟，則先爲言祖考之所以致此者……承厥志，蓋爲將祀周廟而言也〔註104〕。

又其後曰：

> 自厎商之罪以下，至於大賚于四海而萬姓悅服，其文當在王朝步自周，于征伐商之下，厥四月哉生明，王來自商，至于豐之上；蓋其所述，

〔註102〕孫朴字元忠，孫固之子，生平見宋元學案卷八涑水學案下。其疑改武成之說，未見其他載錄，經義考亦無載，僅見林少穎之言，故不可考。
〔註103〕見林氏尚書全解卷二三，頁13、14。
〔註104〕見前書卷二三，頁15。

皆是武王未歸周以前事，簡篇差舛，乃以屬於予小子其承厥志之後，而武王所以禱於天地山川之言，遂與上文之稱述后稷以來積德累功者相聯〔註105〕。

今就林氏之意，調整武成編次如下：

惟一月壬辰旁死魄……于征伐商底商之罪，告于皇天后土……大賚于四海而萬姓悅服厥四月哉生明，王來自商，至于豐……示天下弗服既生魄，庶邦冢君暨百工受命於周……予小子其承厥志丁未，祀於周廟……柴望，大告武成列爵惟五……垂拱而天下治。

林之奇除重序經文之次外，復有疑經文文辭有被改易者，有脫簡者，有疑其誤者。其論曰：

惟有道曾孫周王發，將有大正于商，言己憑我文祖之有道，將往大征商紂，以大正其罪也。當是時，始興兵往伐商，未知克與不克，而紂猶在上為天子，遽稱周王發，此殆是史官增加潤色之辭，非必其禱神之言本如此也〔註106〕。

林氏既以「底商之罪」以下至「萬姓悅服」，乃武王伐商之時事，故不當自稱「周王發」，且林氏嘗於梓材篇曰：「考之於書，王自稱有曰予一人，有曰台小子，有曰予小子，未有自稱王者〔註107〕。」故此文稱「周王發」者，當非武王禱神時之本文，乃史官潤色之辭。林氏嘗謂今本尚書非本來面目，多經漢儒所屬讀潤色，而此又指為史官之潤辭也。按若就其原文，以為乃武王在周受命之時語，追述前事之辭則其既為王矣，亦不當以「周王發」自稱，林氏之說，實有卓識，是見今本武成之謬不合書經文體例，唯林氏以史官潤辭解之，而不考其乃出於墨子兼愛中引傳曰，乃書之逸文，亦有差之毫釐之歎爾。

林氏亦以為武成有脫簡之處。林氏全解曰：

竊謂神羞之下，更合有言，簡編脫落，經失其本，所以辭不次耳〔註108〕。

林氏此疑，孔穎達此先言之，然孔氏以為禱神之辭，為武王對庶邦冢君百工誦之，而林氏則以為乃追王先王之辭。唐孔氏、宋劉敞皆於「承厥志」以下，疑有脫簡，林氏則以為此蓋得天下，將欲率諸侯祀于周廟，追王其先世，故其說如此，而無所謂脫簡者。

〔註105〕見前書卷二三，頁18。
〔註106〕見前書卷二三，頁20、21。
〔註107〕見前書卷二九，頁39。
〔註108〕見前書卷二三，頁19。

又武成「既戊午，師渡孟津，癸亥，陳於商郊」，林氏於此，則以爲有誤，其論曰：

> 漢孔氏曰：自河至朝歌，出四百里，五日而至，赴敵宜速。此說甚不然。……然自河至朝歌，五日而至，經實有明文，意其所載時日，必有誤也〔註109〕。

按劉敞於此亦嘗否漢孔氏之說，然其說乃以帝王世紀救膠鬲之說爲之解〔註110〕，而林氏進以爲經文紀時日有誤，是亦勇於疑經者也。

（六）解經新說

四庫總目提要於林氏全解下，以爲之奇之書，頗多異說，並舉二例曰：

> 如以陽鳥爲地名，三俊爲常伯，常任，準人，皆未嘗依傍前人〔註111〕。

今考禹貢於揚州「陽鳥攸居」，孔傳曰「隨陽之鳥，鴻雁之屬」，曾旼、陸佃，其說亦同，而林氏以爲非曰：

> 竊有疑於此。觀此篇所序治水之詳，見於九州之下，或山或澤，或川或陵，或平陸或原隰，莫非地名，此州上既言彭蠡既豬，下言三江既入，震澤底定，皆是地名，而獨於此三句之間，言陽鳥攸居，非惟文勢之不相稱，然考之九州，亦無此例也。夫雁之南翔，乃其天性，有不得不然，豈其洪水未平，遂不南翔乎〔註112〕？

且云古地名取鳥獸之名者多矣。以此考之，陽鳥非鴻雁之屬而當爲地名；其說通貫禹貢之例，實有逾於先儒者，誠所謂「未嘗依傍前人」矣。然立政「三俊」之說，則有可議者，林氏於立政「三宅三俊」之下云：

> 三者，事也、牧也、準也，此三者，皆以俊才宅之，故曰三俊。……蓋三宅當從先儒，而三俊當從王氏〔註113〕。

是林氏「三俊」之說，以爲乃常伯，常任，準人，乃根據王安石之說，此有所承，非其獨見也，提要失之不察焉。

綜考林氏尚書之說，「異說」頗多，茲舉數例以見一班。其解禹貢冀州下曰：

> 蓋禹之治水，其始也必決其懷襄之水，然後導川澤之流，而其所爲先後之序，具載於九州之後，導岍及岐以下是也。此之所載，但記夫九州之

〔註109〕見前書卷二三，頁24。
〔註110〕其說參見尚書正義卷十一，頁24引帝王世紀。
〔註111〕見四庫全書總目提要卷十一，頁7經部書類一林氏尚書全解下。
〔註112〕見林氏尚書全解卷八，頁13。
〔註113〕見前書卷三五，頁8。

經界，與其田賦貢篚之詳，若夫治水之先後，不在於此也〔註114〕。
按孔疏以爲九州之次，以地爲先後，以水性下流，當從下而泄，故治水皆從下爲始，
而冀州乃帝都所在，故首從冀起，而東南次兗，而東南次青，而南次徐，而南揚，
從揚而西次荊，從荊而北次豫，從豫而西次梁，從梁而北次雍，蓋雍地最高，故殿
之也〔註115〕。王安石解新義，亦從孔說。蘇東坡書解則謂堯之時，河水之患最急，
次江，淮又次之，而河之行水，冀、兗最廣，而徐其下流，被害最甚，故治水先其
急者，而堯都冀，治水行始於冀〔註116〕。諸儒之說，皆以禹貢前九州先後之序，解
作治水先後之序。而林少穎以爲前九州惟說經界及一州內地理狀況，非治水之先後
次序也。蓋治水必視地勢之高下，水勢之大小，順其地而導之〔註117〕，自上而導下，
自下而決之於海，故前九州之序，乃自下而逆上，非治水之理也。故其主治水之序，
必在導山一段，蓋自導岍及岐以至又東北入于河，其首尾本末各有條理，且順山勢
自高而下水在山旁，導山即導水也，正合治水自高而下，順水性就下之理，且治水
不可限於經界，故作爲此說也。二孔於導山之文下曰：「上文每州說其治水登山，從
下而上，州境隔絕，未得徑通，今更從上而下，條說所治之山，本以通水，舉其山
相連屬，言此山之傍所有水害皆治也〔註118〕。」以爲以統理而更說，以見首尾耳。
而蘇軾則以地脈三條之說解之〔註119〕，亦本諸孔疏引舊說。王安石則以爲「方治九
州之時，姑從其急者，未暇及此；及九州之水大體已去，然後專導水之源，故十二
導者，列于九州治水之後〔註120〕」，則以爲禹之治水，有二，先治其急，後導其源，
是則以爲導山一段，亦治水之事，非徒更說統理而矣。

按禹貢九州之序，自北而東而南而西，而復返於北，周而復始，其間於水而言，
在河則自上而下，在江則自下而上，然則其於治水之理，或云自下，或說自上，均
有所礙；而治水誠不能局於一州，夫水之患，其因或起於上源，或阻於下委，或本
諸其地，故治水必相其因而治之，不必必自上或必自下也。復考九州所載之文，均
言「既」，是其所載，在既治水之後，非治水之時，則所載不必順其先後之序也。且
九州文之末，皆言入河之道，是貢篚輸賦之路，然則九州之文，主於貢賦，如禹貢
之名義矣，非爲治水而次序之也。以此觀之，林氏之論，不拘前說，獨出諸儒之表，

〔註114〕見前書卷七，頁6。
〔註115〕參見尚書正義卷六，頁2。
〔註116〕參見東坡書傳卷五，頁1。
〔註117〕參見林氏尚書全解卷七，頁6。
〔註118〕見尚書正義卷六，頁22。
〔註119〕參見東坡書傳卷五，頁22。
〔註120〕黃倫尚書精義卷十一，頁16引。

合於禹貢文義，誠卓識也。然彼以爲治水乃在導山一段，則仍稍拘而未能盡脫舊說。夫禹若如此治水，則必先巡行天下一周，然後始能爲之治，則水患久矣，民生疲矣，不如孔疏所謂「更從上理說所治山川首尾所在，總解下導山水之意」，是記禹貢者，總記天下山川大勢，水或自上而下，依山勢而行，而山勢則自西而東，始高終卑，是十二導山水之文，亦非治水先後之序也，乃謂山水之脈理條支者，則可矣。

　　林氏書解洪範，於其序「武王勝殷殺受，立武庚」，於武王殺紂之說，有其獨見。其解曰：

　　　　武王之於紂，則殺之者，荀子曰：武王伐紂，遂選馬而進，厭旦於牧之野，鼓之，而紂卒易鄉，遂乘殷人而進誅紂。蓋殺者非周人，固殷人也。紂之見殺，蓋以殷人如林之眾，倒戈相攻，併攻於紂；武王至殷，赦紂而不誅，如湯之放桀之志已無及也。於是立武庚，代殷後，以終致其不忍之意，如湯放桀之意也〔註121〕。

林之奇據荀子之言推之，以爲書序云「武王勝殷殺受」，殺紂者非武王，乃殷眾前徒倒戈攻於後使然。按史記謂武王至紂死所，武王自射之，三發而后下車，以輕劍擊之，以黃鉞斬紂頭，懸於太白之旗〔註122〕：是司馬遷以爲縱非武王手刃，武王亦有殺之之意也，觀斬頭懸旗之說可知。孔傳曰：「不放而殺，紂自焚也。」孔傳以爲武王于紂，不放諸野如湯之放桀者，乃紂既兵敗自焚，既死矣，無由而放遂殺之。其說與史記同意。林氏以爲武王之與紂、君臣之分皎然明白，寧忍爲此，是武王無殺紂之意，紂之見殺，徒以兵亂故也。林氏此解，乃欲存君臣之義，君雖暴虐，放之則可矣，殺之則是以暴易暴也。林解此說，以爲武王無殺紂之心，觀乎牧誓曰「弗迓克奔，以役西土」，是武王伐殷，不在殺也。且孟子不取「血流漂杵」之文，是孟子亦以武王伐紂不在殺也。故林氏作爲此解，以明武王不殺紂之意。按墨子明鬼下云：「武王折紂而繫之赤環，載之白旗。」逸周書克殷篇與史記之說同，或史記襲其說也。漢賈誼新書連語篇嘗云武王以帷護紂之屍，而紂乃身斸而死於寢廟之上，是即紂乃自死，非武王殺之，武王亦無殺之之意也。王充論衡恢國篇，亦辨其事。然則林氏之說，蓋在乎維護名教，遵用孟子之說故也。

　　周書洛誥「王曰：公，予小子其退，即辟于周。命公後。」孔傳以爲「命立公後，公當留佐我」，唐孔疏以「立公之世子爲國君，公當留輔我」解之，歷來眾說解之，多從二孔之說。而林之奇則以爲非，其論曰：

　　　　諸家說者，亦皆以命公後爲封伯禽於魯。夫周公之歸政，而成王之留

〔註121〕見林氏尚書全解卷二四，頁3、4。
〔註122〕參見史記周本紀。

公，蓋在洛邑，其曰退即辟于周者，蓋我將退而即明辟之政于宗周，則命公留居于洛也。其曰命公後者，若近世留守，留後之類。詳考此篇之意，蓋周公留成周以遷殷頑民，使密邇王室，式化厥訓，成王祀於新邑，將歸鎬京，留周公于洛以鎮撫殷民，故成王之言曰：其退即辟于周，命公後，又曰：公定，予往已。皆言成王往而周公留也。王往，周公留，故以周公之留爲命公後〔註123〕。

考乎二孔及諸儒之說，以爲命公後爲封伯禽之於魯，而留周公輔相，於經文前後，實不聯囑；且伯禽封國與太公望同時，左傳謂封於少皞之虛，是命伯禽之魯，在周初，非在洛邑既成之後也。而曰周公必待封伯禽而後方肯留輔成王，亦是淺隘者要君射利之爲也，必非周公所當有。故其說「命公後」，以爲乃命周公留守洛邑也。按四庫提要於史浩尚書講義二十卷下云：

> 朱子語類嘗稱史丞相說書亦有好處，如命公後，眾說皆云命伯禽爲周公之後，史云：成王既歸，周公在後，看公定予往矣一言，便見得周公且在後之意云云；其後命蔡沈訂正書傳，實從浩說〔註124〕。

然考之史實，林之奇卒於南宋孝宗淳熙三年，而史浩之講義，據宋館閣書目云：「淳熙十六年正月，太傅史浩進尚書講義，二十二卷，詔藏祕府〔註125〕。」是林三山之說，較史浩講義爲早出，然則「命周公留守」之說，非創于史浩，乃林之奇之創見，朱熹此言，或一時之不察，或欲突顯史浩之講義；然不可以此掩林氏之功也。

林氏解經，務求不鑿，言之有據，是以其於尚書每篇之名，皆以爲「篇名無義」可說，蓋篇名者，乃史官命以爲篇題耳，非有大義存焉。其言曰：

> 孔氏曰：告康叔以爲政之道，亦如梓人之治材。此非也，此篇引喻以告康叔者有三，稽田也，作室家也，作梓材也。苟其名篇之義有取於此，不應舍其二而其一也。史記衛世家曰：爲梓材示君子可法則，故謂之梓材以命之；雖其以梓材取譬之意不與孔氏同，而謂名篇之義，有取於梓材，其失一也。……則書之名篇，不應其破碎穿鑿至於此甚也。予嘗因梓材之名篇，然後知書之篇名，徒以志簡編之別，非有他義也〔註126〕。

又其於洛誥序云：

> 案此二篇皆是營洛邑之事，然召誥則以召公誥王之故，而以召之一字

〔註123〕見林氏尚書全解卷三一，頁19、200。
〔註124〕見四庫提要卷十一經部書類，頁11。
〔註125〕同前註。
〔註126〕見林氏尚書全解卷二九，頁29。

繫之，以誥而命篇；此篇是周公與王問答而特以洛名篇，正猶康誥、酒誥，

雖皆所以告康叔，酒誥則以懲酒之故，而以酒名篇，康誥則特以康叔之故，

即以康命篇，皆其史官一時之意旨也〔註 127〕。

林氏以篇名不存義，特史官取其一二字以爲篇別而已，而後世說者皆據篇名說義，是穿鑿之言也。考之於詩三百，篇題皆取首章首句一二字爲之，並無大義存焉，復考諸論語二十篇之名，一如詩經，至荀子始有以篇名示義者，詩書之時代相若，其篇名之來，當亦相似。且許師錟輝於所著「先秦典籍引尚書考」中，明見先秦尚書篇名，未有定稱〔註 128〕；既未有定稱，何來說義，林氏之說實得而不鑿也。

林氏新說，上述乃其大者而已。其他若說武成譸辭，則有「追王先王」之說〔註 129〕；於洛誥、多士、則主成周、王城二分之說〔註 130〕；於洪範則有「君相不可言命，君相唯造命」之說〔註 131〕；於牧誓則不信觀兵之說〔註 132〕；皆林氏解書之獨見也。

（七）評宋儒書解

林氏全解，徵引極繁，自先秦至宋代，無不收集；其序云「博採諸儒之說，苟合於義，雖近世學者之說，亦在所取；苟不合於義，雖先儒之說，亦所不取。」宋代以前解書者寡，而亦多遵傳注，鮮有新見；宋代以來，解經者蠭起，黃震嘗曰「本朝書解最多〔註 133〕」，而成申之有四百家尚書集解〔註 134〕，可見一斑。宋慶曆以來，解書經者，以王安石新義，東坡書傳最有名，影響亦最大最深；林解書資引此二書者亦最夥，或用或評，無適無莫。茲析論林氏評此二書之況如下：

1、評王安石新義

林氏全解，引用前儒之見，或用或評，而宋儒諸書之中，以王安石新經尚書義爲最，幾乎每條皆有，據程元敏先生之統計，凡佚文二百十四條，而佚文之後，每加評論，評論者共一百四十一條〔註 135〕，今日得睹王安石新義於一斑者，林氏亦大

〔註 127〕見前書卷三一，頁 4。
〔註 128〕見許師錟輝著「先秦典籍引尚書考」上冊頁 53。
〔註 129〕見林氏尚書全解卷二三，頁 18。
〔註 130〕參見前書卷三一，頁 7 及卷三二，頁 3。
〔註 131〕參見前書卷二五，頁 29。
〔註 132〕參見前書卷三二，頁 9。
〔註 133〕參見黃震讀書日鈔。
〔註 134〕見經義考卷八四，頁 1 引宋志五十八卷。
〔註 135〕見程元敏先生「三經新義輯考彙評（一）尚書」下篇「諸家評論及載引佚文按書分條考計」一文中，頁 257～262。

功臣也。

林氏取資於新義，每加責難，而用之者甚鮮；林氏之議王氏新義者，大要有二：

（1）穿　鑿

林氏解經，力求有證，不空言說經，故於無根之言，大加撻伐。其評王氏新義「君奭」曰：

> 王氏曰：此誥或曰君奭，或曰保奭，或曰君者，主王而言則曰君奭，主公事而言則曰君而已，主保事而言則曰保奭也。王氏喜為鑿說，一至於此〔註136〕。

又其評王氏舜典「月正元日」新義曰：

> 二典所載，皆史官變其文以成經緯，苟得其大意足矣，如必較量輕重而為之說，則將不勝其鑿，如舜典言舜受終則曰正月，格于文祖則曰月正，必欲從而為之說，此王氏之所以有即是月而後有政之論也〔註137〕。

林氏書解之評王安石鑿說，不勝枚舉，此其一也。

（2）為新法立本

林氏評王安石新義，穿鑿之外，尚以為多為新法立本之論，蓋王安石三經新義之作，多闡揚其新法之義，新義即新法之所託也。新法欲附會經籍，故必穿鑿強說而後可也。其評王氏新義湯誥「慄危懼，若將隕于深淵」曰：

> 湯始伐桀，商人皆咎湯不恤我眾，然湯升自陑，告以必往，至於孚戮誓眾，無所疑難也。……蓋有為之初，眾人危疑，則果斷以濟功，無事之後，眾人豫怠，儆戒所以居業。……王氏此說，徒以其為新法之地而已，學者遂信之，以成湯之意果如是，豈不誤歟〔註138〕。

林氏以為王氏之所以為此說者，蓋為果於行新法立本之，夫新法之行，是有為之初，必果斷以濟功，不必盡恤人言也。又於盤庚上「無或敢伏小人之攸箴」評曰：

> 當時王介甫變更祖宗之制度，立青苗、免役等法，而當朝公卿，下而小民皆以為不便，而介甫決意行之，其事與盤庚遷都相類，故介甫以此藉口，謂臣民之言皆不足恤。然所以處之則與盤庚異者，盤庚敷于民，由乃在位，以常舊服，正法度，而介甫一以新法從事；盤庚言無或敢伏小人之攸箴，而介甫則峻刑罰以繩天下之人言新法不便者。故雖以盤庚自解，而天下之人終不以盤庚許之者，以其迹雖同而其心則異也。非特

〔註136〕見林氏尚書全解卷三三，頁21。
〔註137〕見前書卷三，頁1。
〔註138〕見前書卷十五，頁11。

天下之人不許以盤庚之事，而介甫亦自知其叛於盤庚之說，其解盤庚又
從而爲之辭，以爲其新法之地，……觀王氏此言，其與誦六經以文奸言
者，何以異哉〔註139〕！

王氏新義，確爲新法作地，宋儒亦多同意。林氏於「上陳樞密論行三經事」云：

王氏三經義，雖其言以孔孟爲宗，然尋其文，索其旨，大抵爲新法之
地者十六七〔註140〕。

既爲新法立本，則必有所附會而悖於經文原旨，甚或與經背道而馳；林氏既以義理
人心爲宗，以聖人義法爲徵，玫於王氏之學，每加評議，以爲穿鑿附會也。

2、評蘇軾書傳

林氏信經甚篤，故凡經之所云者，皆儘量取而用之，訓而釋之，故其疑改經文
之處，較他家爲少，亦屢評擅疑改經文者，蘇氏書傳之說是也。其評蘇氏書傳曰：

某嘗謂蘇氏解經，失於易，多欲改易經文以就己意若此之類是也〔註141〕。

此所評者，乃蘇軾以洪範「王省惟歲」一段，以爲五紀之文，簡編脫誤於此，其文
當在五日歷數之後。林之奇則以此爲申講上文「曰時」之義，而反蘇東坡以爲脫誤
之說。林於於康誥前一段，亦評蘇氏失之易，其言曰：

某嘗謂蘇氏之說經多失之易，易則己意之有所未安者，必改易經文以
就之，如此則經之本文其存者幾希，非慎言闕疑之義也〔註142〕。

此段經文，蘇軾以爲乃洛誥錯簡於此，當移易以復其文，林之奇則反對如此改易，
並引王博士之說以解之，以爲封康叔在於卜洛之前，而誥康叔在於營洛之際，而王
者將欲孚大命於諸侯，必於臣民所會之時而誥之，故誥康叔在營洛臣民會聚之時也。

林之奇於解皋陶謨「允迪厥德，謨明弼諧」下，嘗評「薛氏」，謂曰：

薛氏之於經，遇其說之不通，則多欲變易經文而就己意〔註143〕。

並舉「薛氏」以洪範「王省惟歲」一段，屬五紀歷數之下，於康誥則以「洪大誥治」
前一段，屬諸洛誥；凡此所舉之例皆蘇東坡書解之特見，前所未有；又舜典「予擊
石拊石，百獸率舞」一節〔註144〕，亦引「薛氏、劉氏」之說，以爲脫簡重出，此劉
氏者，劉敞也，說見七經小傳，而所謂薛氏，既非薛季宣，而其說亦見於東坡書傳，
林氏亦評以爲「筆削聖人之經以就己意」，在在皆可見乃蘇氏軾之論，疑所言「薛氏」

〔註139〕見前書卷十八，頁 10、11。
〔註140〕見拙齋文集卷六，頁 2。
〔註141〕見林氏尚書全解卷二五，頁 23、24。
〔註142〕見前書卷二八，頁 4、5。
〔註143〕見前書卷五，頁 2。
〔註144〕見前書卷三，頁 2。

者，乃「蘇氏」之誤。然徧察林氏全解中所引薛氏之言，有見於蘇氏書傳，為蘇東坡之特見者，亦有不見於東坡書傳，亦不見於薛季宣書古文訓，則此薛氏未知究為何人。抑薛氏即蘇氏，而今本蘇氏書傳本非全本；或薛氏另有其人，而時與東坡之說混淆，亦未可知，然上述數例所稱「薛氏」，當為蘇軾無疑。

　　林三山除以蘇軾輕於改易之外，於蘇氏之獨見，亦多不取，若顧命康王居喪吉服成禮，蘇氏以為非禮，林氏之以為乃禮之權變；東坡論穆王之書，乃知周德之衰，林氏則以為穆王一時有志於中興之言，其言純正明白，有功於治體〔註145〕。於文侯之命，蘇氏以此知平王無志焉，林氏則以為平王慕文武之勤愼，閔國家之凋瘁，其褒之無溢辭，其賜之無虛器，又勉之以勤政愛民，以謹其終，其志亦不小矣。蘇氏嘗曰…「書固有聖人之所以不取而猶存者。」林氏以為不然曰：

> 夫春秋之為經，為褒貶而作也，故有非聖人之所取而存之，以示刺者，至於書，則紀載帝王之實迹，錄其典謨訓誥誓命之文，以為萬世法，豈容有所不取而猶存者哉！使胤征之事，果是挾天子以令諸侯，而夫子存之於書，略不見其所以譏之之意，其不思後世之亂臣賊子，將以是為口實也哉！
> 蘇氏此言，係乎君臣上下之大分，不可以不辨〔註146〕。

是林之奇反對蘇氏以羲和曠職為貳於羿而忠於夏之說。然四庫提要則謂林之奇於此宗蘇氏之說〔註147〕，是失之不詳察也。

四、林氏尚書學之評價

　　林尚書全解，為宋代理學家說尚書者之巨擘，上承周、程，下啓朱、蔡，其論書原乎義理人心，徵於先聖前賢，宗於經典之文，考諸歷代史實，條貫評騭，不失規矩，篤信經文，然亦非株守之徒；固執義理，而不失於考證詁訓之法；評析紛紜，而不自亂條理；雖朱子以為傷於繁，然亦以為不可不取資者。其書實義理學之尚書大作也。

第二節　夏　僎

一、生平事略

　　夏僎，字元肅，號柯山，浙江龍游人。少即修尚書之業。妙年擷其英以掇巍第；

〔註145〕參見前書卷三八，頁24。
〔註146〕見前書卷十三，頁5。
〔註147〕四庫提要卷十一，頁6經部書類東坡書傳下有此說。

平日精研覃思而爲之釋，著尚書詳解。夏僎父一友曾出資修和渠虹橋，並請蔡元定作記。蔡元定作和渠虹橋記，記中云「元肅嘗從余講論尚書」，可見尚書一經，乃夏氏之所專攻。後與周升、繆景仁爲師友，皆以明經教授，並先後舉進士，時號三俊。立身清廉，不阿權貴，時陳賈專政，因議論不合，遂謝職歸養。與周升、繆景仁相興建雞鳴書院，召鄉里子弟講論經典。卒後，友生私諡文教先生〔註148〕。

二、尚書之著述與著錄

夏僎尚書之作，唯存尚書詳解一書。其書有呂祖謙高弟時瀾作序，而時瀾嘗增修其師尚書說，乃以尚書專門名家者，其序推崇夏僎之作曰：

> 其議論淵源，辭氣超邁，唐虞三代之深意奧旨，皆有以發其機，而啟其祕于千載之下；不謂先生居今世，而言論風旨，藹乎唐虞三代之氣象。
> 〔註149〕

由是可知夏書之見重於當時也。其書於淳熙間有麻沙劉智明鋟刻於書坊；陳振孫書錄解題及宋志均有著錄，皆云「十六卷」。其坊刻本書，世久不傳；清輯集四庫全書時，其書惟存鈔帙，脫誤孔多，又有闕佚。四庫提要云：

> 今惟存鈔帙，脫誤孔多；浙江採進之本，虞書堯典至大禹謨全闕，周書闕泰誓中、泰誓下、牧誓三篇，又闕泰誓之末簡。謹以永樂大典參校，惟泰誓永樂大典亦闕，無從校補外，其餘所載，尚並有全文，各據以補輯，復成完帙。書中文句，則以永樂大典及浙江本互校，擇所長而說之。原本分十六卷，……重加釐訂，勒爲二十六卷〔註150〕。

然則今本夏僎詳解，雖卷帙數與原書不同，而內容大致無甚出入也。

三、夏僎之尚書學

夏僎尚書著作，唯有尚書詳解，時瀾謂其少即業是經，亦以尚書擢進士第，是夏氏沈潛於此，蓋多歷年所矣。時瀾序推譽之，謂可與蘇、王、陳、林、張諸家參前顧後。至明洪武間定科舉條式，習尚書者並用夏僎詳解及蔡沈書傳，至永樂時書經大全出，其書始寖微。可見夏僎詳解，見重於當時及後世也；茲論其尚書學如后：

〔註148〕參考四庫提要，尚書詳解前附時瀾序及經義考卷八一，頁 4 引陳振孫與兩浙名賢錄。
　　　　並參見王梓材、馮雲濠《宋元學案補遺》（台北：世界書局，卷三六，頁 34 下）以
　　　　及余紹宋纂修《龍游縣志》（台北：成文出版社，中國方志叢書本卷四），頁 2 下～
　　　　3 上。
〔註149〕見夏僎尚書詳解前附時瀾序文。夏僎尚書詳解，以下一律簡稱夏解。
〔註150〕見夏解前附四庫提要。

（一）尚書學說之淵源

陳振孫謂夏僎之詳解，乃集二孔、王安石、蘇東坡、陳鵬飛、林之奇、程伊川、張九成及諸儒之說而成，似乎博雜而無歸。時瀾序中亦云：

> 書說之行於世，自二孔而下，無慮數十家，而其中顯著者，不過河南程氏，眉山蘇山，與夫陳氏少南，林氏少穎，張氏子韶而已。程氏溫而遼，蘇氏奇而當，陳氏簡而明，林氏博而贍，張氏該而華，皆近世學者之所酷嗜，今先生繼此而釋是書，觀其議論，參於前則有光，而顧於後則絕配〔註151〕。

是時瀾亦以爲其書集合名家之說而取捨其間，未足見其淵源所自。唯四庫提要云：

> 然僎雖博採諸家，而取於林之奇者，實什之六、七，蓋其淵源在是矣〔註152〕。

按提要所論，誠有所見而言者也，然其說亦未精確。考林之奇尚書全解之作，未成而爲其徒呂祖謙取去，後即刊行於坊間，其書自洛誥而止，洛誥以下，非林氏所解；故呂祖謙作書說，自洛誥始，冀以補續其師之作使爲全璧也。今本林氏全解，乃其孫林畊蒐集而成，其成書去淳熙十三年丙午時瀾作序之時，已有六十四載之久，而夏僎成書又在作序之前，則夏僎所見林之奇書解，自洛誥以後，乃坊間湊集狗尾之作〔註153〕。夏僎長於尚書，當能分辨眞贗，故夏氏詳解自洛誥以後，引林氏全解文及其尚書之說者，止九條次，與洛誥以前諸篇所引之夥，相去天壤。四庫提要於林氏全解下嘗云：「夏僎作尚書解時，亦未見；故所引之奇之說，亦至洛誥止也〔註154〕。」其所言大致可信。故而若不計洛誥以下諸篇，夏氏書解所引林之奇之說，可謂十之八、九〔註155〕，則其淵源所自，炯然明白無疑。

抑又有疑者焉，洛誥以前，既本諸林之奇，洛誥以後當有所本，若然，則所本之者果爲誰邪？此前儒之所未察而論之者也。今考諸其書，洛誥以下，可分二類而說之：自多士至顧命九篇，以二孔傳疏爲主，並參蘇軾書傳爲多；自康王之誥至秦誓，則用張九成之說爲主，康王之誥以前，未引無垢之說。按張九成之說亦多源於

〔註151〕同註149。
〔註152〕同註150。
〔註153〕參見林氏全解前附林畊序，於林氏全解之著述及刊印，以至集輯修補之過程，有詳細之說明；亦請參看本論文林之奇部份。
〔註154〕見四庫全書總目提要卷十一經部書類一，頁7。
〔註155〕四庫提要所云十之六七，乃指其所引用少穎之說「林少穎云」、「林少穎謂」者，然細較二書，其不在「林少穎」名下之文，亦多有鈔掇自林氏全解，所引諸家之說，亦每襲林氏之文，或有損益而已。詳參本文「夏解與林氏全解之關係」一節。

蘇軾而更發揮，是洛誥以後諸篇書說，以蘇、張爲骨幹。復按林之奇之學，出於紫微呂本中，而呂氏之學出於龜山楊時；而張九成之學，直從楊時出而別近於禪；二者皆宋代理學之嫡傳，遠承伊川程頤〔註 156〕；而蘇東坡則與程伊川角抗不合〔註157〕；以是觀之，夏僎之學不近於蘇，而爲理學之支派，黃宗羲宋元學案未列夏僎，亦一失也〔註 158〕。

夏僎詳解，洛誥以前，多引用林少穎之說，四庫提要以爲有十之六、七，其實不止此數。以林氏全解與夏解相較，其可論者厥有四端：

1、學說之相因

林之奇尚書全解，異於傳統二孔之說頗多〔註 159〕：若林氏以爲尚書篇名，無義可究，且以爲書序原亦非孔子所作，夏僎於篇名之下，則每日：「舊竹簡所標之題也〔註 160〕。」而其於洪範序下論之日：

> 書之名篇，非出於一人之手，蓋歷代史官各以其意標識其所傳之簡冊，以爲別異耳；故典謨訓誥誓命之外，又有征貢歌範之名者，皆一時傳錄之際，取其篇之大意以名之也。……不特名篇之意如此，以至序書之言，亦是一時隨其旨意，各自立言，非有深義于其間；而說者往往以書序盡出夫子之手，而欲以春秋褒貶之義求之……初非有深義于其間也〔註 161〕。

是亦以爲書篇名不可深求其義，而書序亦非盡出於孔子之手也。又禹貢篇，林氏以爲九州之次，非治水之順序，其治水先後之序，具載於九州之後，導岍及岐以下是也〔註 162〕；夏解於禹貢篇，直引林氏說爲據。林氏於胤征，不用蘇氏論羲和忠於夏而貳於羿之說，而以爲征伐之令自仲康出〔註 163〕，夏氏說胤征亦本之。林氏說泰誓十一年觀兵，十三年伐紂爲非〔註 164〕，夏氏仍之；林氏論「武王殺紂」，以爲紂非武王所殺，乃商旅前徒倒戈攻於後，因而殺之〔註 165〕；而夏氏亦於洪範序下論其是非，而引林說爲斷。林氏論洪範，反對以五行災異相配之說，夏僎之說亦然。林氏論康誥前四十八字，不信東坡錯簡之說，而以爲非康叔封初命之文，乃誥其治殷餘

〔註 156〕參見宋元學案之伊川、龜山、紫微諸學案中。
〔註 157〕參見東坡書傳前附四庫提要之言。
〔註 158〕宋元學案補遺則補引之於卷三六紫微學案中。
〔註 159〕參見四庫總目提要卷十一經部書類一，頁 6、7 林氏全解之言。
〔註 160〕參見夏僎各篇篇題下，其在洛誥以下尤明顯。
〔註 161〕見夏僎卷十七，頁 16。
〔註 162〕參見林氏全解卷七，頁 6。
〔註 163〕參見前書卷十三，頁 3～7。
〔註 164〕參見前書卷二二，頁 3、4、5。
〔註 165〕參見前書卷二四，頁 3、4。

民之法，故其時在營洛既成之後〔註166〕，夏僎亦主之。凡此諸端，夏僎皆遵用林氏之說，是學說之相因也。

2、文辭之相襲

夏僎詳解，其不止學說本諸林氏，其解書之文，亦多轉鈔自全解而來，其中間有順序之調整，引文之詳略而已，而夏僎所引諸家言論，亦多爲林氏全解所已引用者，換言之，夏僎詳解，其文有襲用林氏全解之嫌，唯時加按語而已。若益稷篇「十二章」一段，夏氏引孔、鄭二說比較，而評孔氏之失曰：

> 若夫孔氏之說，則有二失矣。以日月星辰山龍華蟲作會宗彝爲一句，謂以五采成服，雖宗廟彝尊亦以山龍華蟲爲飾，據此經云予欲觀古人之象，而以五采彰施于五色，作服，汝明，結之于後，則是此言蓋謂作服而云爾，豈于中雜入宗廟之彝尊者哉，其失一也。又以絺爲葛之精者，葛非可繡之物，自古未聞有以爲裳者，今孔氏知其說不通，乃附會爲說曰：暑月則染絺爲之。夫絺繡所以爲祭服，豈暑月則染葛爲服，而冬月則去耶，其失二也。而又以粉米爲二物，其說與制度皆齟齬而不通，故不若鄭氏之說爲善也。〔註167〕

以林之奇全解之文校之〔註168〕，不僅觀點完全一致，而文字用辭，除少數無足輕重者外，餘全部相同，而夏僎並未明言此段說明之出處，實有剽竊之嫌疑。如此之類，於夏僎詳解中，俯拾即是。

3、卷帙之減省

林之奇全解，原本卷帙，不可得知，宋志之五十八卷，乃坊間書商刊印本之卷數，而其孫林畊輯成有四十卷，時瀾譽之爲博而贍〔註169〕，朱熹則以爲「傷於繁」〔註170〕。林書若自洛誥以前計算今本亦有三十一卷；而夏僎詳解，宋志止十六卷。以今本計算，亦止三十六卷，若自洛誥以前算起，則有二十卷。以卷帙相較，夏僎少林氏全解約三分之一，其所省去者，考之二書，厥有兩端：一爲夏解撮截林解，去其繁重；二爲林解於每段論議中，多引史事爲證，或發揮議論，或加以論證，而夏僎則多省去。今錄二書一段比較，以見一斑。盤庚上序下，全解與詳解比較如下：

林氏全解曰：

〔註166〕參見前書卷二八，頁4、5、6。
〔註167〕見夏解卷五，頁13。
〔註168〕參林氏全解卷六，頁13。
〔註169〕參見夏解前時瀾序。
〔註170〕參見朱文公續集卷三，頁11答蔡仲默書。

　　河亶甲子祖乙立，復自相遷耿，既遷于耿，則其地水泉濕，爲求所圮，欲改遷於他所，而重勞民，故遂留于耿；自祖乙以來，凡歷五世，竟不克遷。及盤庚即位，而民之被於墊溺已甚，遂謀遷于亳殷，此其遷徙之始末，見於書之序者然也。是以子張平東都賦曰：……蓋自契至成湯八遷，而自湯至祖乙又五遷也。盤庚既承祖乙圮于耿之後，將欲遷於殷之舊都，故治亳殷而將居焉。

夏氏詳解則曰：

　　林少穎謂祖乙自相遷耿，其地泉濕，爲水所圮，欲遷仔所而重勞民，遂留于耿；及盤庚即位，而民之被墊溺爲甚，謀遂遷于亳殷，故序所以言盤庚五遷，將治亳殷；亳即湯所都之邑也。

林氏繼之曰：

　　亳、地名，殷、亳之別稱也。周希聖曰：商人稱殷自盤庚始。此言是也。蓋自此以前，惟稱商而已，自盤庚即都亳之後，於是殷商兼稱，或單稱殷也。亳殷說者不同：鄭氏云……。皇甫謐云……。唐孔氏……。某竊以謂……（引而論之者約五百字）。

夏氏則云：

　　殷，亳之別名。周希聖謂商人稱殷始。此以前惟稱商而已。自盤庚既都亳，于是商殷兼稱，或單稱殷也。

林氏又曰：

　　而某竊以謂王肅之說爲當。耿地乃漢皮氏縣之耿鄉，其地沃饒近鹽，祖乙不審于利害之實而徙居之，其居之久也，爲水所圮而不可居。蓋其地沃饒而塞障，故富家巨室，總于貨寶，傲上從康而不可教訓，其閭閻之民，則苦於蕩析離居，而罔有定極；盤庚於是謀居于亳，蓋擇其高燥之地，而將使居之；是舉也，是小民之所利而富家之所不欲，而唱爲浮言以搖動小民之情，斯民不悟盤庚所以遷之之意，而爲浮言之所搖動，故自歎而怨，亦皆不欲遷也。

夏氏則云：

　　盤庚遷殷，而民皆咨嗟相怨者，蓋耿地乃漢皮氏縣之耿鄉，其地沃饒而障塞，易以致富，富家巨室，居之既久，皆總于貨寶，今雖爲水所圮，而皆傲上從康，不可教訓，至于閭閻之民，則皆告于蕩析離居，而罔有定極；盤庚于是謀居于亳，蓋擇高地而居之也。是舉也，是小民之利而富室之所不欲，故唱爲浮言以搖動小民之情，乃咨嗟相怨而不欲遷。

林氏續曰：

> 盤庚乃登進庶民，告之以所以遷都之意，且戒群臣無扇浮言以搖惑斯民之視聽，使群臣不敢肆爲過逸之言，而民皆樂從以遷。此三篇之所由以作也。

夏氏則云：

> 盤庚于是登進厥民，告之所以遷都之意，且戒群臣無扇浮言以搖惑斯民之視聽，使群臣不敢肆爲過犯之言，而民皆樂從以遷，此盤庚三篇所由以作也。

林氏又曰：

> 哀十二年左氏傳舉此篇以爲盤庚之誥，則此三篇皆誥辭也。然不曰誥者，意其後世失之；或者以其篇名既有上中下字，爲其簡編之別，遂從省文，雖不加誥字，實誥之體也。王肅曰：取其徒而立功，但以盤庚各篇，此則失之矣。此書三篇皆是誥其臣民之言，而其誥之者自有先後，故分爲三篇，而以上中下爲之別。

夏氏則曰：

> 以三篇皆是告臣民之言，而告之之目，有先後，故分爲三篇，而以上中下別之。

林氏又曰：

> 唐孔氏曰：此三篇皆以民不樂遷，開釋民意，誥以不遷之害，還都之善也。上中二篇，未遷時言，下篇既遷後事。而上篇人皆怨上，初啓民心，故其辭爲切，中篇民已稍悟，故辭稍緩，下篇民既從遷，故辭復益緩。此說是也。王氏曰：上篇告其群臣，中篇告其庶民，下篇告百官族姓。強生分別，考之於經而不合，不可從也。

夏氏則曰：

> 唐孔氏謂此三篇，以民不樂遷，開釋民意，告以不遷之害，與遷之善。上中二篇，未遷時言，下篇已遷後事。上篇人皆怨上，初啓人心，故其辭爲切；中篇民已稍悟，故其辭略緩；下篇民既從遷，故其辭益緩。此說是也。彼王氏乃謂上篇告群臣，殊不知盤庚斅于民，則未嘗不告民也；中篇告庶民，殊不知予念我先神后之勞爾先，則未嘗不告臣也；下篇告百官族姓，皆強生分別，考之于經無所合，未可從也〔註171〕。

〔註171〕參見二書解之洪範篇下。同一內容者，林氏在前，夏氏居後，以便比較。

較此一段，可見夏僎之文，皆撮截林氏全解而成，且省去繁重之論證，若鄭玄、皇甫謐、王肅、張衡、唐孔氏等，而於評王介甫則反加例證。總而計之，約省五分之二。其他可以想見矣。

又若益稷篇末，論「帝拜曰：俞，往欽哉」，夏僎截林氏全解'文一段曰：

> 禮曰：君于臣則不答拜。蓋至尊之勢，不可屈也。然太甲于伊尹，成王于周公，皆有拜手稽首之義，所以尊師重道，皐陶之歌，帝拜而受，豈非以師傅之禮待皐陶歟〔註172〕！

林之奇全解則曰：

> 禮曰：君於臣則無答拜。蓋至尊之勢無所屈也。然太甲之於伊尹，成王之於周公，皆有拜手稽首之義，所以尊師重道也。皐陶之賡歌，舜拜而受之，豈亦以師傅之禮而待皐陶與！案大禹、皐陶、益稷三篇，當時君臣相與都俞告戒之辭，史官取其深切著明者，以爲三篇，垂於後世；然堯舜行事，其本末既載於二典，必爲此三篇者，蓋以君臣之盛德，尤在于此故也。嘗觀唐太宗之爲人，父子兄弟之間，閨門衽席之上，蓋有不可言者，然其所以致正觀之治，至於斗米三錢，外戶不閉，行旅不齎糧，取給於道者，由貴藝好賢，屈己以從諫而已，然太宗克屬矯揉，自力於善故也，太宗豈眞能好從諫者哉，勉強而行之，未必出於至誠，而其所成就，猶且如是，故當時史官述其聽諫之事，以爲正觀政要之書，以示後世子孫，亦以其能成正觀之治者，有在於此故也。知太宗之所以能成正觀之治，則知舜之所以爲大。舍此大禹謨、益稷、皐陶謨三篇，亦無以見之矣〔註173〕。

可見林之奇全解，於末尾原有借唐太宗之史事，以論證君臣諫議戒愼都俞之大用，而夏僎則省略而不取焉。故而夏僎尚書詳解，較之林氏全解少三分之一左右。當然夏氏亦每補一二林氏之所未引用者，不過多寥寥數語耳。

4、對林氏意見之修正與批評

夏僎尚書之學，雖多用少穎之說，然偶亦有以爲不當而捨之者。若舜典「肇十有二州，封十有二山，濬川」一節，林少穎以爲唐孔氏謂禹治水通鯀爲十三載，則舜攝位元年，治水功畢，二年之後，分十二州之說，去古已遠，時月不可考，而後復論曰：

> 洪範曰：鯀則殛死，禹乃嗣興。左傳云：舜之罪也，殛鯀，其舉也，

〔註172〕見夏解卷五，頁37。
〔註173〕見林氏全解卷六，頁37、38、39。

興禹。又曰：鯀殛而禹興。祭法曰：鯀障洪水而殛死。顧此數說，則是鯀殛死于羽山。已死然後舉禹而治水也。益稷曰：予創若時，娶于塗山，辛壬癸甲，啓呱呱而泣，予弗子。則是鯀既死之後，禹終三年之喪，既娶而後治水也。則舜攝之元年，安得洪水之功畢乎？觀此則治水功畢，當在舜居攝位之後數年也。然舜之居攝次年，則巡守朝諸侯，考制度，使洪水未平，則此禮亦不可得而講也。觀此則知治水功畢，又當居攝之前；而孟子又謂禹八年於外，三過其門而不入。凡此數說求之皆齟齬，學者當闕之〔註174〕。

夏僎引其文而以爲林氏既有此說，而自信不篤，遂有此疑而不定之說。夏氏曰：

少穎以爲齟齬不合，學者當缺而不論。余謂少穎前說極當，後說乃考之未深，論之未熟耳。何以知之？蓋典謨所載堯舜之事，雖因其事之先後次第載之，然實非一時事，或近在一日，或遠間數十載，作史者因其先後而次第錄之以成文理，正不可聯爲一時之事。若堯典既載命羲和，即及若時登庸，即及若予采，即及鯀治水，命舜禪位，豈可聯爲一時事，謂堯既命羲和即行下數事哉？今舜典前既載舜居攝之事，次即載舜二月東巡守之文，竊意舜之居攝，既輯瑞爲諸侯正始矣，數歲之後，洪水既平，于其中間，以歲之二月、五月、八月、十一月巡守四岳，又豈可聯爲一時之事，謂舜既居攝即次年巡守，遂以此疑治水功畢于舜居攝之前乎？學者當精思也〔註175〕。

是林之奇以爲有矛盾，不可定論，而夏僎爲之修正疏解，以定其說之可用。又禹貢兗州「厥草惟繇，厥木惟條」，林之奇以爲孔疏謂此兗、徐、揚三州偏宜草木，故經文特言之，此說不然。林氏謂西北多山，東南多水，多山則草木多，卑濕則樹藝不宜，草木失其性，是經所言或繇或條，或夭或漸包，皆謂水退而草木遂其性而已，非謂三州宜草木。〔註176〕。夏僎評之曰：

余謂少穎此說雖可喜，然以揚州考之，揚州亦言草木也，而其貢乃有羽革齒毛，惟木；木尚預貢，則宜草木可知矣。以此較彼，則孔氏之說，又似可取，未敢以少穎爲然也〔註177〕。

是夏僎以爲孔疏之說，於經有據，故評駁林說，以爲不然也。故就此而言，夏僎雖

〔註174〕見林氏全解卷二，頁25。
〔註175〕見夏解卷二，頁24。
〔註176〕參見林氏全解卷七，頁24、25。
〔註177〕見夏解卷六，頁24。

於說義、文辭等皆以林氏全解爲主，然亦非無所簡擇而用之也。

（二）夏解與無垢書說之關係

　　一如前述，夏氏詳解自康王之誥起，引用無垢之論，顯然大增，其前卻無一引之者，可見夏僎實以九成之說以接林之奇之說也。考康王之誥以後共八篇，皆特殊而有爭議之篇章：康王之誥，有蘇軾守喪諒闇，吉服非禮之說；君牙、冏命、呂刑，合稱穆王三書，東坡亦以穆王無悲憂怛惻之言，以爲穆王無志；而文侯之命，東坡亦以平王東遷，無報復父仇之志，以見周室之衰；費誓、秦誓，以諸侯之文誥繼天子之典命，論者更夥。凡此異說，多由東坡而起。而張九成之尙書說，淵源於東坡甚深〔註178〕，故其論從東坡之說而益加發揮，至謂穆王三書，所以誌穆王之罪過；文侯之命，亦是見平王之不孝大罪；而魯、秦二誓，是孔子以爲二誓之言，位雖諸侯，猶勝天子。所以然者，或無垢身親罹靖康之難，目睹國家朝政之衰，而半壁朝廷，猶暮氣漫漫，未見有恢復之志，遂有感而發者也。無垢如此，陳鵬飛說尙書亦然。夏僎於此諸篇，多用張無垢之說，其豈亦有所感者歟！今無垢書說已佚，僅存書經統論及黃倫精義所節引者，不能一一相校矣；夏僎引無垢之說，其稱九成之語亦每有異於常者，或曰「此言深得周家所以待頑民之意」，或曰「此論極有淵源」，或曰「此皆過人之論」，是夏僎之於九成，稱道有加，非比尋常也。

　　夏僎遵用九成之說，其大者，於康王之誥，取其論太保暨芮伯進言「張皇六師」，以見召公深謀遠慮，體物度情之策也〔註179〕。於畢命，取其論周公營洛以遷殷頑民，使密邇王室，式化厥訓，以仁德變其不服之心，而君陳分正有術，至畢公則旌別淑慝，表厥宅里，是聳動之術，以明周家待頑民之道〔註180〕。於君牙、冏命，則取其論君牙、伯冏之非賢臣，穆王之非明君，故以爲二篇出於代言之賢者〔註181〕；於呂刑，則取其論穆王之世，衰弊貪瀆之風〔註182〕；於文侯之命，取其論平王無志，不能報殺父之仇，而孔子不刪去，蓋存之以著平王之罪，與胤征同〔註183〕；於費誓，取其論伯禽之治軍甚嚴，有防微之漸，見三代之用兵〔註184〕；於秦誓，則取其論孔子取費誓、秦誓之意，以平王無志而王道不可望，如有伯禽之用兵，及穆公之悔過，

〔註178〕參見本論文有關張九成部份。
〔註179〕參見夏解卷二三，頁 35、36。
〔註180〕參見夏解卷二四，頁 1、2。
〔註181〕參見夏解卷二四，頁 27、32。
〔註182〕參見夏解卷二五，頁 12、13。
〔註183〕參見夏解卷二十六，頁 1。
〔註184〕參見夏解卷二十六，頁 10。

則於王道庶幾矣〔註185〕；凡此皆九成尚書說之大義，夏僎用之，可謂網羅殆盡矣。

（三）註解尚書之特色

夏僎解尚書，廣徵先儒前輩之論，合而論之，指其是非，評其得失，明其優劣，示其違從，然取捨之間，亦自有其原則與方法，茲析而言之：

1、準於「理」

所謂「理」者，有應然之義理，有實然之事理，有思維之推理，其層次範疇雖有異，然其爲理而合於義則同。夏僎解書，其有所取捨之時，每標「理」字爲準，合理者取之，無理者去之。若其解益稷「臣作朕股肱耳目，予欲左右有民」，以爲舊說皆以爲人君欲右左有民，臣則輔君以爲之，此說不通，蓋下文言汝爲、汝明、汝聽三事，皆責臣自任，未嘗有輔佐之意〔註186〕。故其論曰：

> 予謂此左右有民，蓋謂君欲輔翼其民，以成其性，君不能自爲，汝臣當輔翼之也。此說正合孟子所謂輔之翼之之意也。故其理尤長〔註187〕。

此所謂理者，乃謂合於孟子所言之義理，亦合於前後文理也。其論甘誓「用命賞于祖，不用命戮於社」曰：

> 先儒謂左祖右社，左陽右陰，故賞戮之行，亦異所告，理或然也〔註188〕。

此則以推理以爲或然而用其說也。其論禹貢甸、侯、綏、要、荒五服，以爲舜五服共方五千里，每服一面五百里也；而職方有九服，以面五百里計之，則其地方萬里，倍於舜時疆域，於理不合，而唐孔氏知其說之不可通，乃謂堯與周、漢，其地一也，尚書所言，據空虛鳥道方直計之，漢書所言，乃據著地之跡，屈回而量之，所以其數不同。夏僎則引林之奇之言曰：

> 孔氏此說，謂堯與周漢其地一也，此誠確論，若謂虛空鳥路方直而計里，則古無此理〔註189〕。

此所謂理，則是事實之理也。古無此事，當無此理也。

2、二說並存

夏僎解書既準乎理，則凡於理有可通者，皆有足取。而理非一揆，或此亦有理，彼亦有理，當兩存之，不必定標一目以爲終的也。故夏氏書解，於二說皆有理而不相悖者多存之。其論禹貢「岷山導江，東別爲沱，又東至于澧」曰：

〔註185〕參見夏解卷二十六，頁21。
〔註186〕參見夏解卷五，頁10。
〔註187〕同前註。
〔註188〕參見夏解卷九，頁5、6。
〔註189〕見夏解卷八，頁32。

漢孔氏謂澧，水名。按水經澧水出武陵充縣西，至長沙下雋縣西北入于江。而楚辭亦有濯予佩兮澧浦之句，則澧是水名也明矣。然鄭氏乃謂此經自導弱水以下，言過言會者，皆是水，言至者，或山或澤，非水名，故以此澧爲陵名，即今長沙澧陵。曾氏亦依其說，其詳見前導河解中。其說亦自有理，故兩存之〔註190〕。

曾氏之說，謂經敍導水有先言山者，有先言水者，先言山者，蓋有是山而後有是水出焉，故經之辭先言山也；先言水者，蓋先有是水而後至于是山，故經之辭先言水〔註191〕。以此論之，曾氏從鄭氏說「至于澧」，是澧爲山名，與孔傳說異，然二說皆有據有理，不知孰是孰非，故兩存之。又若太甲上，論者有「放太甲」與「訓太甲」之爭，夏僎則引林之奇之說曰：

　　林少穎引孟子曰：教亦多術矣。予不屑之教誨也者，是亦教誨之而已矣。蓋君子教人，有如時雨化之者，有成德者，有達財者，有答問者，有私淑艾者；謂之私淑艾，道之弗達，君子猶不忍棄而私以善治之，使之憤悱啟發，入于義而不知，此不屑之教誨也。伊尹于太甲，誨之諄諄，聽之藐藐，度其不可教，則營桐宮以居之，以感動其哀戚之情，此非不屑之教而何。然以不屑之教而名曰放者……蓋示以將廢而不得立，彼必憤悱而反于善，此放之乃所以教之也〔註192〕。

夏僎以爲林少穎此說簡而當且盡，然胡益之論伊尹放君，說又與之少異，夏僎引胡益之之言曰：

　　先儒皆謂太甲不明，伊尹廢之，自攝商政，太甲悔過，乃復命之；豈有此理。蓋天下不可一日無君，若伊尹廢太甲而己自爲政，則一日不可安，況三年乎。此所謂放于桐者，大抵人君既行三年之喪，亮陰不言，百官總己以聽冢宰，此禮之常也。太甲不從伊尹之訓，伊尹因其居憂未省政事，故遷居桐宮。而序書者以放言之，實未嘗放也〔註193〕。

伊尹於太甲，二者皆不以爲「放逐」之「放」，然曾氏以爲居憂亮陰，遂因遷居以變其情；林氏以爲乃不屑之教；是移居桐宮一事也，而其方法及動機則異，然二者之結果或目的則一致，是大同而少異，互不相悖，故夏氏以爲「要之于理皆通，故當存之。」不僅此也，夏僎復引陳鵬飛之說曰：

〔註190〕見夏解卷八，頁23。
〔註191〕參見夏解卷八，頁13所引曾氏之說。
〔註192〕見夏解卷十二，頁10、11。
〔註193〕見夏解卷十二，頁3。

　　　　陳少南又謂伊尹放太甲，使太甲終不明，伊尹終棄之歟！抑知其有思
　　庸之資而姑放之歟！考書序不言太甲不明，而言太甲既立不明，是伊尹既
　　授天下，狃于富貴，故狃于不順爾，然則伊尹舉是以汙其身而善其君乎！
　　　　此說與少穎雖異，然亦通，故存之〔註194〕。

考陳鵬飛之說，是以爲伊尹確有放太甲之事，然所以然者，蓋伊尹知太甲非天性頑
劣，乃狃于富貴，不以瞑眩之藥，其病不癒，故放之于桐宮，是汙己之行而成君之
德也。其說與少穎異，其義則與之同，故夏氏亦以爲於理亦通而存之。凡此之類，
於夏解中甚夥，亦其解書之一特色也。

3、絕少疑改經文

　　宋代自慶曆以後，好爲新奇，於經傳每有疑議者，自是厥後，說尚書者無不或
多或少疑改經文者，若林之奇者，即每反對疑改經文之事，故其每評東坡之說，以
爲「失之易」〔註198〕，謂動輒以疑經改經以就己說也。然林之奇說書，於經文猶有
疑改者，若泰誓十三年伐紂，林氏疑當爲十一年之誤〔註196〕，又呂刑「今爾罔不由
慰日勤」，林氏以爲當作日讀〔註197〕，又有改武成之說〔註198〕。夏氏說尚書，於全
書中，除泰誓十三年似爲當作十一年，用林之奇之說外，其餘皆所不取，其篤守經
文，斯爲之極矣，若多士篇「王曰又曰時予，乃或言，爾攸居」，夏僎以爲：

　　　　說者多以此王曰下無文，即加以又曰，疑其有缺文。然說經不當持闕
　　文之見。詳考此又曰，乃重言下文一語，王謂是我乃有言，爾之所居，非
　　我愛汝等，則遷與不遷，自有威刑以裁之，誰復言之。史官省其文，而加
　　之以又曰，謂此一言，王既言之而又言之也〔註199〕。

考經文之狀，若不以闕文說之，實難通解，而夏僎執信既篤，猶不欲疑改之，遂出
「言之又言之」之說，可謂執之固矣。又呂刑「罔不由慰日勤」，夏氏曰：

　　　　無垢則謂今爾諸侯當無不用我慰安之言，而日勤其職事，無或相訓戒
　　以槃樂而不募其職事。少穎則謂典獄之官，因當日勤其事，而無相戒以不
　　勤。此二說，少穎與無垢之意，大率相似；但經文本是曰字，不當作日字
　　解〔註200〕。

〔註194〕同註45。
〔註198〕參見本論文林之奇部份。
〔註196〕參見林氏全解卷二二，頁5。
〔註197〕參見前書卷三九，頁17。
〔註198〕參見前書卷二三，頁13、14、15、18。
〔註199〕見夏解卷二十，頁38。
〔註200〕見夏解卷二五，頁16。

少穎、無垢之說，皆夏僎所崇所本，至於改疑經傳之處，則多否而不取，則見其用志之堅也。至於皋陶謨之末，有「思曰贊贊襄哉」一句，說者多以爲「曰」字當爲「日」字。夏僎論之曰：

> 皋陶則又謂我行之言，至于成功，實由于禹，我未有所知，但思一一贊襄以助成汝功而已。……孔氏曰：我未有所知，未能思致於善，徒亦贊奏上古行事而言之。信如孔氏之說，則曰之一字，遂爲衍文。張橫渠、薛氏皆以曰當作日字，與下文予思日孜孜相類，此說比先儒爲優〔註201〕。

考夏僎以爲橫渠、薛氏以曰當作日字爲優，亦非以爲必然，蓋乃相對於孔氏疑衍文之說而論之耳，故其釋經文之義，亦未以「日」字解，而止曰：「思一一贊襄以助成」。是夏氏雖覺橫渠、薛氏勝於孔傳，然亦不持改字之說也。按夏僎此說，亦出於林之奇之文，彼於孔氏，其叩之未深，故有是言。蓋孔氏「徒亦贊奏上古行事而言之」一句，是以「贊」訓爲「贊奏」，即進奏之意；以「襄」爲「上古行事」之意蓋「襄」者上也，堯典「襄陵」之訓即用此義訓，此引伸而曰上古行事；以「言之」訓「曰」字；是無所謂「衍文」之說。若夏僎洞明乎此，則必以孔氏爲優矣。

（四）夏氏尚書解義之新說

　　夏氏解書，雖前據林之奇全解，後本張子韶之書說，文辭學說，多有淵源來歷；然前儒所說，其先得我心者，固當用之無違，其不合我意者，亦不必株守繩墨。夏氏浸淫沉潛於尚書亦有年矣，故於尚書之文辭、說義，甚至標點斷章，亦往往自出機杼，創爲新說。茲分述如后：

1、有關虞、夏、商、周書分段之說

　　尚書有虞、夏、商、周之書，然其分期之準則爲何？何者該爲何書，歷來頗有異說。蓋先秦典籍引者，所稱曰「某書曰」，又往往與今本尚書不同，若大禹謨、益稷、皋陶謨、左傳引之曰「夏書」，今本在「虞書」，若洪範左傳引之曰「商書」，今則在「周書」，是以論之者多矣；或以爲以記錄之史官作準，或以爲以書篇內容爲準，莫衷一是。孔穎達正義曰：「堯典雖曰唐事，以其虞史所錄，末言舜登庸由堯，故追堯作典。非唐史所錄，故謂之虞書。」鄭玄云：「舜之美事，在於堯時。」林之奇曰：「蓋二典皆虞書也。虞書紀舜之事，而推本其所得天下於堯，故序其事於堯典，實爲舜典張本。」三者說辭有異，而大旨相去不遠，皆謂堯典事以舜爲主，故入虞書。然則堯典當入唐或入虞，而大禹、皋陶、益稷何以不入夏書而入虞書，夏僎創爲新說曰：

堯典雖虞史所錄，其實題爲唐；舜典雖夏史所錄，其實題爲虞；禹謨雖後乎禹者所錄，其實題爲夏。然今書特舜典自題爲虞，而堯典、禹謨不題爲唐書夏書，乃與舜典同稱爲虞書者，非史之舊，乃孔子定書之後序正也。何以知之，蓋禹謨所言，左傳引之，大抵云夏書……是莊、襄之時，孔子未序正，禹謨實謂之夏書。禹謨于孔子未序正之前，既謂之夏書，則堯典于孔子未序正之前，亦謂之唐書也。……雖然，孔子于三聖之書，不仍舊貫而必爲之序正，爲加序正而又不俱謂之唐，不俱謂之夏，而必謂之虞者，抑又何意也？蓋堯授舜，舜授禹，三聖相授，實守一道，……故孔子序書，欲後世知三聖人其時雖異，其道則一統而無有間斷，故序正其書，同其題號者，蓋書同則道同也。其不俱題爲唐者，堯授舜而已，授禹者非堯也，謂之唐則可以該舜而不可以該禹，不俱題爲夏書者，禹承舜而已，承堯者非禹也，謂之夏則可以該舜而不可以該堯；惟舜上承于堯，下授于禹，以虞名書，則上可以該堯，下可以該禹，三聖之道，觀此則混然一流，略無間斷。夫子之意，顧不深歟〔註202〕！

是夏氏以爲書分唐、虞、夏、商、周，本皆各就其時代內容而分，而孔子斷書自唐堯，而爲之序正，以見三聖一道之義。至皋陶、益稷之爲虞書，蓋其事在舜未死之時，以備舜之始末，故亦爲虞書，左傳引作夏書，亦孔子未定以前傳寫之誤〔註203〕。而禹貢之所以引夏書之首者，夏僎論之曰：

禹貢之書，雖曰治水之後，任土作貢，在舜授受之時，然禹之所以有天下，實本乎此，故孔子所以因其舊，而特冠于夏書之首，所以見禹之有天下本于有是功也〔註204〕。

其持論與虞書之說相同，皆以爲夫子之意也。至於洪範、左傳引作商書，今本則入周書者，夏氏引林少穎之說而復自爲之說曰：

林少穎謂傳記引此篇，皆亦爲商書，則此篇之作，蓋箕子爲武王陳之，退而自錄其答問之辭以爲書，故以祀言。然今文不以爲商書而曰周書，雖箕子所錄，周史啓而藏之也。余謂此說雖通，然史官于人君言動，無不書，豈有武王訪箕子，其事如此之大，史乃不錄，而箕子自錄之理；則此篇必是周史所錄，其言祀者，乃史官不欲違箕子之志，故以祀言，見其不用周

〔註202〕見夏解卷一，頁3、4。
〔註203〕參見夏解卷三，頁1。
〔註204〕見夏解卷六，頁1。

正，有不臣之意〔註205〕。

是夏僎於此，不用孔子序正之說，變而以錄者言之。其前後相異，未能一體說之者，或以林少穎之說在焉故也。其實若以孔子序正之說言之，亦可自圓其說。彼可謂洪範之引作商書者，蓋箕子乃商朝遺臣，又有不臣周之志，故亦可謂之商書，至孔子序正，以爲以時言則商既滅而入周矣，以錄者言周史所錄也，以事言則此乃因周武王之問而生者，若無武王求治之心，往訪箕子，箕子其有是言乎。故孔子序正以見武王之志，不在得天下，乃在求救民於水火，去天下之大惡，欲天下之平治也；因有是問是答，武王傳之周公，而成、康、周家基業益成其大也，其謂之周書，不亦宜乎。若如此說之，於理於情，亦無不可。雖然，夏僎於虞書之說，以爲孔子示三聖一道之說，亦一新說也。

2、有關君奭召公所以不悅

君奭篇序有召公不悅之說。史記燕世家以爲成王幼，周公立政踐祚，召公疑之，乃作君奭。孔穎達曰：「周公攝王政，不宜復列於臣位，是以召公不悅。」王安石以爲成王乃中才之主，繼文武之後，難任大業，召公任太保，其事難爲，是以不悅〔註206〕。蘇東坡則以爲召公不悅，以周公復政而不知進退。眾說紛紛，莫知所從。而夏僎於此亦自爲獨門之說，爲之疏解曰：

> 召公既承王成王命，乃謂周公有經濟之才，自是以輔相成王，而隆久大之業，吾不必更居保位，以苟爵祿，故承爵命則有所不悅於心。此不悅者，非不喜悅成王之命也，正如顏子於夫子所謂於吾言無所不悅，乃無所不曉，則此不悅者，乃是召公於成王之命，心有所不曉。蓋不曉成王所以尊己之意也。周公則以謂成王即政之初，召公尚相與同心夾輔，今既即政之後，豈可專責於己而自欲去哉！故此篇皆留召公之辭〔註207〕。

按此論實未之他見也。夏僎就「不悅」一辭起異義，以爲「不明曉」如「無所不悅」者，其說新誠新矣，然於義不合，彼嘗以召公爲聖賢，今成王命爲太保，其意在以老成人相輔之意甚明白，以召公之聖賢，爲有不曉之理。考之論語「悅」之義，當作「悅順而納服之」，非不明曉也。是夏氏此論，徒眩人耳目耳。

3、關於字、辭之新解

夏僎解尚書，於字詞之間，亦每以前人之說未安，而另作新解者，若前述「不悅」之例是也。其他若堯典之「典」，孔傳云「言常道」，是以典訓常也；伊川則謂

〔註205〕見夏解卷十七，頁17、18。
〔註206〕參見黃倫尚書精義卷四十，頁10引。
〔註207〕見夏解卷二一，頁1。

典者則也，即綱紀法則。夏僎則以爲所謂典，當訓典籍之典，蓋謂以堯事載之典籍，故謂之堯典〔註208〕；此用說文「几上册籍」之義，其說視諸說爲平實。

又康誥，多方有「要囚」一詞，孔氏之說，於康誥則謂之獄囚要辭，於多方則謂之要察囚情。夏氏曰：

> 所謂要囚者，乃謂要勤而拘囚之。康誥所謂要囚服念五六日，乃謂凡要勤拘囚罪人，必當服念之，至五六日，然後丕蔽其所囚者。此所謂要囚殄戮多罪者，乃謂或要勤拘囚其多罪，或殄絕殺戮其多罪者，而民亦勉於善也。所謂戰要囚者，乃謂恐懼之以要勤居囚之威也〔註209〕。

則此「要」乃「嚴加執行」之意，「囚」乃「禁閉」之意，皆作動詞用，與先儒不同。又君奭篇「多歷年所」，孔傳謂「享國長久，多歷年所」，無所釋義；孔疏則云「多歷年之次所」，亦不得其說，惟知其義指享國長久而已。夏僎於此曰：

> 年猶歲也。歲星一歲，歷一辰，十二歲一周天；是年所者，乃歲星所歷之次；多歷年所是其享國之永，多歷歲星之次舍也〔註210〕。

夏氏此解，其是非姑勿論之，要之較前人之說義爲明白。考召誥用「歷年」一詞凡五次，均無「歷年所」之用法，而此獨如此者，是不合用語之常態也。于省吾謂當作「多歷年所天」爲句，「所」字乃「匹」字之形誤，「所天」之意乃匹配上天也〔註211〕。其說似有理，然此章上即云「故殷禮陟配天」，若下又言「所天」，義有複沓；且如此則下文「惟純佑命」無主體之詞矣。屈萬里先生以爲「所」乃語辭，甚平實。按金文中多有「……屯右（純佑）……令（命）……」之句式，若克鍾「用匂屯叚永命」〔註212〕，克鼎「用匂康龠屯右覺（眉）壽永命」，頌毀「用追孝旛（旛祈）匂康屯右通永命〔註213〕」，與此「多歷年所天惟純佑命」正相似。竊以爲「所」字當連天字下屬，作「所天惟純佑命」，此所字或爲「亦（祈）」字之誤。邾公釛鐘「祈年」作「亦至〔註214〕」金文「旛」，頌毀作「𩰊」，又有作「𩰊」者〔註215〕，或此所字即由旛字省形作旅，又形譌爲所也。若如是解，則尚書之文，當作「故殷禮陟配天多歷年，所（祈）天惟純佑命」，則於語詞之用法，文章意義之訓釋，皆通

〔註208〕參見夏解卷一，頁1、2。
〔註209〕見夏解卷二一，頁38、39。
〔註210〕見夏解卷二一，頁9。
〔註211〕參見于氏尚書新證卷二，頁6。
〔註212〕見于《殷周金文逸纂》中第九器銘文。
〔註213〕見于《三代吉金文存》。克鼎見卷四，頁30，頌毀見卷九，頁39。
〔註214〕見《殷周金文逸纂》中第三器銘文。
〔註215〕見前書第六十二器墓文。

順諧協矣。雖然，夏僎之說，於宋代言之，亦是存其一格矣。

四、夏僎尚書詳解之影響及價值

夏僎尚書詳解，見稱於時瀾，元朝王若虛（1174～1243）滹南遺老集云：

> 宋人解書者，惟林少穎眼目最高，既不若先儒之窒，又不爲近代鑿，當爲古今第一。而邇來學者但知有夏僎，蓋未見林氏本故耳。夏解妙處，大抵皆出於少穎，其以新意勝之者，有數也〔註216〕

而明洪武年間，詔科舉尚書從夏氏、蔡氏兩傳〔註217〕，是必有足取者焉。

（一）平易明白，詳而不繁

夏僎尚書詳解，號曰「詳解」；然宋志止曰「十六卷」，較諸其學說所本者，若林之奇全解五十八卷，張九成詳說五十卷，僅約三分之一；而視蘇東坡、王安石之作「十三卷」，又加詳，並多舉諸說相較，時加按語，其非止一家之言也。朱子評林之奇傷於繁，評王安石傷於鑿，評東坡書傳傷於簡〔註218〕，則夏氏詳解，視林之奇則不繁，且多本少穎之說；視王安石則不鑿，且多遵用二孔者；視東坡之論則不簡，且資料豐富，非如東坡之專對王安石之說而駁之也。且夏氏解經，逐字逐句，順文作訓，條理清晰，既有字訓，又有義解，誠足資研讀書經者所執持以誦習，可謂習尚書者入門之指南也。陳振孫評其價值曰：「便於舉子」，誠亦有見，然此言亦未盡涵夏氏書解之功效；當云舉子持之足以應其場屋之業，學子誦之，亦可作研經入門之良礎矣。是以明初取士，尚用夏解，蓋以此故也。

（二）足資與林之奇全解對校

夏氏書解多引林之奇之說，故以之與林氏全解相校，亦足是正其中錯誤。若林之奇全解中，每引「薛氏」之說，如大禹謨「念茲在茲」一段，林之奇引「薛氏」一大段，中云「禹既以是稱皋陶之德，因以是教舜也〔註219〕」，而夏解引則曰：

> 蘇氏則謂禹既稱皋陶之德，因以是教舜，使舜念德〔註220〕。

再校諸東坡書傳，夏僎所引爲確。又益稷篇「格則承之用之」，林氏引「薛氏」一段曰：「論語曰有恥且格，格，改過也；承者薦也，春秋傳曰：奉承齊犧。古者奉圭幣

〔註216〕北京中華書局，1985年叢書集成，初編卷三一，總頁194。
〔註217〕參見經義考卷八一夏僎條下引楊慎曰：「伏讀高皇帝科舉之詔，書從夏氏、蔡氏兩傳。」又四庫提要亦有是說。
〔註218〕同註170。
〔註219〕參見林氏全解卷四，頁17。
〔註220〕見夏解卷三，頁17。

而薦之曰承。格則承之庸之，蓋謂其改過者則薦而用之。〔註221〕」夏解於此引曰：

> 蘇氏云：承、薦也。春秋傳曰奉承粢犧。古者奉圭幣而薦之，謂之承。
> 承之庸之，謂薦而用之也〔註222〕。

考諸東坡書傳，夏撰引之爲是。然則今本林之奇全解之中，其引「薛氏」之言，或即蘇東坡之言，而非薛季宣之說。余嘗考之，若舜典「予擊石拊石，百獸率舞」一節有以爲衍者，林之奇引作薛氏、劉氏之說〔註223〕。劉氏爲劉敞，薛氏則當爲蘇軾之說，考之東坡書傳亦然。以此推知，則知林之奇所引「薛氏」，乃蘇氏之誤，非指薛季宣也；林氏亦未及引士龍之書也。茲舉一例以明其效。

程元敏先生嘗輯王安石三經尚書新義佚文，成「三經新義輯考彙評（一）尚書」一書，於下編「諸家評論及載引佚文按書分條考計」，有關「薛氏」一書曰：

> 此全解所引薛氏（蓋季宣，著書古文訓，今存；惟未見此文。）評一
> ○四壹條（亦見彼書下），蓋亦師安石爲說者〔註224〕。

程先生於其書輯佚文第一○四條下〔評〕加案語曰：

> 諸家多與安石同，謂曰作日：東坡書傳、薛氏（全解卷五頁十八引）
> 張九成……〔註225〕

考全解引薛氏，與張橫渠同時引用，而夏撰引用，亦「橫渠」、「薛氏」同引，夏解亦作「薛氏」。然同條林之奇又引「薛氏」之言曰：

> 薛氏曰：日夜進進不已，知進而不知退，知上而不知下也〔註226〕。

考東坡書傳曰：

> 皋陶之意曰：吾不知其他也，思日夜進益而已。知進而不知退，知上
> 而不知下也〔註227〕。

其文於黃倫精義引之亦同。以此觀之，全解所引兩次「薛氏」之言，皆與東坡同，其爲東坡之文明矣，非薛士龍季宣之文也。如是可知薛季宣未師法王安石之說，亦未論王氏之言。

總之，由夏撰詳解與林氏全解相校，得知薛氏爲蘇氏之誤，復由蘇氏書傳校林氏全解，益證此論不誣，由此論而得薛季宣書古文訓未師法論議王氏新義，此不可

〔註221〕參林氏全解卷六，頁 17、18。
〔註222〕見夏解卷五，頁 17。
〔註223〕參林氏全解卷三，頁 20。
〔註224〕見程先生書，頁 257。
〔註225〕見前書，頁 38。
〔註226〕見林之奇全解卷五，頁 18。
〔註227〕見東坡書傳卷四，頁 1。

謂非夏僎詳解之價值，有補於學術之研究。

（三）保存宋人尚書之說

夏僎詳解，旁徵博引，雖多本諸少穎全解，然亦每引少穎所不稱名引者，若王龍舒、胡益之、徐須江、吳蘊古、沈光朝等皆是也。此五者，除胡益之外，餘四者不見於宋人傳記資料，遑論知其於尚書有說矣。胡益之傳記資料有則有之，益之其字也，名有開，淳熙進士，然史皆未言其於尚書有說〔註228〕，知之者惟以夏僎詳解見之。

又張九成尚書詳說五十卷，今已佚，惟見黃倫精義引之甚夥，然亦不全。夏解於康王之誥以下引之約四十條次，有見於書傳續論者，然亦多不見於張氏統論及黃倫精義引用者，亦彌足寶愛。

程元敏先生輯王安石尚書新義之文，於夏僎書解中，亦輯得佚文六十五條，評論二十九條；其中佚文所引與林之奇所引相重複者五十一條，評論亦多相近，足見夏書之因襲林氏全解之迹，則夏僎亦增引王氏新義十四條，其中九條，夏僎亦以己意評之〔註229〕。雖吉光片羽，亦足寶之。

〔註228〕參見宋人傳記資料索引冊二，總頁1593。
〔註229〕參見程先生著三經新義輯考彙評──尚書，總頁269頁。

第五章　東萊尙書學案

第一節　呂祖謙

一、生平事略

　　呂祖謙，字伯恭，其先河東人，曾祖東萊郡侯呂好問始居婺州。少時性極褊急，偶因病中讀論語，至躬自厚而薄責于人，遂省悟，由是終身無暴怒。祖謙家學，有中原文獻之傳，長從林之奇、汪應辰、胡憲游，既又友于張栻、朱熹，講索益精。以祖蔭補入官，後舉興隆元年進士第，又中博學宏詞科。歷太學博士兼史職。輪對勉孝宗留意聖學，且言恢復大事。祖謙爲文特典美，嘗讀陸九淵文，喜之而未識其人，考試禮部得一卷，曰此必江西小陸之文。揭示果然，人服其精鑑。李燾薦之重修徽宗實錄，書成進秩，而對論時政之當革，以爲政當上下體統，不相侵奪，而時大臣親行有司之事，外監率上侵下權，唯當得端方不倚之人處分之，自無專恣之慮；且朝廷之政文治可觀而武績未振，亦當補其未備。遷著作郎，以末疾請歸。先是書肆有書曰聖宋文海，孝宗命臨安府校正刊行，學士周必大進言委館職詮擇以爲一代之書。孝宗命祖謙，遂斷自中興以前崇雅黜浮，類爲百五十卷。上之。賜名皇朝文鑑。特破格除直祕閣。淳熙八年七月，以著作郎兼國史疏編修官卒，年四十五，諡曰成。祖謙上承家學，得中原文獻之傳，以關、洛爲宗，復博洽四方師友所講，其學無所偏；與朱、陸並時，自成一格；心平氣和，不立崖異，一時卓犖之士皆歸之。晚年會友講學之地，曰麗澤書院。生平嘗修讀詩記、大事記，皆未成書，考定古周易，書說，闖範，官箴辨志錄、歐陽公本末，當時皆行於世。今四庫錄有古周易一卷，書說三十五卷，呂氏家塾讀詩記三十二卷，春秋左氏傳說二十卷，續說十二卷，詳注東萊左氏博議二十五卷、大事記十二卷，通譯三卷，解題十二卷，又有東萊集

四十卷﹝註1﹞。

二、尚書之著述及著錄

呂東萊書說，據歷來相關之資料觀之，皆謂非東萊手著，乃口授諸生，其徒筆記以成者也。大愚叟﹝註2﹞於書後云：

> 伯史太史己亥之冬，口授諸生而筆之冊者也。……然聽之有淺深，記之有工拙，傳習既廣而漫不可收拾，伯氏蓋深病之。……於是取尚書置几間，而爲之說，先之秦誓、費誓……訖洛誥而遂絕筆。……書及三禮皆未及次第考論，而書則猶口授而非傳聞﹝註3﹞。

時瀾於增修東萊書說序，亦云：

> 東萊夫子講道於金華，首撫是書是蘊，門人寶之，片言隻字，退而識錄。……瀾執經左右，面承修定之旨﹝註4﹞。

可見呂東萊之於尚書，嘗爲之說，而由弟子識錄者也，其文或經祖謙過目修飾，亦未可知。

其書宋志著錄三十五卷、通考云十卷，趙希弁讀書附志云「六卷」﹝註5﹞，陳振孫書錄解題云：

> 東萊書說十卷。……其始爲之也。慮不克終篇，故自秦誓以上逆，爲之說，然亦僅能至洛誥而止，世有別本全書者，其門人續成之，非東萊本書也﹝註6﹞。王應麟玉海亦云呂成公書說自洛誥始；是呂祖謙所口授門人者，非尚書全書，乃自洛誥始而終以秦誓，今三十五卷之書說，乃時瀾增修而成。蓋呂氏原書，本未經編次，傳鈔者隨意分卷，故有六卷、十卷之殊；四庫提要云：瀾始刪潤其文成二十二卷，又編定原書爲十三卷。是呂氏原書又有十三卷之冊。至於增修東萊書說，宋志三十五卷，而經義考於呂氏祖謙書說之外，別立時氏瀾增修東萊書說三十卷，并注曰存。四庫編輯之時，猶未之見，未知朱彝尊所據爲何﹝註7﹞。

﹝註1﹞參見宋史卷四百三十四儒林傳之四本傳，及宋元學案卷五十一東萊學案。
﹝註2﹞大愚叟即呂祖謙之弟祖儉，有大愚集。
﹝註3﹞見經義考卷八一，頁5、6引大愚叟之言。又見馬端臨文獻通考卷一百七十七。「東萊書說十卷」條下引。
﹝註4﹞見通志堂經解時瀾增修東萊書說前附。
﹝註5﹞參見經義考卷八一東萊書說條下。
﹝註6﹞見陳振孫直齋書錄解題卷二，頁7。
﹝註7﹞參見四庫全書總目卷十一，頁15經部書類提要。

呂氏書說，乃口授筆錄而成，而其鋟板刊行，亦屢經變易；據時瀾序云，東萊授書說以前，早有說書文錄，門人記其片言隻字，見者恐後，亟以板行，家藏人誦，不可禁禦〔註8〕，是呂成公說書說之前其尚書之論說，已有錄而刊行者矣；呂氏以其辭俚義隱，遂專意為尚書作說義，面授生徒，此呂東萊書說之所由述也。其書由南康史曾侯取而刊之學官，止洛誥至秦誓，卷數不詳〔註9〕。其後坊間復以門人所雜記之說補足之，別為刊行；至時瀾以西邸文學入三山監丞，應全州鄭肇之之邀，修訂門人識錄之陋，並補以舊所聞之於師者，遂成今本增修東萊書說三十五卷〔註10〕。以是觀之，今增修東萊書說，其成書皆非呂氏親為，洛誥之前與後，唯直述與雜記之殊；要之皆為東萊之學說，內容無甚差別，唯文辭語氣，洛誥以前較俚俗而不甚連綴耳。茲舉一例以見之。呂氏書說於費誓云：

> 禹之家學見於甘誓，周公之家學見於費誓。啓初嗣位而驟當有扈之變，伯禽初就封而驟當徐夷之變，……一旦誓師，左右攻伐之節，戈矛馬牛之利病，曲折纖悉，若老於行陣者，孰謂其長於深宮之中，而騖於膏粱之養邪。是以知大禹、周公之家學，蓋本末具舉而無所遺也。〔註11〕

而增修之甘誓下，亦有相同之論曰：

> 深以見啓自警省敬畏之意。所謂啓賢能敬承繼禹者此也。夫承堯舜禹重熙累洽之後，未嘗接行陣之事，一旦誓師，戒勒戎陣如素講者，蓋禹之家學，文武兩備，體用兼全，本末具舉，不分精粗，於此可見〔註12〕。

呂氏以啓、伯禽皆承家學，故有講習熟練之精明表現，此說雖本出於東坡〔註13〕，呂氏因而擴之，自伯禽及於夏啓，而甘誓之說與費誓之言不殊，可見洛誥以前諸篇，雖非東萊專授之說，而由門人平日雜記者，其論本亦不殊，況時瀾乃呂門高弟，親為修訂增補，全遵其師之說，未敢出以私意；然則呂氏書說洛誥前後，庶乎可一視同仁矣。

再者，呂氏書說之終始，其說有二：有以為始於秦誓，終於洛誥者；大愚叟、時瀾、陳振孫，朱熹皆主之〔註14〕；有以為始自洛誥，終於秦誓者，王應麟、朱熹，

〔註 8〕同註4。

〔註 9〕同註3。

〔註10〕同註4。

〔註11〕見增修東萊書說卷三五，頁4。以下簡稱東萊書說。

〔註12〕見前書卷六，頁3。

〔註13〕參見東坡書傳卷二十，頁6。其曰：「知周公不私其子，伯禽生而富貴安佚，始侯于魯，遇難而能濟，達于政，練于兵，皆見于費誓，見周公教教子之有方也。」

〔註14〕大愚叟之說，見周註3。時瀾之說見同註4。陳振孫之說見同註6。朱熹之說見語類卷七八尚書一綱領，總頁1988。

朱彝尊、四庫提要等有說〔註15〕。二說不同，其因亦異。主前說者，時瀾序云：

> 周室既東，王迹幾熄，流風善政，猶有存者，於橫流肆行之中，有間
> 見錯出之理，辨純於疵，識眞於異，此其門耶；仲尼定書，歷代之變具焉。
> 由是而入，可以覩禹湯文武之大全矣。自堂徂奧，以造帝者，泝而求之於
> 秦誓始，於洛誥而工夫之不繼〔註16〕。

時瀾謂此書說修定之旨，乃親承於東萊。東萊書說於文侯之命下，亦云：「風氣之推
移，治治道之開塞，必於其會而觀之。此篇作於東遷之初，由此而上，則爲成康，
爲文武，由此而下，則爲春秋，爲戰國，乃消長陞降之交會也〔註17〕。」其說與時
瀾序相似，是東萊有是說也。此乃所以起自秦誓之因，至於迄於洛誥，則是東萊早
卒，工夫不繼使然也。唯陳振孫以爲「慮不克終篇，故自秦誓上逆」，其說純就時間
而言，與學說無關，蓋呂氏晚年有疾甚重，其說亦似有據，然人之壽命修短，本未
可逆料，自上而下，或自下而上，若中道而不繼，其義無差，是故必有他因使然也。
又大愚叟書後云：「迄於洛誥而遂以絕筆者，以夫精義無窮，今姑欲以是而廢，……
未再歲，伯氏下世。」其說則以爲呂氏上於洛誥，非絕命之時，乃有意絕筆於此也。
至於後說以洛誥始，終秦誓，則以王應麟爲代表。其於玉海曰：「林少穎書說至洛誥
而終，呂成公書說自洛誥而始。」蓋林之奇受學於紫微呂本中，而祖謙又受學於林
之奇。林氏尚書全解，迄於洛誥，即爲呂祖謙所攜去，此事見載於林之奇之孫畊於
全解序中，當爲不假；然則呂祖謙有繼其師之說，爲述作以補之，亦非無可能；且
林氏全解止於洛誥，而呂氏之述，恰足補之，若非有意爲之，豈有如是巧合之理。
凡此二說，皆各有據，未能遽定。

　　考朱熹與東萊，過從甚密，學問時有往還切磋之功，今朱子語類云：「呂伯恭解
書自洛誥始。」又曰：「向在鵝湖，見伯恭欲解書，云：且自後面解起，今解至洛誥
〔註18〕。」據此則可證呂祖謙解尚書，一如時瀾等所言，自後解起。然其止於洛誥，
若以爲卒而工夫不繼，則其非有續師作之意；若自秦誓起而有意止於洛誥，則其可
能有補師說之意存焉。按朱熹之說，鵝湖一會，其時呂伯恭即已解至洛誥。考鵝湖
一會，在孝宗淳熙二年乙未，呂東萊訪朱熹於寒泉精舍，同編近思錄，及東萊歸，
因送行遂同遊信州鵝湖寺，與陸子壽、子靜兄弟相會，互相辨質，是爲鵝湖之會〔註

〔註15〕王應麟之說見同註7列之。朱熹之說見同前註，乃另有一說。朱彝尊之說見同註5條
　　　　後案語。四庫提要之說見同註7。
〔註16〕同註4。
〔註17〕見東萊書說卷三五，頁1。
〔註18〕見朱子語類卷七八，總頁1988。
〔註19〕參見錢穆先生朱子新學案第五卷411～42朱子年譜要略。

19）。其時去呂祖謙卒尚有六年之久，可見呂氏解尚書止於洛誥，非因工夫不繼，乃有意止於洛誥也〔註20〕。其意或即爲補其師林少穎全解之闕，以足成一門之學者也。

綜上所考，呂氏作書說之順序，確自秦誓起而訖于洛誥；而其動機爲補足師門之闕，成一家之學也。

三、呂祖謙之尚書學

呂祖謙尚書之說，門人寶愛之，學者爭睹之，致使其書刊行再三，修補增訂亦屢矣。朱熹嘗語門人曰：「伯恭直是說得書好〔註21〕。」羅大經鶴林玉露稱東萊解尚書，以爲論最好，眞讀書之法〔註22〕；章如愚山堂考索於君道門、臣道門中，引東萊之說者，所在多有之。可見東萊書說見重於學者士子之間也。今析論其尚書之學如后：

（一）尚書學說之淵源

1、源於林之奇尚書全解

一如前一節所述，呂氏爲尚書講說，蓋有續補其師林少穎全解之闕，以成師門講學之意，可見呂氏說尚書之義，與林少穎全解之說，頗有淵源。清納蘭容若通志堂經解序云：「學者取林氏之書暨先生講論，與瀾所增修，合而觀之，匪獨見今古文正攝義蘊之全，而麗澤書院師友之淵源，亦可覩矣〔註23〕。」今取林氏全解與東萊書說及增修東萊書說比而觀之，仍可見呂氏書說與林氏之淵源。

若堯典載堯異位于四岳，林之奇引或說云：「以堯有予聞之言，意欲禪舜，故以禮讓四岳，四岳不受，而乃授於舜〔註24〕。」林氏以爲堯之遜於四岳，非有意欲四岳必讓而薦舜，否則堯即於此用陰謀技巧，而四岳亦爲遜位之阻礙矣。林氏以爲「古之聖作事，直已而行，無事曲折，使其果欲禪舜，則直禪舜矣，又何必以禮讓四岳，而爲此不情之事乎〔註25〕」。呂東萊則曰：

〔註20〕朱子於書東萊書說後曰：「後數年，再會於衢，伯恭始謂余曰：書之文誠有不可解者，其悔前日之不能闕疑也。予惟伯恭所以告予者，其徒亦未必知，因具論之。」考朱、呂會於衢、婺時，在伯恭卒年前不久，而朱子云呂氏門人未必知，今呂氏書說確無闕疑之語，則是自鵝湖一會之後，祖謙雖或有悔悟於解書者，然亦未之或改；可見呂氏書說，自鵝湖之後，已成定本，未有續增之篇章也。則其止於洛誥，蓋亦有意如此無疑矣。

〔註21〕見葉紹翁四朝聞見錄，見董鼎書集傳輯註纂疏綱領，頁7。

〔註22〕參見該書卷五甲編，總頁89。

〔註23〕見通志堂經解刊增修東萊書說前附。

〔註24〕見林之奇全解卷一，頁32。

〔註25〕見同前註。

或言堯已知舜，姑遜于四岳而聽其自推，此後世之機心耳。帝者之道，
直以大，事之次序，各有當然；且堯欲遜位，必先於本朝擇賢，亦其理也。
堯之遜，非虛遜，四岳之辭，非虛辭也〔註26〕。

林之奇所引「或說」，蓋爲東坡之說，呂氏之說與評，與林說無大異，可見二者相承
之迹矣。又于胤征「威克厥愛，允濟；愛克厥威，允罔功」，林之奇評蘇氏、王氏二
說，以爲二說皆以威爲刑罰之威，愛爲仁愛之愛，故有此說；林氏以爲威乃果斷，
愛乃姑息之愛，以果斷之威，勝姑息之愛，則有濟，反之則無功〔註27〕。東萊於此
則曰：

說者多以愛爲仁愛，威爲威虐，乃類申韓之言，不知愛與威者也。愛
者私愛姑息之謂，威者振勵奮發之謂〔註28〕。

此說與林三山之論同，足證二者之淵源。此外，若「胤子朱」之以堯子丹朱解之，
用史記之說；太甲，成王皆中材之主，用王安石之說；王城、成周爲二地，同在洛
邑；舜典夔「擊石拊石，百獸率舞」，皆不以爲脫簡重出；凡此者，林、呂二氏說皆
相同，其淵源大概，誠可見矣。雖然，呂氏書說，亦非因襲，有取有捨，乃必然之
事，茲亦不必贅言之矣。

2、博採眾說

呂氏說尚書，除淵源自三山林氏之外，亦酌取先輩諸家之論，若其論文侯之命，
用東坡以平王無志，周室道衰之說〔註29〕；而洛誥之「復子明辟」爲復命告卜，用王
安石之解〔註30〕；而西伯戡黎，以西伯爲武王，則上承胡宏、吳棫之說〔註31〕。至於
全書之中，稱名引用前儒大家之說者，唯伊川與龜山二人而已。唯獨於禹貢圖說中，
稱名引用曾旼、東坡、林之奇、薛季宣、陳少南諸家之說，亦可謂之取博而擇精矣。

（二）解說尚書之觀念與方法

史記謂孔子序書，斷自唐堯，是尚書之爲經，有聖人之大義存焉。呂氏說書，
甚重聖人之大義，其論書序，以爲有春秋筆法，一字褒貶，故當以志逆之，以心求
之，冀發先聖之微旨大義焉。茲論析其觀念及方法以明之。

1、欲明書義，先求吾心

〔註26〕見東萊書說卷一，頁12。
〔註27〕參見林之奇全解卷十三，頁19。
〔註28〕見東萊書說卷上，頁13。
〔註29〕參見前書卷三五，頁1、4。
〔註30〕參見前書卷二三，頁2。
〔註31〕參見書卷十六，頁11。

　　孟子謂舜何人也，予何人也，有爲者亦若是；蓋聖人者，先知先覺者也；彼既知覺矣，垂道立教，以覺後知後覺，遂成經典；故欲由經明道，必先求吾心之本然，上契先聖之心，方能有得。呂氏傳說尙書之旨于時瀾曰：

　　　　唐虞三代之氣象，不著於吾心，何以接典謨訓誥之精微；生乎百世之

　　下，陶于風氣之餘，而讀是書，無怪乎白頭而如新也〔註32〕。

又曰：

　　　　觀書者不求其心之所在，何以見書之精微；欲求古人之心，必先盡吾

　　心：讀是書之綱領也〔註33〕。

眾人之所以異乎聖賢者，在心之盡不盡耳。先聖能盡心知性，進而知天，其德與天地鬼神合其幽明，心胸廣闊，志包萬物，若吾人觀經書，無先聖之心胸，難乎其謂有得矣。

2、觀書之要，在觀氣象

　　所謂氣象，即聖人之氣度心胸也。程頤嘗曰：「尙書難讀，蓋無許大心胸〔註34〕。」聖人之所之爲聖，亦在此耳。故讀書之要，務在觀聖賢氣象，借彼注此，以擴吾心，以開吾目，斯讀書之大要也。是以呂氏書說，每重言觀古聖賢之氣象，若其說堯典「師錫帝曰：有　在下，曰虞舜」之義曰：

　　　　夫舉朝皆知有舜，堯亦自知有舜，必待明明揚側陋而後言，此深見唐

　　虞廣大氣象。後世固有名震京師，聲動天下者，舉世之間，一賢所居，頭

　　角即露，眾自共指，況如虞舜之聖，居之側微，豈不張皇；惟堯時比屋可

　　封，雖聖如舜，天下不以爲異；譬如大山巨麓，眾木森森，雖有出林之木，

　　不見其表表；若培塿之下，卒然有之，必以爲奇；學者當知四岳舉舜之時，

　　氣象不同。故曰：惟天爲大，惟堯則之〔註35〕。

蓋後世風氣磽薄，人心狹隘，器度不張，若困乎末代餘風，是不能識先聖之廣大氣象矣，故必先去吾心之狹隘小器，潛心省察，體會氣象，方能有得。舜之大聖，在今則以爲異，在古則以爲常，此氣象之異，世代之變也。

　　呂氏欲讀尙書者觀唐虞氣象，故其說聖王氣象，皆多在虞書五篇，商周以降，道愈衰，氣象不如，然亦有相似之迹存焉。其論武成「惇信明義，崇德報功，垂拱而天下治」之義曰：

〔註32〕同註4。

〔註33〕見東萊書說卷一，頁1。

〔註34〕見朱子語類卷七八，總頁1982引。

〔註35〕見東萊書說卷一，頁13。

王者之治，不過教養而已，武王至此，夫何爲哉！有信者則惇之，有義者則明之，有德者則崇之，有功者則報之；使萬物各得其所，垂拱而天下自治，可以見武王能還唐虞風俗於千載之下。夫相去既數百年，氣象不同矣，而終篇一語，堯舜無爲之治，乃恍然而若存耶〔註36〕！

蓋武王之垂拱，與堯舜南面無爲相恍忽，是武王得唐虞之氣象矣。若武王以下，雖不若唐虞之風，然自有氣象可體可親。若其論微子之命曰：

今觀惟休一辭，緩而不迫，如在春風和氣中者，大抵人心之工夫，不可迫切，微子以恪謹克恭之素；成王既戒之以謹乃服命，又戒之以欽哉，義已森嚴，若不使之培養深厚，則必失於迫急，故告之惟休，從容涵養之意也。雖然，成王黜殷命，殺武庚，非小變也，王室震動，宗社幾危，以周公東征，尚必二年而後罪人斯得，其爲禍甚至，其成功甚艱矣。今觀微子一篇，曾無一語及此，怡然氣象和平如常時，見君子所過者化。封微子，賢者封之耳；殺武庚，叛者殺之耳；周何心哉〔註37〕！

於此可見周公、成王封微子，賞善罰罪，其心至公，不以商紂之惡，武庚之叛，移怨於微子，且懇勤培養，嚴正警戒，使之用命成德，怡然如春風和氣者，其氣象去堯舜亦不遠矣；後世讀尚書者，自當體之親之而毋忽焉。

3、觀尚書當觀其有，亦當觀其無

呂東萊長於史，猶精於春秋，是以春秋褒貶，書常書異，皆有其義；呂氏於尚書，以爲孔子所序，自當有與春秋同義者，故嘗曰：「聖人序書，蓋有深意〔註38〕。」以是之故，呂氏說書，每云不獨觀其有，亦當觀其無有，始足深悟聖人之旨。若其論大禹謨「愼乃在位，敬修其可願，四海困窮，天祿永終」之義曰：

堯之命舜，亦不外此，於論語可見。書不載堯之命舜，因後以見前；如率百官，若帝之初，皆史之要體；古文作史，不獨書之者有意，其不書者亦有意，以是知唐虞史官，皆有道之士也〔註39〕。

大禹謨載舜命禹之辭，而書不見堯命舜之辭，以見史官筆法，於不書之處，亦見其道相承之迹。呂氏以此一觀念，嘗論西伯戡黎曰：

商臣於周，所謂不共戴天之讎，何祖伊之辭，無一言及於文武；謂祖伊方責之君，不可以責人，而反日之際，亦無咎周之辭，何也？周將勝商，

〔註36〕見前書卷十六，頁11。
〔註37〕見前書卷十九，頁16。
〔註38〕見前書卷二，頁1。
〔註39〕見前書卷三，頁16。

而商人無咎周之言，周之至德與所以由乎大公之理者，可想而知〔註40〕。
此由祖伊反曰之時，無一辭咎周，以見周本無可咎之事，蓋其德之至，其心之公使
然也，此乃即其無而爲之說義也。若順其意言之，亦足以見祖伊亦有德之君子，於
天理、人事，公私之間，克能分明者也，紂有數賢而不能用，其亡國可指日而見之
矣。凡此者，乃呂祖謙就尚書發揮義理之要旨也。

4、探文辭以說義

呂祖謙之學、義理之外，兼通文藻，蓋承家學中原文獻之緒使然，亦彼天資之
高卓也。宋史本傳嘗載其素喜陸九淵之文而不識其人，見一文卷讀之，即斷以爲小
陸所作，揭之果然，可見其於文章翰藻之間，精敏卓見，抉頤探微之功深。又承孝
宗詔，修皇朝文鑑，成一代之文典，尤可識其文采〔註41〕。朱熹嘗謂呂氏書說有尖
巧之病〔註42〕，蓋亦指此。呂氏說書，每喜即文辭以探求其寓義者，若其說舜典「有
能奮庸熙帝之載」中「奮庸」二字曰！

> 奮庸二字，不可不深求；有能奮庸起事功以熙我之事者，則使之宅百
> 揆。夫奮勵激昂之人，興廢補弊之時，用之可也；舜之時，天下已治矣，
> 復奮其用，不幾於生事乎！天下之理，不進則退，中間無可立之理，常存
> 奮起之心，所以爲生生不窮，日新之道；一止則退，雖極治之時，此意常
> 不可少。推之學者亦然〔註43〕。

按「奮庸」二字，孔傳止云「奮、起；庸、功」而已，東萊卻能按辭演義，以明不
進則退之理，不獨運之於道窮之時，於平治之世，亦不可或缺。呂氏孜孜於探文求
義者，蓋一字之差，其義相去可千里之遙。故呂氏時設相近之辭典尚書文辭對較，
以論其異義者。若立政篇「惟有司之牧夫，是訓用違庶獄庶愼，文王罔敢知于茲」
下，呂氏曰：

> 不曰周知于茲，而曰罔敢知于茲者，徒言罔知，則是老莊之無爲也，
> 惟言罔敢知，然後見文王之敬忌，思不出位之意，毫釐之辨，學者宜精察
> 之〔註44〕。

夫「敢」字之有無，其義相去甚鉅，無則入於老莊，有則見克敬之心，蓋有「敢」，
則有可知之理，可知而不敢知，於是有誠敬之意在；若止云「罔」，則是無知，意無

〔註40〕見前書卷十三，頁 14。
〔註41〕參見本章呂氏生平事略。
〔註42〕參見註 21。
〔註43〕見東萊書說卷二，頁 12。
〔註44〕見前書卷二九，頁 11。

著實之處，入於空虛，非老莊而何。

一辭如此，一字亦然。若洪範序云：「武王勝殷殺受，立武庚，以箕子歸」，呂氏論之曰：

> 以箕子歸，以之一字，不可以不深求也。箕子與微子、比干，言人自獻于先王，我不顧行遯，是無歸周之意矣，書以箕子歸，見箕子之心不歸周，以箕子歸者，武王也〔註45〕。

呂氏據一「以」字，即發箕子不歸周之義，可謂善就文而立義矣。故呂氏書說，時類對策應題之文，雖千迴百轉，終歸義理之說，起承轉合之功亦巧矣。

5、舉史以證經義

呂氏長於春秋，亦曾修徽宗實錄，作大事紀，是不獨精於文藻，亦博於史學。四庫提要於呂著大事紀下云：「當時講學之家，惟祖謙博通史傳，不專言性命。」祖謙既博通史學，知空談不可以說經，是以說經之義，每引史事爲證，以見義之有著而非虛。舉史事以證經義，前乎呂祖謙者，若蘇東坡書傳，林之奇全解，均已從事於斯，尤以林氏全解爲詳博；東萊此法，除本諸彼學之所長外，或亦酌取於乃師歟！其於五子之歌「有窮后羿，因民弗忍，距于河」下曰：

> 姦雄何世無之，雖堯舜之時，亦有凶人，在我之理既堅既正，則彼無自而入，苟有間隙，彼必投之，此后羿之距太康，所以因民弗忍也。……太康惟逸豫，百姓離心，羿所以乘間而起。……使秦始皇不築長城，不起阿房，陳勝、吳廣將何所因；隋煬帝不伐遼東，不治宮室，李密、王世充亦何所因〔註46〕。

此引秦皇、隋煬之史例，以證太康失邦之必然，蓋皆由逸豫而人因之者也。又於文侯之命，論平王之失曰：

> 平王之失，大抵所求於人者重，而不思自反以彊進君德。燕昭王小國之君也，慨然有復讎之心，而士爭趨燕；樂毅自魏往，劇辛自趙往。燕始未嘗有一士也，苟有是心，則千里之外應之，平王豈可以罔或者壽俊在厥服而但已哉〔註47〕！

燕昭王有志於復讎，尚且能以區區小國，召賢納能，遂其破齊之功，平王以天子之尊，而不能報犬戎殺父之讎，僅以誥命命晉文侯，而止於云罔或者壽俊乂之士，足見其無志於復讎，而安於現狀也。

〔註45〕見前書卷十七，頁1。
〔註46〕見前書卷六，頁4。
〔註47〕見前書卷三五，頁3。

6、尚書、周易相互印證

尚書與周易，除洪範篇學者多與易相互爲說外，其他篇章本與易經無甚相關，然呂祖謙說尚書之義，引周易之事以相印證者，有二十餘條次，而他經則無如此之甚，此亦呂氏說書義之一法；蓋道理者，一致而百慮，同歸而殊塗也。且呂祖謙於周易，亦有精研，嘗爲古周易一卷，朱子據以作易本義，可見其於周易，亦嘗有得也；是以講說尚書，每引周易相印證。或引十翼，或引卦義，或引爻辭。若說堯舜二典，呂東萊曰：

> 堯舜二典，與它篇不同，它篇或說一事，二典畢備，如易之乾坤，寬大簡易，即之可見〔註48〕。

於易卦言之，乾、坤爲易之門，以此論之，二典即尚書之門歟！故觀氣象之大，必言堯舜；孟子亞聖，言必稱堯舜者，其亦因乎此歟！又其論畢命「旌別淑慝，表厥宅里，彰善癉惡，樹之風聲」曰：

> 所以科擇不率訓典之徒，而殊其井彊者，豈眞欲絕之，而置於人類之外哉！乃欲使其能畏慕，卒歸於善而已，是則旌別淑慝之本心也。五陽一陰，然後可以夬決揚庭，不知時義而錯施之，或以召亂；康王之後，要必論其世也〔註49〕。

此引夬卦五陽一陰，示君子多而小人寡，然後可以緝省善惡，抉剔分明，揚於王庭；若殷民惡德未化，惡習猶存者多，於是嚴簡屬別，易以生亂。故殷之頑民，歷周公、君陳、畢公三聖賢，時歷三紀，至畢公時，殷民惡習漸化，始可以言「旌別」，此所以引夬卦以言其意義也。又其說洪範皇極之疇「以近天子之光，曰天子作民父母以爲天下王」一段曰：

> 不言近皇極而言近天子之光者，天子既建極，則天子即皇極也。復初九：不遠復；二即言以下仁也。蓋克己復禮爲仁，初既能復禮，即仁矣〔註50〕。

按易經復卦初九曰：「不遠復，无祗悔，元吉。」象曰：「不遠之復，以修身也。」六二曰：「休復，吉。」象曰：「休復之吉，以下仁也。」呂氏引復卦初、二爻辭及其象辭，以說書義。蓋庶民於皇極之敷言，是訓是行，則能克己復禮，修身達德，終必可進六二之仁，猶書云「近天子之光」也。是呂氏引二爻變化之義，以證「極之敷言，是訓是行，以近天子之光」之理也。

〔註48〕見前書卷一，頁16。
〔註49〕見前書卷三十二，頁9。
〔註50〕見前書卷十七，頁1。

（三）呂氏尚書說中之義理

　　全祖望同谷三先生書院記曰：「宋乾、淳以後，學派分而爲三：朱學也，呂學也，陸學也；三家同時，皆不甚合。朱學格物致知，陸學以明心，呂學則兼取其長，而復以中原文獻之統潤色之；門庭徑路雖別，要其歸宿於聖人則一也〔註51〕。」可見呂祖謙之學，以聖人義理爲宗，而能與朱、陸並列爲三。且呂東萊師承三山林少穎，上接呂本中，楊時，程伊川，亦爲義理之嫡系，故彼就經籍以發聖賢義理，乃當然之事，亦爲至要之工夫。東萊嘗謂「人情、法意、經旨，本是一理〔註52〕」。是故其說經，每重義理而略於詁訓。就尚書而言，若禹貢之山川地理、水道源隰之訓釋，則每引用前儒、諸家之說爲說，鮮有異義，若曾旼、林之奇、蘇東坡、鄭玄、薛季宣等，而於禹貢之中，止言「凡禹貢名物地理，皆考于圖，此特言其大意耳〔註53〕」。又於顧命儀仗禮文服席陳寶之名物，則多沿用孔傳，或云「未知」〔註54〕。又於堯典「希革、毛毨、氄毛」下曰：「各從訓詁〔註55〕」；於大禹謨「儆戒無虞」一段下云：「訓詁已明〔註56〕。」；於五子之歌「其五曰」一段下曰：「此章不必以訓詁讀之，自使人惻然〔註57〕。」皆可見呂氏書說之不重訓詁，唯明義理也。

　　呂氏說經，以發揚聖賢義理爲務，故引用孔、孟之言以說經，論、孟、學、庸，於說義中每加延用。若其說無逸之商三君「中宗、高宗、祖甲」曰：

　　　　中宗嚴恭寅畏，不言所因，則幾於生而知之者也；高宗舊勞于外，

　　　由經履瀝涉而後成德，則學而知之者也；祖甲舊爲不義，則困而知之者

　　　也〔註58〕。

此引論語、中庸生知、學知、困學之說作論，至爲明顯；甚至孔門師生之氣象，亦引以比說於尚書者，若說命上，高宗以一夢立傅說爲相，與堯歷試舜典諸艱難，詳略相去泰甚。呂東萊則舉孔門師生以爲說曰：

　　　　此兩事當以孔門二子觀之。孔子曰：參乎，吾道一以貫之。曾子曰：

　　　唯。顏淵問仁；孔子曰：克己復禮爲仁；顏淵復請問其目。曾子以一唯悟

　　　道，如高宗之以一夢信說；顏淵以問目求仁，如堯之以歷試舉舜；二者本

〔註51〕見宋元學案五十一東萊學案，總頁936全祖望補。

〔註52〕同前註頁945。

〔註53〕見東萊書說卷五，頁8。

〔註54〕見前書卷三一，頁12、14。

〔註55〕見前書卷一，頁7。

〔註56〕見前書卷二，頁7。

〔註57〕見前書卷六，頁8。

〔註58〕見前書卷二五，頁5。

　　無二體。……堯之舉舜，顏之問目，可謂詳審；曾子之唯，高宗之夢，可
　　謂直捷；蓋舜四岳所舉，說高宗自得之；顏子問仁，曾子則夫子自告之，
　　其理不可不深思也〔註59〕。

孟子言必稱堯、舜，宋代說尚書者，無不加以徵引而爲據。呂氏不僅引其文，至引
孟子生平行事以說書者。若堯典載四岳薦鯀治水，堯知其弗成，四岳又薦，然後用
之；若堯不知鯀而用之，是不明也；既知其不可用而用之，是不斷也；二者必有一
失。呂祖謙爲之說解曰：

　　　當以孟子去齊之事觀之。方孟子之見齊王也，不遇故去。夫孟子之至
　　於去，則灼知齊王之不足用矣。方且三宿而後出晝，此心猶庶幾而不捨；
　　孟子之不速去，所以誨齊王而使之動也。觀往欽哉之命，見鯀非無治水之
　　材，所以方命圮族，本於忽視天下，以理爲不足循，以類爲不足比，惟欽
　　之一字可以治鯀之病。……一念之欽，聖賢事業，鯀而領往欽之意，安知
　　其不可用乎！堯之所以復用鯀者，猶孟子之庶幾齊王足用爲善也〔註60〕。

由是觀之，全謝望謂呂祖謙以聖人爲歸，言誠是也。呂氏就尚書所言之義理，尤重
於辨明道心之公與人心之私。其於大禹謨「人心、道心」一段下云：

　　　人君以正心爲本，故先之人心，私心也，私則膠膠擾擾，自不能安；
　　道心，善心也，乃本然之心，微妙而難見也，此乃心之定體〔註61〕。

所謂本然之心，即中庸「天命之謂性」也，是本諸天地之若理，無有不善；若人不
能率之，困於物欲人情，則爲人心之私，易流而爲惡；故必去私而歸公，克己以復
禮，私心一去，公道自顯，若水本澄清，沙泥混之，沙泥澄而水自清，蓋公道之心，
本然之性也。是以呂氏說尚書，每秉此義，明辨公私之間；若其論甘誓啓伐有扈曰：

　　　方有扈棄侮之時，天已絕其命，至是而恭行天罰而已，非有私意於其
　　間也〔註62〕。

尚書中言誓師征伐，皆言「天討」「天罰」，即不出於私欲之謂，若有一毫之私，則
討罰爲殺戮，不可謂之除暴罰惡。其論胤征「以爾有眾，奉將天罰」下曰：

　　　王者但知奉天討，上下相承，不敢稍出私意，認爲己權。則人君安敢
　　輕兵，人臣安敢專命，士卒亦安敢犯命哉〔註63〕！

〔註59〕見前書卷十二，頁3、4。
〔註60〕見前書卷一，頁11。
〔註61〕見前書卷三，頁14。
〔註62〕見前書卷六，頁2。
〔註63〕見前書卷六，頁12。

其論商紂之所以爲惡，原其所本，亦在於不能去私入公而已。其言曰：

> 紂之惡，此心不過於私而已，惟其私，故但知七尺之軀，外此皆壅蔽
> 隔塞，所惡者極其惡，及其族而後已，所愛有極其愛，及其世而後已。……
> 大抵公則有節，私則何節，紂全用私心，故喜怒皆到極處〔註64〕。

爲人苟有私存於心，則其德衰；爲政者苟有私存於心，則其政必有入於紂之地者。呂氏云：「大抵公與私，天理之與人欲，不外於當爲與不當爲之間〔註65〕。」人若盡以私意出之則玩心起，玩物喪志，玩人喪德〔註66〕；爲政者以公心出之，則以盛德受天命，以寬大撫天下，則功加於時，垂裕後昆；否則出於私智，機巧之術，不終身而敗；此王霸之辨在此〔註67〕。至於其說洪範稽疑，之所以龜、筮協從，而於爾心，卿士、庶人三者得其一，則皆吉，蓋亦在有私無私耳。呂氏之言曰：

> 然於三從之中，必龜筮皆從，乃可，蓋龜筮無心之物，既已皆從，它
> 雖有逆，卿士、庶民或者別有私心未可知也〔註68〕。

龜筮無心，謂其無私心而至公，非若吾心、卿士、庶民之或有私而不從。此足見呂祖謙所論之義理，重在公私之辨，上自天子立政，下及庶民修德，無不出於此。能公無私，孰能禦之。至於去私入公之工夫，呂氏多隨書文而言之、或曰「欽」，或曰「格」，或曰「克」，蓋克已復禮之意也。

（四）呂氏尚書學說中之卓見

呂氏說尚書，既多就文以求義，舉史以證義，又以周易之理相爲勘比，以觀乎古聖賢之氣象，從而有得於心，下學上達；故其解書義，自亦有其獨特之解釋體系，因之而生焉。茲舉其大者，析論如后：

1、孔子序書，寓有春秋筆法

東萊長於春秋，左氏博議，即其名著。孔子作春秋，有微言大義存乎其間，筆削褒貶，爲說春秋者所重。呂氏以爲書之序，乃孔子所序正〔註69〕，亦必有大義筆削存焉。且呂氏喜就文以說義，亦就有事無事以發明其中深意，此與春秋書異，常事不書之理相近也。其說泰誓序曰：

> 孔子序書，深寓春秋之法也。春秋十二公，惟定公無正，蓋以昭公之

〔註64〕見前書卷十四，頁9。
〔註65〕見前書卷十四，頁12。
〔註66〕參見前書卷十八，頁4。
〔註67〕參見前書卷十九，頁14。
〔註68〕見前書卷十七，頁13。
〔註69〕參見前書卷一，頁1。

　　喪未歸，定公未立，舊君之天命已終，新君之正朔未告，故不書。此書一
　　月者，亦謂當時殷之正朔已絕，周之正朔未頒，故只云一月。又見孔子於
　　君臣之分，毫釐有所必計，以正天地之大義。〔註70〕。

孔子序書，既有春秋之法，故呂氏每爲之大加發揚論說之。若其論五子之歌序「太
康失邦」曰：

　　孔子序書，直言太康失邦，見太康之惡〔註71〕。

其論太甲之序「太甲既立不明」曰：

　　孔子序書，斷以不明，原太甲之過也〔註72〕。

至於大誥之序，呂氏以爲序止言「武王崩、三監及淮夷叛，周公相成王，將黜殷」，
未言武庚者，彼曰：

　　　不言武庚，乃言三監及淮夷叛者，蓋武庚之叛，生於三監之謀，欲間
　　周公。孔子灼見其情，春秋一字之貶也〔註73〕。

而於多士篇序稱「殷頑民」，經文則云「商王士」，呂氏爲之說曰：

　　　序言殷頑民，賤之也，所以指其實；史言商王士，貴之也。所以開其
　　善，序蓋孔子之公筆，史則周公之恩意也〔註74〕。

至於文侯之命，呂氏以序言乃「貶之而且傷之」〔註75〕，於秦誓，則以爲序文有「發
其謀」、「誅其心」之義〔註76〕。不獨言一字褒貶也，甚有據序文以說「尊王」者。
呂氏於微子之命序下云：

　　　成王黜殷命，戮武庚，封微子，皆周公攝政東征二年所爲之事也，時
　　成王幼，未與政事，孔子敘書，歸之成王，而周公雖東征，雖攝政，其未
　　嘗有一毫之私，小心翼翼，皆奉王命以行天討，當時天下危疑，有無王之
　　心，孔子序書，所以發尊王之意，欲後世知征伐自天子出，此經世之大法，
　　周公之本心也〔註77〕。

以此數例合觀之，呂祖謙以春秋褒貶大義之說，幾全盤移置而用以說尚書；如此解
說尚書者，東萊尚屬首例。

〔註70〕見前書卷十四，頁8。
〔註71〕見前書卷六，頁3。
〔註72〕見前書卷八，頁7。
〔註73〕見前書卷十九，頁1。
〔註74〕見前書卷二四，頁1。
〔註75〕見前書卷三五，頁1。
〔註76〕見前書卷三五，頁8。
〔註77〕見前書卷十九，頁11。

2、疑經改經

東萊擅于探求文義，爲之敷理，故於經文之難通處，靡不直解將去。朱熹嘗云：「周誥中有解說不通處，只須闕疑，某亦不敢強解，伯恭卻一向解去，故微有尖巧之病也。」〔註78〕既能一向解去爲之完說，故鮮有以爲可疑者；其師林之奇亦每評東坡之屢疑改於經文，或亦有以啓之。然尚書之中，實有難通之處，是以呂氏說尚書，亦尚且不免於疑改。於諸儒疑改之處，若劉敞、王安石、程頤之改武成；蘇東坡謂舜典「夔擊石可拊石」一句爲衍文，康誥前四十八字爲洛誥錯簡，臯陶謨「思日贊贊襄哉」之「日」字爲「日」字之形誤等：皆以爲不當疑改。總考呂氏於尚書之疑改者止三處而已。

（1）疑經有闕文

呂氏以爲尚書有闕之者二。臯陶謨「明謨弼諧」之下，即繼之以「禹曰：俞，如何」者，或有闕文。蓋呂氏言「允迪厥德、明謨弼諧」二句，乃史官所以斷章臯陶爲人之言，非臯陶所出之語，夫前既無問語，則禹何由而俞，故呂氏曰：

> 或言上有闕文，未可知。臯陶必先有所言，禹始發問，如大禹謨先載
> 禹言之類〔註79〕。

又多士篇末「王曰又曰時序乃或言爾攸居」下，亦有闕文。其言曰：

> 多士、多方篇末，皆有又曰：蓋殷勤以續前語。然多士王曰之下闕文
> 失其前語，故又曰之辭不可盡通〔註80〕。

按多方篇末亦有「王曰、又曰」之例，然「王曰」之下有文，故呂氏謂乃誥教已終，復呼而語之，以見周公惓惓斯民之意〔註81〕；而多士於「王曰」「又曰」之間無一字，以多方較之，是顯然有闕，故呂氏以爲經書有闕文。

（2）改經字

呂氏改經字，唯有一處，即呂刑「今爾罔不由慰日勤」「日」字當作「日」。其言曰：

> 所以安行而自慰，止在乎無日不勤也。……天齊于民，俾我一日，非
> 經惟終，在人者，申告之以不可不日勤也〔註82〕。

3、尚書說義之新解

〔註78〕見董鼎書集傳輯注纂疏綱領，頁7引葉紹翁四朝聞見錄云。
〔註79〕見東萊書說卷四，頁1。
〔註80〕見前書卷二四，頁11。
〔註81〕參見前書卷二八，頁16。
〔註82〕見前書卷三四，頁9。

呂伯恭善爲辭說，故於訓詁之事，多仍孔傳之解，亦足能據之以說義理。是以異說新解甚少。茲就所見，例舉一二焉。呂氏解太甲序「伊尹放諸桐」，以爲伊尹大公之心，必無放君之事，故此一「放」字，必非放逐之義。其論曰：

> 然則放云者，非放其身也；放其縱欲之心也〔註83〕。

呂氏以爲書序有孔子之微言大義，此「放」字既不可以說作「放逐其君」，而「放」字又不可另作他解，是以易「放其身」而以「放君心之非」解之。此說或可免於「放君」之嫌，然於文義言之，既不倫，亦不順。蓋縱欲之心，非放而可除，當如孟子所謂「格」，力至而後習改也；而序文下有「三年復歸于亳，思庸」，「放」與「歸」乃相對而言者，若前所放者爲「縱欲之心」而非其人，則「歸」何以說之哉！是此說於義理不倫，於文句亦不通也。

說命下有「惟斅學半」一句，孔傳云：「教然後知所困，是學之半。」其意教者即學者，由教而知學也。呂氏解此句，則曰：

> 大抵教人與受教者，其功各半。師舉一隅，學者當以三隅自反，師告諸往，學者當以來者自悟。聖人之教人，引而不發，上一半固賴提指之助，下一半自用工可也。自古聖賢著書垂謨，載之方冊，其教止及於半，其工夫之半，學者必自加講求之功。〔註84〕

此說以爲教者師也，學者生也，教之功半，學之功半，始足有悟而自得於中。此說朱熹嘗論及之。朱子語類記云：「或舉葛氏解云：傅說與王說，我教你者，只是一半事，那一半要你自去行取。……曰：某舊爲同安簿時，學中一士子作書義如此說，某見它說得新巧，大喜之。後見俞子才跋某人說命解後，亦引此說。」又曰：「近見俞子才跋說命云：教只斅得一半，學只學得一半，那一半教人自理會。伯恭亦如此說〔註85〕。」以朱子之精博，此說猶新見之，不知起自何人，雖未必出於呂氏，然其爲新說則然。今葛氏解，俞子才跋皆不見，而呂祖謙之書獨存，歸之伯恭外，亦別無他著矣。朱子以爲此解有類禪語而不取〔註86〕。朱說有理，從之。

4、尚書說中之議論

呂伯恭既探文辭以求說義理，復喜據其義以發揮議論，評後世政治之得失。蓋尚書者，本即前代善政嘉謨之文獻記錄，其中舉措施政，堪足爲後世典範。後之視今，亦猶今之視昔，有不逮者，能不心慚顏汗，仰鑽追步乎！呂氏於史甚精博，是

〔註83〕見前書卷八，頁8。
〔註84〕見前書卷十三，頁5。
〔註85〕見朱子語類卷七九尚書一說命，總頁231。
〔註86〕同前註頁232。

以每據尚書義理，針砭後世爲政之良窳枉直，論議臧否者甚多，條述如下：

（1）**論仲虺之誥，其用兵與後世者異**

論仲虺之誥，湯初征自葛始，東征西怨，家室相慶，皆徯湯之來，所以然者與後世用兵者異，其言曰：

> 自此以往，東西交怨，室家相慶，民之戴商，豈一朝一夕之故哉！當是之時，君臣易位，雖天下之大變，然觀其征伐之時，唐虞都俞揖遜謳歌朝覲之氣象，依然若存。……湯之心猶堯舜之心，不幸當天下之變，大不得已而不可避也。後世用兵，師之所至，荊棘生焉，民莫不驚潰奔竄。湯師所至，民皆欣然有喜，何也？蓋弔民伐罪，布其寬仁，所至則蘇，故其氣象不可與後世同日論也〔註87〕。

據湯之征伐與後世用兵者相比，見後世用兵，皆爲私家產業而起，爾爭我奪，遂使生靈塗炭，庶民恐悚猶不及，何望之有，其失自見，與湯之用兵之本心異故也。

（2）**論微子之命，以見易世至公之意**

呂祖謙論微子之命，於世代交替之氣象，尤致意焉；其論曰：

> 聖人開一代之治，各有一代之典禮；……本數末度，隨世而新……周既新命，商之禮物不可用矣，而禮物之舊，復修於微子，承而不滅，……統緒之並立而耳目之不變也，可以觀三代易世至公之意。後世廢興之際，誅戮絕滅，惟恐影響之存，而人心之或不一，果何謂哉！……聖人尊先代之後，不敢以臣禮待之，如舜以堯後爲賓，與國咸休者；後世滅人之國，芟夷蘊崇，惟恐苗裔之存，爲子孫害。成王之命微子，撫助愛養，與之俱生，傳之無窮，公平廣大之象，於此可見矣〔註88〕。

以成王命微子奉殷祀，作王賓，足見後世易代之政，其氣象褊狹，私心自用，又不能稽考前代，取鑑往古，則施政如何能漸臻善域哉！此後世施政之失也。

（3）**據君奭之篇，以見輔弼重臣相處爲國之道**

廟堂之上，大臣之間當如何哉？呂氏據君奭以論之曰：

> 召公不疑周公，前輩辨之悉矣。於盛滿而欲去，周公反覆留之，不遺餘力。後世權位相軋之際，排之使去，則多有之，挽之使留，蓋亦鮮矣。
> 周公固不可以後世論也，然大臣之秉心公，則深恐無助，私則惟恐不專，

〔註87〕見東萊書說卷七，頁7。
〔註88〕見前書卷十九，頁12、13。

公私之間，世主所當深察也〔註89〕。

後世大臣，奏必求納，權必求專，造黨營私，故互相排戛之不暇，何如周、召之氣度；前後之間，其相去遠矣，亦可見後世之失，世主之察乎此，能不深省乎！

四、呂氏尚書學之評價與影響

呂祖謙之學，全祖望謂兼取朱學之格致，陸學之明心，加之以中原文獻之統，此呂學之長也。是故呂氏書說，雖以明心性，辨公私爲主，然亦非空言心性，每舉史以爲證，復發揮議論，臧否得失，冀能攝取前代以有補於後世，是體用兼備矣；此呂氏書說之可取者也。

東萊之學，原自伊川；自伊川以降，義理之家而於尚書有所論述者，不爲不多矣，然其中有全書而詳備者，唯無垢張氏耳，然張九成之學，頗取於釋，其視儒門則有所偏；林之奇全解，號稱詳博，然自洛誥以下，亦非完貌；呂氏書自洛誥以下補足成書，成一家之言；故欲明少穎、東萊之學，東萊書說，不可忽也。

東萊說書，朱子嘗論其失曰：「傷於巧〔註90〕。」朱子與祖謙嘗相偕至鵝湖，朱子聞祖謙作書解，問書有難通處否，祖謙云無甚難；數日後，復問，答云果有難通處，今只是強解將去耳〔註91〕。朱子於書東萊書說後中云：

> 後數年再會於衢，伯恭始謂余曰：書之文，誠有不可解者，甚悔前日之不能闕所疑也〔註92〕。

然則所謂「巧」者，即於其不可解者強解之，巧爲辭說，未必得其本旨，此不能闕疑之弊也。是以朱熹曰：

> （看書）且看易曉處，其他不可曉者，不要強說，縱說得出，恐未必是當時本意。近時解書者甚眾，往往皆穿鑿，如呂伯恭亦未免此也〔註93〕。

呂祖謙文藻高妙，史學精博，天資卓越，故不肯闕疑，強爲之解，此其弊也。然朱子亦稱其說得書好〔註94〕，蓋精於文辭者，就文解義，亦往往有得，且說義清晰，指辨精確，而終歸聖人之道，非「說得書好」而何。朱子於祖謙大事記，亦謂有纖巧處，而稱其指公孫宏、張湯姦狡處，說得羞愧殺人之云〔註95〕；然則朱子所謂「巧」

〔註89〕見前書卷二十六，頁1。
〔註90〕見朱文公續集卷三，頁11答蔡仲默書。而書集傳輯註纂疏綱領，頁7亦引之。
〔註91〕參見朱子說類卷七八尚書一綱領，總頁1988。
〔註92〕董鼎書集傳輯註纂疏綱領，頁7引。
〔註93〕同註90。
〔註94〕參見同註78。
〔註95〕參見四庫提要呂氏春秋氏傳說下之之論所引。

者，尚有一義曰指其筆鋒穎利，凡所指摘，皆刻露不留餘地，非盡指巧於馳辯，顛倒是非之謂也。朱熹嘗曰：「伯恭是寬厚底人，不知如何做得文字，卻似輕儇底人。〔註96〕」亦此意也。今觀東萊書說，其指平王之無志曰：

> 嗚呼，周之所以終於東周者，蓋於此章見之。平王東遷之初，大讎未執，王略未復，正君臣坐薪嘗膽之時；奔亡之餘，僅得苟安，乃君臣釋然，遽自以爲是。曰父義和，其歸視爾師，寧爾邦，兵已罷矣；曰用賚秬鬯一卣，彤弓一，彤矢百，盧弓一，盧矢百，馬四匹，功已報矣；曰父往哉，柔遠能邇，惠康小民，無荒寧，教之以平世之政，軍旅不復講矣；曰簡恤爾都，用成爾顯德，勉之以本邦之治，王治無復事矣。嗚呼，周之君臣如此，周其終於東乎〔註97〕！

祖謙此論，雖本諸東坡，然東坡僅云：「今其書乃施施焉與平康之世無異。……讀文侯之篇，知平王之無志也〔註98〕。」，如是而已，復觀祖謙之說，鈎沉剔隱，針針見血，層層剝落，平王無志之心，原形畢露；使平王千古以上讀之，不知如之何藏其首尾矣；豈非所謂筆鋒犀利，摘指刻露不留餘地之「巧」乎！總之，呂祖謙尚書之學，惟此一「巧」字，可以一言以蔽之矣。

呂東萊書說既能巧於說義，是以後之學者，既不滿孔傳之淺，又憚於考究眞僞之難，復多言義理之說，故於尚書取於呂祖謙之說爲多。若胡士行詳解即據呂氏書說而爲之，傅寅嘗講禹貢於麗澤，亦稱呂氏曰「東萊先生」；三山陳經或爲象山之徒，而其尚書詳解多用呂說；蔡沈書集傳於師說之外，取於呂氏者獨多；魏了翁私淑晦翁而書說則偏用呂氏之論；凡此皆可見呂氏書說之重大影響〔註99〕。

第二節　傅　寅

一、生平事略

傅寅，字同叔，義烏人。學者稱爲杏溪先生。少神俊，經史百家，悉能成誦。比長，益求博覽異書；唐仲友講學，寅從而質疑問難，皆有援據可反復。仲友喜曰：吾益友也。及聞升陟、分陝之說、語門人曰：職方、輿地盡在同叔腹中矣。寅於天文地理，封建井田，學校郊廟，律歷軍制之類，靡不研究根穴，訂其訛謬；每事各

〔註96〕參見四庫提要東萊集下引。
〔註97〕見東萊書說三十五，頁4。
〔註98〕見東坡書傳卷二十，頁3。
〔註99〕上述呂氏之影響，分別見於東萊尚書學案以下諸家學案之中。

為一圖，號曰群書百考。呂祖儉見其禹貢圖曰：是書可謂集先儒之大成矣。嘗延引之麗澤書院中，列坐諸生，揭其圖，使申言之，寅亦樂為之盡言。自經制事功之學起，說者病其疏于踐履；然其教人，以為下學上達，各有次第，先授以小學曲禮、內則，使日用之間，與義理相發明也。其後館為家塾師。隱居不仕，不屑治生；時益貧，太守捐俸以倡，諸好義者為買田築屋於東陽之泉村。黨禍既作，遂杜門不出。嘉定八年卒，年六十八〔註100〕。所著群書百考，有禹貢之說，曰禹貢說斷〔註101〕。

二、尚書之著述與著錄

　　傅寅之學，獨好天文地理，典章制度之考證，故於尚書中，每考其山川地理典制，而於禹貢最得力焉，故傳於今者，唯禹貢有說。宋喬行簡序其書曰：

> 能取古書天官地志，律歷權度，井田兵制，分寸零整，乘除秒忽之說，究觀篤考，窮日夜不惕。……遂取書事為之圖，條列諸說，而斷以己意，名曰群書百考，禹貢說蓋其一也。……百考文多，欲鋟之板，未辨，始摭其禹貢說出之〔註102〕。

按喬序之言，則其書本「群書百考」中之一章，以全書過鉅，是以僅刊其中「禹貢說」也。

　　是書經義考著錄，作「禹貢集解二卷」；納蘭容若刊之於通志堂經解中。四庫全書自永樂大典輯其文，其題名則稱「禹貢說斷」，編為四卷，視通志堂經解本為多。四庫提要云：

> 永樂大典載其書則題曰禹貢說斷，並無詳解之名。又經解所刊本，稱原闕四十餘簡；今檢永樂大典所載，不獨闕文咸在，且其五服辨三千餘言，九州辨千數百言，較原注闕簡多至數倍。……今取經解刊本，謹依永樂大典，詳加校定，訛者正之，闕者補之，析為四卷，仍題說斷舊名〔註103〕。

按是書蓋有三名，一曰「禹貢集解」，二曰「禹貢說斷」，三曰「禹貢說」也。又程元敏先生曰：

> 據傅氏里人喬行簡序此書，謂寅條列諸說，而斷以己意，名曰群書百

〔註100〕傅寅之生卒年，諸書均不載，唯見載於黃溍「黃文獻集」卷七，頁89〈杏溪祠堂記中〉。

〔註101〕傅寅生平，宋史無傳，參見前註〈杏溪祠堂記〉，喬行簡〈杏溪先生禹貢集解序〉，宋史翼卷二四，頁2、3；宋元學案卷六十說齋學案，總頁118傅寅條；明王懋德修金華府志卷十六，頁11、12。經義考卷九十四，頁1、2。

〔註102〕見禹貢說斷前附。

〔註103〕同前註。

考禹貢說。是說斷、集解，皆非其書本名〔註104〕。

按原序曰：「名曰群書百考禹貢說蓋其一也。」其意本當謂傅寅之書名曰「群書百考」，而「禹貢說」乃其中之一章也〔註105〕。程先生之說未允。

考胡玉縉四庫提要補正，於禹貢說斷四卷下云：

> 瞿氏目錄有宋刊本杏溪傅氏禹貢集解二卷，云：東陽喬行簡序，首列山川總會及九河、三江、九江四圖，序首行題曰：杏溪傅氏禹貢集解；圖後又題曰：尚書諸家說斷；次行曰：禹貢第一。故永樂大典本曰禹貢說斷，而通志堂經解本曰禹貢集解，名遂兩歧也。……今所傳經解本，即據之以刻者。……惟尚書諸家說斷六字，亦改作杏溪傅氏禹貢集解為失眞耳〔註106〕。

按胡氏之說固是也，而於論定是非，則又失之不精矣。考瞿氏目錄既有宋刊本為據，則其所見之書，原名曰「杏溪傅氏禹貢集解」無疑。考其書前有喬行簡序，序首行題曰「杏溪傅氏禹貢集解」，序後有四圖，圖後則又別題曰「尚書諸家說斷」，次行曰「禹貢第一」，然後繼以內正文以說解經義也。通志堂經解本所用之名，蓋即此宋刊本原名，其誤而失眞者，一如胡玉縉所言也；然其本名不誤。四庫全書輯永樂大典，成四卷本，以永樂大典題其書名曰「禹貢說斷」，遂因之；並謂永樂大典無「集解」之名，意以為經解本誤也。考永樂大典引傅寅此書，錄取其文，據宋刊本知其文前有子目曰「尚書諸家說斷」，而正文之中，所說者唯有禹貢一篇故大典之編者，遂據其意而易名曰「禹貢說斷」，而不用「集解」之名。四庫本既得睹經解之本，本諸其書而補入多得於大典者，仍名之曰「禹貢說斷」，則亦失考矣。編永樂大典時，既有其完書，而不用其原刊名；或者「集解」之名，過於泛濫，故別取書中題名而命之歟！或因其書本分兩部份，前者為圖，後者為說斷，故引用文字之時，因用其子目名稱而命之歟！要之，此書刊行之時，原名當為「杏溪傅氏禹貢集解」也。

夫「禹貢集解」之刊行，乃喬行簡所為。喬序言此書本為「群書百考」中之一章，則此一章本無獨立之書名，或有之者亦為章節子題標目爾，故「杏溪傅氏禹貢集解」之名，當為喬氏據此書之內容體例而為之題名。考此書之體例，喬序云：

〔註104〕見程先生《三經新義輯考彙評（一）——尚書》下編，〈諸家評論及載引佚文按書分條考計〉，總頁268。

〔註105〕其證有二：喬行簡序後半復言「百考文多，欲鋟之板，未辦，姑摭其禹貢說出之」，其意甚明；而〈杏溪祠堂記〉云：「事為一圖，累至於百，號曰群書百考。大愚呂公……。」是群書百考與禹貢說非連言之專名也。

〔註106〕見四庫本禹貢說斷後附。所引瞿氏目錄，即瞿氏鐵琴銅劍樓藏書目錄也。胡氏之說幾全引目錄之言。

遂取其書，事爲之圖，條列諸說而斷以己意，名曰群書百考。禹貢說
蓋其一也〔註107〕。

此乃全書之體例，亦「禹貢說」之體例。「條列諸說」者，「集解」也；「斷以己意」
者，「說斷」也。然通考其書，於經文每節之下，皆集引諸家之說而條列之；至於斷
以己意之說，則非每段皆有；是集解之文多而說斷之文寡，或以此之故，喬行簡遂
命之曰「禹貢集解」也。

然考察乎傅寅之書，其以爲得意之處者，不在「集解」，乃在「說斷」。若其論
九州貢賦，評林之奇說下曰：

竊嘗屏去諸家訓傳，獨取經文，端坐熟復，意其錯之爲言，非雜也，
差也。九州之賦，有一州之內而可均齊者，則無差等之例；如其不可均齊，
則大概既何而或升或降，亦任土隨宜可也。故冀州大概則上上，而差等之
例，則有降而爲上中；揚州大概則下上，而差等之處則有升而爲中下；皆
其當時之則例如此，要不可以指定言耳。若如此說，則庶乎經文前後可以
通貫，考古者更爲我評〔註108〕。

其自任之慨，溢於文字之間。又其說「襃斜漢沔」曰：

學者試以予說思之，當亦見學經之不可苟，而有以發明先儒之未能言
者，顧豈好辯也乎〔註109〕！

其言自信滿滿，有捨我其誰之勢，是「說斷」者，蓋其意之所在也。

若以瞿氏目錄所記宋刊本版面之言考論，其圖後題曰「尚書諸家說斷」，次行曰
「禹貢第一」；此一子題目以「尚書」，而又曰「禹貢第一」，則其原本於「群書百考」
中，本就尚書全本俱作「說斷」，特「禹貢」列於首，故云「第一」，有一則有二也。
尚書一經，宜爲圖者甚多，若堯典之四中星，舜典之璿璣玉衡，七政五辰，五刑四罪，
五宅三居，乃至洪範九疇，及顧命器物之類皆是也。今其子目總尚書全經而立題，而
喬行簡命名止曰「禹貢集解」，是二者有不相配者矣；可見喬氏刊行之時，於群經百
考尚書部份，截取禹貢之說爲之，止題其名，復序其首，而於內文部份則仍其舊貫，
不加更易，故子目總尚書全經而又有「禹貢第一」之詞；可知此「尚書諸家說斷」一
題，當爲「群書百考」之原來標目；此則傅氏之本意也。復考通志堂經解本正文之首，
猶題曰「禹貢……夏書」，則既有夏書，當別有商、周之書也，此猶「禹貢第一」之

〔註107〕同註102。
〔註108〕見四庫本禹貢說斷卷一，頁29。按通志堂經解本止二卷，四庫本四卷，較經解本爲
　　　　完備，故本文所據，雖參考經解本，然以四庫本爲準、下倣此。
〔註109〕見卷二，頁35、36。

意也。且喬行簡序云：「條列諸說而斷以己意。」當亦非無根據之詞，喬氏當見其書原題有「說斷」一辭，故有是言，此益足明「說斷」一名，乃傅氏之本題也。以是而論之，則是書之名，宜曰「尚書禹貢諸家說斷」，既合其體例，亦得存傅氏本來題意及面目也。然則四庫本之標名，因誤用而反近乎是。至於喬行簡序中，兩度稱此書謂「禹貢說」，蓋亦泛稱之辭，非專門命名也；要之亦與「說斷」爲近〔註110〕。

又考四庫提要云：

> 是編當先以山川總會，及九河、三江、九江四圖，而次及諸家之說，今經解四圖俱誤編入程大昌禹貢論中，與其書絕不相比附；而永樂大典獨系之說斷篇內，蓋當時所見，實宋時原本，足以依據，而經解刊行之本，則已爲後人傳寫錯漏，致并書名而竄易之，非其舊矣〔註111〕。

按四庫提要以書前四圖，通志堂誤入程大昌禹貢圖中，類比而言，係經解本傳鈔有誤也。其實禹貢集解四圖，誠誤入程氏禹貢圖中，如提要所言；然所以然者，非後人傳寫錯誤，乃印書之時，裝書者以同類而誤裝入程書中，非版本傳鈔之誤；蓋納蘭容若序云：

> 「其書先以山川總會之圖，次九河、三江、九江之圖，次及諸家說斷〔註112〕。」
> 可見容若所見之書原本，其前本有四圖；若其底本無此四圖，則容若無從得知；縱得知亦必有說矣。又其曰次及諸家說斷，則彼所見所據之本，與瞿氏目錄所云者相同，即圖後有尚書諸家說斷字樣，至刻印時改之爾，故今本與宋本稍異。

又四庫提要云：「呂祖謙謂其集先儒之大成。」其實稱傅氏者乃祖謙之弟祖儉；呂祖儉號曰「大愚叟」〔註113〕。宋史翼及經義考引黃潛之言曰「大愚呂公」是其證也。

其實傅氏之書，據杏溪祠堂記云：「事爲一圖，累至於百，號曰群書百攷，大愚呂公閱其禹貢圖攷，曰：是書可謂集先儒之大成矣。」黃潛去傅寅百二十年，而其說得之於傅氏後代，當亦有所據，然其說出於喬氏刊印「集解」之後，又與喬序異；若以是書體例論，其前有四圖，「群書百考」之圖非一，此四圖或本有子目曰「禹貢圖攷〔註114〕」；其後爲「尚書諸家說斷」；喬氏截取相對應之圖文，成「杏溪傅氏禹

〔註110〕金華經籍志志二，頁4 胡宗懋按語曰：「喬行簡序云：同叔著有群書百考，禹貢說斷，蓋其一也。」較四庫本，經解本之喬序多一「斷」字，未知其所據爲何；要之彼以爲「禹貢說」即「說斷」也。

〔註111〕同註102。

〔註112〕見通志堂經解本〈禹貢集解〉前附。

〔註113〕參同註101。

〔註114〕考今四庫本禹貢說斷，前第四圖〈九江、東陵、彭蠡、北江之圖〉中有考證文字，

貢集解」耳。今以四庫本既較完備，而其名亦傅氏本來子目，合符傅氏原意，故仍用「禹貢說斷」之名。

三、傅寅之尚書學

傅寅之尚書學，於其所著群書百考中，本就尚書全經而作，而今其書已佚，唯存喬行簡所刊行之「禹貢說斷」；而傅寅於學，特鍾天文地理，則「禹貢說斷」者，亦其尚書學之精要者也。

（一）尚書學之淵源

傅寅之學，其師承爲何，於史傳之中，無有記錄。唯宋元學案據杏溪祠堂記列之於唐仲友說齋學案中，然亦未必然，有可議者焉。

考學案中記傅寅與唐仲友之事曰：

> 說齋唐先生講學於東陽吳葵之家，先生之中表也。因從之質疑問難，皆有援據可反復。說齋喜曰：吾益友也。及聞其升隔、分陝之說，語門人曰：職方、輿地，盡在同叔腹中矣。〔註115〕

可見傅寅雖與唐氏相往還，然其學早確立於往還之前，故相與問難有反復，非從其學也；或猶蔡元定之與朱熹也。考說齋唐仲友生性孤恃，鮮與當時學者相接，朱子、陳亮與之並有爭執，呂祖謙號稱能并包兼容，而地望亦近，說齋亦不與交往。然與傅寅往還問難，誠可見二者之學術旨趣，有相近者。然考唐氏之學，皆爲經世典制之學，所著之書，有天文詳解，地理詳解，是與傅寅之學有共同之興趣者。然唐說齋既有地理詳解之作，今雖未見其書，要之其中必有禹貢之論矣。今察夫傅寅之禹貢說斷中，所引諸家之說，無及唐仲友者，可見二者雖同長於天文地理，而其旨趣不同類也。

傅氏禹貢說斷，稱引自漢及宋諸家之說甚廣。宋以前則引二孔、班固、鄭玄、王肅、馬融、杜預、李巡、酈道元、郭璞、顏師古、陸德明、許慎、韋昭、應劭；於宋則引蘇軾、王安石、陳鵬飛、張九成、沈括、葉夢得、晁公武、林之奇、鄭樵、曾旼、程大昌、呂祖謙、吳棫、薛氏。尚有桑氏、司馬氏、小司馬氏。宋代諸家之中，其長於山川地理者，若曾旼、程大昌、鄭樵、葉夢得，皆在引述之列，唯獨薛季宣未引及，或因其書尚未刊行歟！說斷之中所引「薛氏」，非薛季宣也；乃引自林

與「說斷」內文卷二，頁26之說全同；又其卷三，頁8、9中，論「熊耳、外方、桐柏至于陪尾」一節下按語曰：「圖而觀之，凡畎澮之水，或入於河渭，或入于伊洛，或入於淮，皆可以形勢見也。學者知此味，其肯徒章句乎！」可見四圖之與說斷乃相應而作者；說斷既有子目，圖亦當有之。

〔註115〕見卷六十，總頁118。

之奇所引蘇東坡之說，或蘇氏書傳，誤作「薛氏」耳。

傅寅所引諸家之中，皆稱某氏，唯獨於卷四之中，引呂祖謙之說，則有七條稱「東萊先生曰」，而他處引呂祖謙之說，亦謂「呂氏」而已。胡玉縉四庫提要補正云：

> 引諸家說，皆曰某氏，惟呂成公則稱東萊先生，疑同叔居義烏時，學於成公者也〔註116〕。

考夫宋元學案所述傅寅生平，有與呂氏相關者曰：

> 大愚呂先生見其禹貢圖，曰：是書可謂集先儒之大成矣。嘗延之麗澤書院中，列坐諸生，揭其圖，使申言之，且曰：以所能者教人，所不能者，理之所在，初無彼此。諸生弗以門戶之見恥受教也。先生亦樂為之盡。時人服大愚之善下，而益嘆先生之學之邃也〔註117〕。

可見傅寅之於呂門，乃為異路，大愚叟呂祖儉，呂祖謙之弟也，以善容眾說，延請講於麗澤書院而已，不可謂學於呂成公祖謙也。然說斷之中，既引稱「東萊先生」七條，而他處則仍稱「呂氏」，或者他處之稱「呂氏」，本亦稱「東萊先生」，至永樂大典編輯之時，省改作「呂氏」，而獨遺此數條未改耶！不然，何體例之不純若是。

傅氏之於呂東萊，雖未必如胡玉縉之說，有從學師生之事，然以大愚延請講於麗澤觀之，則其學與呂氏之門當相近。學案謂其學曰：

> 先生之教人，則謂下學上達，各有次第，舉而措之，尤非可一蹴語者，故其教人，必先以小學，授以曲禮、內則、少儀、鄉黨諸篇，使其日用之間，與義理相發明，而知道之與器，未嘗相離也〔註118〕。

是傅寅雖長於經制山川之學，然其為學之宗歸，乃義理也。學案又記曰：

> 先生精于古今軍制，而從未嘗教人讀兵書，曰：胸中無論語孟子為之權衡，遽聞譎詐之言，則先入者為主，害心術矣〔註119〕。

可知傅寅之說，歸根於孔、孟，其說斷中之言可見矣。而呂祖謙學承林之奇，之奇尚書全解，即多據孟子、論語立言，然則傅氏之與呂氏，其學亦不相悖。復以呂祖謙作書說，雖自洛誥迄秦誓，然亦嘗為禹貢圖說；今時瀾增修東萊書說前，附有「東萊先生禹貢圖說」，而圖則失之矣；書說曰嘗謂：「凡禹貢名物地理，皆考於圖，此特言其大意耳〔註120〕。」則東萊說尚書，於禹貢亦特致其工夫，為圖作說，與傅寅

〔註116〕見註106。
〔註117〕同註115。
〔註118〕同前註。
〔註119〕同前註。
〔註120〕見增修東萊書說卷五，頁8。

禹貢說斷之意正同。總上述而思之，傅寅之學，不出於唐說齋，亦未必出於呂東萊、要之與東萊文獻之學爲近似也。

　　宋元學案又謂傅寅二子，大東承家學，有父風，大原則從慈湖楊簡遊。而傅寅禹貢說斷，刊印於喬行簡之手；喬氏者，亦嘗薦錢時於朝廷者也。錢時學於楊簡，爲象山門人；然則傅寅之學，或亦有取於楊、袁歟！

（二）尚書禹貢說之特色

　　傅寅所著群書百考中，本就尚書全經而作，今唯遺禹貢說斷而已。據學案謂唐仲友聞其升陑、分陝之說而稱許有加；升陑者，湯誓篇之序文也；孔傳謂：「桀都安邑，湯升道從陑，出其不意；陑在河曲之南。」傅氏既長於山川地形，又精於軍制兵法，則其說「升陑」，必有獨特之見，惜乎今不得而聞也矣。茲就其禹貢之學言之。

1、準乎孟子尚書之說

　　林之奇尚書全解，多引論、孟之言立論；傅寅禹貢說斷亦然。若論兗州「作十有三載乃同」下引張氏、曾氏、林氏之言而斷之曰：

> 　　孟子曰：禹八年於外，三過其門而不入；而此言作十有三載，何也？蓋八年而水患平，十有三年而兗之田賦定，兗雖河患最甚，施功八年，甚患亦已去矣，而土田沮洳，疆畎廢壞，離散未集，室廬未修，故猶有待於五年之久，而田賦始定者，蓋可知矣。……豈若後世之人，冀以要君之寵，而必欲趨時以爲便乎！……大抵後世傳經之士，多以私意窺臆聖人，故經意愈不明，而說者愈紛紛也。孟子生秦漢之前，去古猶近，凡有所言，正當取信，要不可泥孔、張三載之說，而廢孟子八年之計，善稽古者，其必有以辨之〔註121〕。

孟子去古未遠，其言視孔安國注尤可信。故必據之以爲說，方得大禹、孔子之意。故其論揚州「沿于江海，達于淮泗」下曰：

> 　　孟子於禹貢之書，講之素矣，豈不知禹之時，江無入淮之道乎！孟子去春秋之世近矣，又豈不知吳開邗溝，江始有通淮之道乎！然而曰：禹推淮泗而注之江者，蓋淮之東大抵地平而多水，古溝洫法，江淮之所相通灌者非必一處，豈但邗溝之舊跡而已哉〔註122〕！

夫孟子既有斯言，而去古猶近，且長於詩書，則彼言可信。孟子之言雖與後世所知者相齟齬不合，或古今地勢、典制之變異爾，非必以爲古人誤也。因之傅氏每爲孟

〔註121〕見禹貢說斷卷一，頁 44、45。
〔註122〕見前書卷二，頁 22。

子之言補罅彌縫，期使與禹貢書文相合也。其論揚州「篠簜既敷，厥草惟夭，厥木惟喬」曰：

> 夭、喬盛於漸包，漸包盛於繇條，言之輕重如此也；觀此足以見三州水患之退有遲速，而禹之所記亦不容無淺深故也。雖然，孟子言堯洪水之時，草木暢茂，益焚山澤以驅禽獸，而據此則言水患退而後草木始遂其生，何也？蓋此記下濕之地，而孟子則言邱山之高，民被害，欲居之，而禽獸逼人，則益不得不焚之耳。地有高下之不同，故二書之所言各異；苟非窮經，未免致疑於此矣〔註123〕。

孟子之言既如此足信，故傅寅於解禹貢之時，每有疑難，必求諸孟子之言而得其解也。若解冀州「覃懷底績，至于衡漳」，因論禹治水先帝都，是先愛君而不急於民乎？其論曰：

> 禹之用心，固愛君之至，而其於救斯民之溺，特可緩乎？竊嘗思之，而得其說於孟子之談禹，又熟復禹貢之書，然後其疑始釋；而於神禹治水之規劃，始井井乎知其序矣。孟子之言曰：禹疏九河，瀹濟漯，是其為談禹之要旨，無大於此者。夫九河者，河之最下，而濟漯者其傍流也；治其最下而速其行，通其傍流而使其中無停積之患，則河之大體無足憂矣；禹既規畫成此，然後疏帝都四傍之水，舉達於河，而冀州之水患平矣，冀州之患既平，則凡兗、青、徐、揚之所當治，或四載躬臨，或贊佐分命，又從而次第舉矣；苟或不然，則雖奇計百出，隄防萬端，以殫終身之勞，而水胡可得而治邪！今觀禹貢而冀州不言疏九河，以九河為兗州之地，而首言於兗州故也；不言瀹濟漯流兗州，濟歷豫、兗而不可總之於冀也。又導九州之首尾，各已條列於後，倘於每州一一言之，則經文不幾於重複之甚乎〔註124〕！

傅寅以為，以孟子之言觀之，可知禹治水非惟先帝都而不治他州也，治水之事，必先經籌擘劃，總體施行，孟子之言，正其要旨，然則禹貢先言冀州者，非先帝君而不急於救民也，乃禹貢載事之法，分州而記之，故不可同時記各州治水之事，故不可以禹貢記事之先後，以言禹治水之緩急也。此即傅氏所云「得其說於孟子之談禹，而又熟復禹貢之書」也。

2、經文記事，自有倫序

〔註123〕見前書卷二，頁16。
〔註124〕見前書卷一，頁20、21。

傅寅既信孟子近古，其言可信，又信經文出於古史之所記，無可疑惑，則按經作說可也。若論「三江既入，震澤底定」曰：

> 經於此州治水，首書彭蠡，其規畫尚可想見於數千載之下也。一江名三江，孜經於會彭蠡之後，分辨中、北江甚明，當是堯禹時三江既會彭蠡，而出則岷漢二江，復分而爲二，至今下流每分合不常；余以秣陵而下，蓋嘗親考之矣，經文豈欺我哉〔註125〕！

傅氏考彭蠡之水，經云北江、中江，而無南江，而宋代當時，彭蠡止一水，與禹貢所記不同，蓋古今地理有變，江流分合不常，故禹貢既云有三江，考其文亦有中江、北江，則當時必有南江，不可以今不見三江而疑禹貢之文也。夫如是，則解經一切以經文爲準。若其「漢沔辨」曰：

> 孔氏曰：漢上曰沔。鄭氏曰：或謂漢爲沔；皆傳文承襲之餘，而未嘗知源委曲折者也。至劉氏所引巴漢志言曰西漢始源曰沔，酈氏言東西兩川俱用沔漢之名，則又誤益誤，而不知質諸經者也。據經但言嶓冢導漾，東流爲漢，無漢上曰沔之語，雖曰浮潛逾沔，而逾之一字，與自漢逾洛同義。……學者苟能本諸經，而參之史，且於地理之學不苟，則余之說煥然，而前人之述誤可以挽〔註126〕。

據經文解禹貢，方能得禹治水之旨，故凡有說義，必因經文推衍之，不可略加私意。其論「導黑水」曰：

> 黑水亦出外戎，經雍州極境，過三危，越河南，渡經梁州西界入南海，此經文可推者也。說者必欲言黑水所自出，鑿矣。夫禹不言而後世欲言之，宜其說之不同，而徒爲是紛紛然也〔註127〕。

據經作說，可得其理，經所不言，不強爲之說。然經文古遠，欲就經文以求其說，必先細繹經文記事之法，或省文，或互見，或簡明，或承上文；若不明其記事之法，則不得其義矣。若其論「覃懷底績，至于衡漳」曰：

> 或曰：壺口梁岐之役，曾氏以爲鑿龍門，而冀州所記，不及龍門，何也？曰：導河積石，至於龍門，已列之於後，故於此但言壺口梁山，所以互見其事也。亦猶言導岍及岐，至于荊山，逾於河，而捨梁山不言者，與此治梁互見之也。壺口雷首，至于太岳，則上捨太原而不言，下舉雷首以見治，龍門梁山之下，而底柱析城、王屋太行之治，則覃懷底績之由也。

〔註125〕見前書卷二，頁15。
〔註126〕見前書卷二，頁51、52。
〔註127〕見前書卷三，頁15。

禹貢一書，吾姑舉其一州言之，其互見之法，精密如此，學者可得而易言乎哉〔註128〕！

互見之外，傳寅尚以爲經文有蒙上省略者；若其論雍州「織皮，崑崙、析支、渠搜，西戎即敍」曰：

> 梁州言熊羆、狐狸、織皮，此獨言織皮者，蒙上文也。此言西戎即敍，梁州止言西傾者，以下文該之也〔註129〕。

以下該上，以上蒙下，此就禹貢經文書法言也。傳氏既以爲經文自有倫敍，書法精密，故凡諸家以爲可疑，或以爲錯行脫簡之說，皆所不取。若其「滎澤辨」曰：

> 濟既入河，與河相亂，而其溢爲滎也。禹安知其爲濟哉！孔穎達謂以其色辨，東坡謂以其味別，而許敬宗則以爲入河伏流而出，鄭漁仲則以爲簡編脫誤，林少穎則以爲禹分殺水勢，而程泰之則又以爲水會於河既多，河盈而濟繼之，故溢而注滎也。紛紛之論，將孰從而折衷乎！程氏之見，比諸公爲勝。……此可以理推，不必過爲之惑。……然禹記兗州疆境，指濟爲東南所據，禹豈應亂名實如是乎！……鄭氏簡編脫誤之說，求其說不得，而姑爲之說耳。凡此皆學者所當明辨，無容其汩亂經文，庶乎爲羽翼六經之一端也〔註130〕。

是以傳氏禹貢之說，除徐州貢道「浮于淮泗，達于河」之河，傳氏以爲「蓋古文轉寫之誤」，當作「菏」，以說文引曰「達于菏」故也，其他經文，均無疑改之論。

3、傳寅尚書禹貢新解

傳氏禹貢說斷，既條列諸家之說，而於諸家均無可採者，則以己見作新解。

（1）論賦之「錯」

傳寅論禹貢冀州「厥賦惟上上錯」之「錯」，引二孔、王荊公、蘇東坡、葉夢得、林之奇、張九成、呂祖謙諸家說，然皆以爲未得要旨，遂論「錯」義曰：

> 竊嘗屏去諸家訓傳，獨取經文，端坐熟復，意其錯之爲言非雜也，差也。九州之賦，有一州之內而可均齊者，則無差等之例；如其不可均齊，則大概既何而或升或降，亦任土隨宜可也。故冀州大概則上上，而差等之例則有降而爲上中；揚州大概則下上，而差等之處則有升而爲中下，皆其當時之則例如此，要不可以指定言耳。若如此說，則庶乎經文前後可以通

〔註128〕見前書卷一，頁 21、22。
〔註129〕見前書卷二，頁 65。
〔註130〕見前書卷三，頁 43、44。

貫，考古者更爲我評〔註131〕。

傅寅此說，自亦以爲有功於釋經義，得其要旨矣。

（2）貢道之文，記遠不記近

傅寅執經文爲說，以爲經文自有書法，故遇有不易解者，多以書法立言。若其論冀州貢道「夾右碣石，入于河」曰：

> 此記島夷入貢之道耳。餘不必專自碣石入河也。觀西傾因桓是來，可
> 見不獨西傾，雍之浮積石亦然；記遠不記近，此經文之妙〔註132〕。

傅氏此說，與林之奇之說爲近，林之奇以爲冀州三面環河，達河即達帝都，此云夾右碣石入于河者，蓋在冀州之北者，遠于帝都之地，或有舟楫轉輸，則必遵海道以入於河，然後至於帝都；瀕河之地，則徑自河以達於帝都矣。林氏未專指由碣石入河者爲何，然以爲非皆由碣石入河以達帝都也。傅氏則專指島夷之貢道，以遠該近，並引而伸之，并言西傾、積石皆然；此更有進於林氏焉。

（3）荊州「九江」說

荊州「九江孔殷」，孔傳以爲「江於此州界分爲九道，甚得地勢之中」，晁說之曰：「洞庭，九江也。」葉夢得謂：「九江，說者以爲洞庭，不在潯陽是矣，九江荊之舊江也。」傅氏以爲：

> 自夫彭蠡既豬於揚州，而江漢於此乃得安會順趨以達於海，而其上合
> 流之西有九江者，於是亦從而孔殷焉。……是皆禹之導水，自下而上，而
> 彭蠡者，荊、揚腹心之疾也，先有以治之，而二州之水害去矣。說者惟不
> 識此，故不求九江於江漢合流之上，而求之於合流之下，此說之所以紛紛
> 而終莫可信執也。胡不玩經文而思之乎！胡不以江漢、九江、潛沱、雲夢
> 次比其地勢而觀之乎！始余讀眾說，無一當全心者，及以葉氏之論評之，
> 然後知余每論大禹治水之規畫，頗有可信者。九江不必求其有九，然後爲
> 是；如太湖一湖而得名五湖，昭餘祁一澤得名九澤，皆不可以數求也。今
> 之洞庭，當是堯禹之時名爲九江，無足疑者，不然則灃之下，東陵之上，
> 有水大如洞庭而爲江所過者，禹顧不書何耶〔註133〕！

此論九江爲洞庭之舊名，九不必以數求之，於地理當求之於江漢合流之上也。考葉氏之說，亦他人之言耳，而傅氏乃自得之，後以葉氏說證其論不孤爾。此說朱子亦主之。傅氏此說，亦見錄於「九江、東陵、彭蠡、北江之圖」中。

〔註131〕見前書卷一，頁29。
〔註132〕見前書卷一，頁34。
〔註133〕見前書卷二，頁26。

（4）「三江既入，震澤底定」說

三江之說，自古以來，論者紛紛，莫衷一是，或以大水言，或以小水言，皆不得定論。傅寅按文繪圖，並詢及當地之人，因得新說曰：

> 自宜興縣航太湖，逕溧陽，至鄧步，凡兩日水路，自鄧步登岸，岸上小市名東壩，自東壩陸行十八里，至銀林，復行水路，係大江之支港；自支港行百餘里，乃至蕪湖界，即入大江也。銀林之港，鄧步之湖，止隔陸路十有八里耳，故老相傳謂大江此港本入震澤，禹塞之。始愚得此說於友人王益之，再得於孟達甫，猶未詳也；三山陳子禮聞其還往宜興、蕪湖道甚熟，諏之，遂得其詳。因圖於此，用以知班氏所說中江，古蓋有之，堯水橫流，爲震澤害，禹因塞之也，自是不復有中江，震澤亦不被其害矣，故曰三江既入，震澤底定〔註134〕。

胡傳寅以爲三江，南江即吳江，中江即蕪湖斷港，北江即京口江也。

四、傅寅尚書學之評價及影響

元黃溍嘗應傅氏曾孫傅師蒙、師佐之屬，作杏溪祠堂記，述傅寅之事曰：

> 大愚呂公閱其禹貢圖攷曰：是書可謂集先儒之大成矣〔註135〕。

呂祖儉並延請講學於麗澤書院，可見其說見重於呂門。喬行簡與傅寅同里，得其書而刊之，序曰：

> 夫說禹貢者多家，三江莫定其名，黑水不知所入，諸若此類甚眾。余曩得同叔此書讀之，蓋躍如也；然間有疑而未決者，方圖與之講切，會而一之，而同叔亡矣〔註136〕。

是喬行簡以爲其書可喜可參，然與喬氏之說不盡同也。四庫提要評其書曰：

> 書中博引眾說，斷以己意，具有特解，不肯蹈襲前人；其論孟子決汝漢，排淮泗而注之江，爲古溝洫之法，尤爲諸儒所未及，洵卓然能自抒所見者〔註137〕。

金華經籍志引獨廉居藏書記曰：

> 獨廉居藏書記稱寅書頗引班氏地理志及鄭注尚書，但雜以宋人之說，不能折衷古學云云〔註138〕。

〔註134〕見前書前附圖之「三江既入，震澤底定之圖」中所述之文。
〔註135〕見黃文獻集卷七，頁89。
〔註136〕見禹貢說斷前附。
〔註137〕見前書前附。
〔註138〕見金華經籍志志二，頁4，總頁54。

胡宗楙以爲此評存古學門戶之見，有失公充；其說是也。

　　按傅寅此書，有圖有攷，條引諸家，斷以己意，博納而約取，誠孜孜於是矣；爲圖而攷地理·此亦說禹貢之良法；所引用諸說，不拘於宋代，漢代諸家小學訓詁，亦皆採納，一如其爲學下學上達之宗旨；至於能詢及耆獻，親至其地以考實，雖未必得其正解，然其求證工夫，不流於紙上談兵，斯有足取者焉。至於據孟子之言，執經文書法，則不免穿鑿強說之嫌矣。

第三節　陳　經

一、生平事略

　　陳經，字顯之，一字正甫，安福人。慶元五年進士，官至奉議郎，泉州泊幹。嗜書成癖，啓益後學爲多。所著有尚書詳解五十卷，詩講義，存齋語錄。除尚書詳解外，餘書皆已佚失不存〔註139〕。

二、尚書學之著述及著錄

　　陳經尚書之學，著有尚書詳解五十卷。其書見錄于宋史藝文志，爲五十卷。經義攷亦著錄五十卷，曰「存」〔註140〕；四庫總目提要云：

> 　　是編載于宋史藝文志者五十卷，今抄帙尚存；檢勘卷目並同，無所缺
> 失，蓋亦流傳僅完之本也〔註141〕。

提要所云是也。今此書刊於百部叢書聚珍版叢書，其前有陳經自序曰：

> 　　今日語諸友以講此書之法，……諸友其無忽。

是其書蓋亦訓解尚書文義，以爲講學之資者也。書五十卷，蓋每卷含經文一篇；太甲三篇，盤庚三篇，說命三篇，泰誓三篇，各共爲一卷，故爲卷五十也。胡玉縉四庫提要補正云：

> 　　陸氏儀顧堂續跋影宋本跋云……以聚珍本互校，聚珍本頗有奪落：卷
> 十三末嗣王當謹於善下脫三十四字；又脫肆命，徂后解三十一字；衍而已
> 二字；卷二十四初一日五行解故初一日五行下缺八行，約百六十餘字，聚
> 珍本聯屬不空；卷二十一首缺四行，聚珍本注曰：此句上原本缺四行。則

〔註139〕參見陳經尚書詳解之四庫提要，以及宋人傳記資料索引第三冊，總頁 2499。
〔註140〕參見經義考卷八三，頁 3。
〔註141〕見陳經尚書詳解前附。百部叢書集成中聚珍版叢書本。

所據亦與此本同〔註142〕。

胡氏所校可信。且今本內側，裝線部分，每多損壞之行闌一、二，其文不可辨識。

三、陳經之尙書學

陳經嗜書成癖，好訓啓後學，然所著述多佚失，僅存尙書詳解五十卷，是以欲明陳經之學，當即是書而求之。尙書詳解自序云：

> 帝王之書，帝王之行事也；帝王之行事，帝王之心也。帝王以是心見諸行事，而載之典謨訓誥誓命；夫人皆能知之，至于皓首窮年，研精極思，卒不能得其要領者，往往得裏遺表，見其異不見其同，則典謨訓誥誓命之所載者，是直典謨訓誥而已，于己奚有哉！昔者嘗觀授受之祕，危微精一，片辭隻語，足以該之，至易曉也；乃若立綱陳紀，綏民靖國，死生患難之變，下而至於軍旅行陣，器械弓矢之微，纖悉備具，何如是之不憚煩也耶〔註143〕！

於此可見陳經之學，深於尙書者也。

（一）陳經尙書學之淵源

陳經之學，文獻略無言及其淵源，而彼其他著述皆佚，今據以考之者，唯尙書一門耳。四庫總目提要云：

> 經生於寧宗之世，正蔡傳初出之時，而此書多取古疏門，參以新意，與蔡傳頗有異同。…前有自序云：今日語諸友以讀此書之法，當以古人之心求古人之書，吾心與是書相契而無間，然後知典謨訓誥誓命，皆吾胸中之所有，亦吾日用之所能行云云。尤近于陸九淵云經注我之說，殆傳金谿之學派者〔註144〕。

按陳經爲宋理宗慶元五年進士，翌年，朱熹卒，又十年，蔡沈書集傳始成。陳氏詳解中無一言及朱熹、蔡沈之說，其書殆成於蔡傳成書之前也。其於朱熹之說，或有近似者，其武成篇云：

> 伐紂之年，周正月辛卯朔，其二日壬辰，翼日癸巳，即正月之初三日發鎬京始東行也；其月二十八日戊午渡河，即泰誓上篇一月戊午師渡孟津，與中篇戊午次河朔也。二月辛酉朔，甲子殺紂，牧誓云甲子昧爽是也。其年閏二月庚寅朔；三月甲申朔；四月己丑朔，厥四月哉生明，王來自商，至于豐，即四月初三日，其日即辛卯也。丁未祀周廟，即四月十九日也；

〔註142〕同註141 詳解後附。
〔註143〕同註141 書前附。
〔註144〕同註141。

越三日庚戌柴望，即四月二十二日也。正月往伐，四月成功，史序其成功
之次也〔註145〕。

考朱熹有武成日月譜之作，所述與此文年月日時，干支皆相同，唯三月「甲申朔」，
日月譜作「庚申朔」，蓋形近而誤刻也。二者皆以爲當有閏二月，說似相近。然考諸
其說，實出於孔疏，文字亦頗相襲〔註146〕，而非用朱熹之說。提要云多用古疏門，
誠是也，然謂或據蔡傳爲說，未允。

今考陳氏之書，其稱引諸家尚書說，除二孔傳疏之外，於宋代諸儒，稱引蘇東
坡者爲最多，共二十八條，其中有兩條引而不用；其未稱名引用而確爲東坡之說者，
另有十三條；合共四十一條之夥。其他則有稱引王安石者兩條；稱引葉夢得者兩條；
稱引薛季宣者兩條；稱引劉敞者一條；鄭樵者一條；呂祖謙者一條；陳氏一條；周
希聖兩條。其未稱名引用而可確定爲宋儒之說者，尚有林之奇、歐陽修、程伊川等。
陳經書中，尚有引用「曾氏」之說甚多，曾氏者爲曾旼也，而皆見引於禹貢篇，蓋
引林之奇之說而引及者，非專引其說也。茲析而論之，以見陳經尚書學之淵源。

1、徵引蘇東坡之說

陳經尚書詳解，稱引東坡之說最多，其中多云「東坡先生」者，唯有一條稱「蘇
氏」，顯見其推崇東坡之意。全書稱名引述東坡之說者凡二十八條，其中兩條引而不
用，另外引東坡說而未明指爲東坡者，亦有十餘條。

東坡之說尚書，每與王安石駁辯，然自出機杼，首倡新見；至伊川雖與東坡不
協，然其後學亦引用東坡尚書之說，可見東坡書傳之見重於當代也。李燾謂之能與
王氏新義大辯者也〔註147〕。東坡之說尚書，其最有名者，如說尚書有「非聖人之所
取而猶存者」二篇：即胤征者爲胤侯黨惡，奉后羿之亂命而征義和；義和者乃佯沈
酒廢職，忠於夏者也。又顧命、康王之誥，康王以吉服居喪即位爲失禮〔註148〕。並
據穆王之書，知周德之衰；據平王文侯之命，知東周之不復興；又論舜典「夔曰於
予擊石拊石百獸率舞」十二字爲益稷衍文；論禹貢雍州「織皮崑崙析支渠搜西戎即
敘」在「厥貢惟球琳琅玕」之下；又以「味別」之說論「三江」，以「地脈」之說解
導山一節，以忠厚論盤庚，以指麾論牧誓之黃鉞白旄，以不殺論酒誥，以錯簡論康
誥首段四十八字，以誤置論洪範「王省爲歲」一段；凡此皆東坡著名之說也〔註149〕。

〔註145〕見其書卷二三，頁2、3。
〔註146〕尚書正義見卷十一，頁19。比較之下，文字幾全部相同。
〔註147〕參見愛日齋叢鈔卷二，頁13載。
〔註148〕參見東坡書傳卷六，頁7。
〔註149〕參見本論文論蘇東坡尚書學一章。

　　陳經之說尚書，於東坡上述諸說，除洪範誤簡、康誥錯簡之說未引外，其他皆引之矣。若其論禹貢「三江既入」曰：

　　　　三江既入。東坡云：予以所見攷之，自豫章而下，入于彭蠡，而東至于海為南江；自蜀岷山至于過九江，會于彭蠡，以入海為中江；自嶓冢導漾，東流為漢，過三澨、大別，以入于海，會彭蠡以入于海為北江。此三江自彭蠡以上為二，自夏口以上為三江；漢合於夏口，而與豫章之江皆會于彭蠡，則三江為一，至于秣陵、京口以入海，不復三矣。然禹貢猶有三江之名，曰中曰北者，以味別之也；蓋此三水性不相入，江雖合而水異味。禹之敘漢水也，曰嶓冢導漾，東流為漢，又東為滄浪之水，過三澨，至于大別，南入于江，東匯澤為彭蠡，東為北江，入于海。夫漢既已入江，且匯為彭蠡，安能出為北江，以入海乎！知以其味別也。禹之敘江水也，曰岷山導江，至東為中江，入于海；夫江既已與漢合，且會匯為彭蠡矣，安能自別為中江，知其以味別也。漢為北江、岷山之江為中江，則豫章之江為南江可知矣。禹以味別，信乎？曰濟水既入于河，而溢為滎，禹不以味別，安知滎為濟。……安國謂自彭蠡分為三江，入震澤，為北江，入于海；蓋安國未嘗南遊，案經文以意度之，不知三江距震澤甚遠，決無入理；震澤決不足以受三江之水。此東坡以所見攷之為詳也〔註150〕。

此詳引東坡味別三江之說，而以為攷之詳也。按東坡之說，蔡沈書集傳評之甚嚴，其言曰：

　　　　蘇氏謂岷山之江為中江，嶓冢之江為北江，豫章之江為南江；……今案此為三江，若可依據，然江漢會於漢陽，合流數百里，至湖口而後與豫章江會，又合流千餘里而後入海，不復可指為三矣。蘇氏知其說不通，遂有味別之說。禹之治水，本為民去害，豈如陸羽輩辨別烹茶為口腹計耶！亦可見其說之窮矣〔註151〕。

陳經既引東坡味別之說，復引諸家之說，以資比較曰：

　　　　先儒或以為南江從會稽吳縣，中江從丹陽蕪湖縣，北江從會稽毗陵縣入海；或以為松江、浙江、浦陽江；或以為岷江、浙江、松江；或以為自義興，自毗陵，自吳縣：此皆東南枝流小水，自相派別而入海者。禹貢所謂中、北江，自彭蠡出者也，徒見禹貢有三江、中、北江之名，而不知一江合流而異味，則雜枝流小水以應三江之數；今京口之江，視數江猶畎澮，

〔註150〕見陳經詳解卷六，頁25、26。
〔註151〕見書集卷卷二，總頁44。

禹不應遺其大而數其小也。東坡以味別之說，猶爲精確〔註152〕。

考此文中所引先儒，順序爲班固、韋昭、郭景純、王安石也，而其評語，亦欒括東坡書傳而爲之〔註153〕，可見其獨鍾蘇氏之說也。陳經於此文並推東坡味別之說曰：

> 余因而推之，案唐相李文饒好飲惠山泉，置驛以取水。有僧言長安吳天觀井水與惠山泉通，雜以他水十餘缶試之，僧獨指二缶曰：此惠山泉也。文饒以是罷水驛。味別之說，古今皆有此理，不誣矣〔註154〕。

陳經以飲水烹茶助東坡之說，是不獨服膺東坡之論，並服膺東坡其人矣，蓋東坡亦善辨水烹茶者也。若陳經之書出於蔡沈書傳之後，見蔡傳之評，當不作如此說矣，蓋助之適足害之也。

東坡論盤庚，以爲告諭諄諄，以舌代斧鉞，忠厚之仁人也。陳經說盤庚曰：

> 盤庚自殷而遷亳，特一遷耳……民于是咨嗟相與出怨言，蓋其懷土重遷，好安惡危之情固爾也。盤庚于是作三篇之書以告戒之，而以口舌代斧鉞，則盤庚亦忠厚矣〔註155〕。

此雖未言所本，然出於東坡之說，明白易見。又論牧誓「左杖黃鉞；右秉白旄以麾」曰：

> 王左杖黃鉞，右秉白旄，以麾；鉞，斧也，飾之以金，曰黃鉞；白旄者，旗之名，白色使遠處可望。右秉白旄，便以指麾〔註156〕。

考孔傳曰：「以黃金飾斧，左手杖鉞，示無事於誅，右手把旄，示有事于教。」王安石並附會之曰：「鉞所以誅，旄所以教；黃者信也，白者義也；誅以信，故黃鉞；教以義，故白旄。無事於誅，故左杖黃鉞；有事於教，故右秉白旄〔註157〕。」王氏於孔氏左手右手之外，附以黃白信義之說，故東坡於書傳曰：「軍中指麾，白則遠見。王無自用鉞之理，以爲儀耳，故左杖黃鉞。麾非右手不能，故右秉白旄；此事理之常，本無異說，而學者妄相附致，張爲議論，皆非其實〔註158〕。」以蘇氏之說觀之，則陳經之論出於蘇氏無疑矣。

東坡論禹貢雍州「織皮崑崙析支渠搜，西戎即敍」，以爲當在「厥貢惟球琳琅玕」

〔註152〕同註150頁26、27。
〔註153〕班固之說見引於東坡書傳，其他則見引於林之奇全解之中。東坡評語見書傳卷五，頁12。
〔註154〕見陳經詳解卷六，頁27。
〔註155〕見前書卷十六，頁2。
〔註156〕見前書卷二二，頁2、3。
〔註157〕見林氏全解卷二三，頁4引。
〔註158〕見東坡書傳卷九，頁7。

之下〔註159〕；陳經說之而引東坡之言曰：

> 東坡云：禹貢之所篚，皆在貢後立文，而青、徐、揚三州，皆萊夷、
> 淮夷、島夷所篚，此云織皮，崑崙，析支、渠搜，大概皆篚織皮，但古語
> 有顛倒詳略耳。其文當在厥貢惟球琳琅玕之下，其浮于積石，至于龍門西
> 河，會于渭汭三句，當在西戎即敘之下，以記入河水道，以結雍州之末，
> 簡編脫誤，不可不正〔註160〕。

是陳經用東坡說而疑有錯簡也。又於舜典「夔曰於予擊石拊石百獸率舞」下曰：

> 此一段說者以爲益稷之文，脫簡在此〔註161〕。

按此說劉敞、東坡皆主之，林之奇引其說，亦合劉、蘇二人共論之，可見此亦東坡
所主之者也。

陳經引東坡之說，有引而不用者二條，然雖不用，亦未加批評。若其論胤征曰：

> 東坡本史記、左傳之說，以爲仲康即位時，乃羿之秉政，其權皆出于
> 羿；胤侯即羿之黨，羲和乃羿之忠臣，胤侯承王命以征；意者如後世挾天
> 子令天下之事。其所見甚高明，非常人所及，後之君子，未敢以其說爲正
> 者，蓋其書已定于夫子之手〔註162〕。

按陳氏解書，多本二孔之舊，以爲孔子手定百篇，故雖以爲蘇氏之說高明，而未敢
來用也。以此觀之，陳經之尚書說，其淵源于東坡書傳甚深可知也。

2、徵引呂祖謙之說

陳氏詳解，雖明稱引呂東萊之說者僅一條，然考校陳、呂尚書之著，其相承之
跡顯而易見者不下數十條；蓋祖謙說書，長於巧思，討論義理之是非，敷陳文詞之
大義，體味古聖賢之氣象，本乎傳疏而發揮大道，不矜異說新論，故其書說甚爲說
尚書家所推崇，蔡沈集書傳，於朱子說之外，取之獨多，可見一斑矣。

陳經詳解引呂祖謙之說，在堯典「欽哉。九載績用弗成」之下。其言曰：

> 堯典篇記事甚簡，而載知人事，至于特書屢書不一書，其亦以是爲後
> 人之法歟！堯朝多君子，此則記其小人；堯之治多美瑞，而此記其洪水之
> 災；呂東萊以謂堯之盡變如此，其說爲長〔註163〕。

按考呂東萊書說，以爲堯典大略先言堯盡天下之常，自疇咨以下，言堯處天下之變。

〔註159〕參見東坡書傳卷五，頁21。
〔註160〕見陳經詳解卷六，頁45。
〔註161〕見前書卷二，頁28。
〔註162〕見前書卷九，頁1。
〔註163〕見前書卷一，頁18。

蓋堯朝無非君子，而有小人者，是變也；堯朝無非佳祥之瑞美，而有洪水之患，是變也〔註164〕；是堯典一篇記堯事常變俱盡矣。可見陳經引時瀾增修東萊書說，時在開禧三年丁卯之後也。

陳氏引東萊之說甚夥，而多未明言。若其論舜典「乃命以位」下云：

> 幽潛之德升聞于堯，乃命之以官位，此二五大人交相見之時也〔註165〕。

按考呂東萊書說云：「堯舜並出，盛德輝光，前後相映，重光合照，如日月遞明，常有光輝，正乾之二五，大人交相見之時也〔註166〕。則陳經乃引東萊之文也。又陳經論皋陶謨「禹拜昌言曰俞」下云：

> 禹皋同列之際，或都或俞，或吁或咈，無非眞情實意之發，不可以常情窺之也。惟其好善之心出于眞情，故言有合于其心則俞之，有疑于其心則吁之問之；善之在人猶在己也，故聞言而拜，不以爲諂；善之在己，猶在人也，故自言而先曰都，不以爲矜。後世孔門學者知之爲知之，不知爲不知，如三子言志，無有隱情，正名曰迂，短喪曰安，皆是眞情所在；與虞舜之廷，禹、皋陶同列都俞之氣象相似〔註167〕。

按考呂氏書說，於大禹謨曰：「唐虞廣大之象，於此可見。……然亦豈以禹掩皋陶之功哉！子華使齊，孔子雖知其乘肥馬，衣輕裘，冉子請粟，亦與之釜，聖人非以人情與之，聖人寬大自如此。如此氣象，自堯舜以下，於洙泗見之〔註168〕。」呂氏引孔門師弟之間以說尚書，陳經亦引之，可見其法意之相承也。陳經解召誥「召公不悅」曰：

> 召公起退之心，爲召公計則得矣，爲成王爲周家計則未也。故周公因其不悅而作君奭之書，挽召公留，欲與之共圖周家之政，至于永永無窮而後已。卒之召公相成王，及成王、周公已歿之後，至康王之時，猶未忍去，其亦有感于周公之言也〔註169〕。

按考東萊書說，以爲召公不悅，蓋召公未以周公之志爲志也，其不苟隨如此，逮周公作君奭以喻之之後，非特暫留於一時，相成王，又相康王，身任托孤寄命之責而不辭，可見周公喻之之言，其淪肌浹髓之深矣，亦可見召公守其既明之志，如是之

〔註164〕參見增修東萊書說卷一，頁16。
〔註165〕見陳經詳解卷二，頁2。
〔註166〕見東萊書說卷二，頁1、2。
〔註167〕見陳經詳解卷四，頁3、4。
〔註168〕見東萊書說卷三，頁1。
〔註169〕見陳經詳解卷三十六，頁3。

篤也〔註170〕。陳經之說，其出於東萊者可見矣。又陳氏論顧命曰：

> 經之所載，固嘗言帝乃殂落矣而無顧命；又嘗書陟方乃死矣而無顧
> 命；又嘗言成湯既歿，武王既喪矣，而皆無顧命；成王獨有顧命何也？曰：
> 成王自艱難變故中而得之也。自堯舜禹湯文武以來，百官總己以聽冢宰，
> 初未嘗有變故；而成王當幼沖之始，管蔡四國流言，成王致疑，其事亦殆
> 矣。凡天下經一變者長一智，遭一蹶者得一便；顧命之作，成王其亦折肱
> 而知良醫歟〔註171〕！

呂東萊嘗論顧命曰：

> 堯舜禹湯文武無顧命，而成王獨有顧命，始終授受之際，國有常典矣。
> 成王之初，經三監之變，王室幾危，故於此正其終始特詳焉〔註172〕。

比二者而察之，可見陳氏之論，實據東萊之意而益為之說爾。類此之例證俯拾即是；
可見陳經之取於呂祖謙者甚多，而淵源於東萊者甚切也。

3、徵引林之奇尚書全解之文

陳經詳解，於林之奇尚書全解，未嘗稱名引用，而其實用之甚夥，尤以禹貢一
篇之解說為然。若陳氏論舜典四巡歸格之事曰：

> 歸而告至，則其出而必告可知矣。用特一牛也。事神之禮貴簡不貴繁，
> 觀其事神如此，則舜之道途所以供給者，皆簡易可知。文中子曰：舜一歲
> 而巡狩四岳，國不費而民不勞，何也？儀衛少而徵求寡也。古之聖人以一
> 歲之間而遍行四方，其意欲以省方觀民，攷察風俗，正其制度，豈徒以逞
> 己之侈心哉！後世不明此意，借聖經以文其侈，封泰山，禪梁父，以是為
> 告成功，千乘萬騎，望蓬萊、祠太乙，其聖人之意亦遠矣〔註173〕。

按考林之奇全解，於舜典同一段之下，論之曰：

> 叔恬問於文中子曰：舜一歲而巡守四岳，國不費而民不勞，何也？文
> 中子曰：儀衛少而徵求寡也。夫惟儀衛少而徵求寡，故國不費而民不勞。
> 元朔六年冬十月，勤兵十餘萬，北巡朔方，東望緱山，登中岳少室，東巡
> 海上，還封泰山，禪梁父，復之海上，並海北之碣石，歷西朔方九原，以
> 五月至於甘泉，周萬八千里。夫武帝儀衛可謂多矣，徵求可謂眾矣，尚能
> 八月之間，周歷萬八千里；而舜則儀衛少而徵求寡，豈不能周歷萬八千里

〔註170〕參見東萊書說卷二十六，頁1
〔註171〕見陳經詳解卷四二，頁1、2。
〔註172〕見東萊書說卷三一，頁7。
〔註173〕見陳經詳解卷二，頁8。

乎〔註174〕！

二者相校，陳氏承林氏全解之文，淵源自見，唯陳經變論舜之歷萬八千里爲可信，轉而評武帝千乘萬騎，叚聖經而文其侈爾。又禹貢篇，陳氏多引用林之奇全解之文，然於林之奇之說則多未敢從，而每轉用東坡之說。若禹貢「冀州」，陳經首引孔穎達一大段疏文，再引東坡之言，次又引「或者」之言，其言曰：

> 孔穎達云：九州之次，以治爲先後，以水性流下，當從下而泄……每州之下，言水路相通，通向帝都之道，言禹每州事了，入朝以白帝也。東坡曰：堯水河患最甚，江次之，淮次之，河行冀兗爲多，而徐其下流……以治江河上流餘患。或者以前二說未盡，謂九州特紀其疆界，而治其先後之序，則自導岍及岐以下是也；蓋水勢未嘗不自上而下。竊意禹之行水，既自下而上，從東向西，因其下流，隨其州而先治之；及九州既畢功，方見得眾水之原因，記水所自出，與向來加功之處，未必是先導河使入海已畢，又導江使入于海，如此不亦勞乎。諸家之說，皆兩存之〔註175〕。

按考林之奇全解，亦首引唐孔氏之言，次引蘇氏之言，再加己見，即陳氏所謂「或者」也〔註176〕。惟陳氏引諸家之文，視林氏尤詳備，而於林之奇之說，則大肆撮要言之，終以兩存置之。可見其汲取文辭於林氏，而未必取林氏之說也。又其論「覃懷底績，至于橫漳」曰：

> 河內郡有懷縣，在河之北。漳水橫流入河曰衡漳。濁漳水出長子縣，東至鄴縣入清漳；清漳出上黨沾縣大黽谷，東北至渤海阜城縣入河，此二水相合橫流入河也〔註177〕。

林之奇全解，於同一經文下云：

> 孔氏曰：覃懷近河地名。漳水橫流入河，覃懷致功，至于衡漳。地理志云：河內郡有懷縣；蓋覃懷二字共爲一地。王肅云：衡漳二水名。而孔、鄭諸儒亦謂漳水橫流入河；當從孔氏之說。清漳水出上黨沾縣大黽谷，東北至渤海阜城縣入河；濁漳水出長子縣，東至鄴縣入清漳；蓋二水相合橫流而入河也〔註178〕。

陳氏詳解繼之曰：

〔註174〕見林氏全解卷二，頁20、21。
〔註175〕見陳經詳解卷六，頁4、5。
〔註176〕參見林之奇全解卷七，頁5、6。
〔註177〕見陳經詳解卷六，頁7。
〔註178〕見林書卷七，頁9。

曾氏曰：河自大伾折而北流，漳水東流注之；地之形南北爲縱，東西爲橫，河北流而漳東流，則河從而漳橫矣。禹自覃懷致功，遂逾太行而北，既得漳流導之入河，漳水合河下流，如不治則亦害于河流故也〔註179〕。

林氏亦繼之曰：

曾氏曰：河自大伾折而北流，漳水東流注之；地之形南北爲縱，東西爲橫；河北流而漳東流，則河縱而漳橫矣。禹自覃懷致功，遂踰太行而北，既得漳源而導之入河；漳水合河下流，如不以道則亦害於河流故也。曾氏論禹貢山川地理，援引書傳，考究源流，其說皆有依據，比諸儒之說爲最詳，學者能取信於先儒之說，則思過半矣〔註180〕。

陳氏繼之又曰：

禹自壺口至衡漳，皆治河流之害，與別流之入于河者，下文導河積石以下，載河流之大概，其委曲見冀兗等州，禹之加功見三處：治壺口則梁岐之水皆治，既治太原之水，沿流至太岳之水；太岳在太原西南，上流治則下流通而入于南河矣；既治覃懷之水，則至于衡漳之水入于東河矣。此皆審其利害所在，規模簡要不煩也〔註181〕。

林之奇繼之曰：

禹治水先後之序，既見于下文導山、導水之次矣，……（約兩百字）……冀州在東河之西，西河之東，西河之北，故其所治，自壺口至于衡漳，皆所以治河流之害，與夫別流之入于河者，爲之決導，使之順序；蓋於下文導河積石以下，載河流之大概，而其委曲則見於冀、兗等州；彼此相發而治水之功可以盡見〔註182〕。

合林、陳二氏之說觀之，可見陳經解禹貢之文，多因襲林之奇者；林之奇解禹貢，多取曾旼彥和之說，陳經既引林氏之文，故亦因之而引及曾氏之說也。不獨曾氏如此，陳經詳解兩引王安石之說，兩引薛氏之說，一引鄭樵漁仲之說，兩引周希聖之說，一引陳氏之說，類與引曾氏同，皆林氏本已引之，遂因用林氏之文而引之者也。對此二書相應之處，自然得之。

陳氏雖多引林氏全解之文，然於林氏之說，則以「或者」、「說者」、「或說」、「一說」出之，而不明言其出於林之奇，未知其故。若夏僎引林氏之說，則每稱「少穎

〔註179〕見陳經詳解卷六，頁7、8。
〔註180〕見林氏全解卷七，頁9、10。
〔註181〕見陳經詳解卷六，頁8。
〔註182〕見林氏全解卷七，頁1。

曰」；二者大不同。

　　禹貢之外，陳經於他篇亦每引林氏之言。若洪範「五福六極」之疇，陳經論其相配之說曰：

　　　　動不遇吉爲凶，未六十爲短，未三十爲折，此則考終命與壽之反也。

　　　　疾者有惡疾，憂者多憂，即康寧之反也。貧者困于財，即富之反也。惡者醜陋，弱者用心不剛，不能強于爲善，即攸好德之反也〔註183〕。

此以五福六極分合相配，或以一極配二福，或以一福配一極，或以兩極配一福，其說蓋亦出於林之奇所引張景之論也。林氏全解論之曰：

　　　　張晦之曰：其義相反，不必數之相敵。五福曰壽曰考終命，六極曰凶曰短折；此一極而反二福也。五福曰富，六極曰貧，此一極而反一福也。五福曰康寧，六極曰疾曰憂，五福曰攸好德，六極曰惡曰弱；此則二極之反一福也。蓋亦各盡其意而已矣〔註184〕。

林氏用張晦之之說；陳氏之說，其義解仍用孔傳之說，而配對則用林氏引張景之說，可見陳氏亦取於林氏也。

4、徵引葉夢得之說

　　陳經解禹貢，文多用林少穎之辭，然亦非全盤抄襲，蓋亦嘗以己意己見移易補綴之矣。其中陳經引用「石林」葉氏之說有兩條。禹貢「導岍及岐」一段之下，陳氏曰：

　　　　石林先生云：周官言天下之地勢，兩山之間，必有川焉，則導山者濬兩山之川，屬之大川，以同入于海。今以經文攷之，下文言入于海，則先儒與石林之說不誣矣〔註185〕。

又「導洛自熊耳」一段，陳經云：

　　　　石林云：淮出胎簪，至桐柏而始大；渭出南谷，至鳥鼠而大；洛出冢嶺，至熊耳而大；因其流之大，可以爲人害者治之，而非其源〔註186〕。

林之奇全解禹貢文中無引葉石林之說，陳氏引之，以補徵引之未備也。然葉氏之說，其書已佚〔註187〕，今不可考之矣。然陳振孫稱之，以爲視諸儒爲最精，或以此故而陳經引之耶！

〔註183〕見陳經詳解卷二四，頁38。
〔註184〕見林之奇全解卷二五，頁31。
〔註185〕見卷六，頁46。
〔註186〕見卷六，頁63。
〔註187〕參見經義考卷七九，頁7。

5、徵用薛季宣之說

陳經兩引「薛氏」之說，皆因林之奇本已引用而遂引之，然陳氏說尙書，亦有引薛季宣特有之論以爲說者。若泰誓序，陳經論之曰：

> 司馬遷作本紀，謂武王即位九年，祭于文王之墓，然後治兵于孟津，其說是也。意者當九年祭文王治兵孟津之時，乃觀政于商，至十一年而紂不改過，然後大舉以伐紂也。乃若戡黎之時，竊意正當治兵孟津之時，亦未嘗審乎是否也〔註188〕。

按考薛季宣書古文訓，於西伯戡黎之下，嘗謂曰：

> 書序殷始咎周，周人乘黎，蓋商人咎周之不伐紂，故武王有乘黎之舉；泰誓觀政之語，謂乘黎也〔註189〕。

又于泰誓篇曰：

> 文王之作，固天之厭商而建其代德，武王戡黎觀政，以成文王之事，徵以天之威罪，猶庶幾乎改之〔註190〕。

可見薛氏以爲九年觀政者，即戡黎之事也。而陳經謂治兵孟津，乃戡黎之時，即是用薛氏之說，雖以爲未審其是否，然有以參攷之者無疑矣。

總上所論陳經引宋代諸家之說觀之，其所引用，於蘇東坡獨多且深，而引呂祖謙者則泛而廣，於林之奇則用其文而不取其說。考東萊呂氏之尙書學，本即以東坡爲宗，而東萊書說之作，亦爲繼補其師林之奇全解而爲之；至於薛季宣之古文訓，於文則承自郭忠恕，於義說亦多本蘇東坡。合而言之，陳氏尙書學之淵源，蓋始于東坡，而終極於東萊，其淵源之跡可考明者若此。

四庫提要謂陳經之學，乃傳金谿陸九淵之學派者，其所據者，惟在陳氏自序所云：「以古人之心求古人之書，吾心與是書相契而無間，然後知典謨訓誥誓命，皆吾胸中之所有。」遂定陳經之學，歸於金谿。今考之呂祖謙之徒時瀾增修東萊書說序，記東萊之言曰：

> 瀾執經左右面承修定之旨曰：唐虞三代之氣象，不著於吾心，何以接典謨訓誥之精微，生於百世之下，陶於風氣之餘，而讀是書，無怪乎白頭而如新也〔註191〕。

夫以吾心契古人之書，然後知典謨訓誥之義，本在吾胸，此說非金谿六經注我之意

〔註188〕見陳經詳解卷二一，頁2。
〔註189〕見書古文訓卷六，頁2。
〔註190〕見前書卷七，頁2。
〔註191〕見經義考卷八一，頁6引。

所獨有，呂東萊之言，與陳氏之說，義尤相契切也，以此觀之陳經尙書之學，以時間與學說而論，皆與東萊爲近，當由東萊一脈而來。可見四庫之論，實未考校陳氏之學，徒以私意虛指爲說耳。

　　宋元學案補遺，於槐堂諸儒學案補遺中，象山門人之下，補入陳經。王梓材案云：

　　　象山號存齋，存齋語錄，蓋錄象山之語，當即象山弟子也〔註192〕。

王梓材之說，較提要爲有據。然存齋語錄已佚，不能知其眞面目矣，存齋一號，宋代名士取之者非一，是否指象山亦未可必。不如據陳氏尙書詳解立說爲有據。或陳經雖從學於象山一派，然其尙書學說則多取蘇、呂一系，蓋呂東萊之學，當時與朱、陸之間，則有似陸者也；若楊簡爲陸氏高弟，於東坡、東萊之說，亦多取焉。

（二）陳經治尙書之觀念與方法

　　陳經尙書詳解，多取古疏，故於尙書小序則以爲孔子所作，於尙書經文，則以爲孔子所定，故說義基礎於二孔爲多，是以無甚疑經眞僞之論，有之者僅數處經文錯簡之說耳。其論堯典二字曰：

　　　夫子贊易自伏犧而下，定書自唐虞而下，莫不各有其意。……暨乎堯
　　舜繼作，人道始備，可以爲百王之冠；後世之所取法。故書首二典，觀論
　　語堯曰篇稱堯曰咨爾舜而下，是皆夫子斟酌帝王之道，可以通行于天下後
　　世者也；知堯曰篇之所載，則知夫子所以定書之本旨矣〔註193〕。

此可見陳經遵尙書孔序之說，以爲夫子定書，上斷自唐堯，各有其意。陳氏又於堯典小序下云：

　　　此夫子之所作也。書序，序所以作書之意，故引之各冠其篇首〔註194〕。

　　此又可知陳經信孔子作小序，故於小序無所疑。陳氏論胤征篇之義，引東坡之說謂「義和貳於羿，忠於夏」，「胤侯黨惡奉亂命」，以爲東坡之說甚高明，非常人所及；然陳經未採其說者，蓋因與小序及孔子定書相悖故也。其言曰：

　　　其（東坡）所見甚高明，非常人所及；後之君子，未敢以其說爲正者，
　　蓋其書已定于夫子之手，序之者第云義和湎淫，廢時亂日，胤往征之，初
　　無異說。觀此一篇可見古人以天時爲重，以酒爲禁。義和掌天地四時之官，
　　堯典一篇，首舉命義和之事，至此日食不知，而遂以六師討之；又況禹惡
　　旨酒，自周以來，群飲則殺，深見古人之禁酒甚嚴；義和廢時亂日之罪，

〔註192〕見該書卷七七，頁27。
〔註193〕見陳經詳解卷一，頁1。
〔註194〕見前書卷一，頁2。

原于沈湎之故，其犯此禁也亦重矣，故王朝九伐之法，不得而赦〔註195〕。
陳經以堯典證羲和典天時，其職甚重；以酒誥明酒禁，其罪甚惡；故不可如東坡之
說為佯狂沈湎，廢時亂日為忠於夏者，進而說有必誅之因，以見小序之說合義也。
既信小序之說，則東坡之論雖新穎可愛，亦不得而探之矣。明夫上述治尚書之基準，
茲復析論其觀念與方法如次：

1、天人相通之理

　尚書本為記聖王論治之大法，其言多關切乎人事，然商人尚鬼，周文郁郁，猶
重喪祭；故尚書之中，亦嘗記災異卜筮，天變洪水之事也。若舜典之納大麓，烈風
雷雨不迷；高宗肜日，則有雊雉鼎耳之異；金縢啓匱，則有反風禾起之應；洪範之
首論五行，而殿以庶徵、福極；凡此種種，皆足使後世藉以為祆祥、災異、讖緯之
資；漢儒洪範五行傳，言天人相應之事者，即其明例。唐孔氏正義，解經號為平實，
然猶有讖緯之言。逮宋慶曆之間，歐陽修嘗上「奏刪九經正義讖緯劄子」，王安石新
義，亦不言天人相應之說，風氣一變。然東坡作書傳，與王氏新義相辯，王氏不言
天人相應，而蘇氏則力主之。故東坡論高宗肜日，以為可以以類象求之；論洪範以
為天人有相通之道；皆是也。故陳氏解說尚書之義，亦多本天人相通相感之說。夫
天人之所以能相感相通者，蓋其本同源故也。陳經論之曰：

> 人與天地萬物，同此一氣。天地未定位，一氣混然；及此氣既分，輕
> 清者上浮，重濁者下凝；浮者為天，凝者為地，天地之氣，交感生萬物，
> 而人最靈。皆此一氣也；星辰得之而有次舍躔度，日月得之而有四時長短，
> 人得之而有析因夷隩，物得之而有作訛成易〔註196〕。

夫萬物皆為一氣所出，其間本性自是相同，故凡能不蔽于物而能盡其性者，當可與
萬物之性相感相通。能之者，人也。陳經繼之曰：

> 惟知道為能默識大要，則以人為主。蓋人者，天地之心，萬物之靈，
> 五行之秀，是故三才之氣，相為感通。人道亂，人事乖，則其乖戾之氣，
> 亦足以感觸天地，三才之氣交亂而災害日至，陽愆陰伏，凶荒荐臻，民益
> 困窮〔註197〕。

人得三才秀氣，為萬物之靈，有能通能感之道焉。然人有上智下愚之異，有自誠明
者，有自明誠者；及其自修道而率性，能復其命性之本，則可感通矣。能感通者，
其在人上之位矣。所謂「綏厥猷惟后」也。故為君者之所舉措，皆與天地相感也。

〔註195〕見前書卷九，頁1。
〔註196〕見前書卷一，頁7。
〔註197〕見前書卷一，頁7、8。

或政有所失，則災異屢至；或政通人和，則五時來備，民康物阜。陳經論帝堯曰：

> 或曰堯有堯之性，萬物有萬物之性，堯有何預于天下？曰：性一也，
> 人各得之，如日月之明，散在萬物，萬物各得其明，此明而不偏，其為明
> 無二也。故堯全是性，天下無不應者，其機同也。天下各具此性，無以感
> 之，則亦彫喪迷亂，如行德而仁壽，行暴而鄙夭是也〔註198〕。

堯全體皆是性之本然，無一毫蔽障，故無所避而天下皆應矣。是以陳經甚重天人之
際。其因大禹謨禹征有苗事而論之曰：

> 余嘗論感應之理，謂天下之理一而已矣。惟其一，故感彼應此，不疾
> 而速，不行而至者也。自夫人反躬之未至，天理不明，人欲昏塞，故物我
> 為二；天人為二，內外彼此為二，障蔽日深，動輒窒礙，何自而能感哉！
> 山下有澤，君子以虛受人；聖賢所謂物我者，初無異理，惟能私意消釋，
> 天地皆吾同體，自然有感有應；所謂正己而物正，篤恭而天下平，其身正
> 而天下歸之，皆此理也〔註199〕。

按陳經此「感應」之說，「天下一理」之義，蓋亦本諸呂伯恭也。呂東萊書說曰：

> 至誠可以感神，神與人，一理也。歷舉天之可動，神之可感，人如瞽
> 瞍者，亦可使之允諾；則豈苗民之不可格；當時虞廷如禹如益，皆實用工
> 者，故其言深見天理如此〔註200〕。

夫天人既一理，故凡人者欲進德修業，參天地造化之大功，則必力求復其本性，務
求天人合一，孟子所謂「萬物皆備於我，反身而誠」是也。為君者尤然。故陳經論
洪範，治國之大法，力闡天人合一之道。其解「初一曰五行」一段云：

> 五行為萬物之本，次以五事，蓋以人治物者也，故五事則在乎敬，敬
> 則視聽言貌思皆得其正。正己者所以正人也，故次以八政，則在乎農；農
> 者厚也，政施于民，不厭其深厚。治人者不可以不知天，故次以五紀，其
> 用則在乎協；五紀者，為天之綱紀也，以人合天，故謂之協；協即和也，
> 人事乖于下，則天紀亂於上，必以人而和合之。欲順乎天者，必本于大中
> 之道，故次以皇極。……人主建極則五行、五事、八政、五紀皆得其中，
> 三德、稽疑、庶徵、五福六極亦得其中矣。……必參之以人謀、鬼謀，以
> 合幽明之理，故次之以稽疑。……明乎鬼神之理與人之理，則吉凶可以無
> 差，而疑者可以決矣。疑既決而又取證于天之休咎；九疇皆得，則天應以

〔註198〕見前書卷一，頁3。
〔註199〕見前書卷三，頁3。
〔註200〕見東萊書說卷三，頁21。

休，皆失則天應以咎。……休咎之在天者可見，而又效之在人；天與人一
　　理也，九疇皆得則爲五福，皆失則爲六極〔註201〕。

君王治國，需先識此理，用功行之。成己成人，進而成物，斯可臻聖王之域矣。故
陳經謂通天下一氣也，一理也，君臣上下，理之在人者，即其歲月日星之在天者，
人主知此，則可以知天道而立極；人臣知此，則能贊萬機而調變陰陽矣〔註202〕。

2、以史事解經，以經義論史

夫天人一氣也，一理也，既有感通之理，亦有感通之事；孟子謂四方聖人曰：「此
心同也，此理同也。」然則六合之內，古往今來，無不因此理而可通貫也。是以陳
經序曰：

　　　　苗民之頑，若非干羽之所能格；太甲不明，若非三篇書之所能變移；
　　天雨反風，亦豈啓金縢者之所能感動哉。然此舉彼應，捷若影響。泛觀帝王
　　之行事，幾于散漫無所統紀者，然旁通曲暢，無不各得其宜，各止其所；此
　　豈無自而然哉！道行于天地之間，散在萬物，萃于人心，廣大悉備，悠久無
　　疆，卓然常存，而未始斯須亡也。精粗一理，古今一時，物我一機，天人一
　　致；得其所謂一，則應變酬酢，開物成務，亦無往而非一之所寓也〔註203〕。

古今既一揆，則後之視今也，亦猶今之視昔矣。故陳經解尚書，每以後史證前事，
亦常以經義論後史。此法亦非始創於陳氏，蓋前此者若林之奇、呂祖謙，已孜孜於
是矣。此二者，亦正陳經尚書學之大淵源。呂祖謙書說，屢據書以評後世之失。若
其論牧誓「不愆于六步、七步、乃止齊焉」，則曰「後世之師，有追逐夜行三百里者，
其紀律安在哉〔註204〕」；其說武成歸狩「示天下弗服」，則謂「後世蕭俛、段文昌銷
兵，一有禍亂，遂不可支吾〔註205〕」；凡此者甚眾。陳經說解書經文義，融合經史
之道，約有如下兩端：

（1）以經義論後史

夫經者，恒久之道；聖人立言垂教，百代遵之；故據經立言，則不失其正；據
經行事，則不入於邪；故依經以察史，可知理之得失所在，亦足爲後世鑑者也。若
陳經論堯典命羲和曰：

　　　　是上代以來，皆重歷數；故知堯于卿官外別命羲和，似尊於諸卿；後

〔註201〕見陳經詳解卷二四，頁 11、12。
〔註202〕參見前書卷二四，頁 37。
〔註203〕同註 141。
〔註204〕見增修東萊書說卷十六，頁 4。
〔註205〕見前書卷十六，頁 6。

世稍益卑賤，周禮太史掌正歲年，馮相保章，即羲和職也。左傳云日官居卿以厎日，猶知尊其所掌。自漢以後，文史星歷，近乎卜祝，遂指爲藝術之流，而古人之意寖薄矣；蓋緣後人以天人分爲二事，不知堯所以命官，天人只作一事也〔註206〕。

此據堯典見上古重歷數，以爲首要之事，可見天人相依之理，而後世不明此義此理，不獨失歷數之旨，亦失敬授民時之理也。又其論說命下末章云：

詳復此章之意，可以見古者帝王君臣，其不自足之意如此。君不以四海仰德而怠于資臣，臣不以君之已能而怠于輔其君；君臣相期，俱欲至于先王先正而後已。唐太宗貞觀之治，一見魏公勸行仁義之既效，遂喜形于色，其不及古人遠矣〔註207〕。

此因高宗、傅說之言，以評唐太宗沾沾于小成，是不及古人遠矣。

（2）據後史證經義

陳經論顧命序「成王將崩，命召公、畢公率諸侯相康王，作顧命」曰：

夫以召公之勳德，與周公同，而其位乃次于畢公之後，以此見古者腹心宗臣，與社稷同體，初不論職位之高下，官資之崇卑。晉文公十九年在外，及其定霸，無非趙衰，狐偃爲謀主；文公自僖公二十四年入國，至僖公二十七年蒐于被廬，始命狐偃將上軍；趙衰爲卿，狐偃則遜于狐毛而佐之，趙衰則又遜于欒枝、先軫。以後世論之，二臣自入國即當以高官大職處之可也；經數年而後命將上軍及爲卿之任也，又相遜。齊桓公之霸，全在管仲，管仲只爲下卿；及平戎于王，王以上卿之禮享之，仲不敢受，且曰：有天子之二守國、高在。當時國子、高子當爲齊上卿，然國、高初無功于齊，而管仲甘處于國、高之下。漢高祖之興，全在張良，其後立太子，使叔孫通爲太傅，張良爲少傅；由此觀之，腹心之臣，本無計較官位，自春秋漢世以來，尚有之，而況召公之大賢乎哉〔註208〕！

此章連舉三事，以證召公所以列位畢公之後之說無差；後世如此者既多，則推之上世，何獨不然。陳經引後事說經義，不止於史，至於當代之事，亦可引之作說。若其論說命高宗夢得傅說事曰：

高宗之所以能感乎天，能感乎說者，以其知德之弗類，恭默思道而虛其心也。雖然，高宗豈無所自而然哉？其始之學于甘盤，而所得已多，故

〔註206〕見陳經詳解卷一，頁8、9。
〔註207〕見前書卷十七，頁25。
〔註208〕見前書卷四二，頁3。

今日之恭默思道，今日之得傅說，皆前日之學于甘盤而有得者也。後世私心而窺聖賢者，謂夢中所見未必有是事；又安知至誠之道，可以前知，實有是事哉！嵩前有董五經，隱者也；伊川先生聞其名，特往造焉；董平日未嘗出菴，是日伊川不值，還至中途，一老人負茶果以歸，且曰：君非程先生乎？伊川異之；曰：先生欲來，信息甚大。尹子問于伊川，伊川曰：靜則自明。觀此則高宗、傅說之事不誣矣〔註209〕。

又其論舜典「詢事考言，乃言底可績」曰：

> 帝堯雖號知人，亦不以空言取士，既詢事以考言，又因言以責其功，則舜之所以言于堯者，皆其胸中之規畫素定，終身所行，無一不合者。韓信北取燕趙，東擊齊，南絕楚之糧道；范文正公上宰相書，皆以一言決定他日之所爲，而況舜大聖人，而言有不合于所行者乎〔註210〕！

陳經舉董五經與伊川事以證高宗夢得傅說爲不誣；又舉范仲淹文正公之舉措明大臣之念，皆素定於胸中，非隨意所得者也。二者皆宋代當世人物事蹟也，而陳氏不忌。二事之外，陳經亦引王安石諫官論，蘇洵管仲論之文作解，亦同此意也。

3、以經解經

陳經之著作，見著錄者有詩講義，可見其學亦長於詩經，然未見陳氏有易經之著作；今考尚書詳解中，引易理以說尚書義者獨多，或二經所載之事最古，且陳氏亦長於易使然也。

陳經解大禹謨「好生之德，洽于民心」曰：

> 天地大德曰生。一陽方復于建子之月，雷在地中，而易以見天地之心，則天地之心者，皆所以生物也〔註211〕。

此解「好生之德」，引易經復卦彖辭、象辭爲說，以見天地好生之德，而大禹能協之矣。又其論文侯之命曰：

> 觀此章見平王無興復之意。雖求助于諸侯，而平王殊不能自立；雖御事之臣無有耆俊，而平王不能求賢以圖事，所以國家大仇，終不能報。然則爲平王者，宜如衛文公、燕昭王、越王勾踐，奮然有必爲之志，則可矣。謙之六五曰：利用侵伐。當平王之時，正當侵伐收攬威權之時，而謙以自處，曰：予則罔克。此所以不復興也〔註212〕。

〔註209〕見前書卷十七，頁4、5。
〔註210〕見前書卷二，頁3。
〔註211〕見前書卷三，頁16。
〔註212〕見前書卷四八，頁5。

陳經之論，既舉燕昭、勾踐爲言，示必如此然後大仇可報，復引易謙卦六五之文，以申平王當積極圖治，今而反謙言罔克，是足見平王之不能復興周家王業也。

4、疑經之說甚少

宋代疑經之風，始於慶曆年間，蘇軾、劉敞、王安石等，皆有說焉。其後學者說尚書，或多或少，總致疑於其間。陳經多依二孔，故於疑經改經之說甚少；此與東坡異趣而尤近乎呂東萊。若洪範「曰王省惟歲」一段，蘇軾以爲乃五紀之文；呂祖謙則無致疑之辭，陳經曰：

> 說者以此爲五紀之文，非也。若以爲有歲月日星五紀之文……（泐漫
> 不可辨兩行）…王者無爲，居尊兼總萬事而加省察焉，亦如歲然〔註213〕。

陳氏所非者，蓋爲東坡之說，並爲辨此文之與庶徵相關，非五紀所獨有者。可知陳氏甚反疑經之議也。

綜合陳氏詳解，其致疑於經文者有四條：

（1）舜典「夔曰於予擊石拊石，百獸率舞」

陳氏曰：「此一段說者以爲益稷之文，脫簡於此〔註214〕。」

按此說者蓋指蘇軾及劉敞也。其說林之奇全解引而評之曰「以理觀之，義或然也。然筆削聖人之經以就己意，此風亦不可長〔註215〕」；林氏亦鮮言疑經者，於此亦云「或然」。呂祖謙亦云「或者以爲脫簡，亦未可知；不然，夔若自言其功〔註216〕」，蓋亦在疑與不疑之間。陳氏此引曰「說者」，未指其實，亦未置然否，蓋與林、呂二氏同調也。

（2）舜典「陟方乃死」

陳經於舜典「陟方乃死」下云：

> 陟方乃死。先儒以爲升道南方，謂舜在蒼梧之野。或又疑東南不可謂
> 之升；凡升遐曰陟，如新陟王是也；乃死，作書者以是而釋陟方二字。姑
> 闕其疑〔註217〕。

按此說出於韓愈也。蘇東坡嘗用其說曰：「韓愈以爲非。其說曰：地傾東南，巡非陟也；陟方者猶曰升遐爾；書曰惟新陟王是也。傳書者以乃死爲陟方之訓，蓋其章句，

〔註213〕見前書卷二四，頁36。
〔註214〕見前書卷二，頁28。
〔註215〕見林氏尚書全解卷三，頁2。
〔註216〕見增修東萊書說卷二，頁17。
〔註217〕見陳經詳解卷二，頁33。

而後之學者誤以爲經文。此說爲得之。〔註218〕」此說於宋代首倡於東坡也。其後林之奇以爲非。其全解曰：「揚子曰：黃帝、堯、舜殂落乃死，與陟方乃死文勢正同，豈亦詩書章句之言哉〔註219〕！」呂祖謙則無說。可見陳氏此闕疑之說，蓋有取於東坡而未敢必然也。

（3）皋陶謨「允迪厥德，謨明弼諧」之下有闕文

陳氏於「禹曰俞，如何」一段之下曰：「禹曰俞如何上必有闕文〔註220〕。」蓋陳氏以爲篇首「曰若稽古皋陶曰允迪厥德謨明弼諧」一段，乃作書者以之形容皋陶之德也；禹與皋陶皆若稽古，見其與堯舜同德〔註221〕。

按堯典篇首有「曰若稽古帝堯曰欽明文思安安」一段，文句與此與正同；堯典之「帝堯曰」不可謂「帝堯言曰」，乃史官以此名狀帝堯之德，同理則皋陶謨之文當亦如之。孔傳解堯典，則以爲狀堯之德，解皋陶謨則以爲皋陶言曰之辭，於文例言之，實欠通暢。故蘇東坡首倡闕文之說曰：「書言若稽古者四，蓋史爲此書也。曰吾順考古昔而得其爲人之大凡如此。在堯曰……在舜曰……在禹曰文命敷于四海祇承于帝；在皋陶曰允迪厥德，謨明弼諧；皆有虞氏之世，史官記其所聞之辭也〔註222〕。」故東坡復云：「允迪厥德，謨明弼諧者，史之所述，非皋陶之言也；而禹曰俞，所以然者誰乎？此其間必有闕文者矣。皋陶有言而禹然之且問之。簡編脫壞而失之耳〔註223〕。」林之奇則以爲堯、舜、禹與皋陶有別，其言曰：「薛氏……（當爲蘇氏之誤）……蓋未深考典謨命名之旨〔註224〕。」蓋三者皆爲帝王，惟皋陶爲臣子，故不可混爲一談。呂祖謙書說，亦以爲「允迪厥德謨明弼諧」八字爲史官狀皋陶之德也，故其亦主闕文之說。其言曰：「或言上有闕文。未可知。皋陶必先有所言，禹始發問，始大禹謨先載禹言之類〔註225〕。」其明用東坡之意也。綜合言之，陳經此段主張，其用蘇氏之意甚明且堅決也。

（4）禹貢雍州「厥貢惟球琳琅玕、浮于積石，至于龍門、西河，會于渭汭；織皮崑崙析支渠搜，西戎即敘」有錯簡

陳經於禹貢雍州上述之文，引東坡之言曰：

〔註218〕見東坡書傳卷二，頁15。
〔註219〕見林氏全解卷三，頁26。
〔註220〕見陳經詳解卷四，頁3。
〔註221〕參見前書卷四，頁1。
〔註222〕見東坡書傳卷三，頁11。
〔註223〕見前書卷三，頁12。
〔註224〕見林氏全解卷五，頁2。
〔註225〕見增修東萊書說卷四，頁1。

東坡云：禹貢之所筐，皆在貢後立文，而青、徐、揚三州，皆萊夷、淮夷、島夷所筐，此云織皮崑崙析支渠搜，大意與三州無異，蓋言西戎即敘，崑崙析支渠搜大概皆筐織皮，但古語有顛倒詳略耳；其文當在厥貢惟球琳琅玕之下；其浮于積石，至于龍門、西河，會于渭汭三句，當在西戎即敘之下，以記入河水道，以結雍州之末；簡編脫誤，不可不正〔註226〕。

按此段全引東坡之言，是其亦取其說，以爲有脫誤也。東坡之說，考諸禹貢文例，其說可信。林之奇不以爲然，呂祖謙無說。可見陳氏此說純出於東坡也。

綜合陳經疑經之說，皆出東坡所主者，雖東坡所主疑經之言不止於此，然亦足見陳經尚書學與東坡之淵源相承之跡也。

（三）陳經解尚書之議論與己見

陳經著尚書詳解，雖前有淵源，然亦非抄襲拼湊，蓋時有己意出焉；其說解書義之中，亦每因以發抒議論，此亦東坡、東萊所擅者也。

1、因尚書論爲治之道

夫尚書一經，本即記聖朝君臣爲治之跡及謀謨，故言尚書者因論爲治之道，實屬平常；漢世帝王皆研習尚書者，亦以此故也。東坡因無逸言人主永年之藥石〔註227〕，東萊言堯典一篇，主在「欽」一字〔註228〕，如是類皆是也。陳經亦常因解書而論爲治之要。若其論堯典曰：

看堯典一篇，須見得堯所以盡君道；看舜典一篇，須見得舜所以盡臣道。蓋君道在于無爲，乾知大始也；臣道在于有爲，坤作成物也。今觀堯典無他事，惟用人知人而已。故明俊德興乃命，分命、申命、若時登庸。若予采、有俾乂，皆是堯之所以用人知人。以此見人主無職事，惟在于用人知人而已〔註229〕。

此以堯典以明人君無爲，惟在知人用人耳，與皋陶謨之言「在知人」相應。又其論舜典「闢四門，明四目，達四聰」曰：

竊嘗觀古之治天下者，莫不以是爲要道，蓋使吾身立于無蔽之地，如人之養生然；關節脈理，必欲其無所凝滯，一節不通，則身受其病矣。古之王者，所以使工執藝，瞽誦詩，士傳言，庶人謗，商旅議者，亦欲使天下之匹夫匹婦不得隱其情，然後君臣上下得以無壅。以漢之武帝觀之，其

〔註226〕見陳經詳解卷六，頁 42。東坡書傳見卷五，頁 20、21。
〔註227〕參見東坡書傳卷十四，頁 9。
〔註228〕參見增修東萊書說卷一，頁 16。
〔註229〕見陳經詳解卷一，頁 14。

征伐，其重斂，其好大喜功，不減于秦皇，而得爲七廟之宗，所以與秦皇
異者，徒以下情通故也。觀主父之徒，上書者朝奏暮召，輪臺之詔，其所
以敗亡者，無不悉之；以此見通下情，乃治國家之要道也〔註230〕。

尙書詳解之中，凡此者多矣。

2、解尚書之己見

陳氏解經，多因前儒，然亦有己見存焉。若其論商書湯誥曰：

> 此篇大略與前篇仲虺之誥相爲表裏。前篇乃仲虺釋湯之疑；此一篇
> 乃成湯推廣仲虺之意，以布告天下，所以釋天下諸侯之疑。昔武王克商，
> 遷九鼎于洛邑，義士猶或非之；天下既定，商民不服者幾四十年。湯之
> 克夏也，安知天下無有懷疑而未釋者；天下有懷疑未釋之情，湯不能以
> 一朝居，于是歷舉天命，與桀之當伐以告之；其末章之意，又言吾之所
> 以有天下者，非假是爲樂也，震懼驚惕如不自安然；凡爾有罪，皆予一
> 人之故，予一人有罪，皆聽命于天。成湯既以有罪歸諸己，則天下之情，
> 庶乎其少安矣〔註231〕。

陳經以湯誥與仲虺之誥等視，以爲皆釋疑情之作，並以商民於周比觀之，以明民情
之多疑，而疑亦難釋；武成之歸牛放馬，倒載戈矛，包以虎皮，示不復用，亦釋疑
之事也。陳經又論泰誓曰：

> 武王之誓中、下二篇，只及西土……又有一說焉：當時之諸侯，皆已
> 明知紂虐政而更不待再三言之矣，至如西土之眾，海涵春育于文王明德之
> 中，不知有紂之湯火，想此舉未必不以武王爲勞民動眾，如湯之民以爲我
> 后不恤我眾之意；故武王不得不惓惓西土之人〔註232〕。

陳經此說，蓋借湯誓之義以言泰誓也。湯誓之文，歷來解之者，皆謂湯之民沈游於
湯之明治，不識桀之暴虐，是以湯動眾伐桀，眾心有怨辭；此義蘇東坡、林之奇、
呂祖謙、王柏、金履祥以下，蓋無異辭。然如陳經借之以解泰誓之所以誓西土之人
者，則首見於陳經，別無他見。

至於文字訓釋之事，則多本二孔，無新說之見焉。

四、陳經尙書學之影響及評價

陳經尙書詳解，既用蘇東坡、呂祖謙之說爲多，是其於宋代尙書諸家之中，視

〔註230〕見陳經詳解卷二，頁16、17。
〔註231〕見前書卷十二，頁1。
〔註232〕見前書卷二一，頁2。

朱熹、蔡沈爲異途。四庫提要謂與蔡傳頗有同異，其言誠是也。觀元代董鼎之書集傳輯錄纂註，于纂註之中，亦時引陳經之說〔註233〕，是陳氏尙書說，亦見重於後世，且與朱、蔡異。陳櫟書集傳纂疏，引陳經之言尤夥，幾乎每條皆有之。董氏、陳櫟，皆宗朱、蔡者也，其引陳經之言，足見陳經雖與朱、蔡異途，然亦非相遠太甚，堪足與朱、蔡之說參勘經義也。

四庫提要之於陳氏詳解，有評曰：

> 中間每采後世之事以證古經，雖本程氏說易之例，然如解說築傅巖條，引伊川訪董五經事，似爲非體；又論舜放四凶，云欲其居止，俾無所憂愁，則于聖人懲惡之義，亦有不協〔註234〕。

提要之評，蓋亦有偏責之嫌。夫引後世以證古經，宋代諸儒，習以爲常，若林之奇、蘇東坡、呂祖謙等皆然，唯彼等未引當代之事爲說耳。然以陳經之時代言之，視伊川之與漢高、齊桓，其義相同，皆古代既有之史事，唯程度有遠古近古之別爾。且陳氏既主天地人一氣一理之說，則古今無別，其理皆同。然則何必以此藉口責之。至於舜放四凶，提要以爲陳經解之不足明懲惡之義。考孔傳云：「流、放、竄、殛皆誅也。」提要之基準在此。而陳經曰：

> 流、放、竄、殛，不必皆死刑也；特置之遠方，使不與中國齒也。何以知之？左氏曰：投諸四裔。而此經上文言象以典刑，欽哉，惟刑之恤，則知舜當輕刑之際，猶懷欽恤之念；四凶雖劇惡，豈遽致之死哉〔註235〕。

故陳經不以殺之作解。且此說亦非陳經首創，林之奇早已言之矣，陳經蓋亦用林之奇之說爾；不必以此責之。

四庫提要又云：「然其句梳字比，議論正大，疏證詳明，往往發先儒所未發之旨，可與林之奇、夏僎諸家相爲羽翼，于經義固殊有補焉。」其說雖有過譽之嫌，然大致不差。據陳經尙書詳解之作亦可以見蘇東坡、呂祖謙尙書學之影響也。

第四節　魏了翁

一、生平事略

魏了翁，字華父，邛州蒲江人。年數歲，從諸兄入學，儼然如成人。少長，英悟

〔註233〕董鼎之輯錄纂註有「纂註引用諸家姓氏」表，其中列有「陳氏經　三山　全解」，而書中引用亦不少。

〔註234〕同註141。

〔註235〕見陳經詳解卷二，頁13。

絕出，日誦千言，過目不再覽，鄉里稱爲神童。年十五，著韓愈論，已有作者風。慶元五年，登進士第。時方諱言道學，了翁策及之，故止授劍南西川節度判官。開禧元年，韓侂胄謀以開邊自固，群言噤寂，唯了翁對策以爲不可。明年，以校書郎出知嘉定府。丁父憂，解官，築室白鶴山下，以所聞於輔廣、李燔者開門授徒，士爭負笈從之，由是蜀人盡知義理之學。嘉定十五年，被召入對疏二千餘言，蓋在蜀十七年矣。理宗即位，累官至權工部侍郎，被謗劾，詔降三官，靖州居住；至靖，湖湘江浙之士，不遠千里，負書從學，乃著九經要義百卷。紹定四年，復職；入對首乞明君子小人之辨，次論故相十失猶存。六閱月，以端明殿學士同簽樞密院事督視京湖軍馬，尋復召還，遂知紹興府安撫使而出。嘉熙元年卒，贈太師，諡曰文靖。所著有鶴山集、九經要義、周易集義、易舉隅、周禮井田圖說、古今考、經史雜抄、師友雅言〔註236〕。

二、尚書之著述與著錄

眞德秀有九經要義之作，而尚書要義存焉。宋志著錄此書曰「書要義二十卷」，經義考曰：「宋志二十卷、序說一卷，存〔註237〕」。今四庫全書中亦有此書，提要云：

> 了翁謫居靖州時著九經要義凡二百六十三卷。……是書傳寫頗稀，此本有曠翁手識一印，山陰祁氏藏書一印，澹生堂經籍記一印，猶明末祁彪佳家所藏也。原自二十卷中，第七、第八、第九卷並佚，無別本可以校補，今姑仍其闕焉〔註238〕。

是今四庫本尚書要義止有十七卷，序說一卷爾。九經要義之存於四庫者，今唯有周易、尚書、儀禮、春秋左傳四種，亡佚頗多，是當時是書似未盛行，故自後目錄家多未之及，惟明萬曆中張萱重編內閣書目，及菉竹堂、絳雲樓、述古堂諸目有之，然亦非完書。清嘉慶間，阮元巡撫浙江，復得尚書三卷，禮記三十一卷，呈補九經之闕，而禮記中曲禮猶闕，可證元明以來，即罕覩全編矣。同治間又有毛詩要義出而又佚；後於滬瀆有影寫宋本尚書、毛詩兩要義，而毛詩刊行，而尚書則未見〔註239〕。今所據惟四庫十七卷本耳。

三、魏了翁之尚書學

鶴山尚書學之著作，唯尚書要義一種，而尚書要義之內容體例，乃摘尚書正義中注疏文字而成，復加標目，別無一語置其意於其間，故實難據之以探鶴山尚書之

〔註236〕參見宋史卷四百三十七儒林傳頁17本傳。宋元學案八十鶴山學案，總頁1499。
〔註237〕見卷八三，頁5。
〔註238〕見尚書要義前附。
〔註239〕參見莫祥芝毛詩要義跋。群儒考略魏了翁下，頁8引。

學；雖然，亦有可論者焉。

（一）尚書要義之探討

尚書要義一書，其實節撮自尚書正義，四庫提要論之曰：

> 尚書要義十七卷，序一卷，……皆摘注疏中精要之語，標以目次，以
> 便簡閱……此其所摘尚書注疏也。孔安國傳本出依託，循文衍義，無大發
> 明，亦無大瑕纇，故宋儒說詩排小序，說春秋排三傳，而說書則不甚排孔
> 氏。孔穎達雖詮釋傳文，不肯稍立同異，而原原本本，考證粲然；故朱子
> 語錄亦謂尚書名物典制，當看疏文，然尚書既聱牙，注疏又復浩汗，學者
> 卒業爲艱；了翁汰其冗文，使後人不病於蕪雜，而一切考證之實學，已精
> 華畢擷，是亦讀注疏之津梁矣〔註240〕。

其意若析而言之，可分兩點：一爲肯定尚書注疏本身之價值，朱熹亦甚重之；二爲
魏了翁作要義之目的與價值。

就第一點而論，朱熹甚重疏文之價值，然則鶴山取注疏爲要義，其本諸朱熹之
理念歟！此未必然。鶴山之學，得之於李燔、輔廣甚深〔註241〕，即其學源自朱熹一
派，殆無可疑。然鶴山嘗謂：

> 向來多看先儒解說，不如一一從聖經看來，蓋不到地頭，親目涉歷一
> 番，終是見得不眞。來書乃謂只須祖述朱文公；朱文公諸書，讀之久矣，
> 正緣不欲於賣花擔上看桃李，須樹頭枝底，方見得活精神〔註242〕。

鶴山又云：

> 某向來多作易與三禮工夫，意欲以讀詩記之類爲一書。比來山間，溫
> 尋舊讀，益覺今是昨非，安知數年後不又非今也；以此多懼，未易輕有著
> 述〔註243〕。

以此觀之，鶴山取注疏文爲要義，蓋既以爲注疏自有可取，或亦遵朱子之意，而鶴
山之意，蓋不敢輕爲著述，亦欲就經傳注疏中自尋眞義，故僅就注疏中撮取之，以
爲玩索體味之資也。

就前述第二點而論，鶴山爲要義，蓋亦有汰冗存精，以便後學之意。而四庫提
要於周易要義提要中云：

> 王禕雜說云：孔穎達作九經正義，往往援引緯書之說，歐陽公常欲刪

〔註240〕同註238。
〔註241〕參見宋史本傳及宋元學案之鶴山學案。全祖望嘗論之矣。
〔註242〕見宋元學案八十鶴山學案，總頁152引鶴山答周子口之言。
〔註243〕同前註。

而去之，其言不果行；迨鶴山魏氏作要義，始加黜削，而其言絕焉，則亦甚與以廓清之功矣〔註244〕。

據此言之，則要義之作，於刪選之際，鶴山已先有去讖緯之意。此說不獨見於此，於明朝孫瑴所編古微書提要中亦有是言。然則提要以爲「刪削讖緯之言」，爲要義之重要準繩。考諸鶴山之言，其說亦不無根據；鶴山曰：

> 讀書雖不可無注，然有不可盡從者。只如鄭注三禮，已各隨時爲義，不能盡同；禮與詩異，詩與書異，書與易異，一事而自爲兩說三說者極多；其改字處十有八九不可從；最害義者，以緯證經，以莽制證周公之法〔註245〕。

據此則王禕之說有可取信者矣。

然若據尚書要義之內容以探之，則又有不然者焉。鶴山慮己見之未定，怛於唐突聖經，不敢輕爲著述，而欲就經文傳疏中體會枝頭精神，此誠要義所以純採擷於傳疏之因由。至於汰冗存精，刪削讖緯之說，則有可議。考要義之體例，皆截取注疏一段，立以標目；然若彼本爲汰冗存精，則必每段皆有截抄，始足資讀者貫通經義之用，然要義之中，有部份經文之注疏，悉數不取者，如洪範三德一疇，全無疏文，其意以爲三德之疏文皆冗耶？此不可之說也。至於刪削讖緯之說，求諸孔疏，本亦不取讖緯者矣。正義於孔安國序「古者伏犧之王天下也」一段下云：

> 若然，尚書緯及孝經讖皆云三皇無文字，……藝文志曰：仲尼沒而微言絕，七十子喪而大義乖。況遭秦焚書之後，群言競出，其緯文鄙近，不出聖人，前賢共疑，有所不取；通人考正，僞起哀、平，則孔君之時，未有此緯，何可引以爲難乎〔註246〕？

所謂「通人考正，僞起哀、平」者，語蓋出於文心雕龍正緯篇〔註247〕，而通人蓋指漢賈逵、張衡也〔註248〕。可見正義之作，本即不信緯書，故凡緯書之說，疏皆駁之。若堯典「日中，星鳥，以殷仲春」，孔傳云：「日中謂春分之日。鳥，南方朱鳥七宿。

〔註244〕見四庫總目提要。

〔註245〕見註242引鶴山答賈漕趙師恕。

〔註246〕見正義卷一，頁1。

〔註247〕文心雕龍正緯篇云：「通儒考覈，謂僞起哀、平」，語與上引正義之文稍異；而正義於卷十二，頁3洪範「天乃錫禹洪範九疇，彝倫攸敘」下云：「緯候之書，不知誰作，通人討覈，謂僞起哀、平。」與上例正心可互補。范文瀾注文心雕龍曰：「正義之文，蓋本彥和。」其說是也。

〔註248〕參見後漢書張衡傳，張衡上疏之言曰：「往者侍中賈逵摘讖互異三十餘事，諸言讖者不能說。至於王莽篡位，漢世大禍，八十篇何不成？則知圖讖成於哀、平之際也。」可資參證。

殷，正也。春分之昏，鳥星畢見，以正仲春之氣節，轉以推季、孟可知。」正義疏傳曰：

> 天道左旋，日體右行，故星見之方與四時相逆；春則南方見，夏則東
> 方見，秋則北方見，冬則西方見也；此則勢自當然。而書緯爲文生說，言
> 春夏相與交，秋冬相與互，謂之母成子，子助母，斯假妄之談耳〔註249〕。

孔疏斥書緯爲「假妄之談」，可證前說爲眞。且若孔傳之說與讖緯之說同，正義以爲非孔傳用緯說，乃前世相傳有之，孔傳取前世之說耳。若洪範庶徵「月之從星，則以風雨」孔傳云：「月經於箕則多風，離於畢則多雨；政教失常，以從民欲，亦所以亂。」正義疏傳文云：

> 詩云：月離于畢，俾滂沱矣。是離畢則多雨，其文見於經；經箕則多
> 風，傳記無其事。鄭玄引春秋緯云：月離於箕，則風揚沙作。緯在孔君之
> 後，以前必有此說，孔依用之也〔註250〕。

正義信孔傳出於孔安國，而安國在哀、平之先，故孔傳之說，必非出於緯書，乃因前世所固有之說也。

　　孔傳既不取信讖緯之說，故於鄭玄所引讖緯、中候之言，多所駁斥，然則無所謂刪削之說矣。且通觀要義全書，於疏文引讖緯之說，亦皆錄之，未見刪削之迹；更有甚者，於鶴山集中，鶴山論及尙書之語，有用鄭說讖緯之言者。其論洪範「星有好風，星有好雨」曰：

> 洪範注止言箕好風，畢好雨；月令正義乃謂按鄭注洪範中央土氣爲
> 風，東方木氣爲雨，箕屬東方木，木尅土，尚妃之所好，故箕星好風；西
> 方金氣爲陰，尅東方木，木爲妃，畢屬西方，尚妻之所好，故好雨也。謂
> 孟春行秋令，申氣乘寅，兩相衝破，申來逆寅，寅爲風，風之被逆，故爲
> 焱風；寅往破申，申爲雨，雨之被逆，故爲暴雨。以五行相克言〔註251〕。

此不獨引鄭玄讖緯之說，復益之以五行相克，干支衝破之論，其視鄭注，更有甚者矣。以是察之，鶴山尙書要義之作，非爲刪削讖緯之言而爲之也，提要之說不足探信。然則何所爲而作耶？曰：爲考古今之變張目也。

　　考鶴山有「古今考」一卷，乃未完之作；其自序曰：

> 渠陽山中暇日，編校經傳，自兩漢諸儒，去古未遠，已不能盡識三代
> 遺制，凡冕服車旗，類以叔孫通所作漢禮器制度爲據，其所臆度者，無以

〔註249〕見尚書正義卷二，頁16。
〔註250〕見前書卷十二，頁24。
〔註251〕見魏了翁讀書雜鈔卷一，頁15。

名之，則曰猶今之某物；然孔、賈諸儒爲之疏義，則又謂去漢久遠，雖漢法亦不可考；因嘆三代遺制，始變於周末，大壞於秦漢，而盡亡於魏晉，以後名物、稱謂、字義、音釋，亦鮮有存者。……人情習於簡陋，古制蓋不可考矣，姑即漢紀，隨文辨證，作古今考〔註252〕。

鶴山古今考未成一卷，止二十條，後有元代方回者〔註253〕，爲之續作，而其旨恪遵鶴山之遺規焉。方回敘其事曰：

右鶴山先生初稾所撰。先生次子故大府卿浙西安撫使知臨安府靜齋先生家藏，回客門下，自淳祐十二年壬子於知吾州時，入書塾，咸淳丁卯，國子正遭論，寄家於先生之鶴山書院，秋九月借親筆繹觀，遂錄諸此，所謂古今考者，僅成二十則而未竟。……靜齋謂鶴山之意，以漢最近古，用班固書帝紀隨句解釋，則知古制之所以變者，在於周末及秦，而古制之所以不復者，在乎漢之因秦之陋，善學者從是而推之，亦可以髣髴其遺意云〔註254〕。

是方回之續作，乃沿鶴山之舊例也。而方回於書中云：

鶴山先生渠陽山中，嘗取九經註疏爲要義，所以爲古今考張本也。古今考雖不就，要義吾州有刊本，兵火已亡，而回尚留印本。謹以禮記、大傳正義，附論賜姓賜氏賜族之別者，續于鶴山先生所論劉氏之後〔註255〕。

方氏於文下即引「要義曰凡姓族異者，所以別異人也」一大段作論。其後續作之書，引鶴山九經要義立論甚多。若「附論周太宰九賦」曰：

回讀魏鶴山先生九經要義，批曰：漢法豈可證周；賈公彥曲附後鄭，賦口率出泉，即漢筭泉；又謂末作增賦，若漢時賈人倍筭；又謂計口出泉，無泉者以財賄當。鶴山又批曰未必然。……〔註256〕

續古今考論尙書呂刑「單辭兩辭」曰：

明清于單辭，聽獄之兩辭，鶴山集要義，題曰：單辭一人獨言，兩辭一虛一實。疏單辭謂一人獨言，未有與對之人。紫陽方氏曰：鶴山十二字

〔註252〕見學生書局雜著祕笈叢刊印古今考、續古今考一書中，總頁9、10。
〔註253〕方回，字萬里，一字　甫，號虛谷，別號紫陽山人，安徽歙縣人。宋理宗景定三年進士；入元爲官，至元十八年後，不復仕，成宗大德十一年卒年八十一。元史無傳，生平具載新安文獻志洪焱祖所撰傳中。
〔註254〕見註252書中，總頁10、11。
〔註255〕見註252書中，總頁57。
〔註256〕見註252書中，總頁683。

妙，疏十字亦好〔註257〕。

方回以爲九經要義乃爲古今考張本，故所作續考，每引要義文字段落爲之也。方氏之說可信；蓋以體例言之，鶴山既欲明三代制度，及古今之變遷，則捨九經傳疏而莫由也。蓋經文爲三代之制，傳注則屬兩漢，疏則及隋唐矣，此正古今考之素材也；而考古今之變，非必每段每事皆可考，亦非每段每事皆可取用，亦或有評騭者焉；故要義者，取之九經傳疏之可考者，以備考古今典制之資用，其無可考者則不取也。此說於體例爲合。且方氏去魏鶴山未久，而彼所以續古今考者，亦得授意於鶴山次子靜齋魏克愚〔註258〕，嘗曰：

　　　　四十一歲遭論，得鶴山先生以漢紀爲古今考二十段；前尹京靜齋先生

　　在吾州，與進壬子，年二十六未見此文，公乃得之，謂回可續考也〔註259〕。

其續古今考既受意於鶴山之子，彼必當有以啓之；今其說若是，則視王禕、提要之說，其近是實無可疑者矣。

以此言之，謂鶴山取傳疏以資斟酌體味，則可；謂其別有寄意如刪削讖緯者，或謂其爲後學汰冗存精者，皆無的之說耳。

（二）魏了翁尚書學之淵源

鶴山尚書要義，既本爲其古今考之作張本開目，今古今考未成，無可考其是非臧否之見矣，然亦不可執要義之出於傳疏，即謂其尚書學純由傳疏而來。考鶴山論「月三日則成魄」曰：

　　　　朱氏曰：魄者月之有體而無光處也，故書言哉生明，旁死魄，皆謂月

　　二三日，月初生時也。凡言既生魄，皆謂月十六日，月始闕時也。鄉飲酒

　　義兩言月三日而成魄，則是漢儒專門陋學，未嘗讀尚書者之言耳。疏知其

　　繆而曲徇之，故既言月明盡而生魄，又言月二三日而生魄，何相戾之甚耶

　　〔註260〕！

此評孔疏之繆也。二孔傳疏見於康誥，今康誥一篇，要義闕逸不可考，然據此亦是足知鶴山有不用二孔傳疏者也。

夫鶴山之學，蓋私淑於朱熹一門；宋元學案謂爲「范氏所傳，朱張再傳」，學案

〔註257〕見註252書中，總頁132。
〔註258〕參見宋元學案卷八十鶴山學案，總頁1514，鶴山家學下有「知州魏靖齋先生克愚」一條，靖齋即靜齋也，傳寫之誤耳。
〔註259〕見註252書中，總頁1298。
〔註260〕見讀書雜鈔卷二，頁23。

表亦曰：「潛庵、宏齋講友，范氏所傳，晦翁、南軒私淑〔註 261〕。」潛庵者，輔廣也；宏齋者，李燔也〔註 262〕；皆朱熹高弟。范氏者，雙流范子長也，與其弟子該同游南軒張栻之門〔註 263〕。四人皆與鶴山友游，是以得晦翁、南軒之學焉；而尤以朱子之說爲深。雖然，鶴山尚書之學，亦不甚用朱子之論，反近於東萊呂祖謙書說。考諸鶴山讀書雜鈔可知也〔註 264〕。若其論說命上「台恐德弗類」曰：

> 台恐德弗類。呂氏曰：與天地合其德云云，方謂之類〔註 265〕。

按東萊書說云：

> 夫大人者，與天地合其德，與日月合其明，與四時合其序，與鬼神合其吉凶，德至於此，所謂類也〔註 266〕。

通考鶴山讀書雜鈔引及尚書而論之者，共十七條，其中稱「呂氏曰」者有六條，而其中一條之後，復連引三條尚書之文而立說，以「又曰」起語〔註 267〕，乃因前文而省之詞，亦即所引者比照前條「東萊呂氏曰」也。考諸東萊書說，無誤。若其中「子小封，恫瘝乃身，敬哉」一條，下曰：

> 又曰：乃是委疾痛在爾身上，以商民殃害汝，不可錯認作富貴之具。

考東萊書說康誥篇，於同段之下云：

> 今命爾爲諸侯，非欲富貴爾身，乃委疾痛于爾身耳；以商民累汝，不可認以爲富貴之具〔註 268〕。

然則十七條言尚書文中，引呂氏之書說者九條，而稱名引朱子「哉生魄」之說者一條，論句讀者一條，引鄭玄說者兩條，評孔疏者二條，其餘兩條雖未稱名說義，考諸其文義，亦取諸呂氏爲近。其言曰：

> 召敵讎不怠（微子），力行無度（泰誓中），祇保越怨不易（酒誥言敬保其怨而不易也）；武王所謂吉人爲善，惟日不足，凶人爲不善，亦惟日不足，爲善爲惡，同此功夫，看紂所謂不怠、力行、祇保可見〔註 269〕。

考東萊書說於微子「召敵讎不怠」下云：

> 大抵善惡皆有不足之理，吉人爲惟，惟日不足，凶人爲不善，亦惟

〔註 261〕俱見宋元學案八十之中。
〔註 262〕參見前書卷六十九滄州諸儒學案，總頁 1283。
〔註 263〕參見前書卷七十二二江諸儒學案，總頁 1363。
〔註 264〕考鶴山諸作之中，論尚書者唯此最集中矣。
〔註 265〕見讀書雜鈔卷一，頁 5。
〔註 266〕見卷十二，頁 3。
〔註 267〕見讀書雜鈔卷一，頁 18。
〔註 268〕見增修東萊書說卷二十，頁 6。
〔註 269〕見讀書雜鈔卷二，頁 9。

　　　日不足，召敵讎不息，凶人之不足也。紂爲惡之不息，特其機之不轉耳
　　〔註270〕。

可見其文其義之相近同也。由是觀之，魏了翁之學術淵源，雖得諸晦翁、南軒爲多，
然其尚書之說，則多淵源自呂祖謙，是亦學術之異數也。

　　然則魏鶴山何以不取於朱子而反近於東萊哉？試論之曰：朱子嘗謂東萊書說曰：

　　　　伯恭直是說得書好，但周誥中有解說不通處，只須闕疑，某亦不敢強

　　　解，伯恭卻一向解去，故微有尖巧之病也。是伯恭天資高處，卻是太高，

　　　所以不肯闕疑〔註271〕。

東萊解書，無有闕疑，一向解去者，蓋其天資高妙，又善爲文章，體察辭氣，所謂
左右逢源，無有滯礙，故無闕疑之說，其視闕疑之說，乃力不逮者所爲之辭爾；是
以東萊說書，多仍孔傳之義，加以發揮義理，已游刃有餘矣。鶴山少有神童之譽，
其天資絕俗可知，故其嘗謂讀朱子之書久矣，而猶不欲賣花擔裡看桃花，以朱子之
說讀經，所得者乃朱子之經爾，須自己心眞有所得，然後始可謂得聖經之眞義，所
謂樹頭枝底見眞精神也〔註272〕；是以不欲輕有述作，惟取傳疏以爲入門之奠石，進
而可窺聖人之堂奧也。可見鶴山之與東萊，其天資性格，學術觀念有不言而相契者。
蓋以是故，鶴山尚書之說多取於東萊也。

　　全祖望謂：「嘉定而後，私淑朱張之學者曰鶴山魏文靖公，兼有永嘉經濟之粹而
去其駁〔註273〕。」其言雖不誤，然未及鶴山與東萊之關係，則不無小失。

四、魏了翁尚書學之評價及影響

　　鶴山尚書之學，除節錄傳疏而成之尚書要義外，無有專著定論，而尚書要義又
非爲解尚書而作，故欲據之而論鶴山之尚書學，猶緣木求魚也。而九經要義雖既成，
當時亦不盛行，故歷代目錄之家，亦鮮及之，至於篇簡亡佚，殘缺不全。就所見者，
唯方回續古今考之作，承魏鶴山之成規，據九經要義之目以爲之，其中亦多有引用
鶴山尚書要義之文，若前引呂刑「單辭兩辭」條是也〔註274〕。

　　雖然，以今日視其書，猶文章之選本其截取傳疏文字，分段標目，眉目清楚，
便於翻尋披閱，誠亦學者研讀傳疏之一助也。至於其中是否已盡包尚書之要義，則
見人見智矣。

〔註270〕見其書卷十四，頁5。
〔註271〕見董鼎書集傳輯錄纂註綱領，頁7，引葉紹翁四朝聞見錄之言。
〔註272〕參見同註252。
〔註273〕見宋元學案卷八十鶴山學案，總頁1499。
〔註274〕讀古今考卷三十七多論尚書之刑法，其中引尚書要義頗集中。

第五節　胡士行

一、生平事略

　　胡士行，廬陵人，官臨江軍軍學教授。著有尚書詳解十三卷〔註275〕。考其書及引時瀾增修東萊書說，而時氏書成于宋寧宗開禧三年丁卯，去呂祖謙卒後二十六年，則士行之卒，當在開禧三年之後也。

二、尚書之有關著述與著錄

　　胡士行有尚書詳解十三卷。其書宋志及宋代各書家均未著錄，明焦竑國史經籍志著錄「書集解十三卷」，朱彝尊經義考作「初學尚書詳解十三卷」〔註276〕。考其書解書之形式，有類孔傳，多於文句之下，順文解義，文辭簡略；而於每節之後，時加說義以發揚義理，其文亦簡要；而所引諸家之說，鮮有評騭之語；於一辭數說者，則臚列諸家以並觀。就其量而言，視林三山之全解，夏僎之詳解，陳經之詳解等書為簡略，不可謂之詳；就其蒐羅諸家而言，其集諸說而解之者，全書之中不及十一，其說多主於一家，不宜謂之「集解」；就其形式而言明白簡潔，無紛繁之病適於初學尚書者閱讀，經義考名曰：「初學」，蓋得其實。豈書肆以其比孔傳為詳，而冠以「詳解」之名耶。

三、胡氏之尚書學

　　四庫全書總目提要云：「其解經多以孔傳為主，而存異說，於孔傳有未善，則引楊時、林之奇、呂祖謙、夏僎諸說補之，諸說復有未補，則以己意解之〔註277〕。」驟而視之，其說固若甚是，然細而察之，其實不然，蓋孔傳者，凡研讀尚書之士固不能外之，故胡氏之著，於孔傳有時而用之，未足指為根源。提要之說未允。今重加釐正，述胡士行尚書之學於后。

（一）胡氏尚書解之範圍

　　胡氏之解，有集諸家學說而成者，其所引用之範圍，相當廣博：於漢、晉之世，劉歆、夏侯、賈逵、馬融、鄭玄、王肅、孔傳、張髦等，於唐則有孔氏正義；於宋，則有周敦頤、劉敞、蘇軾、楊時、林之奇、夏僎、朱熹、呂祖謙諸家，此皆明稱其名而引用者。至其未稱名而實引用者，尚有王安石、陳鵬飛、程頤、吳蘊古、胡益

〔註275〕參見經義考卷八四，頁 2。宋人傳記資料索引，四庫提要卷十一，頁 29。
〔註276〕並見四庫總目提要卷十一，頁 29 引。
〔註277〕同前註。

之等，以此觀之，不可謂不博矣。然細考之夏侯九族之說，出於孔疏，亦見於林氏全解；賈逵、劉歆、馬融、張霶、鄭玄等六宗之說，亦出於孔疏及王氏新義、林氏全解所引用；以此知之，胡氏所據，於宋之前者，唯孔傳、孔疏而已。

至於宋代諸家，其引周敦頤兩條，一引通書解咸有一德之「協於克一〔註278〕」之語；一引太極圖以證洪範「五行」之本〔註279〕，此說亦本諸呂祖謙。其引劉敞一條，以解九共即九丘〔註280〕。其引楊龜山一條，以釋洪範「皇極」，而其說實出於呂祖謙〔註281〕。其引朱熹皇極辨以釋「皇極」，亦止一條而已〔註282〕。而胡氏書解中，未稱名引用者，於王安石新義，多以「或云」、「一曰」、「一說」出之；如王氏以堯典「若時登庸」乃與「若予未」相對，上指順天道，下指人事，胡氏引之而稱「或〔註283〕」，存其一說。若洪範皇極，胡氏引「一云」：「皇、君也，猶言主極、有極者，天建極者、君也〔註284〕。」此爲王氏之說；而直接引用而未加注明者，若釋「庸」字曰「王功曰庸〔註285〕」，釋「殂落」曰「魂氣歸天，體魄降地〔註286〕」等是也。其引伊川之說一條，見益稷「昭受上帝，天其申命用休」，下注云：「以形體謂之天，以主宰謂之帝〔註287〕。」此乃伊川之言也。其引用陳博士鵬飛之說一條，其注大禹謨「九功」曰：「惟修之六府，財用之所自出；惟和之三事，人事所當爲〔註288〕」此說乃陳少南之論，見引於夏僎詳解。至於胡益之，吳蘊古之說，皆引自夏氏詳解〔註299〕。

總上所述，胡士行書解，其所稱引，以著作計之，二孔之外，則以王氏新義、伊川書說、東坡書傳，林氏全解、夏詳解、呂氏書說爲主，朱熹皇極辨、劉敞七經小傳、周敦頤之通書、太極圖，乃偶而參考耳。

（二）胡氏尚書解之根源

胡氏書解，於二孔之外，引及宋代前輩諸家之說，然其尚書學之根源，非如四

〔註278〕參見胡氏書解卷四，頁15。
〔註279〕參見前書卷七，頁2。
〔註280〕參見前書卷一，頁23。
〔註281〕參見前書卷七，頁6。
〔註282〕見同前註。
〔註283〕參見前書卷一，頁11。
〔註284〕參見前書卷七，頁6。
〔註285〕參見前書卷一，頁16
〔註286〕參見前書卷一，頁18。
〔註287〕參見前書卷二，頁17。
〔註288〕參見前書卷二，頁3。夏僎詳解引之，標明爲陳少南鵬飛之說。
〔註299〕胡氏書解卷三，頁13，益稷「禹錫玄圭，告厥成功」，胡氏之論乃引自夏僎詳解所引胡益之之說。又卷二，頁2 大禹謨「惠迪吉，從逆凶」胡氏之論及卷四，頁14 咸有一德「惟尹躬湯，咸有一德」下胡氏之言，皆引自夏氏詳解所引吳蘊古之言也。

庫所云「以孔傳爲主」，實乃以呂祖謙書說爲基礎，其他諸說，則或引用一二以參校，以補呂氏書說之不逮，除此之外，胡氏之書，實即最取呂氏之說，分隸文句之下，又於每節之後兼取呂氏說義，如是而已。茲引數例以見二者之關係。呂氏書說於立政「亦越成湯」至「用丕式見德」一段曰：

> 凡典禮命討，昭著於天下者，皆上帝之光命也。成湯之升大治之，使章條炳蔚，所謂陟丕釐上帝之耿命也。然湯所以大治之者，豈一手足之力哉！亦曰圖任三宅三俊而已，乃用三有宅克即宅，曰三有俊，克即俊，言知之之明也；所用之三宅，實能就是位而不曠其職，所稱之三俊，實能就是德而不浮其名，未即宅未即俊之前，知之者獨湯，既即宅既俊之後，則夫人而信之也。三俊，說者謂它日次補三宅者。觀夫宅以位言，俊以德言，意其儲養待用，或如說者之所謂歟！高帝儲參、陵、平、勃於身後，迄能定再世之亂；諸葛亮儲琬、瑋、允、維於身後，亦能持循數十年；況三代所以爲社稷長慮者，股肱心腹之任，固宜預求其繼也〔註290〕。

胡士行書解，則注曰：

> （亦越）于（成湯陟）升（丕）大（釐）治（上帝之耿）光（命）典禮命討昭著於天下者皆是也（乃用三有宅）事牧準之職（克）能（即）就（宅）居位而不曠其職（曰）定論（三有俊）有事牧準之才他日以備三宅者（克即俊）有德而不浮其名〔註291〕。

稍事比對，即知胡氏書解，其註文幾全由呂氏書說而來。若「陟丕釐上帝之耿命」，孔傳曰：「得升大賜上天之光命王天下」，而呂氏以「典禮命討，昭著於天下者，皆上帝之光命也。……升大治之」解之；孔傳於「三有宅，克即宅，曰三有俊，克即俊」曰：「用三有居惡人之法，能使就其居，言服罪；又曰能用剛柔正直三德之俊，能就其俊事，言明德。」呂氏則以「就是位而不曠其職」解「克即宅」，以「就是德而不浮其名」釋「克即俊」，並以「常伯、常任、準人」之說「三宅」，以「俊以德言，其儲養備三宅者」說「三俊」，皆與孔傳異；而胡氏與呂說意同文同，實即以呂氏之文釐析分隸而已。可見胡士行之書解，其源於呂氏而不主於孔傳〔註292〕。

胡氏於此節之下，有發揮義理，指陳議論之一段文字，其辭曰：

> 此湯之知人也。湯之陟所以丕釐帝命者，曰圖任三宅三俊而已；用者，定其位，曰者定其論，以待用者也。如高帝之儲蕭何、曹參、王陵、陳平、

〔註290〕見增修東萊書說卷二九，頁5。
〔註291〕見胡氏書解卷十，頁13。括號內者爲經文，餘者爲夾註。
〔註292〕如上引文之狀況，胡氏書解中，無處無之，尤以洛誥以後諸篇爲純一徹底。

周勃；諸葛亮之儲蔣琬、費禕、董允、姜維，所以爲社稷長慮也〔註293〕。

此段論辭，亦由呂氏書說撮要而成，其中引漢高帝，諸葛亮之例亦同，證據確鑿不易；足見胡士行之說不以孔傳爲主；又如洛誥，呂東萊論之曰：

> 大甲復亳而伊尹告歸，成王卜洛而周公告歸，蓋伊尹、周公處大臣之變者也。已事而亟去，所以明吾心而嚴萬世之防也。然周公不得遂其去，何也？伊尹之時，國無他變，太甲思庸，則其責塞矣；至於周公雖卜洛以遷商民，基業略定，然其心猶未服，四方之大勢，猶未集，非周公誰與鎮安之，此所以欲去而復留也〔註294〕。

胡氏於洛誥，其論曰：

> 太甲復亳，成王卜洛，而伊尹、周公告歸，所以處大臣之變，嚴萬世之防也。然周尚有頑民未定，故公未得遽去〔註295〕。

胡氏取呂氏之文，復加減省，去其繁重以成文。然呂東萊書說，長於說義而短於考證，於名物訓詁之處，呂氏不及者，則胡氏每據林之奇全解或夏僎詳解補足之，若舜典「帝曰咨汝二十有二人」，呂氏曰：

> 此段命九官之文通看意味深至，……二十二人，治職之統要也〔註296〕。

呂氏於「二十二」之數，未有一言論其所以「二十二」者，蓋說之者多不同，或謂四岳爲一人，或謂伯夷、禹、重益、夔，龍六人新命；而胡氏註釋之，則曰：

> 四岳十二牧九官，共二十五人，曰二十二人者，有一人而兼二職者也〔註297〕。

胡士行此註，蓋出於林之奇全解之說也。至於議論之文，亦有以呂說未足，或無所解釋而取他說補之者；若舜典「舜生三十徵庸，三十在位，五十載陟方乃死」、呂氏曰：

> 舜自初即位，至陟方乃死，凡五十載。今舜典一篇載舜即位一年之事，若不能盡五十年之治，蓋舜之治天下，自始立規摹，後之號令紀綱，非無變易，而皆自此出也。史官載其一年而略其餘，規摹一定，四十九年之事，皆枝葉流派也，此最作史之妙，又見人君爲治之要〔註298〕。

呂氏此說義頗爲奇特，與他說皆不同，然彼於「陟方乃死」則無所置辭，胡氏遂別

〔註293〕見同註291。
〔註294〕見東萊書說卷二三，頁1。
〔註295〕見胡氏書解卷九，頁1。
〔註296〕見東萊書說卷二，頁17。
〔註297〕見胡氏書解卷一，頁21。
〔註298〕見東萊書說卷二，頁18。

求之他人。林之奇解「陟方乃死」一句曰：

> 孔氏云：方，道也，舜即位五十年，升道南方，巡狩死於蒼梧之野
> 而葬焉。……漢儒以謂卒蒼梧之野，其說已不可知矣，況揆之以理，有
> 所甚不可者；夫堯老而舜攝，則不復以庶政自關，而舜實行巡狩之事；
> 舜既耄期倦於勤，而使禹攝矣，則巡狩之事，禹實行之；蒼梧在舜之時，
> 其地在要荒之外，舜已禪位而使禹攝矣，豈復巡狩於要荒之外而死，死
> 而葬於蒼梧之野，以是禹率天下諸侯以會舜之葬於要荒無人之境，此理
> 之必不然者。司馬溫公詩曰：虞舜在倦勤，薦禹爲天子，豈有復南巡，
> 迢迢渡湘水。此說爲得之。陟方者猶云升遐也，乃死謂升遐而死，猶云
> 帝乃殂落也〔註299〕。

而胡士行於舜典此段，則曰：

> 在位五十年，舜典載其一年事而略其餘，規摹一定，四十九年之事
> 皆枝葉流派也。此作史之妙。陟方〔孔〕以爲舜升道南方，巡狩死於蒼
> 梧之野而葬焉。案堯老舜攝，則巡狩舜行之矣，豈有禹既攝而舜猶巡狩
> 者乎。（司馬溫公詩云）：虞舜既倦勤，薦禹爲天子，豈肯復南巡，迢迢
> 渡湘水〔註300〕。

此論前半根據呂祖謙之說，而後半則據林之奇全解之說，以補呂氏之所無也。

當然，胡氏之書亦非盡取呂氏之說，間亦有以爲他說較優而呂氏說亦可取，遂二說並存者，若洪範「五事」，胡氏曰：

> 始孩而貌，稍長而言，於是能視，能聽而思終焉。（呂云）：孔門四勿，
> 視聽先言動。箕疇五事，貌言視聽者：顏子爲已，舉目皆用功之地；人君
> 動容作命，天下觀聽繫焉故也〔註301〕。

呂氏於「五事」下曰：「五事，形色天性也。聖學精微，所當從事於此者，故謂之五事〔註302〕。」所謂「形色天性」，其義不明，故胡氏取蘇軾書傳之說，以人成長之歷程說五事之順序，或即呂氏之所謂「形色天性」之義也。而復取呂氏說五事之論，並比較四勿與五事差異，則又不盡棄呂氏之言也。

呂氏之書說，自洛誥以前，乃其徒時瀾所增修，故有部分無所解釋之處，胡士行多引相近之說以補足之。若胤征序「羲和湎淫，廢時亂日，胤往征之」，增修東萊

〔註299〕見林之奇全解卷三，頁 25、26。
〔註300〕見胡氏書解卷一，頁 23。
〔註301〕見前書卷七，頁 5。
〔註302〕見胡氏書解卷十七，頁 6。

書說中無所釋，而胡氏引林之奇之說曰：

> 羿逐太康，太康崩，其弟仲康立，即位之初，以六師之柄付之胤侯，
> 所以收兵權也，即夜拜宋昌之義。故終仲康之身，羿不得逞。至仲康子相，
> 始為羿所逐。羿自立為帝，羿淫亂為家眾所殺，寒浞代之，殺相；相之後
> 緒生少康。夏之遺臣滅浞而立少康，然後祀夏配天，不失舊物〔註303〕。

呂祖謙雖於序無所釋，然其於經文「其或不恭，邦有常刑」之下曰：「征伐天子之大
權，天下有道，禮樂征伐自天子出〔註304〕。」則其意以為胤侯之征義和，乃仲康所
命，非后羿所命也；而林之奇之說與此正近同，或呂氏本即有取於林氏之說。是以
呂氏書雖不具其文，而胡氏取林氏相近之說補足之也。

雖然，胡士行書解，亦有不同於呂氏者，洛誥「復子明辟」，呂氏曰：

> 程氏謂如復於王之復。周公蓋言我以作洛獻卜之事，反告於汝明君
> 也。……世儒復辟之說，蓋生於此語，抑不知有失，然後有復；武王崩，
> 成王立，未嘗一日不居王位，何復之有哉！君幼而百官總己以聽焉，是固
> 冢宰之職也〔註305〕。

是呂東萊不獨信周公未攝之說，且大力評擊復辟之論。胡氏於此則不然。其說曰：

> 先此周公攝政，王之為君未明也。今公歸政而王即政，則為明辟矣。
> 〔註306〕

彼雖言成王為君，然亦謂周公攝政，是用孔傳之說而與呂祖謙之論相違。惟通考其
書，與呂氏之書相違者唯此一見而已。

總結言之，胡氏書解，其文辭、訓詁、義理，皆本之呂祖謙書說，雖或參以他
家，終不離其主流；而於呂氏不足之處，或無說之文，則多引林、夏諸家相近之說
佐之，要之，可謂主於東萊一家之學者也。

（三）胡氏解尚書之形式

胡氏之書，乃為初學尚書者而作，祖述東萊，參以各家，文辭力求簡要，義理
主於清明，為此之故，其解書之形式，有則於他家。

1、雙行夾注及分段說義

胡士行書解，採夾注小字雙行為之，類乎孔傳，蓋取其就近即得，不需翻閱披
尋，是有便於初學者。且其注文用呂東萊之文抽繹為之，而不用孔傳，蓋東萊之文，

〔註303〕見胡氏書解卷三，頁16、17。
〔註304〕見東萊書說卷六，頁1。
〔註305〕見前書卷二三，頁2。
〔註306〕見胡氏書解卷九，頁1。

隨義理措辭較合誼之外，其文亦較孔傳明白淺近，若按注文直讀之，即有類乎宋語錄體，猶今日之白話轉述之功能，非若其他注解必先訓詁而後釋義者也。

此外，胡氏於每一小節之後，附加義理之發揮，或史例之補充，以總一節之義，使初學者先通經文，而不失於義理也。

2、並存異說，以利比觀

尚書之說，自來異說頗多，紛紛擾擾。於先秦有儒、墨之異，於漢有古今文之爭，漢以下有鄭、王之對，南北之別，及唐始獨尊孔傳，暫歸一統；唐末史通，疑議復起，迨於宋，諸家蠢動蜂起，有逾前代，王介甫藉朝廷之力，頒行新義，亦止六十年之獨擅，其間評議之書不息。初學尚書者，雖不宜兼攝諸說，徒眩耳目，然亦不可不知；名家異說，亦不能不知，蓋進學之始也。若堯典「九族」之說，則並列孔傳「高曾祖考，己子孫曾玄」直系九族之說，及夏侯氏「父族四、母族三，妻族二」之說〔註307〕。於舜典「六宗」之說，則列劉歆、賈逵、馬融、鄭玄、張髦、孔傳諸說，而按以孔傳之說為合〔註308〕。於益稷「十二章」，則列虞五服有孔、鄭之異，又加周五服比之〔註309〕。而禹貢「三江」之說，則列韋昭、郭象、王安石、班固、夏僎、蘇軾諸家〔註310〕。其說胤征，亦存蘇氏「羲和忠於夏」一說〔註311〕。凡此者皆是也。

3、歸納整理，先通其則

尚書一書，其中最難明者二篇，曰禹貢，曰洪範，而堯典之「觀象授時」，亦知之不易。胡氏於此則每作歸納整理，使學者先知其原則大概，然後能優游於經文之間也。若禹貢，於「任土作貢」之下，即先解釋經文之文例術語，如「山南曰陽，北曰陰」，「水停畜曰瀦，水隈曲曰隩」，「順流曰浮，順流而下曰沿，絕流曰亂，舍舟遵陸曰逾，因水入水曰達」之類〔註312〕，使學者知之然後讀經文，則無混淆之弊也。又若冀州田賦之下，胡氏即先統說九州田賦之等差，及其中術語若「上上錯」、「錯上中」者〔註313〕，欲使讀者不惑。又導水一段，亦先言導河、導漾、導江、導沇、導淮、導渭、導洛之勢，並釋其文例〔註314〕。至於洪範，則於五行之下，總言

〔註307〕見前書卷一，頁2、3。
〔註308〕見前書卷一，頁14、15。
〔註309〕見前書卷二，頁18、19。
〔註310〕見前書卷三，頁6、7。
〔註311〕見前書卷三，頁17。
〔註312〕見前書卷三，頁1。
〔註313〕見前書卷三，頁3。
〔註314〕見前書卷三，頁10、11。

五行之生數、成數、天數、地數，及五行四時陰陽奇耦之位〔註315〕。凡此者皆利於初學者也。

4、繪圖列表，一目了然

尚書一經，有關於天文、地理者，若以文字說明，十分煩瑣而不達義，故宋代學者，有圖說之作；若楊甲之六經圖，成於宋孝宗乾道元年，其中即有尚書圖五十有五。以圖解文，利在一目了然，統合整體，誠利初學者之良方。胡氏書解，亦取此法。若堯典四中星，胡士行以圖示之〔註316〕。其圖中環四象，次環列十二辰，外環列二十八宿，於旁注文四時星位。於仲春曰：「春分日在婁，初昏時鶉鳥正七宿之中」，其餘夏秋冬仿之；可見四仲時之天象，春昏時鶉火在南天之中，此即可明經文「日中星鳥，以殷仲春」之義。胡氏此圖與乾道元年六經圖比觀之，十二辰、二十八宿之位相同，然其說明文字則有異，胡氏四仲星圖云春分日在婁，夏在井，秋在房，冬在斗，而六經圖則曰春分日在胃十二度，夏在柳十四度，秋在氐十四度，冬在虛一度；以此考之，胡士行之圖，未必取自六經圖，蓋亦自為之也。

又若禹貢五服曰甸、侯、綏、要、荒，每服之中，又分二焉，所謂弼成五服，至於五千之數，若以五乘五則止二千五百而已，且王畿千里，其數似不倫，故為圖示之，其意謂以王畿之中為中心，四面各百里，則王畿東西，南北廣袤各千里，然後四面以五百里外移，則一面總長二千五百，兩面合共五千里矣〔註317〕，以圖示之，可無誤解。

而胡氏於洪範五行之下，列太極圖，並引太極圖說之文作說義，以明五行化生之源。彼所以如此者，或因呂祖謙之意也。呂祖謙曰：

> 太極動而為陰陽，陰陽布而為五行，五行上既有陰陽，陰陽上又有太
> 極，何以即言初一曰五行，當深究之。萬物莫不有初，未嘗息也，故謂之
> 五行〔註318〕。

呂氏之說，或本即有取於太極圖，然其言推止及於太極，而不及於無極。周敦頤太極圖說，則先云「無極而太極」，其圖於太極之上，亦書「無極而太極」五字；或無極本不可言，太極則入於有，故形色之本乎太極可矣。今胡氏所列太極圖，其上無「無極而太極」五字，其文亦不引「無極而太極」之文，則其說或即本諸呂祖謙，而酌取太極圖為佐耳。又察乎諸家之說洪範，無有以太極之說解之者，唯東萊有之；

〔註315〕見前書卷七，頁4。
〔註316〕見前書卷一，頁6、7、8。
〔註317〕見前書卷三，頁12。
〔註318〕見東萊書說卷十七，頁4。

然則胡氏引太極圖作解，亦本乎東萊之意無疑也。今人有著宋人洪範學，云「胡氏此解，全用周敦頤太極圖說，殆亦深受理學風氣感染，乃引其說」，其實胡士行乃根據呂祖謙之說，引周氏太極圖以佐其說耳，非本即全用之；蓋亦不考於胡士行學術淵源也。

胡氏書解，圖之外尚有表，表而列之，對比分明，亦一目了然之效也。若大禹謨「人心」「道心」之說，胡氏表列對比，而人心道心之全體大義，皆能清晰顯見。其表列如下〔註319〕：

人心	氣	情欲	動	出應	喜怒哀樂之已發	危	過動	中	不過動	精	明	不差	察動靜之理
道心	理	性理	靜	入定	喜怒哀樂之未發	微	過靜		不過靜	一	誠	不二	守動靜之正

又皋陶謨「九德」，胡士行用唐孔疏之說，以洪範三德分統九德之目，以三德中剛德、正直、柔德各領三目，並有其德之善及惡，衍爲二十七目，列爲一表〔註320〕。

剛德三	簡 剛 彊	剛善。	廉 塞 義	剛惡	疏 虛氣 自任
正直三	亂 直 擾	近善剛。	敬 溫 毅	惡	恃才 徑行 弱
柔德三	寬 柔 愿	柔善。	栗 立 恭	柔惡	縱 懦 大樸

（四）胡氏尚書之見解

胡氏尚書解，於呂東萊書說，幾乎亦步亦趨，其異於呂氏者。亦多前有所承，故其書解似無所示其一己之見解，必於其所取於他說中之異同差別間說之；蓋其間有胡氏取捨之意存焉。抑又有難者，今所存宋人尚書之說，多所亡佚，故胡書中今

〔註319〕見胡氏書解卷二，頁 7。
〔註320〕見前書卷二，頁 13。

不見於所有現存宋人之說者，亦未必即胡氏之己見。茲就所見者，略述一二：

堯典「欽若昊天，歷象日月星辰，敬授民時」之下，胡氏先列五行生克之數，次列四時、四德、四方、五帝、五岳、五聲、五色、五味、五常、五臟、五事，然後再列十干，十二支、二十八宿、八卦，復以十二辰、十二律呂、十二支、二十四節氣，合爲一表，然後再次八節、分、至啟、閉，終列堯典日中、日永、宵中、日短四日度〔註321〕。以此察之，可見胡氏取洪範之義以解堯典「昊天」至「授時」之間之歷程。蓋洪範一曰五行，事事皆由五行而起，次而五事，至於五紀，有歲、日、月、星辰，歷數，正與「歷象授時」之意相近，胡氏即取洪範以注堯典，此乃胡氏尚書學之一得也。

而皋陶九德之說，胡氏雖引孔疏之說，以洪範三德統九德，然所統之目，稍有差異。孔疏以寬、柔、擾隸屬柔克，愿、亂、直隸屬正直，簡、剛、彊隸屬剛克；而胡氏則以愿入柔，擾隸正直，異於孔疏。孔疏解「擾」曰「事理擾順」，解「愿」曰「容貌恭正」，胡氏則解「擾」曰「馴」，解「愿」曰「誠樸」，二者說義相去不遠。孔疏又曰：「九德之次，從柔而至剛也。惟擾而毅在愿亂之下耳。」以此考之，孔疏、胡氏之所以異者，蓋胡氏取孔疏之說，由柔而至剛，順經文而分，不加變易，其意或即以爲經文順序，其義本確，後人不可以己意移易，致使經義疑迷也。

立政之篇「茲乃三宅無義民」下，胡氏曰：

> 義，剛德也，非不賢也，然較之丕訓德者之渾然，剛猶覺圭角之露也。
> 夏三宅之選嚴矣，雖偏於義德者無之也，其必如皋陶謨所謂常吉者，而後膺是選歟〔註322〕！

此說不見於他家，或即胡氏之己見。其說即據上述九德之說，以彊而義入剛德，故有是說。其義謂夏之三宅，選人甚嚴，強而義者，雖具剛德，然不能正直渾然無偏者，亦不可入於三宅之選也。

四、胡氏尚書學之評價

四庫提要稱胡氏尚書解曰：「堯典星辰之伏見，列爲四圖以驗分至，洪範初一曰五行，則補繪太極圖以釋初字，見五行生尅之有本雖皆根據舊說，要能薈萃以成一家之言，解經之篤實者也。所引漢晉人訓詁，間有異字，如益稷篇引鄭康成云：黼，紩以爲繡也。與注疏所載不同；凡斯之類，亦見其留心古義，不但空談名理矣〔註

〔註321〕見前書卷一，頁4、5、6。

〔註322〕見前書卷十，頁12。

〔註323〕見同註237。

323〕。」然據前胡氏尚書學之考察，其引太極圖出於呂祖謙之意，其引用漢晉人訓詁，皆因用林之奇、夏僎之說而旁及者，若提要所舉「黼，紩以爲繡」，乃林之奇之文中所引用，胡氏引林說而並引之耳。是則提要所稱胡氏者，蓋皆不得其要領。今按胡氏書解，析論其尚書學之價值凡有三端：

（一）義理尚書之入門讀本

尚書一經，乃夙昔君臣明謨大典，復以古今文之事，自來即頗多可議者；而詰屈聱牙，經文訓詁而能通者，已屬不易，遑論識其大義氣象矣。而以義理說書者，非長篇大論，即說義深奧，動輒人心道心之奧義，使讀者望而卻步。胡氏此書解，專據呂東萊書說。呂氏書說，朱熹雖謂「傷之巧」，然巧辭說義，圓通無礙，於學者亦最能受納；胡氏取於呂氏復以他家訓詁補呂氏之不足，而所引諸家，亦不失爲義理正流，故其書不偏於義理，不固於訓詁，淺明清晰，誠義理尚書學之入門範本也。

（二）補證呂氏尚書說之後續發展

朱熹雖稱呂氏書說爲不可不看之列，然呂氏之後，承續其說者，宋元學案中有袁燮者，有絜齋家塾書鈔，然其說上承陸九淵之學，而非東萊之說，然則東萊之說，止及其身歟？今考胡士行書解即宗呂氏，亦足補東萊學系之空乏。且胡士行取東萊書說改編成初學入門之讀本，亦可見呂說之流傳，不獨止於學者之間而已。時瀾序云：「東萊夫子講道於金華，首擅是書之蘊，門人寶之，片言隻字，退而識錄，見者恐後，然以板行，家藏人誦，不可禁禦〔註 324〕」其言當時流傳之速之廣若是者，若其後乃無所承續之者，則時瀾之言爲虛言妄語矣。據胡氏書解，則證時瀾之語爲實然。

復察胡氏書解，於洛誥以前，引他家書說補改者較多，洛誥之後，引諸家異說者轉寡，可知胡氏所據者，即時瀾所增修之本，而胡氏視之，洛誥前後有別矣。

（三）補宋元學案之缺佚

胡士行其人，後世傳記之者極罕，唯知彼嘗爲臨江軍軍教授，如是而已。今由考其尚書解，可知其生平一二。其學及引時瀾增修東萊書說，則其生活時代當在寧宗開禧三年前後。又進知其尚書解淵源自呂祖謙，今宋元學案未見列入，是亦一失；王梓材爲宋元學案補遺，列胡士行於「龜山之餘」下與馮夢得、黃去疾、陳宏馨並，而所據者，僅爲四庫提要之言耳，是亦不考其實而誤入歧途。今據前節所考徵，胡士行可列置於東萊學案之中，目爲私淑者也。

〔註 324〕見經義考卷八一，頁 6 引。

第六章　程氏尙書學案

程大昌

一、生平事略

程大昌，字泰之，徽州休寧人。十歲能屬文，登紹興二十一年進士等，主吳縣簿。丁父憂，服除，著十論言當世事，獻於朝，宰相奇之，擢太平州教授；明年，召爲太學正，試館職，爲祕書省正字。孝宗即位，遷著作佐郎。帝初政，銳竟事功，然所令多非其人，大昌陳奏，帝稱善，遷國子監司業兼權禮部侍郎直學士院。帝以治道不進問之，答以求賢納諫，修政事；邊事之要在練卒。除浙東提點刑獄，進祕閣脩撰召爲祕書少監；升侍講兼國子祭酒。進言謂辟以止辟，未聞縱有罪爲仁也；帝以爲然，兼給事中，累遷權吏部尙書，力請郡，出知泉州。光宗嗣位，徙知明州，尋奉祠。紹熙五年，請老；以龍圖閣學士致仕。慶元元年卒，年七十三，諡文簡。

大昌篤學，於古今事靡不考究，猶長於地理禹貢之學。著有禹貢論、圖、詩論、易原、雍錄、易老通言、考古編、演繁露、北邊備對、書譜〔註1〕。

二、尙書學之著述與著錄

程大昌之尙書著述，重在禹貢一篇。宋志著錄其書有禹貢論五卷，禹貢論圖五卷，禹貢後論一卷〔註2〕。陳振孫直齋書錄解題云：

> 禹貢論二卷，圖二卷，程大昌撰。凡論五十三篇，後論八篇，圖三十
> 一……淳熙四年上〔註3〕。

〔註1〕參見宋史卷四百三十三儒林傳，總頁8～1本傳。彭椿年禹貢論序。
〔註2〕參見宋史卷二百一藝文志頁9。
〔註3〕見其書卷二，頁7。

其書之刊行，蓋在淳熙七年，程大昌知閩泉州，以副本示彭椿年，彭氏遂取以刻于郡庠。然彭序云「論凡五十二」，王應麟，歸有光亦皆云止五十二篇〔註4〕，少陳振孫所言一篇，或陳氏連程氏序並計之歟？宋志作五卷，陳振孫均作二卷，或傳鈔之訛二作五歟！抑上進之本作五卷，而彭椿年所刊者作二卷歟？未可定也。

經義考謂「禹貢論」存；「禹貢論圖」、「禹貢後論」則云「未見」，並注曰萬卷堂目「禹貢論」、「禹貢論圖」皆作二卷〔註5〕，與陳振所言同。歸有光跋禹貢論後云：

> 禹貢論五十二篇，得之魏恭簡公，而亡友吳純甫家藏有禹貢圖，皆淳熙辛丑泉州舊刻也〔註6〕。

是明朝時歸有光尚得知見二書也。通志堂經解納蘭性德序禹貢圖論曰：

> 禹貢論五十二篇，亦公所著；……圖本三十有一，今僅存序說，兼有所缺；考歸熙甫爲跋時，圖已不及見，況又百餘年乎？……安得并傳之爲快歟〔註7〕！

納蘭氏謂歸有光未見論圖，其言蓋以意推之也。且云己所得者僅有序說殘本而無圖；今經解本程氏書，不獨有論五十二篇，有圖二十八幅，並敘說亦一一俱全，與納蘭氏所書不相應，蓋取四庫本以補足之也。四庫提要云：

> 通志堂經解惟刻其前後論，而所謂禹貢山川地理圖者，則僅刻其敘說。今以永樂大典所載校之，祇缺其九州山水實證及禹河、漢河二圖耳，其餘二十八圖，巋然並在，誠世所未觀之本。今依通志堂圖敘原目，併爲二卷，而大昌之書復完〔註8〕。

按四庫輯永樂大典補通志堂經解，而分禹貢論爲五卷，依宋志之舊，而禹貢山川地理圖則爲二卷，與陳振孫解題合，則前後不相統一，今依通志堂經解本爲主以論。

程氏禹貢論、圖之外，尚有論「象刑」五篇，論「三宅三俊」三篇，見於考古篇；演繁露亦有數則考證及尚書者焉，亦可參見其尚書之學也。

三、程大昌之尚書學

四庫提要謂程大昌之學曰：「大昌喜談地理之學，所著雍錄及北邊備對，皆刻意

〔註4〕參見經義考卷九三，頁9、1引彭椿年禹貢論序，通志堂經解論圖前亦有引之；又引王應麟、歸有光之言。
〔註5〕參見經義考卷九三，頁9。
〔註6〕見前書卷九三，頁1。
〔註7〕見通志堂經解書前附。
〔註8〕見四庫總目提要卷十一經部書類一，頁9。

冥搜，考尋舊蹟，是書論辨尤詳〔註9〕。」是程泰之長於山川地理之學也。程氏自視其學亦頗有舍我其誰之志；其言曰：

> 今去古日益遠，禹迹之在名山大川，其稱謂位置，轉徙益多；而臣乃欲究極其變，以發明經文本指，實所不量，然考古談經，正業儒者之職，若人人畏之不言，則古典何賴，故卒究之〔註10〕。

又曰：

> 臣以為儒當考古，苟言之未當而啓他人意見以歸於是，或可少備國家稽據，亦其志之樂為者也〔註11〕。

是程氏自以其學有過於先儒者矣。茲述其學如次：

（一）程氏尚書學之淵源

程大昌之學，史傳皆未言及其淵源，宋元學案亦未以之列入；茲就其所著尚書相關資料，略考其淵源。考夫前述程氏尚書學之著述，其中引用諸家之說者，多為宋以前者；於宋代諸家中，所稱引者唯王安石、蘇軾、晁說之三人而已。

程氏甚鄙三江「味別」之說〔註12〕，故雖引蘇氏之說不少，然每加評駁之，是不取東坡之說也。其引晁說之之說一條曰：

> 近世晁說之氏雜引山海經、博物志、水經、地記，而斷以洞庭應塞九江，又其一也〔註13〕。

然其下程氏評晁氏說曰：「晁氏所引水經、地說，以洞庭應塞其目，地雖在荊而源不出岷，皆的然不可據〔註14〕。」是所引晁氏說，乃引而評之耳，非用之也。

程大昌於王安石之說，則有取有捨焉。若其辨禹貢「三江」，引孔傳、班固、韋昭、虞氏志諸說，復曰：

> 近世臨川王氏又為之說曰：三江入海，其一自義興，其一自昆陵，其一自吳縣；二江既入，則水有所洩，故震澤得以底定。此其意以震澤底定綴三江既入之下，既者已事之辭，故以底定而之既入，是亦一見也〔註15〕。

然程氏復評其失，以為上文之「既」，未必與下文相連續，並舉經文「彭蠡既瀦，陽

〔註9〕同前註。
〔註10〕見禹貢論卷上，頁4。
〔註11〕見禹貢山川地理圖前附程氏自序。
〔註12〕參見禹貢論卷上，頁2。
〔註13〕見前書卷上，頁36。
〔註14〕見前書卷上，頁38。
〔註15〕見前書卷上，頁4。

鳥攸居」、「弱水既西，涇屬渭汭」爲例，示「既」與下文不相干也〔註16〕。禹貢山川地理圖之「韋昭三江圖」敘所引相同〔註17〕。又攷古編有「三宅三俊」篇，其中引「王氏曰」一條並評之云：

> 王氏必謂孔氏外立三居以汩正意，遂順飾本文而別爲之言曰：已命以位，已任以事，則爲三宅；其才可宅而未踐此位，則爲三俊。此於經文無忤矣，然有不通者，周公之稱成湯曰：克用三宅三俊。夫三宅三俊，概言克用，而猶謂三俊爲未用之才，何哉！……且使此三人者見謂爲俊，拔而顯之，不知其將處之何地；若明命其才，實誠以職，則當併已用未用而數之，且將參耦而六，不得止云三宅也；若姑下一等而小試之，不居其位，且未有職業可以程品，豈容虛並三宅而假立稱謂也哉！詳復考之，皆不安愜〔註18〕。

以上兩條，是程氏明引王安石之論而評之者。細考程氏之書，有實用王氏之說而未明言之者。若禹貢論中論鯀一節曰：

> 臣以其時考之，作十有三載乃同，則禹告成功之年也。禹之自言予乘四載，隨山刊木；又曰娶于塗山，辛壬癸甲，啓呱呱而泣，予弗子，惟荒度土功。以辛壬癸甲通九載而得年正十有三年也。是禹獨任水事之日淺而鯀創立規模之日長也〔註19〕。

考以益稷「予乘四載」之「載」讀上聲，作年歲解，通鯀治水九載績用弗成而數之，總十三載，以合禹貢兗州作十有三載乃同」之文者，王安石之說也。東坡書傳嘗評之曰「喜異而巧於鑿」，夏僎亦引之以評，與蘇氏同。今程氏於此以「辛壬癸甲」爲四年，與「四載」合，故通鯀之九載爲十三載也。又考古編「象刑」論，以爲漢儒解「象以典刑」爲「畫衣冠，異章服以爲戮」者爲非，其論曰：

> 象刑云者，是必摸寫用刑物象，以明示民，使知愧畏。……周之闕名象魏；魏者取其巍巍然也，象者實有六典事物之象，畫著其上也。司冦之職，正月則垂刑象之法於象魏，使萬民觀刑象，挾日而斂之，此其爲刑正本有虞也。既名爲象，且又可垂可斂，則不止巍然徒闕而已，其觀之上，必有具焉，則畫刑爲象者，其是矣。周言刑象，命其形也；虞言象刑，兼其成也，其實一也〔註20〕。

〔註16〕見前書卷上，頁41。
〔註17〕參見其書，頁18。
〔註18〕見考古編卷五，頁1。儒學警悟叢書。
〔註19〕見禹貢論卷下，頁27。
〔註20〕見考古編卷四，頁5。

考孔傳謂象刑曰：「象、法也；法用常刑。」又益稷「方施象刑」，孔傳曰：「又施法刑。」是皆訓「象」爲「法」，於義迂迴不通。王安石新義曰：

象者，垂以示人之謂，若周官重治象、刑象之法于象魏是也〔註21〕。

可見程氏此說，其淵源於王氏也。以此考之，程氏之說，其取於王氏者不在少數；雖不足以謂學說師承有關，然其有所汲資者爲多，可以見矣。王氏爲新義，乃在以經義治國，爲新法置地；程氏之解辨禹貢，亦欲有用於當時後世也。其序後論曰：

臣本爲稽考禹貢而及古今山川曲折，於是念河、汴二水，本朝極嘗關
意，而其間應講求以備稽用者，實云有之〔註22〕。

又於後論中辨「汴」下曰：

自遷、固以後，史官不志河渠溝洫，今天下之水，猶龐存經緯者，賴
二子作述相因爾。……則祖其書而求之他載，揆理而訂證之，以要其所宿，
而待有國者之所采用，學士大夫之職〔註23〕也。

可見程氏著書，其用世施爲之心意，亦與王安石相去無幾矣。

（二）程氏治尚書之觀念與方法

夫區宇之地，非一人可遍歷，上古山川，亦與時而變易；黃河改道，故碣石非其口矣；三江一名，而異指何其多也。程氏辨禹貢，號爲博洽，然其法不外下列二者：

1、本乎經文，深探書法

程氏解禹貢，一以經文爲準，若文句義解有似不通者，則多以書法說之。其禹貢論序曰：

去古益遠，簡編不與禹接，其辨正實難；顧有一者，經文雖簡而於事
情無所不該。如即其簡而得其該，則雖茫茫之迹，見於千餘言，亦既無所
乏少；若但病其簡，言外輒無餘見，必且越而求之經文之外，說成而經不
應，則於稽據何賴。臣爲此故，方其疑悟古說，則盡屛訓傳，獨經文而熟
復之，研味既久，忽於一言一字之間，覺其意指可以總括後先，則主以爲
據，而益加參校，暨其通之一經而合，質之旁史而信，稽諸人情物理而準，
於是躍然喜，渙然悟，知其簡之中有甚該者焉。

程氏不信傳注，一以經爲準，求其義可通於全篇而又合於事理者焉。故其論「三條荊山」曰：

〔註21〕見程元敏先生著三經新義輯考彙評（一）——尚書，總頁 21 引王氏佚文。
〔註22〕見通志堂經解本前附。
〔註23〕見後論頁 5。

三條四列，紛紛無宿者，皆以荊山兩出之故也。而經自兩荊山之外，
山無同名者乎？……自古及今，不聞有言其脈絡相貫者。諸儒不能以類通
類，而獨於兩荊曲說，何也？聖人之經所以萬世尊用而異端奇說，終不能
勝者。以其通古今而常然，故曰經〔註24〕。

此據經立言，以經求經，以經文本有兩荊山，不必以異端曲說為之亂道，若地脈之
類，直以兩荊山同名解之則可矣，豈不實在而易乎！其論「漢沔」而及貢道之法曰：

若夫梁之貢道，於浮江便，而浮潛逾沔，則若甚迂而偏，此習山川孔
道者之所疑，而其實不然也。聖經書法與後世不同，經貴簡，雖簡而於事
理無所不具；故有書例相貫，越數州而互相發明者，凡州之貢道皆是也，
此梁之貢，其實江潛皆浮，然其書潛遺江者，荊州貢道在道而可固以見
也。……通禹貢九州書法，亦莫不然，非於梁獨爾也；使不熟於經者見之，
必驟駭以為不然，而經例可考也〔註25〕。

此以經文之條例書法以言經義也。蓋經文疑似迂迴不合於理者，程氏以為非達於理，
乃學者未明經文義例書法爾。

2、求諸地理，證諸人言

夫天下之大，非一人所偏歷，然地理之學，非親至其地，則又難以為說，故或
求諸其方之人，或詢之嘗親歷其地者。若黑水、弱水，其流在境外，則必求諸人言
矣。若其論「濟」曰：

李賢註釋范史曰：濟自鄭以東貫滑曹鄆濟齊青以入于海，則唐語也。
樂史寰宇記曰：入東平濟南淄川北海界中，水流入海，謂之清河，則本朝
語也。臣嘗考諸古史，兵師糧餉所經，及詢諸今日曾行其地者，二子之言
皆信〔註26〕。

是程氏徵諸人言，以知其地理之狀，與二者之言合，故信其說而可採，此猶身遊其
中而目睹之也。又其論「弱水」曰：

漢書條支國臨西海，安息長老傳聞其國有弱水，又于闐之西，水皆西
流，注於西海；又弱水之轉出于古，初未為諸儒飾說之所汩亂〔註27〕。

夫弱水地在極西，中原人難及至，目所不能親見，豈不多臆說哉！故程氏求諸息安
國之長老以明弱水之情狀流派也。

〔註24〕見禹貢論卷上，頁 47。
〔註25〕見前書卷下，頁 5。
〔註26〕見前書卷上，頁 26。
〔註27〕見前書卷下，頁 9。

（三）程氏禹貢說精義

程氏禹貢論，所論者七，曰江水、河水、淮水、漢水、濟水、弱水、黑水，後論則專論河、汴之患。夫禹貢一書所載山水非止於此也，然則何為而止論此七者，程氏序曰：

> 極天下大川，如江、淮、河、漢、濟、黑水、弱水，此七者，宇宙不能以自大，禹功不能外之以自立，而其名稱迹道，世傳失實，七繆其六。人主苟欲追會禹績，而不得七者之眞正，猶禹之行水，高山大川，其猶來莫而欲行其荒度，則將何據以為施置之序也〔註28〕。

是以程氏論禹貢主於此七者焉。茲述其說之精者：

1、九河、逆河、碣石，俱淪於海

禹貢云兗州云：「九河既導。」又導河曰：「又北播為九河，同為逆河，入于海。」孔傳兩注皆以為河水分為九派，以殺水勢，九河之末，同合為一大河而入於渤海。爾雅有九河之名；後世讀禹貢者，欲求九河於地上而不見，故鄭康成謂齊威公塞其八，遂不復可尋；逆河有謂渤海者，有謂乃一大河者，然其地不可考，於是云者紛紛矣。程氏為之辨而謂九河、逆河、碣石，俱淪於海矣。其曰：

> 臣常安於漢儒，隨事傅致之論，而思得愜當事情之實者，以與經義為底，其究求久之，乃得於王橫之論焉。先時韓牧欲即禹貢九河處穿深河以殺水怒；其說曰：縱不能為九，但為四、五，宜有益。橫聞之曰：河入渤海，渤海地高於韓牧所欲穿處；往者天嘗連雨，東北風，海水溢西南，出浸數百里，九河之地，已為海所漸矣。橫之若言也，以當時親見而破萬世傳聞之惑。……而碣石者，通一山冢趾皆石，無有徙移曲折之理也。漢河既不並碣石入海，而平地亦無碣石，則九河、逆河，其與碣石俱淪於海；王橫之言，其已信矣〔註29〕。

按程氏每謂禹河、漢河不同，古名今名有異，桑田滄海，其誰可識，今王橫既載九河之地為海水所浸，淪入海中，則九河、碣石，逆河不可考於後世矣。

2、九江為一派而非九水

禹貢荊州云：「九江孔殷。」而導江又曰：「過九江，至于東陵。」孔傳皆謂江水分為九道；鄭玄則以為有九小水注江，故謂之九江。宋晁說之則引山海經、博物志、水經、地記而斷以洞庭應塞九江。程氏則以為皆非也。蓋九江非一江派為九，

〔註28〕見通志堂本前附序文。
〔註29〕見禹貢論卷上，頁16。

乃一江之本名如此也。程氏云：

> 古人命物以數，不必以數數而應，乃始命之，或時意自有主，不可臆
> 鑿也。……三苗之竄，又居三危，杜佑亦嘗謂苗族分而爲三矣，然經數四
> 罪，以鯀共兜配三苗爲四，則是一有苗而以三苗命之。今去古遠，一苗之
> 名三苗，不可臆度矣，而苗民亦未嘗分三，則經文甚明也。又當時大臣之
> 尊者爲百揆，豈眞有百人而共居此官也邪？以此參較九江之所以九，其創
> 意立義，不敢彊推，而其決非一流分九者，則爲經之書河，以播九爲文，
> 而九江無之，故得知其非九也。

九江不爲九數，以經文書法與三江、九河不同，故不可以數目視之也；如太湖亦稱
五湖，昭餘祁一澤亦得名九澤，其實乃一湖一澤耳〔註30〕。

3、三江為江、漢、彭蠡會合之名

歷來論三江者多矣。孔安國傳、班固地理志、韋昭國語注、王安石新經義、東
坡書傳，皆各有一說；程氏以爲彼等不準於經，求諸經外，失禹貢之旨。故其說「三
江」，以爲經既有中、北二江之文，則三江可求矣。其言曰：

> 有中有北而未嘗有南，經遽以三江總之者，省文而互見者也。且經之
> 言曰：東匯澤爲彭蠡，東迤北會于匯，是二語者非附著南江以槩其所不書
> 者與！夫其同爲一水，別其北流以爲北江矣，又命其中流爲中江矣，而彭
> 蠡一江，方且自南而至橫衡兩流，與之迴轉而得以名之曰匯，參配北、中，
> 與之均敵，而得以名之爲會，則是向之兩大者，并此爲三矣。當其兩大，
> 則分北、中以名之，及其匯會而鼎錯於南，則辨方命位，而以南江目之，
> 不亦事情之實哉！其匯會之地，雖名彭蠡，而上流鍾爲鄱陽大澤者，亦彭
> 蠡也，究其源派，則合江右數千里之水在焉，絜度其力，雖不及江，猶倍
> 於漢；漢之力尚得抗江而分中、北，則彭蠡匯會，既能兼敵江漢，豈應不
> 爲南江也哉〔註31〕！

按程氏以爲北江爲漢，漢水自北來匯于江也，於江而言爲北，彭蠡自南而納江、漢
之水，成一大澤，其勢可與江、漢分庭抗禮，以其在南，故名之曰南江也；中則爲
江水主流也。此說與前述諸家皆異，亦程氏獨門之見也。

四、程氏尚書學之評價及影響

程大昌尚書之學，長於禹貢。禹貢論序謂經筵進講尚書禹貢黑水甚詳，爲時君

〔註30〕見前書卷上，頁39。
〔註31〕見前書卷上，頁42。

所賞，嘉其考據之功甚大，遂繕寫上進。然周密則云：

> 程泰之以天官兼經筵進講禹貢闕文疑義，疏說甚詳，且多引外國幽奧
> 地理，皐陵頗厭之，宣諭宰執云：六經斷簡闕疑可也，何必強爲之說，且
> 地理既非親歷，雖聖賢有所不知，朕殊不曉其說，想其治銓曹亦如此也。
> 既而補外〔註32〕。

此記與程氏自序相反，未知孰是孰非。然陳樁年序則云：「予聞諸學士大夫稱其精博。」
則此書當時或頗受重視。若傅寅著禹貢說斷，多引程氏之說。若禹貢「導黑水，至
于三危，入于南海」，引程氏之說曰：「黑水即葉榆澤是也。」繼而論之曰：

> 程公駁酈道元等諸說，求漢志益州葉榆縣葉榆澤爲黑水之正，又以滇
> 池縣滇池澤爲黑水之下流，蓋以滇池澤傍有黑水祠爲證故也，又據酈道元
> 等敍載葉榆入海之地，在交趾，縣爲入南海之的，信其有驗也。……信其
> 善辨也，而東女弱水，前此未有黑水之稱，稱黑水自程公始，其殆可深據
> 乎？……余恐學者慕名而輕信，昧多聞闕疑之理〔註33〕。

是程氏禹貢論，當時號稱詳博，非虛言也。陳振孫評其學曰：

> 上下數千載，幅員數萬里，身不親歷，耳目不親聞見，而欲決於一心，
> 定於一說，烏保其皆無牴牾，然要爲卓然不詭隨傳注者也〔註34〕。

明歸有光亦以以爲不親見而爲之說者非能得其實，並舉河源及鳥鼠同穴二說以證程
氏之失也〔註35〕。納蘭成德通志堂經解序其書，稱南宋號稱博洽者三人，程氏其一
也。其言曰：

> 援經證史，解駁盡致，則於公是書見之〔註36〕。

四庫提要雖亦以爲不親歷爲可議，然其援據釐訂，實爲博洽，註禹貢者終不能廢其
書也，洵爲確論〔註37〕。

〔註32〕見經義考卷九三，頁 1 引。
〔註33〕見傅寅禹貢說斷卷三，頁 16、17。
〔註34〕見直齋書錄解題卷二，頁 7。
〔註35〕同註 6。
〔註36〕見通志堂鍾解書前附頁 2。
〔註37〕同註 8，頁 1。

第七章　范、鄭尙書學案

第一節　范　浚

一、生平事略

范浚，字茂明，婺之蘭谿人，世居香谿，學者因稱香谿先生。徽宗靖國二年生。自少嗜學，篤志求道。一家臚仕，獨浚不近榮利。研窮六經，諸子百家，辨博峻整，出人意表。高宗紹興元年紹舉賢良方正，力辭，以秦檜當國，不屑以干時。婺守延請入學主講，亦辭不就。閉門講道，塵几敗席，處之晏如。卒於紹興二十一年，年五十。朱子嘗過訪之，得其心箴，手錄以歸，附載孟子註中。所著易書春秋皆有傳註。今傳有香谿集二十二卷〔註1〕。

二、尙書學之著述與著錄

元吳師道云：「（范浚）其學多本於經，貫穿精覈。」朱子亦云：「（范浚）所著文辭，多本諸經而參諸子史〔註2〕。」是范氏雖無經學之名，而有經學之實。

范氏尙書之著述，未成卷帙，存於香谿集中，是以歷來著錄無紀之者。經義考著錄「范氏浚書論一篇〔註3〕」，又有「范氏浚堯典論」、「湯誓、仲虺之誥論一篇」、「伊訓論一篇」、「太甲三篇論一篇」、「咸有一德論一篇」、「說命三篇論一篇」、「洪範論一篇」、「大誥、康誥、酒誥、梓材、召誥、洛誥、多士、多方論一篇」、「君牙、

〔註1〕參見宋文翼卷二四，頁 14。宋元學薄卷四五，范評諸儒學案，總頁 815。金華府志卷十六，頁 9。陳嚴肖香溪先生文集敍；陳師道香溪先生文集後序；朱熹香溪小傳，章懋重刊香溪先生文集序；章品香溪范先生傳。
〔註2〕朱、吳二氏之說，均見香溪集前附。
〔註3〕見其書卷八十，頁 5。

冏命、呂刑論一篇〔註4〕」，朱氏皆云「存」，凡共十篇，而所論及之篇目共二十三篇，又「多士、多方論」兼論及君陳，總而計之共二十四篇〔註5〕。此十篇之論，見於香谿集中，「書論」見於卷二，其餘全見於卷三之中，自成一卷，或其門人高柄編輯時所集者也。

三、范浚之尚書學

朱子為范浚小傳云：「香溪先生初不知從何學，其學甚正。」香溪答潘默成書，自言其學之由曰：

> 膚受末學，本無傳承，所自喜者，徒以師心謀道，尚見古人自得之意，
> 于孑孑為世俗趨慕耳〔註6〕。

則其學自得於遺經為多。茲述其尚書學如后：

（一）范氏尚書學之淵源

范浚自言其學自得於遺經，以朱子之博，猶云不知其學所來自；章品作香溪范先生傳云：「大抵致力於存心養性，所得於孟子者為多〔註7〕。」宋元學案黃宗羲論其學曰：

> 顧當南北宋之交，關洛之書，盛行浙東；永嘉九先生而後，默成一輩，
> 多屬楊、尹之徒，先生所為文集，若未嘗見關洛諸公書者，故絕口不及也。
> 而其言則多與之合；先生又與默成交，此事之不可解者〔註8〕。

其實黃宗羲所云「若未嘗見關洛諸公書」者，蓋失考矣。茲就范氏尚書諸論考之，即可見其一斑。若其「說命三篇論」，論高宗武丁所以夢得傅說之故曰：

> 人之誠心，殆猶明鑑，鑑明洞徹，無物不形，雖群象雜委于前，而色
> 色呈露，無得遁者，鑑非往照，物無來心，實感通之理，冥于自然耳。高
> 宗之誠，善必先知，則夢得賢人，與鑑燭物何異；蓋高宗恭默所思，思得
> 良弼以自輔耳，逮其精誠感道，則同焉者合，類焉者應，乃有良弼見於正
> 夢，初非彼來，亦非此往，神交默契，莫知所以然而然耳。從是觀之，豈
> 非甚盛耶〔註9〕！

〔註4〕以上各篇，分別見於九十三，頁2，卷九五，頁1、2，卷九六，頁3，卷九七9、11。

〔註5〕連君陳而數之者，蓋香溪集於「大誥……多方論」之標題下，有「君陳附」三字，未知是否其本來即有之，姑列入計算。見集中卷三，頁15。

〔註6〕見宋元學案卷四五范許諸儒學案，總頁815。

〔註7〕見香溪集前附傳頁9。

〔註8〕同註6。

〔註9〕見香溪集卷三，頁12。

其論精誠感通，如鑑之照物，非彼來此往，蓋自然耳，是高宗於感通之前，不知傅說之為傅說也。考程子亦有論說命之言曰：

> 蓋高宗至誠，思得賢相，寤寐不忘，故朕兆先見於夢，如常人夢寐間，事有先見者多矣，亦不足怪，至於卜筮亦然。今有人懷誠心求卜，有禱輒應，此理之常然。又問高宗夢往求傅說耶？傅說來入高宗夢耶？曰：高宗只是思得賢人，如有賢人，自然應他感，亦非此往、亦非彼來；譬如懸鏡於此，有物必照，非鏡往照物，亦非物來入鏡也。大抵人心虛明，善必先知之，不善必先知之，有所感必有所應，自然之理也〔註10〕。

可見范浚之說，與程子雷同之甚也；非獨說義相同，以鑑為喻亦同，而文辭亦多相因之迹，若「善必先知」、「亦非此往，亦非彼來」皆同。而范浚嘗評當時說說命者之言曰：

> 世之議者，妄謂高宗知傅說之賢，遽欲引以為相，懼群臣不心服，天下不以為宜，因假夢以神其事，以要信於一時。嗚呼！其誣高宗乎！使誠假夢以用說，豈不為偽乎！彼其三年不言，亦已久矣，烏可偽為乎！揚雄曰：夫信周其誠，上通于天，高宗誠與天通，天以良弼賚之，此甚盛德也；議者誣以為偽，豈非所謂邪說橫議乎〔註11〕！

按程伊川論說命，既言精誠感通夢應如鑑之照物，繼之又答人言曰：

> 又問或言高宗於傅說，文王於太公，蓋已素知之矣，恐群臣未信，故夫托夢卜以神之？曰：此偽也，聖人豈偽乎〔註12〕！

是范氏之說幾與程伊川之言全同也，豈如黃宗羲之言以為若未見關洛之書者哉！考以高宗素知傅說，托夢以神之之說，是亦有之；黃倫尚書精義引周氏曰：

> 高宗即位之初，商道中衰，甘盤遯世，朝多具臣，傅說賢而隱於版築之賤，一旦舉而加於百僚之上，則天下之心，未盡厭服，眾必駭異，故託夢得而旁求天下，置諸左右，如天所授，群臣莫之敢疑，然後傅說之道得行也；若不素知其才，而徒以夢取之，則與後世按符命，據圖讖以用人者何異哉〔註13〕！

此周氏不知何許人也，然既有是說，故程伊川始有是辨也。

程頤書說之外，范氏亦引用王安石新經之說，若其論說命上「若金，用汝作礪；

〔註10〕見程氏遺書卷十八，頁34。
〔註11〕見香溪集卷三，頁11。
〔註12〕見程氏遺卷十八，頁34。
〔註13〕見卷二一，頁3。

若濟巨川，用汝作舟楫；若歲大旱，用汝作霖雨」曰：

> 觀高宗既得傅說，立以爲相，命之納誨；責以正己，使之作礪；責之濟己，使之作舟楫；責以澤民，使之作霖雨〔註14〕。

按孔傳曰：「鐵須礪以成利器；渡大水待舟楫；霖，三日雨以救旱。」皆以比喻作解也，無所謂「濟己」、「澤民」之義。王安石尚書新義則云：

> 若金，用汝作礪者，命之使治己也；若濟巨川，用汝作舟楫者，命之使濟難也；若歲大旱，用汝作霖雨者，使之澤民也〔註15〕。

林之奇評王氏曰：「高宗之設此三喻，大抵言其望於傅說之納誨者如此其激切，而其託意之深，故重複言之。或者見其有此三喻，則必從而爲之說，以爲每句皆有所託。……據此上文言朝夕納誨，以輔台德，下文言啓乃心，沃朕心，則是高宗於此其與傅說言者，大抵欲成就己之德而已，未及乎濟難、澤民，與舉天下而聽之之事也〔註16〕。」林氏之評說甚確。可見范氏以「濟己」、「澤民」解之，其出於王介甫之說也。

范氏雖有取于王介甫，然亦有評之者焉。其論「堯典」曰：

> 世儒謂堯行天道以治人，舜行人道以奉天，是不惟不知堯舜，抑亦不知道，又不知天人也。……古之王者必承天意以從事，是天理即人事；王者欲有所爲，必求端於天，是人事即天理也〔註17〕。

按此「堯行天道以治人，舜行人道以奉天」之說，實王安石之說。王安石尚書新義曰：

> 堯行天道以治人，舜行人道以事天。……堯典於舜、丹朱、共工、驩兜之事，皆論之，未及乎升黜之政。至舜典然後禪舜以位，四罪而天下服之類，皆堯所以在天下，舜所以治〔註18〕。

張綱本於王氏之說曰：

> 堯典言歷象日月星辰，于此言在璿璣玉衡，以齊七政者，歷象以數推之者也，璣衡以器得之者也；數出于天，故推之以授人時，器出于人，故占之以齊七政。堯以道在天下，故以歷象言之，舜以政事治之，特見諸形氣而已〔註19〕。

〔註14〕見香溪集卷三，頁12。
〔註15〕見林之奇尚書全解卷二十，頁8。
〔註16〕同前註。
〔註17〕見香溪集卷三，頁2。
〔註18〕見程元敏先生著三經新義輯考彙評（一）——尚書之中，總頁27、28引河南程氏遺書卷二二，頁4之文。
〔註19〕見黃倫尚書精義卷三，頁9引。

考程頤嘗評王安石此論曰：

> 介甫不識道字。道未始有天人之別；但在天則爲天道，在地則爲地道，
> 在人則爲人道〔註20〕。

程氏遺書記有人問「有人言：盡人道謂之仁，盡天道謂之聖；此語何如」，程子答曰：

> 此語固无病，然措意未是。安有知人道而不知天道者乎！道一世，豈
> 人道自是人道，天道自是天道〔註11〕。

按此所謂「有人言」之語，實指王安石也。考楊時所訂定程氏遺書中粹言論道篇，亦記此一則之事，而明言「介甫有言：盡人道謂之仁，盡天道謂之聖」；是程頤、楊時多評王安石天道人道二分爲不知道也。范浚所評「世儒」，實乃王氏無疑；而其所持論謂王安石「不知堯舜」、「不知道」、「不知天人」，亦本乎程頤、楊時之說也。此亦可見范浚之說之出於程門也。

范浚評王安石之外，其餘所評以蘇軾書傳之說爲最多；蓋蘇氏爲駁王氏而作書傳，其中多據己意，自發新義異見，與孔傳大相悖違，而范浚信經甚篤，故評東坡之說亦多。若其論大誥至多方八篇之意曰：

> 嘗考諸經，蓋自大誥、康誥、酒誥、梓材、召誥、洛誥、多士、多方
> 八篇，雖辭語繁悉，指各不同，大要以商人心未服周而作也。說者或以爲
> 商自湯已下，七王之德感人也深，方紂肆虐如在膏火中，歸周如歸，不暇
> 念先王之德，及天下粗定，人自膏火中出，即念商先王如父母，雖以武王、
> 周公之聖，相繼撫之，而莫能禁也。信如此言，則是武王、周公不足以服
> 商人也，非商人之頑爲難服也〔註22〕。

按此說「或者」，乃指蘇軾書傳而言，其說見於卷十五多方篇下。可見范氏此篇，乃專爲駁蘇軾之說而作，其曾研閱蘇軾書傳可知矣。又范氏有「君牙、冏命、呂刑論」，其言亦以評蘇說爲主。其言曰：

> 穆王事見於經者，以三篇爲聖人所取，則穆王信亦賢矣。而好議論者，
> 掎摭傳記不典之語，橫加詆訾，謂穆王征犬戎，祭公謀父不聽；又謂其欲
> 以車轍馬跡周天下，祭公謀父誦祈招之詩以止王心。嗟乎！信不典之語，
> 如此不幾於廢經乎〔註23〕！

按蘇軾書傳於君牙篇後曰：

〔註20〕同註18。
〔註11〕見河南程氏遺書卷十八。
〔註22〕見香溪集卷三，頁15。
〔註23〕見香溪集卷三，頁19。

予讀穆王之書一篇，然後知周德之衰，有以也。夫昭王南征而不復，至齊桓公乃以問楚，是終穆王之世，君弒而賊不討也。而王初無憤恥之意，乃欲以車轍馬迹，周于天下。今觀君牙、同命二書，皆無哀痛惻怛之語，但曰嗣先人宅，丕后而已；足以見無道之情，非祭公謀父以祈招之詩收王心，則王不復矣。呂刑有哀敬之情，蓋在感悔之後，時己耄矣〔註24〕。

相比對之下，可見范氏之論，亦專爲蘇氏而發。以此論之，蓋伊川一門，與蘇氏蜀學，本不相協，范氏之學，雖未明其師傳，然其用程氏之書說，並以伊川之義理立論，其私淑伊川者無礙也。彼於王介甫之說，則不取說義而取其訓釋之詞，是不同於王氏也；至於蘇氏評之甚多，則可反證其說之近乎程氏也。

（二）范氏尚書學之特色

1、專守經文傳注

范氏之所以屢評東坡書說及王介甫尙書新義者，蓋彼等俱自出異議，摒棄傳注，甚而疑改經文，不守故度也。范氏解說尙書，則一以經傳爲宗，故其十篇尙書之論，皆宗孔傳之義，更無疑改之說。其論堯典曰：

夫子序書，辭嚴旨奧，不越數言，而終篇大義，粲然可明。……後世邪說橫議，詆誣大聖，謂堯幽囚，謂舜臣堯，怪妄百出；特考是數言，而唐虞禪紹之美，昭若白日，紛紛詭論，不攻自破〔註25〕。

故其評東坡論穆王三書之後，指以爲「信不典之語，如此不幾于廢經」，故謂「以經考傳之眞僞，是學經之法也，……凡百家傳記有議論者，皆當折衷于聖言」，於是夫以爲東坡「遽以傳記廢經，遂謂穆王非賢，甚不可」，遂屢言「竊求諸經〔註26〕」，可見其解尙書，一以經爲準，以序立義，以傳注爲宗；故其訓解多用孔傳，若皇極則訓「大中」，訓「自周有終」曰「傳曰：忠信爲周〔註27〕」，皆可見也。

2、以義理解說尚書

范浚有「心箴」一文，爲朱子大擊節賞，取以入孟子集註中；其詞曰：

茫茫堪輿，俯仰無垠，人生兩間，眇然有身；是身之微，太倉稊米，參爲三十，曰惟心耳。往古來今，孰無是心，心爲形役，乃獸乃禽；惟口耳目，手足動靜，投閒抵隙，爲厥心病；一心之微，衆欲攻之，其與存

〔註24〕見東坡書傳卷十八，頁6。
〔註25〕見香溪集卷三，頁1。
〔註26〕參見前書卷三，頁19、20。
〔註27〕參見苷書卷三，頁14　洪範論，卷三，頁7太甲三篇論。

者，嗚呼幾希；君子存誠，克念克敬，天君泰然，百體從令〔註28〕。
其義蓋深得於孟子之言也。范氏解尚書，亦一以「心」爲之說。其說命三篇論曰：
　　高宗得傅說，言夢帝賚弼予良，何也？曰：人心其神矣乎！苟惟精一，
　　則虛明洞達事物之至〔註29〕。
故其論高宗夢傅說，謂人之心誠猶明鑑照物，感通冥於自然。夫所以能誠，在夫克
儉無我，否則爲物欲私念所沮而失其本眞矣。故其論太甲曰：
　　凡儉而守約，皆可以悠久而無窮。今伊尹告太甲以慎乃儉德，是永圖
　　也；知儉爲守約，則所以慎者，蓋有要矣。亦曰儉於心而戒愼之耳〔註30〕。
夫心能儉則人欲漸去，私欲漸消，心清明而入於無我之境矣。其論「湯誓、仲虺之
誥論」曰：
　　湯之伐桀，爲天下除虐也，而商人乃曰，我后不恤我衆，舍我穡事而
　　割正夏；此豈於人心有不順哉！蓋商人以穡事爲念，商人之私心也；成湯
　　以正夏爲急，天下之公心也。……以天下爲商人，而不以商人外天下，是
　　天下之公心也〔註31〕。
其論「伊訓」，則曰：「湯自始修人事之紀，以至于有萬邦，本乎無我以從諫諍。」
其論「堯典」亦云：「堯曰：吾終不以天下之病利一人。卒授舜以天下。方其念丹朱
與天下利病，孰輕孰重，苟懷一毫有我之心，則視利天下不足以病其子，視利其子
雖病天下不屑也。惟堯無我，視天下猶吾子也。……不以私利易公利，此天心也〔註
32〕。」夫心因人欲而墜於物，苟能以儉克之，至於無私無我，則能進乎堯、舜、湯
之心，而克體天心自然也。此與「心箴」所謂「一心之微，眾欲攻之，其與存者，
嗚呼幾希；君子存誠，克念克敬，天君泰然，百體從令」之義無異也。

3、范氏尚書說新義

　　范浚說尚書，準乎經文，謹守傳疏，然傳疏之說，時有不順者，則必爲之疏通；
異議邪說，有足移人心目者，則必起而辨之；是以其說頗發新義。茲列舉如次：

（1）論伏生所傳諸篇之難

韓愈早言「周誥殷盤，詰屈聱牙」。陳壽三國志云：「皋陶之謨略而雅，周公之誥悉
而煩。」是尚書之文，古澀難通；林之奇進而有孔壁古文順而易，伏生今文晦而難；

〔註28〕同註6。
〔註29〕見香溪卷三，頁11。
〔註30〕見前書卷三，頁7、8。
〔註31〕見前書卷三，頁3。
〔註32〕見前書卷三，頁1、2。

遂謂伏生今文諸篇之所以難，乃因伏生所傳‧毫荒而有齊語。朱熹則以爲先秦古籍
引書文之在伏生今文者，與今本同；且伏生暗誦，何以偏得其所難，反失其所易。
又謂或以爲記錄之實語難工，而潤色之雅詞易好，故訓誥誓命有難易之不同，然亦
有所不通，故以爲有不可曉者〔註33〕。范浚亦有見於伏生諸篇之難通，故亦別爲新
解以說之曰：

> 予嘗讀大誥、酒誥與夫多士、多方等篇，切怪其辭微義奧，雖宿儒老
> 學，有疑滯而不能句者，當時群下何從明其說以知上之旨意哉！或以爲三
> 代盛時，家塾黨庠所以肄業者，固已目習耳熟，則於上之誥命，夫人而能
> 通其義；然抑聞之昔者，史佚不斂下殤於宮，召公問之；史佚曰：吾敢乎
> 哉？召公言於周公；周公曰：豈不可。史佚行之。夫豈者怪拒之辭，豈不
> 可云者，周公所以深言不可也。史佚不達其旨，謂爲許己，因遂行之。召
> 公賢相也，史佚賢史也，以兩賢者而不能明周公之一言，謂當時群下夫人
> 而能通誥命之說，其可乎！意者一時致仕之臣，爲州里父師少師，坐于門
> 塾而教出入之子弟，群下於誥命有不能曉，則父師少師與州長黨正之徒，
> 開諭詔告，使之心釋意解，知所以教戒之義，則庶乎可也。陳壽曰：皋陶
> 之謨略而雅，周公之誥悉而煩。皋陶與舜禹共談，周公與群下矢誓故也。
> 夫惟略而雅，故其言渾厚簡直，理暢而旨顯，惟悉而煩，故其言丁寧反覆，
> 必有義奧而難通者，非聖人於作誥故爲是佶屈艱深之辭，理勢然也〔註34〕。

按范浚以爲周公諸誥之所以難，乃因周公欲告群下以奧義，其文本難，故多丁寧反
覆之語，是以悉而煩也；范氏又以爲誥文之難，於誥命之申達於民無礙，蓋有致仕
之臣居州里之中，多所教諭開悉故也。

范氏此說雖新，然所失甚多；周誥諸篇其義不外以商民不服，故誥之以商之所
以失天下，周之所以得天下，數紂之惡，彰我之善，以服民心，以格君心，以勸臣
心，如是而已，烏有所謂奧義難明者哉！且孔子不云乎；可與言而不與言‧失人；
不可與言而與之言，失言；又曰：中人以上，可以語上，中人以下，不可以語上。
若依范氏之言，則周公既失人又失言矣。復以所謂孔壁古文之中，泰誓三篇亦誥誓
於眾之辭，其平易如彼，則又何以爲說，是止見今文諸篇之難，而未見古文之易也。

（2）論殷民難服

范浚既評蘇軾論殷人難服之說，以爲蘇氏所謂商人受自湯以下七王之德深，故

〔註33〕林之奇之說，參見全解序。朱熹之說見朱文公文集卷六五，頁4、5尚書序說。
〔註34〕見香溪集卷二，頁7書論。

念念不忘，是以不服爲非。因爲之論曰：

> 嘗以商周論之。商代夏，周代商，其事則同；湯伐桀以救民，武王伐
> 紂以過亂，其心則同；湯升陑，致天之罰，武王渡孟津，厎天之罰，其奉天
> 命則同；湯有萬邦，兆民永懷，武王定天下，萬姓悅服，其得人心則同；湯
> 武之道，無不同也。何爲夏人歸商，不復攜叛，而商人歸周，屢爲翻動；雖
> 以成王之賢，周公之聖，又佐以召公同心鎮撫，久猶未服，豈無自而然哉！
> 蓋桀雖不道，得罪人神，自取滅亡，與紂相似，然書曰紂罪浮于桀，則是紂
> 惡視桀爲又甚也。……天下化桀之惡，亦未若商人化紂之惡之深矣。觀武王
> 誓眾，動數紂之惡踰數十條，過桀遠甚，而淫酗肆虐，商人化之，罔不沈湎
> 于酒，草竊姦宄，上而卿士相師爲非度，下而小民相與爲敵讎，其凶豔惡德，
> 餘風遺毒，淪人骨髓，溢於後世，庶群自酒，殆不可禁，自作不典，殆不可
> 安。……然則雖以成王之賢，周公之聖，又佐以召公同心鎮撫，久猶未服，
> 無足疑者。是商人之頑至難服也，非成王周公服之難也〔註35〕。

范浚爲此說，蓋爲周、召、成王辯護也。蓋如蘇軾之說，則是周、召、成王之德不
足服殷眾也·是以力陳紂之惡·示其化商之深，是商人深習於紂之惡，故周、召、
成王、君陳、畢公，歷三世而終能化其惡習也。

四、范浚尚書學之評價及影響

范浚之學，既無師傳，亦不以經學名家，其尚書之論，亦未獨立刊行，自成卷
帙，且其說謹守經文傳疏之義，無甚異見高論，竦動學林，故歷來學者，多未論其
尚書之學也。

總前所述而論之，范氏尚書之學，遠得諸孟子之意，近紹乎伊川之論，說經多
主心性立言，發揚義理之學，亦義理家之說經正統也。至其每評蘇軾、王安石之說，
拒斥新異之論，謹守二孔之言，雖稍嫌於保守，然於當時視之，亦無可如何爾。故
其「心箴」雖因爲朱子所採而垂名於後，至於其他學說若尚書諸論，則未見有後人
援引採用，斯亦足見其尚書說之地位矣。

第二節　鄭伯熊

一、生平事略

〔註35〕見前書卷三，頁 16。

　　鄭伯熊，字景望，永嘉人，與其弟伯英歸愚翁齊名，時人稱之爲大、小鄭公。少慕呂申公、范淳夫之爲人，行己一以爲法，而論事則慕賈誼、陸贄，已而直見道體。登紹興十五年進士，歷黃巖尉、婺州司戶；隆興初，召試正字，除太常博士，出爲福建提舉。魏王判宣州，南面坐受屬吏進謁，幕府進箚子，亦坐而可否之；及伯熊除王府司馬，以箚子開說謙德未光，嫌疑之際，或駭視聽；凡所進言，皆不聽，遂自劾去，改江西提刑；後入爲吏部郎官，兼太子侍讀；歷國子司業，宗正少卿；以直龍圖閣知寧國府，移知建寧卒；後諡文肅。

　　秦檜擅國，禁人爲趙鼎、胡寅之學，而永嘉之學乃其寓里，後進爲所愚者尤多，故紹興末，伊洛之學幾息；伯熊及其弟並起，推性命微眇，酌今古要會，師友警策，惟以統紀不接爲懼，首雕程氏書于閩中，由是永嘉之學宗鄭氏。伯熊臧否人物最矜愼，稱爲方峻。乾淳之間，永嘉學者連袂成帷，無不以之爲渠率。呂成公尤推重之。有文集三十卷，六經口義拾遺，有贛言、紀聞之作，今皆不傳，所傳敷文書說一卷〔註 36〕。

二、尚書學之著述與著錄

　　鄭伯熊所著今傳於世者，唯敷文書說一卷，其書不見於宋代著錄之家，其最早記錄此書者，首推陳亮作「鄭景望書說序」〔註 37〕，又有雲谷胡氏於宋寧宗嘉定十六年癸未序〔註 38〕，且陳大猷尚書集傳或問中，亦有引用「永嘉鄭氏」之言實即鄭敷文書說也。是是書亦見稱於當時永嘉學者矣。明焦竑經籍志有著錄「鄭敷文書說一卷」，朱彝尊經義考有「鄭氏伯熊書說一卷」〔註 39〕，即今所見之「敷文書說」也。四庫全書有此書，亦作一卷；今百部叢書集成本所刊者，乃經苑之本也。四庫提要謂此書云：

　　　　此乃所作尚書講義，皆摘其大端而論之，凡二十九條，每條各標題其
　　目〔註 40〕。

考陳亮序此書說云：

　　　　永嘉鄭公景望與其徒讀書之餘，因爲之說，其亦異乎諸儒之說矣〔註 41〕。

是四庫所謂「講義」，乃爲生徒所講說者，非經筵講義也。胡玉縉四庫提要補正以爲

〔註 36〕參見宋元學案三十二周許諸儒學案，總頁 661；宋史翼卷十三，頁 6、7、8。
〔註 37〕參見龍川文集卷十四，頁 2、3；又經義考卷八十，頁 9 亦引之。
〔註 38〕參見經義考卷八十，頁 9 引；又敷文書說後亦附引。
〔註 39〕參見經義考卷八十，頁 9、10。
〔註 40〕見敷文書說所附。
〔註 41〕同註 37。

其書有闕佚；其言曰：

> 說典寶書序，言是義也，於顧命三篇見其詳。案卷中無顧命釋義，疑
> 鄭氏本書當不止二十九條，而今闕矣。〔註42〕

按伯熊論典寶篇序「遂伐三朡，俘厥寶玉」，引「胡先生」曰：

> 古者寶玉世守，罔敢失墜，以昭先祖之德，存肅敬之心，告終易代，
> 洪璧琬琰，天球夷玉，兌之戈，和之弓，垂之失，莫不陳列，非直爲美觀
> 也，先王所寶，傳及其身，必全而歸之，則可以免矣。夫以一器一物，傳
> 之先王者，猶謹如此，況神器之大者乎！謹其小所以警其大者，典寶之作，
> 其以祖宗之物所當常寶，而無德則失，亦可常乎！是義也，於顧命之篇見
> 其詳〔註43〕。

其義蓋謂寶玉乃先王寶器，必謹愼寶重而勿失；若顧命所陳，雖不如寶玉之貴，亦
皆珍而重之，況寶玉乎！其引顧命所陳之物立言，以見非直爲美觀，乃有全受全歸
之義，故其言末謂此義於顧命篇之經文中可以明見之矣，非謂己有一顧命說義論及
此也，故不可據此以爲有闕佚之文也。胡王縉及四庫編校者均誤會其文意矣。

伯熊書說有「象以典刑，流宥五刑」之論，謂「象刑」乃畫象以爲刑而民不犯，
是以謂舜首制刑書，實輕刑之始也。然其後又有一論曰：

> 蒙論堯舜之世，一用輕刑之說；近熟思之，不可不辨。……物或自逆
> 于理，以干天誅，則夫輕重取舍之間，亦自有決然不易之理，其宥過非私
> 恩，其刑亦非私怒。……如天地四時之運，寒涼肅殺常居其半，而涵育發
> 生之心，未始不流行乎其間〔註44〕。

此論與前一段所論正相反，或後人所補伯熊晚年之說也。是則其書或本不足二十九
條，亦未可知。且陳大猷引敷文書說三條，今全見於其書，或亦可證其書本如此，
無所缺佚也。

三、鄭伯熊之尚書學

鄭伯熊之學，見重於永嘉，呂祖謙、薛季宣、陳傅良、葉適等諸儒，皆奉以爲
宗，今其著作唯餘敷文書說而已。陳亮稱其尚書學，謂其胸臆之大，頗足度聖君賢
臣之心。茲陳其尚書之學焉。

（一）鄭氏尚書學之淵源

〔註42〕見敷文書說後附。
〔註43〕見前書，頁16。
〔註44〕見前書，頁2、3。

　　鄭伯熊之學，史傳未言及其師承所自，唯云紹興末，伊洛之學為秦檜所壓，至於幾息，而鄭伯熊與其弟奮力振起之，並首雕程氏遺書於閩，足見鄭氏之學，與伊川極有淵源。今考夫敷文書說，亦可證之。若其論舜典「四罪而天下咸服」曰：

　　　　驩兜、共工之徒，其惡著於心，在堯舜朝久矣，而不敢少肆者，堯之心如水鏡之於物，其妍醜不吾欺也。而人之鑑於水鏡者，豈得自隱哉！彼其心蓋知夫堯之見之，如見肺肝，恐懼慚縮之不暇，而暇惡之肆乎！惡之無所肆而才為世用，其假息於堯之世，宜也。凡小人之惡，未嘗不包蓄，然未有終能忍而不泄者，未嘗不掩覆，亦未有終能護而不彰者；舜興於畎畝之中，群臣天下之所安，而小人之所以不悅也，其所包蓄者泄，而揜覆者著矣〔註45〕。

考鄭氏之說，其實出於程伊川。伊川嘗曰：

　　　　四凶之才，皆可用，堯之時，聖人在上，皆以其才任大位，而不敢露其不善之心；堯非不知其不善也，伏則聖人亦不得而誅之；及堯舉舜於匹夫之中，而禪之位，則是四人者始懷怨不平之心而顯其惡，故舜得以因其迹而誅竄之也〔註46〕。

伊川此論，見於遺書者二，而林之奇等亦引之以為說。敷文論「夏社」曰：

　　　　夫旱乾水溢而變社稷，則國亡而社稷遷，宜矣；然桀之亡也，豈神之責哉！勝夏之後，欲遷其社，而湯獨不可，特屋之以示戒。若曰：是其君之罪，非神之責耳。蓋君者民之主，一失其道，則民失所庇，而神失所依，屋社而不遷，專責以不戒，此作夏社之意也。後世有屋社之制，計必始于湯〔註47〕。

考此說亦程伊川所發者；伊川曰：

　　　　夫亡國之社，遷之，禮也；湯存之以為後世戒，故曰欲遷則不可也。記曰：喪國之社，屋之，不受天陽也。又曰：亳社北牖，使陰明也。春秋書亳社災；然則皆自湯之不遷始也〔註48〕。

夫不遷其社，屋之以為戒之說者，程伊川也；以屋社不遷之制始於湯者，亦程氏也，而鄭伯熊皆取之。又鄭氏論泰誓序「一月戊午，師渡孟津」曰：

　　　　序云一月戊午，蓋商正已當絕而周正未建，故不稱正月。武成有一月

〔註45〕見前書，頁1。
〔註46〕見程氏遺書卷六，頁7。
〔註47〕見敷文書說頁16。
〔註48〕見程氏遺書卷六，頁6、7。

壬辰伐商之文，蓋武王興師之時，亦已不用商正也；若夫商正未當絕，則

孟津之師未舉矣〔註49〕。

按此說亦源於程伊川也。程氏曰：

泰誓、武成稱一月者，商正已絕，周正末建，故只言一月〔註50〕。

總上述諸條，足見其尚書之說多淵源於程伊川，而論說書義亦多發心性義理之學，
與伊川相契合；蓋其首雕程氏遺書於閩，而振發伊川之學於幾息也。

敷文書說中，其稱引姓氏而立論者，唯有「胡先生」一條〔註51〕。考之於陳大
猷尚書集傳或問所引「永嘉鄭氏」一條，則曰「胡氏春秋傳〔註52〕」，固知其所引
「胡先生」者，乃胡康侯安國之春秋傳也。胡安國親與程門三傑楊時、游酢、謝良
佐游，得程門之精義，是鄭伯熊引其說，亦即用程說遺緒也，其稱「先生」者，尊
之至也。而書說之中，亦頗見其用胡宏之說。胡宏者即胡安國之子，卒於紹興三十
二年，年齒視鄭伯熊爲長也。若鄭氏書說論西伯戡黎曰：

文王用師如侵共過密，非一也，至武王乘黎，則迫于王都而近，亦觀

政之事也〔註53〕。

按胡宏皇王大紀記「西伯發元年」於商紂二十四祀之下〔註54〕，遂引西伯戡黎之文，
是戡黎者武王也；又以爲武王伐殷，乃武王十一年一月戊午，而云經之十三年爲誤，
又評孔傳虛造觀兵之說〔註55〕，凡此皆鄭氏所取者也〔註56〕。可見鄭氏之學與胡氏
父子頗有干聯。

鄭伯熊於蘇軾書傳之說，多所批評；若論胤征，以爲羲和廢時亂日，沈湎於酒，
其罪極重，而孔子取之入書，必有其可垂法者焉。故其評之曰：

先儒於此篇疑焉者，蓋以廢時亂政之弗知日食之輕故也，其未之思乎

〔註57〕！

此所稱先儒者，蓋謂蘇軾也。鄭氏於論西伯戡黎中，因論武王伐紂事曰：

先儒謂武王觀兵之後，紂君悔過，不過存其社稷宗廟，封諸商，爲二

〔註49〕見敷文書說頁25。
〔註50〕見程氏遺書卷十一，頁4。
〔註51〕參見敷文書說頁16。
〔註52〕參見陳大猷尚書集傳或問卷上，頁51。
〔註53〕見敷文書說頁24。
〔註54〕參見胡宏皇王大紀卷十。
〔註55〕參見前書卷十一，頁3、4。
〔註56〕參見敷文書說頁25、26。
〔註57〕見敷文書說頁13。

王之後，不復北面事之，此豈武王之心哉〔註58〕！

按此蓋評東坡書傳之說也。東坡嘗曰：

> 或曰：武王觀政于商·欲紂改過，不幸而不悛，若其悛也，則武王當
> 復北面事之歟？曰：否，文王、武王之王也久矣，紂若改過，不過存其社
> 稷宗廟而封諸商，使爲二王後也，以爲武王退而示弱，固陋矣，而曰復北
> 面事之者，亦過也〔註59〕。

考東坡書傳所謂「或曰」者，指劉敞七經小傳之說，而「退而示弱」之說，則批孔
傳也。鄭氏於此用劉敞之論而評東坡也。蓋程氏洛學與東坡蜀學，勢如水火，鄭伯
熊既振發程學，其於蘇氏多所批評，亦所宜也；蓋見鄭伯熊之宗程伊川之深也。

程伊川之外，鄭氏所用書說，亦有出於王安石者；若論舜典「五刑有服「，則以
爲三就者，乃就輕、就重、就輕重之中；三居者，居近、居遠、居遠近之中；如是則
刑入於宥者，以輕重遠近對處，原情而用法也。此用王安石之說也；因評孔傳「原野」、
「朝」、「市」之說。「四裔」、「九州」、「千里之外」之言〔註60〕。鄭氏又論益稷「作
服汝明」，以爲日月星辰運行以成歲，山之鎭、龍之變、華蟲之文，彝取其孝，藻取
其潔，火取其烈，粉米取其利物，黼取其斷，黻取其辨；凡此皆取其象而思其德，故
云「古者服以象德」〔註61〕，此亦王安石之論也。然王安石論「象以典刑」以爲懸刑
象於象魏以示民，鄭氏則下畫象以爲刑之說，則亦有不取於王氏者矣。

（二）鄭氏尚書學之特色

伯熊既學宗程門，故其說尚書，亦每重義理，其論尚書之政治，亦多就君王之
德立言；且程子之學，得之論、孟、學、庸爲多，義理唯據孔、孟，鄭氏書說，亦
取尚焉。茲述其學如后：

1、重取書序之義

鄭伯熊宗程，故亦取程氏學宗孔、孟之義，取說書多依孔子立言；而書序者，
傳爲孔子所作，鄭氏信之，故所論二十九條，主於書序者獨多，且以爲序之文有孔
子春秋之法存焉。其論書序「皋陶矢厥謨，禹成厥功」曰：

> 大禹之功，非後世之所謂功也；聖人猶屈之於皋陶之下，其敘書曰：
> 皋陶矢厥謨，禹成厥功。蓋功未有不出於謨，而宣力四方者，不得先於朝
> 堂之論，以此示後世，則國正而朝廷嚴，驕蹇怨懟之意銷，而飛揚跋扈之

〔註58〕見前書，頁 25。
〔註59〕見東坡書傳卷九，頁 2。
〔註60〕參見敷文書說頁 5。
〔註61〕參見前書，頁 8、9。

心不萌，上下相安而禍亂不作矣〔註62〕。

鄭氏以爲聖人屈禹於皋陶之下，乃有使亂臣賊子懼，而導國家朝廷於太平之義也，此即春秋之筆削大義也。其論太甲上序「太甲既立不明，伊尹放諸桐」曰：

> 昔仲尼作春秋，其於君臣之分甚嚴。……是以仲尼定書，於湯、武、伊、周之事，皆有所甚懼焉。仲尼之所懼，伊尹因亦懼之矣，直書曰放，伊尹所不敢辭也。……至聖人序書，猶謂之放，以見冠履之分，堂陛之勢，天尊地卑之義，毫髮不可紊，分寸不可移也；以此防民，亂臣賊子，猶以藉口，聖人烏得而不懼。……孟子之論，救時不得已之意也；春秋之法，以天道自處，兼堯舜湯武之事也，書之序，春秋之法也〔註63〕。

敷文書說二十九條之中，其論及書序者即有十條之夥，其他則片語段句作解爾，其執書序以立言之意，概可見矣。

2、說書重義理

鄭伯熊既宗程氏之學，是以說尚書之義，每就心性義理立論。若其論皋陶謨「而難任人」曰：

> 任人何與乎蠻夷？曰：遠人不服，非內政不修，則邊陲罔聞也。……則必怠忽而荒政，或好大而喜功……故惟敬德不怠，安靜無欲者，遠人之所慕，而小人之無所利者也。〔註64〕

夫君王之有欲發見於外，則小人因以惑亂之，故爲政要在修己之德，使心無欲，清靜自然，則難任人，蠻夷服矣。又其論大禹謨「汝惟不矜」曰：

> 不矜不伐，至公無我之心也。舉天下之善，安而行，無所累于心，故無驕矜之氣，天德也，禹之所優，而顏子之所願也。蓋萬善之本，吾性之所固有，學至于聖賢，于性無所加益，而缺一焉，則不足以爲盡性；知此則任重道遠，惟日不足矣，尚何敢矜之有；進此而安焉，則達乎天德矣〔註65〕。

此論即孔子所謂下學而上達，孟子所謂盡心、知性、知天之義，亦即孟子性善之說也。程子謂「主一無適之謂敬」，敬則靜而人欲自去，善性發顯，於是優入聖域矣。

3、書說中之政治論

尚書者，爲政之典範也，故論之者皆有以言治道。鄭伯熊敷文書說呈止二十九

〔註62〕見前書，頁6。
〔註63〕見前書，頁2。
〔註64〕見前書，頁4。
〔註65〕見前書，頁6。

條，然其論治道之要者甚多。

（1）**論君德在謙**

夫人君居四域之大，兆民之上，號令天下，莫敢不從，若無德以輔之，則易自矜自高，浸浸乎墜於淫佚之中矣；若太甲之「欲敗度，縱敗禮」是也。故爲君者必謙沖自牧。鄭氏特於大禹謨「滿招損，謙受益」爲論曰：

> 愛人不親反其仁，治人不治反其智，禮人不答反其敬，行有不得者，皆反求諸己，此帝王之家法也。自反而仁矣，自反而智且敬矣，而人未遽吾聽焉，不遽責夫人也，曰是吾仁智且敬有所未盡而姑勉焉爾，此帝王之心術也。……夫帝王之兵無闕而後動，其省躬也至矣，其含容隱忍而俟之也久矣，其教詔誨諭也勤矣，然謂吾兵爲無闕，謂吾省躬爲無愧，謂吾容之教之爲無餘力，遽然自以爲足，則非所謂純亦不已。謙尊而光，樂天而無競，任物而無我者，故曰：滿招損，謙受益，時乃天道；唐虞之君臣，其自牧之道蓋如此〔註66〕。

夫舜之引愆自咎，禹之班師修德，舞干羽，則瞽瞍允若而三苗歸服，皆謙沖自求之效也。鄭氏論仲虺之誥‧亦執此義爲言；其言曰：

> 驕心害德，雖聖人亦畏之，故以舜命征有苗而益以爲病，其言曰：滿招損，謙受益，時乃天道；況于人乎！湯勝夏而還，未至國都而慙德形焉。……自舜禹以降，厥功茂矣，顧不以爲善而以爲懼，不以爲滿而以爲不足，是心也崇德之原，致治之本也。仲虺於是作誥以陳其應天順人之不可已，又因其不自滿假之美而將順之，使之終始如一，而不忘此心〔註67〕。

鄭氏此論君德，不獨形之於說解書義，更陳之於諫議之中。時魏王判宣州，南面坐屬吏進謁，幕府進箚子，亦坐而可否之；伯熊除王府司馬，遂以箚子開說謙德之未光，嫌疑之際，或駭視聽。可見鄭氏此論，著於文字，見於行事者也。

（2）**論爲政之經權**

尚書之中，記上古爲政之事，自大禹傳子以爲常，於是有湯革夏命，伊尹放太甲，武王伐紂之事，而論者紛紛，或臧或否。鄭氏論之，則以爲此乃聖人用權之義也。鄭氏謂「道有正有權，正以體常，權以通變，常不過中，變不失正；權也者，聖人之時中」。故其論「伊尹放太甲」曰：

> 太甲之初，伊尹作三書以訓之，今存者一篇，其言祖宗之訓，天人之

〔註66〕見前書，頁6、7。
〔註67〕見前書，頁17。

理，前世存亡之戒詳矣，猶不惠於阿衡，則繼以苦言聳動而警懼之。……
伊尹之於成湯，豈獨貴戚之比，而其身任天下之重，一夫不獲，則曰時予
之辜，又豈拘拘爲賢者之守節哉！故伊尹之所忍發，吾以爲懼，而彼由之
以爲常，而若弗聞也，則其性淪於所習之中而惡且成矣。臣寧負王，不敢
負社稷，……是以不得已而出於權，而非心之所安也。……故聖人語權，
心凜然有憂慮天下後世之意，況其用之者，敢以爲常而不懼哉！……曰伊
尹放諸桐者，伊尹不得已之權而爲法受惡也。……聖人於太甲之書，反覆
致意，體常而盡變，存正以明權，故曰春秋之法〔註68〕。

唯鄭氏主用權之說，故其論武王伐紂，有戡黎觀政之事，以爲紂若悛改，則武王復
北面而事之矣，是觀兵者，使紂懼而悔改之權也。故其評蘇軾之說謂「不復北面事
紂」爲非也。

4、疑經文，改書序

鄭氏論說尙書義，雖止二十九則，然亦有疑改之事。

（1）疑經文

泰誓經文云「十三年」，而書序則曰「十有一年」，二者有不協者，孔傳遂有觀
兵之說以調停之。鄭氏則曰：

> 經稱十三年，當依序文作十一年。史記云武王克商二年，訪箕子，而
> 洪範亦云十三祀訪箕子，可見也〔註69〕。

按鄭伯熊引史記之文作證；考史記所述齊世家之文，以爲克商在武王十一年，周本
紀亦言克殷二年，王訪箕子，問所以亡之故；此加「克殷後二年」，是史遷一家之言
也。程伊川以爲據洪範十三年王訪箕子之文，固知泰誓序十一年乃誤，蓋克殷後二
年始訪箕子，此於理不合也。今姑勿論其事然否，然就經文論之，金縢謂克殷後二
年，武王不懌且將死，於是有周公禱天，以身代之之事，周公禱詞謂若武土崩，則
周家危，則當時周道未至於興隆厚實也，然則武王前此而不知訪箕子，必危然後訪
之乎？此於義亦未見高明也。且武王病且死，則訪箕子之事，容或未必同時也。雖
然，據史記而立言，亦爲一說也。

（2）改書序

鄭氏宗信書序，然於牧誓序「虎賁三百人」之說，則以爲不然。其論牧誓曰：

> 序云：武王戎車三百兩，虎賁三千人，與受戰于牧野，作牧誓。則武

〔註68〕見前書，頁 19、20、21。
〔註69〕同前書，頁 25。

　　　　王謂紂爲獨夫，謂予有三千人，同心同德不誣矣〔註70〕。

敷文書說直引作「虎賁三千人」，與孔傳本書序「三百人」不同；所據者爲泰誓「予有臣三千，惟一心」，史記周本紀、孟子盡心篇，亦皆作「三千」，鄭氏蓋用孟子、史記爲佐，以知牧誓序當作「三千」也。

5、鄭氏尚書學新解

（1）堯典四中星，天道右旋

　　堯典四中星，以殷以正四時仲月，孔疏謂：「天道左旋，日體右行，故星見之方，與四時相逆，春則南方見，夏則東方見，秋則北方見，冬則西方見，此勢自當然。」而鄭伯熊則以爲天道右旋而西。其言曰：

　　　　二十八宿，列宿環於四方，隨而而西轉，自角至箕，東方之宿也……惟仲春之月，四方之星各居其位，故星火在東，星鳥在南，星昂在西，星虛在北；至仲夏則鳥轉而西，火轉而南，虛轉而東，昂轉而北；……循環無窮，大要如此〔註71〕。

胡玉縉引玉詠霓函雅堂集云：「其說堯典中星所在，自爲與注疏舊說不同。」其言是也。

（2）書序「明居」之義

　　孔傳解書序「咎單作明居」曰：「咎單，臣名，主土地之官，作明居民法一篇，亡。」鄭氏不採其說，而曰：

　　　　咎單作書，明其居成功之道，亦仲虺之意哉！然不可得而臆之矣〔註72〕。

孔氏以爲居者，居其民，故以爲土地之官，鄭氏則見其序在仲虺之誥、湯誥之後，而二篇皆言不自滿假，謙沖自牧之意，故因之而言謂明居爲「明其居成功之道」，以續發「謙受益」之君德說也。

（3）洪範序「以箕子歸」

　　孔傳孔疏皆謂「歸」者，歸鎬京也。鄭伯熊則爲發義說曰：

　　　　箕子佯狂去國，有不臣武王之意，武庚既立，則箕子可歸矣；箕子之歸，爲洪範九疇，非爲武王也〔註73〕。

鄭氏以爲箕子佯狂出國，然考之論語及微子之篇，皆云出國者微子也，箕子爲之奴而囚之，武王克殷始釋之。鄭氏蓋以爲武王既釋箕子之囚，箕子因佯狂出國，示不

〔註70〕同前註。
〔註71〕見前書，頁1。
〔註72〕見前書，頁18。
〔註73〕見前書，頁26。

臣武王，及武庚封於故國，而箕子始歸於商，因而武王可得訪之而問洪範九疇也。然鄭氏此解，於文句不合，蓋「以箕子歸」之言，蓋就武王立說，非爲箕子也；且「以」者，有以之也，則非箕子自歸，乃武王攜之歸，而所歸去亦不當指武庚之封國，蓋其時商已滅，歸當指鎬京也。

四、鄭伯熊尚書學之評價及影響

鄭伯熊之學，爲永嘉一派所宗，故其尚書說於永嘉諸儒，頗有影響。若薛季宣有書古文訓之作，其中亦有用鄭氏之說者；若西伯戡黎，鄭氏曰：

> 文王用師，如侵共過密，非一也，至於武王乘黎，則迫于王都而近，亦觀政之事也。〔註74〕

薛氏書古文訓則曰：

> 西伯，武王也。舊說以爲文王，說苑膠鬲謂王爲西伯，武王亦嘗爲西伯也。書序殷始咎周，周人乘黎，蓋商人咎周之不伐紂，故武王有乘黎之舉，泰誓觀政之語，謂乘黎也〔註75〕。

可見薛氏之因於鄭氏也。考鄭氏乃紹興十五年進士，而薛季宣則生於紹興二年，以齒論之，鄭氏爲長也。又武王戡黎之說，始於胡宏皇王大紀，鄭有取之胡氏、而薛則又取於鄭氏也，蓋胡宏無言戡黎即觀政，而此乃鄭氏之說也。又鄭伯熊謂牧誓「虎賁三千人」，非「三百人」，薛季宣爲之考證曰：

> 書序牧野之戰，蓋戎車三百兩，虎賁三百人。司馬法戎車一兩，則馳車、革車各一乘，輕車甲卒三人，士七十二人，輜二十五人，戎車一兩凡有卒士百人；三萬之眾，而三卿爲之將，以千夫將彞將三旅之眾，損益隨時，以便於事而已。泰誓上言有臣三千，指言戰士之長，獨客將馳車者，因卒伍長，三百乘則三千人也〔註76〕。

薛氏此說，蓋亦因鄭氏而來也。

薛氏之外，東陽陳大猷尚書集傳或問引鄭氏書說三條，其於解五刑之說，謂「永嘉鄭氏雖以典刑爲肉刑，然大意條達，附見於此」〔註77〕，又引「永嘉趙氏」之言以論五子之歌，考此「永嘉趙氏」當爲「永嘉鄭氏」之誤，對比鄭伯熊之言可知〔註78〕。又引「永嘉鄭氏」以說典寶，曰「永嘉鄭氏說典寶，恐近於臆度，然其論則甚

〔註74〕見前書，頁24。
〔註75〕見書古文訓卷六，頁2。
〔註76〕見前書卷七，頁9。
〔註77〕參見陳大猷尚書集傳或問卷上，頁19，所引鄭氏之文見於敷文書說頁2。
〔註78〕參見陳大猷或問卷上，頁47，引文見敷文書說頁1。

善，因附於此」〔註79〕；可見陳大猷亦頗重其說。

　　元董鼎書集傳輯錄纂註，列諸家姓名表，有「鄭氏景望　永嘉」，又有「鄭氏　永嘉」者，前條當指鄭伯熊也。若董氏書君陳篇之末，引鄭景望曰：

> 時乃罔不變，允升於大猷，成王自謂膺受多福，道洽政治，澤潤生民；康王亦自謂膺受多福。成、康言福皆以商民之化爲說，然則民俗趨化，非人君福之實乎！天保，報上受福之詩也，其詩曰：群黎百姓，徧爲爾德；詩之意即成、康之意〔註80〕。

可見董鼎之時，鄭氏書說亦學者所常讀者，然此條不見於敷文書說，或亦未必爲書說之文，不必據此論敷文書說之或有闕佚。蓋董鼎列其姓氏下未稱引其書名也。

　　至於歷代學者其論永嘉鄭氏之學，亦不多見。陳亮序云：

> 至其胸臆之大，則公之所自知，與明目者之所能知〔註81〕。

雲谷胡氏序其書曰：

> 心本同然，理不終泯，自伊洛諸先生力尋墜緒，遠紹正學，而敷文鄭公得其傳焉。探聖賢之心於千載之上，識孔子之意於百篇之中，雖不章解句釋，而抽關啓鑰，發其精微之蘊，深切極至，要皆諸儒議論之所未及，亦可謂深於書者歟〔註82〕！

四庫提要則評之曰：

> 是書雖爲科舉而作，而尚不汩於俗學，惟誤信書序，謂眞孔子所作，故於太甲序則以爲體常盡變，存正明權，得春秋之法；於泰誓序則以爲經稱十三年者誤，當依序作十一年；於洪範序則以爲所稱勝殷殺紂，亦誅獨夫紂之義，皆未免牽合舊文，失於考證，然其大端醇正。……反覆推詳以明，其說於經世立教之義，亦頗多闡發，有足採焉〔註83〕。

按四庫提要之評，乃就後世既知書序非孔子所作以責其非，其評欠公允。鄭氏書說，實宋儒義理學者說義之常態，其既能疑武王虎賁「三千」之數，實非純以胸臆爲說者，蓋亦有所考證矣。「三千」之數，清孫星衍尚書今古文注疏亦以爲然〔註84〕，可見其卓識。又提要謂其書乃爲科舉而作，其說非是，蓋提要者誤讀陳亮之序也。陳亮序謂曰：

〔註79〕參見陳大猷或問卷上，頁51，敷文書說見頁17。
〔註80〕見董氏書集傳輯錄纂註卷六，頁1。
〔註81〕同註37。
〔註82〕同註42。
〔註83〕同註40。
〔註84〕見皇清經解卷七百七十三，頁4。

　　　　至其胸臆之，大則公之所自知，與明目者之所能知，而余則姑與從事
　　乎科舉者誦之而已〔註85〕。

其意乃稱鄭伯熊之說甚高明，非己與科舉士子之俗眼所能洞識，非謂其為科舉而作
者；而其書中諸說，亦非士子考試之常論也。

〔註85〕同註37。

第八章 象山門人尙書學案

第一節 楊 簡

一、生平事略

楊簡，字敬仲。其祖自寧海徒奉化，又避地慈溪，因占藉焉。入小學時，便儼若成人。弱冠入上庠，每試輒魁。乾道五年，以一經冠南宮選登乙科，授迪功郎，主富陽簿。會陸九淵道過富陽，留之；與語數提本心二字，因問何謂本心；九淵答云有一是必有一非，若見得熟是熟非，是非即決矣，非本心而何。楊簡聞之，忽然心有契悟，遂定師弟子之禮。富陽民多服賈而不知學，楊簡興養士，文風益振。視獄必親臨，公平無頗，不畏權貴。時朱熹爲常平使者，薦之；先是丞相史浩亦嘗薦之，差浙西撫幹；改知嵊縣。丁外艱，服除，知樂平縣，興學訓士，諸生聞言有泣下者；治政化民，至民以訟爲恥，夜無盜警。紹熙五年，召爲國子博士；會斥丞相趙汝愚，祭酒李祥抗章辨之遭斥，楊氏亦上書爲之辨，亦遭斥。嘉泰四年，發遣全州，以言罷；嘉定九年，寧宗更化，遷秘書省著作郎，轉對，極言經國之要，弭災屬，消禍變之道，北境傳誦，爲之涕泣。以所陳久未果行，求外補；知溫州，移文首罷妓籍，尊敬賢士；有負勢家第宅障官河，即日撤之，城中歡踊名楊公河。帝遣使巡察至郡，乃楊氏世契，然執禮甚恭，示敬君使也。自奉甚儉，云不敢以赤子膏血自肥。遷駕部員外郎改工部員外郎轉對，又以擇賢久任爲言，累遷至朝散大夫。時金人大饑，來歸者日以數千萬計，邊吏拒之不納。簡戚然曰：得土地易，得人心難，薄海內外，皆吾赤子中土故民，今蘄脫死，乃速得死，豈相上帝綏四方之道哉！即自上奏；不報。會疾請去益力。理宗即位，進寶謨閣直學士。寶慶二年致任；三月卒。年八十六，諡文元。

楊簡晚年家食者十四載，築室德潤湖上，更名慈湖，館四方學子，人稱慈湖先生。傳詩、易、春秋，又有甲稿、乙稿、冠、昏、喪記、禮家記、家祭記、釋菜禮記、石魚家記、已易啓蔽等書。今存楊氏易傳二十卷、五誥解四卷、慈湖詩傳二十卷、慈湖遺書二十卷〔註1〕。

二、尚書學之著作及著錄

楊簡於尚書之學，有五誥解。五誥者，即周書之康誥、酒誥、梓材、召誥、洛誥也。蓋韓愈所謂佶屈聱牙者也。其書宋志不載，其弟子錢時撰行狀，亦未及之，殊可怪也。然其徒錢時作融堂書解，而稱引「先師」之說，可見楊簡實有是著述也。

朱彝尊經義考錄之，止一冊，云「未見」，並註曰：「按文淵閣書目有之，不載慈湖之名〔註2〕。」焦竑國史經籍志著五誥解一卷。四庫提要云：

> 此書世久失傳，文淵閣書自作一冊，焦竑經籍志作一卷，朱彝尊經義考以爲未見。今從永樂大典各韻中案條薈萃，唯闕梓才一篇，餘皆章句完善，謹依經文前後，釐爲四卷〔註3〕。

今是書有文瀾閣鈔本及墨海金壺本。

楊氏尚書之論，除五誥解外，尚有慈湖遺書卷八家記二中論書之言，其中多言虞書之義解也。

三、楊簡之尚書學

楊簡之學，源出於陸九淵；錢時所撰行狀言之詳矣。然九淵素主「六經註我」之說〔註4〕，於經書無甚專著，而楊簡則於諸經多有著述、可見楊氏之不宥於師門也。袁爕絜齋書贈傳正夫曰：

> 自象山既歿之後，而自得之學，始大興於慈湖，其初雖有得於象山，
> 而日用其力，超然獨見，開明人心，有大功於後學，可不謂自得乎〔註5〕！

然則慈湖之學，既有師承，又有自得之意也。今述其尚書學如次：

（一）楊簡尚書學之淵源

1、思想契合象山

〔註1〕參見宋史本傳。慈湖遺書後附錢時所撰慈湖先生行狀。四庫全書提要。宋元學案卷七四慈湖學案。
〔註2〕見其書卷九五，頁1。
〔註3〕見五誥解前附。
〔註4〕參見象山全集卷三四，頁1、頁4。
〔註5〕見慈湖遺書後新增附錄頁1引。

楊簡之學，契合於象山。錢時述其行狀云：

> 初先生在循理齋，嘗入夜燈未上，憶通奉公訓，然自反觀，已覺天地萬物通爲一體，非吾心外事。至是文安公（陸九淵）新第歸，來富陽，長先生二歲，素相呼以字，爲交友；留半月，將別去，則念天地間無疑者，平時願一見，莫可得，遽語離乎；復留之。夜集雙明閣上，數提本心二字。因從客問曰：何謂本心。適平旦嘗聽扇訟，公即揚聲答曰：且彼訟扇者，必有一是有一非，見得熟是熟非，即決定謂某甲是，某乙非矣，非本心而何。先生問之，忽覺此心澄然清明，亟問曰：止如斯邪？公竦然端屬，復揚聲曰：更何有也。先生不暇他語，即揖而歸，拱達旦；質明，正北面而拜，終身師事焉。每謂某感陸先生，尤是再答一語更云云，便是支離〔註6〕。

按楊簡之學，本亦有自得之功夫，然經象山一語契入，遂終生定之。然象山於經，主「六經皆我註腳」之說，問何以不著書，答曰：

> 六經註我，我註六經，韓退之是倒做；蓋欲因學文而學道；歐公極似韓，其聰明皆過人，然不合，初頭俗了。……符讀書城南，三上宰相書是已；至二程方不俗，然聰明卻有所不及〔註7〕。

象山之學，主先明本心然後足以接物明經，經書者，印證吾心者耳。故曰：

> 大抵讀書訓詁既通之後，但平心讀之，不必強加揣量，則無浸灌培益，鞭策磨勵之功；或有未通曉處，姑缺之無害，其明白昭晰者，日夕涵詠，則自然日充日明，後自本源深厚，則向來未曉者將亦有渙然冰釋者矣。……尚書皋陶、益稷、大禹、大禹謨、太甲、說命、旅獒、洪範、無逸等篇，可常讀之，其餘少緩〔註8〕。

故陸象山之學，端在發明本心而已。其言曰：

> 宇宙便是吾心，吾心即是宇宙。千萬世之前，有聖人出焉，同此心，同此理也；千萬世之後有聖人出焉，同此心，同此理也；東南西北海有聖人出焉，同此心，同此理也〔註9〕。

又曰：

> 人心至靈，此理至明；人皆有是心，心皆具是理〔註10〕。

〔註6〕見前書卷十八，頁2、3。
〔註7〕同註4。
〔註8〕見象山全集卷七，頁2。
〔註9〕見前書卷二二，頁5雜說。
〔註10〕同前註。

故象山言及尚書者，亦皆本此「心即理」之說，爲之發論。其言曰：「皇極之建，彝倫之敘……是極是彝根於人心而塞乎天地〔註11〕。」又曰：「念慮之正不正，在頃刻之間；念慮之不正者，頃刻而知之即可以正；念慮之正者，頃刻而失之，即是不正，此事皆在其心。書曰：惟聖罔念作狂，惟狂克念作聖〔註12〕。」又曰：「洪範一篇，著在尚書，今人多讀，未必能曉大義，若其心正，其事善，雖不識字，亦自有讀書之功；其心不正，其事不善，雖多讀書有何所用〔註13〕。」

　　楊簡契道於象山，故其說亦大主「心即理」「心即道」，以發明吾心爲首要。眞德秀跋慈湖訓語後曰：「言道以本心爲正，言德以直心爲主〔註14〕。」其言誠楊氏學之大旨也。故楊簡述其讀尚書之進程曰：

　　　　少時讀書，竊自念古聖人之道，高明廣大，不可以心思，不可以意度，當寂然不動，感而遂通；如曰惟精惟一；如曰一德，略見深旨，其他大略曰欽，曰敬，曰謹，曰克艱，曰孜孜兢兢，曰典常，曰學于古，曰奉天，曰勤卹，殊未省其實；豈聖人姑致其謹，循其常，而其中固自有廣大高明之妙耶；豈帝王之治理如何此而不及其精微，其精微不多見於書耶？至讀論語亦然。……聖人不輕出其祕耶？何其莫可曉也。及微覺後，方悟道非心外，此心自善，此心自神，此心自無所不通。心無實體，廣大無際，日用萬變，誠有變化無窮，不識不知之妙；而傳習尚熟，乘間而起，不無放逸，於是方悟尚書、論語所載，止合如此〔註15〕。

葉紹翁四朝見聞錄，記慈湖之學曰：

　　　　慈湖楊公簡參象山學，猶未大悟；忽讀孔叢子，至心之精神是謂聖一句，豁然頓解；自此酬酢門人，敘述碑記，講說經義，未嘗舍心以立說〔註16〕。

可見楊簡尚書之學，雖與陸九淵無直接解義之相聯，然其解說之理，本諸吾心，則無異也。

（二）汲引蘇軾、呂祖謙、王安石之論

　　楊簡既從陸象山之說，本以我心註六經之法，則解經可無所依傍，一以吾本心

〔註11〕見前書卷二二，頁2。
〔註12〕見前書卷二二，頁3。
〔註13〕見前書卷二三，頁8。
〔註14〕見慈湖遺書卷十八，頁29引。
〔註15〕見前書卷八，頁20、21。
〔註16〕見前書後補編頁17。

即可矣；然尚書之文，詰屈聲牙，陸九淵且言須先明訓詁，然後可以吾心讀之；然則尚書之學，必先依前人之說以訓詁文義，以利發揮吾心之理。尚書詁訓，二孔爲本，然有不合者，則汲引宋代前輩之說。困學紀聞卷八經說云：「自漢儒至於慶曆間，談經者守訓故而不鑿，七經小傳出，而稍尚新奇矣；至三經義行，視漢儒之學如土梗。……唐及國初，學者不敢議孔安國、鄭康成，況聖人乎！自慶曆後，諸儒發明經旨，非前人所及。……不難于議經，況傳注乎！」可見以己意解經者，自王安石而大行，蘇東坡反王氏，亦多出於己意；呂祖謙之學，介於朱、陸之間，且巧於解說經文，發揚義理，朱、陸二家學者，皆甚取之。王氏之學，自靖康之後，宋室南渡而熄，然其中一二甚合理之說，猶爲後人所取。楊氏說尚書，取蘇軾、呂伯恭之說爲多，蓋同以己意解經者也。

1、引蘇東坡之說

東坡書傳，見重於南宋，蓋南宋之前，解尚書而著名者，唯新義及東坡書傳耳。王氏之學，與義理之家學說不合，故南宋既渡，其說寢熄；東坡雖非以義理名，然其書傳與義理學者理路相近，且勇於破棄舊說，自出杼機，故如朱熹者亦甚稱之。楊簡五誥解中引用前儒而稱名者，唯孔安國與東坡耳。其解康誥首段至「洪大誥治」曰：

　　蘇氏曰：以上皆洛誥文，簡編脫誤也〔註17〕。

又解「惟時敘乃寡兄，勗肆汝小子。封，在茲東土」曰：

　　　　寡兄謂武王。武王之爲諸侯也，常自稱寡人，故周公稱之曰寡兄。勗者勉也；謂武王能遵行文王之道，故汝小子封，得國於東土也。至是益驗東坡之說爲是，蓋封康叔時未營洛邑，若在洛邑之後，始封康叔，當言北土，不當言東土。衛在洛之北〔註18〕。

按東坡既以康誥首段爲洛誥之錯簡，故主封康叔在既克管蔡之後，營洛之前。其言曰：

　　　　周公東征二年，乃克管蔡，即以殷餘民封康叔，七年而復辟，營洛在復辟之歲，皆經文明甚；則封康叔之時，決未營洛；又此文終篇初不及營洛之事，知簡編脫誤也〔註19〕。

可見楊簡論康誥之事，本乎東坡之說。又解召誥「拜手稽手、旅王若公」曰：

　　曰拜手稽手，旅王若公。東坡云：旅如庭實旅百之旅〔註20〕。

〔註17〕見五誥解卷一，頁1。
〔註18〕見前書卷一，頁3。
〔註19〕見東坡書傳卷十二，頁1。
〔註20〕見五誥解卷三，頁3。

楊氏引用東坡之說，除明稱名引用者外，亦有用其意而不稱名者焉。若其論召誥「其惟王勿用小人淫用非彞，亦敢殄戮用乂民」曰：

> 彞，常也；淫，逸而過也。王勿以小民過作失常之罪，遂敢於殄戮，用此嚴刑治民也〔註21〕。

按孔傳解此文曰：「勿用小民，過用非常，欲其重民秉常。亦當果敢絕刑戮之道，用治民。戒以愼罰。」其意謂不可過度任用小民爲政，亦當以刑戮爲治之。王安石新義則謂：「不敢慢小民而淫用非彞，亦當敢於殄戮有罪以乂民也〔註22〕。」東坡論之曰：

> 古今說者皆謂召公戒王過用非常之法，又勸王亦須果敢殄滅殺戮以爲治。嗚呼！殄滅殺戮，桀紂之事；桀紂猶有所不果，而召公乃勸王，使果于殄戮而無疑。……皋陶曰：與其殺不辜，寧失不經。人主之用刑，憂其不愼，不憂其不果也。……今召公方戒王以愼罰，言未終而又勸王以果于殄戮，則皋陶不當戒舜以寧失不經乎！……今予詳考召公之言，本不如說者之意。蓋曰：王勿以小民過用非法之過，亦敢于法外殄戮以治之。民自用非法，我自用法；民自過，我自我過，稱罪作刑而已〔註23〕。

東坡所謂「古今說者」，古批孔傳，今指王氏，蘇東坡皆以爲不然，故有是說。楊簡之解，意與東坡之說同，其出於東坡無疑。

又楊氏說洛誥「汝受命篤弼，丕視功載，乃汝其悉自教工。孺子其朋、孺子其朋」曰：

> 今我大閱視爾記功載籍，而所記者乃悉汝所自教之官，皆汝私人受教於汝者，非我所齊百工也。於是周公乃訓責成王曰：孺子其有朋黨乎？孺子惟與爾朋往乎〔註24〕？

按孔傳曰：「惟天命我周邦，汝受天命厚矣；當輔大天命，視群臣有功者，記載之，乃汝新即政，其當盡自教眾官，躬化之。少子愼其朋黨，戒其自今以往。」孔傳以「汝受命篤」爲句，「弼」字下屬。考東坡書傳云：

> 今王肇稱盛禮，……又命曰：汝受命厚輔我，其重且嚴如此。今我大閱視爾功賞載籍，而所用者乃汝自受教之官，皆汝私人，非我所齊百工也。于是周公乃訓責成王曰：孺子有黨乎！自今以往，孺子其以黨爲

〔註21〕見前書卷三，頁7。
〔註22〕見林之奇尚書全解卷三十，頁29引。
〔註23〕見東坡書傳卷十三，頁11、12。
〔註24〕見五誥解卷四，頁4、5。

政乎〔註25〕！

以楊簡之言與東坡書相較，句讀，訓義相同，甚者文辭亦頗有相襲之迹，可見楊氏實用東坡書傳之說也。

2、引呂祖謙之說

楊簡五誥解中，未稱引呂祖謙之說，然於慈湖遺書中，記與曾汲古論尚書語，兩引呂祖謙之言。曾汲古者，楊門之高弟也；其問楊慈湖皋陶謨「天敘」「天秩」「天命」「天討」一段曰：

> 呂東萊云：敕者整齊工夫，寅恭是典禮之根源，典禮皆本於天，惟君與天爲一，然後能惇之庸之，若不同寅協恭，皆是虛文；賞罰皆不可有我，此心常勉勉不已，不可有一毫止息，纔有止息，有我之心便生，便非天心。此說如何〔註26〕？

楊簡應之曰：

> 五典者，父慈子孝，兄良弟弟，夫義婦聽，長惠幼順，君仁臣忠，不知者謂此五典人所爲，知者謂五典皆天敘也。……其五典皆人心所固有，固有者天也。敕者謹戒之謂，惇者厚也，人生本厚，因物有遷，始失其厚，謹戒之使不失其厚爾。五禮謂吉禮……凶禮……賓禮……軍禮……嘉禮，在人能用此五禮，皆人心之所不能自己者，天人一道也。寅布敬謹之意。五典五禮行則君臣上下皆敬皆恭。衷，心也；其心皆和同，天地之間一而已。五服章采不同，隨其德之大小賜之服，惟當乎人心，則當乎天心；討有罪，罪有五等，用刑亦如之，必合天下人心，則合天心，皆不可容一毫之私〔註27〕。

按楊簡之說，與呂伯恭之意無異，惟發揮說明更爲詳暢耳。遺書又記曰：

> 先生觀書，謂汲古曰：出納五言，汝聽；何如說？汲古對曰：孔安國云出納仁義禮智信之言；呂東萊云五言樂之成言者，今之三百篇詩是也。詩出於上者爲出，出於下者爲納，出納作之於樂。先生曰：此不是東萊之說。五言是五方之言，出納即舜命龍作納言，又周官之訓方氏，誦四方之傳道，正歲則布而訓四方；五方者，并中國也；五方多所傳道者，乃其方人士之所習，言之害道者，不可不訓而正之也，誦其言於朝，納也；布而

〔註25〕見東坡書傳卷十三，頁 15。
〔註26〕見慈湖遺書卷八，頁 24。
〔註27〕同前註。

訓五方，出也；聖人之教民憂國如此〔註28〕。

按汲古所引東萊之說，今尚見於增修東萊書說中。而楊簡云彼非東萊之說。考東萊書說，本自洛誥始，洛誥以前，乃其徒時瀾所掇集師說修成者；而楊簡主富陽簿，見象山定師弟子之禮時，陸象山年三十四，楊簡三十二，而呂伯恭亦三十二。或楊簡嘗接聞於呂祖謙，其說有異於增修者歟？楊簡所云「五方之言」之說，或即所聞於呂氏之說也。然則可見楊簡於東萊之說，亦深有取之矣。

3、用王安石之說及句讀

王氏新義，獨盛於熙寧以後，南渡以前，凡六十餘年，士子習之以爲科程，萬口一聲，鮮能外之；有識之士，多指新義爲新法作地，蘇軾作書傳反之，而楊時，王居正皆有相反之作〔註29〕；南渡以後，新政不行，其說隨熄，然其解書亦頗能正孔傳之失，有新穎之說，故如朱熹者雖責之曰鑿，然亦有所取也。楊簡說尚書，亦有採王氏之學說者。若其解舜典「六宗」曰：

> 夫舜肆類于上帝……又禋于三昭三穆歟！古者天下爲公，惟讓於德，三昭三穆，皆有德可宗，非如三代而下爲家而傳於子，三昭三穆，未必皆宗也。若孔叢子所言六宗，則舜祭於上帝，不及地而遽及山川，無乃不可乎〔註30〕！

按楊氏以三昭三穆解「六宗」；考此說乃晉張髦之說，王安石用張髦之說，以三昭三穆爲「六宗」〔註31〕；楊氏之說，蓋得自王氏新義也。又五誥解中洛誥「復子明辟」，楊氏曰：

> 復即孟子有復於王者之復。周禮宰夫待諸臣之復，大僕掌諸侯之逆復。復謂奏事也；辟，君也。明辟稱成王，尊敬之辭〔註32〕。

按孔傳謂「復還明君之政於子」，故歷來有周公攝位之說，而王安石首倡新說曰：

> 復，如復逆之復，成王命周公往營成周，周公得卜，復命於成王。謂成王爲子者，親之也；謂成王爲明辟者，尊之也〔註33〕。

王氏之說，蓋謂周公得卜，復告於成王；然則無所謂攝位之事，蓋無攝位則無復位也。王氏此說，深得後人稱許。若葉夢得、林之奇、史浩、呂祖謙、王應麟等皆用

〔註28〕見前書卷八，頁 26、27。
〔註29〕參見經義考卷七九，頁 7 楊時書義辨疑，卷八十，頁 1 王居正尚書辨學。
〔註30〕見慈湖遺書卷八，頁 6。
〔註31〕參見林氏全解卷二，頁 11 引。
〔註32〕見卷四，頁 1。
〔註33〕見林氏全解卷三，頁 5。

其說〔註34〕。楊簡於此，蓋亦用王安石之說也。

朱熹嘗稱王安石於尚書句讀爲是。其最有名者，即酒誥「矧惟若疇圻父薄違農父若保宏父定辟」一節。孔傳作「矧惟若疇圻父，薄違農父，若保宏父，定辟」；而王安石則作「矧惟若疇，圻父薄違，農父若保，宏父定辟」，其言曰：

> 三卿之位，爲汝疇匹。
>
> 司馬主薄伐怨違，司徒主若國保民，司空主治四民，定而生之以致辟〔註35〕。

而楊簡則曰：

> 又況於爾之朋儔，圻父司馬，征伐違道；農父司徒，順若保民；宏父司空，審定法辟，皆所以治人者〔註36〕。

可見楊氏之訓解及句讀，實取用王介甫之說也。

總觀楊簡尚書學之淵源，其思想契合於象山，而引而用尚書之說者，以蘇東坡之說爲多，而呂東萊之說本亦與東坡相承而又與心學相近，故金谿學者，多用蘇、呂之說。

（二）楊簡治尚書之觀念與方法

1、博採旁引，非議孔、鄭

楊簡治尚書，不主一家，兼取孔傳、蘇氏、王氏、呂氏之說，四庫提要以爲此乃楊簡尚書學之長，誠是也。然楊氏於孔傳，每多批評，於鄭康成之說，評之尤嚴厲。若康誥「又曰要囚服念五六日，至於旬時，丕蔽要囚」，楊氏曰：

> 服膺思念自五六日或至于旬時，謂至於十日左右也。十日曰旬。孔安國謂三月；簡思其意，誠爲愼重，恐太過，不可行。行安國之說，則服念三月，乃斷，則終歲僅斷四罪，非周公本意也。……又康叔服膺思念至五六日，其心未能已，或至旬時亦至矣盡矣〔註37〕。

按孔傳謂「服膺思念五六日，至于十日，至於三月，乃大斷之」，是解「時」爲「四時」之意，即三月一季也。楊簡以爲誠爲愼獄，然太過而不可行；故楊氏以爲「旬時」者「十日左右」也；以事理觀之，楊說有理。

又益稷篇「夔曰戛擊鳴球，搏拊琴瑟，以詠」，孔傳以爲：「戛擊，柷敔，所以止樂；搏拊，以韋爲之，實之以糠，所以節樂。」是孔傳以「戛擊」、「搏拊」爲器物也。楊氏以爲不然。其評之曰：

〔註34〕參見程元敏先生三經新義輯考彙考彙評（一）──尚書，總頁179。
〔註35〕見林氏全解卷二九，頁24、25引。
〔註36〕見五誥解卷二，頁9。
〔註37〕見前書卷一，頁9。

　　　　孔安國謂戛擊爲柷敔，殊未安。按爾雅所以鼓柷謂之止，則柷所以止
樂，非合樂；安國又謂搏拊者，拊以韋爲之，實以糠；樂記曾守拊鼓；周
禮小師擊拊，大師登歌，令奏擊拊，而故書附爲付，則付附拊特未定也。
明堂位拊搏玉磬，揩擊大琴。大琴則搏拊，所以擊之，非器也。荀子曰；
縣一鍾，尚拊之；大戴禮記，縣一磬尚拊然。則附或付，或拊，誠有其器，
器甚古矣。而夔曰搏拊琴瑟，則拊非器也，乃明堂位拊擊之謂；其出指曰
搏，入指曰拊歟！世亦曰拊琴而搏，其聲搏然，況下言拊石，豈韋糠之謂
也〔註38〕。

楊氏旁徵博引，以明「拊」於古可爲一器物之名，亦可爲一動作之名，以益稷文觀
之，其非物器之名明矣；而孔傳以韋糠解之，於文辭殊不倫也。

　　楊簡說尚書，有用漢儒之說而不用孔傳者，若舜典「象以典刑」，楊氏曰：
　　　　舜典曰象以典刑者，漢書所謂畫衣冠而民不犯也。漢儒去古近，宜有
傳。後孔安國一人乃更其說曰：象，法也，法用常刑不越法。後儒又因別
爲說曰：象民所犯輕重而加以常刑，皆不明白，釋象字不平正；象，畫也，
畫其所犯之典刑於衣冠耳恥之，而實不刑之〔註39〕。

然漢儒之說，亦非皆可用，若鄭玄之說，楊氏評之最力。慈湖曰：
　　　　甚矣！鄭康成之好作異，敢於意斷而不疑也。……康成輕於改作而不
思。康成每有此作，無足多怪而滋惑〔註40〕。

其遺書中有評鄭玄之說例。若堯典「協和萬邦」，益稷「州十有二師，外薄四海，咸
建五長」，楊簡曰：
　　　　堯典協和萬邦，春秋傳禹會諸侯於塗山，執玉帛者萬國，此皆言其大
略爾。……先儒故必欲整整其所謂萬數釋。鄭康成謂尚書州十有二師者，
州立十二人爲諸侯師，蓋百國一師，州十二師則州千二百國也；八州九千
上百國，餘四百國在畿內，則整整恰恰爲萬國，不少一，不多一，吁可哂
哉，其陋至此。……舉凡是皆起於不達道義，無所用心，故溺情於名數之
末，寖愚而不自知，又以愚後世，使學者弊精神於愚陋之說中，則先儒於
是爲有罪〔註41〕。

楊氏數康成之過錯，誠可謂責之深矣。而鄭玄此說，劉敞七經小傳取之以爲說也。

〔註38〕見慈湖遺書卷八，頁29。
〔註39〕見前書卷八，頁6。
〔註40〕見楊簡石魚偶書，頁3。
〔註41〕見慈湖遺書卷八，頁2。

2、以音理解經

楊簡說尚書，於訓詁經文，時用同音通假之法。若康誥「今惟民不靜，未戾厥心」，楊氏曰：

> 周人東征，罪人斯得，其曰不靜者，叛雖定而其心猶未定也。戾至也，取麗字音義；麗者附著也，故有至義。行者未定，至則定矣，故戾亦有定義。書疾爲臷，詩截爲節，則麗與戾同也〔註42〕。

按孔傳訓「未戾厥心」爲「未定其心於周」，戾之訓定，二孔皆未言其所以然。楊簡據爾雅釋詁謂「戾、至也」，遂取麗戾音近義通爲說，以麗義爲附著，故有定止之義，以解孔傳戾訓定之所以然也。並舉疾爲臷，截爲節同音通訓爲旁證，以明戾麗音近義通也。考戾之訓定，見詩經桑柔「民之未戾」，毛傳即訓戾爲定也；雲漢、雨無止之詩亦然；廣雅釋詁四即收此訓義。雖然，皆未之或明所以然者，楊簡以音近訓解之，亦爲一說。

又酒誥末句「王曰封，汝典聽朕毖勿辯乃司民湎于酒」，楊氏爲之說曰：

> 辯即徧音，勿容司民之官，皆湎于酒。康叔遵誥，必不至司民徧湎于酒〔註43〕。

按孔傳云：「辯，使也。勿使汝主民之吏湎于酒。」楊氏不用孔傳之訓，改以同音通段爲說，訓辯爲徧，言官吏皆如是湎於酒也。此說蓋出於儀禮鄭注。考儀禮鄉飲酒禮「眾賓辯有脯醢」，注曰：「今文辯皆作徧。」燕禮「大夫辯受酬」注，少牢饋食禮「辯擩于三豆」注等，皆以爲今文儀禮辯作徧也；然則辯、徧於古本已有同音互用之實，楊簡之說，於古有據，視孔傳爲優。

3、以字形解經

四庫提要評楊氏曰：「又當字說行之後，喜穿鑿字義，爲新奇之論。」提要之言，未爲無據。考五誥解中，楊氏時就字形結體立論，其釋形以說義，大類王安石字說之法。若召誥「其丕能諴於小民」，楊氏曰：

> 諴者，言足以感感小民，本乎誠德也，民信之〔註44〕。

按孔傳曰：「其大能和於小民。」訓諴爲和。楊氏訓「言足以感感小民」，是以諴爲從言从咸會意爲說，又以言出誠德，故足以感小民爲義理以輔其說。此與王安石字說多以會意解字相類也。又酒誥「人無於水監，當於民監」，楊氏曰：

> 監字有照視意，鑑字亦從監，古人比心如鑑，則可察物無遺，當於民

〔註42〕見五誥解卷一，頁 14。
〔註43〕見前書卷二，頁 1。
〔註44〕見前書卷三，頁 5。

　　　　監，言此心無私曲，無偏執，惟以下民爲監視也〔註45〕。

按楊簡以鑑說監，誠有見地，其云「鑑字亦從監」，是用釋形以說義也。夫監，鑑爲
古今字，鑑爲監之後起形聲俗體也。楊氏以鑑字作說，比心如鑑，遂發其心學之論
矣。又同篇「予惟曰汝劼毖殷獻臣」，慈湖曰：

　　　　劼有用力之意。毖致謹，當竭力謹慮，戒諭殷之賢獻之臣〔註46〕。

按孔傳訓「劼，固也」，言「汝當固愼殷之善臣信用之」考孔傳之訓，出於爾雅釋詁。
而說文云：「劼、愼也。从力吉聲。周書曰：汝劼毖殷獻臣。」慈湖不用孔傳、爾雅
之訓，改用說文从力吉聲之說，故訓劼爲「竭力」也。

4、以今言解經義

　　楊慈湖解經，務在明其義理，不諱古今雅俗之言，故其說經，常以今事今言爲
例證。若康誥「已汝惟小子」慈湖云：

　　　　已者，今俗言休也，凡訓戒多有此言〔註47〕。

按已訓止，休止不復多言之意也，每爲總結前言，復開後語之辭；若陶淵明歸去來
辭「已矣乎！寓形宇內復幾時」，皆是也。楊簡以今言「休」說「已」義，可使學者
益深體經文語氣，以助經義之了解。李清照詞曰：「新來瘦，非關病酒，不是悲秋；
休、休；千萬遍陽關，也則難留〔註48〕。」是「休」爲宋代習用之辭，而與古「已」
字義蘊相應也。

　　召誥「厥終智藏瘝在」，孔傳曰：「賢智隱藏，瘝病在位，言無良臣。」楊氏用
孔傳之義曰：

　　　　賢知者隱藏，瘝病者在位。謂之瘝者，今俗言人有不善曰有病痛〔註49〕。

按慈湖引俗語「病痛」解釋「瘝」義，指不善之人。考二程語錄卷四記：「學射者互
相檢點病痛，朋友攸攝，攝以威儀。」又朱子語類輯略卷二曰：「若見得大底道理分
明，有病痛處，也自會變移不自知，不消得費力。」由是觀之，「病痛」一辭，誠宋
人口語之常用辭，且爲理學家所用者也。

　　又立政篇「周公曰：嗚呼！休茲，知恤鮮哉！」孔傳曰：「歎此五者立政之本，
知憂得其人者少。」於「休茲」一詞無解，正義以「美哉」訓之，其義則是矣，然
其語氣體味則未論浹焉。故楊氏爲之說曰：

〔註45〕見前書卷二，頁8。
〔註46〕見前書卷二，頁8。
〔註47〕見前書卷一，頁7。
〔註48〕見李清照鳳凰臺上憶吹簫詞。
〔註49〕見五誥解卷三，頁4。

周公發歎而曰休者，以前言之甚美也，蓋治道不遠，近在王之左右；
左右得其人，則君德烏得而不正。曰茲者，公指所言左右之臣也。今人言
亦有此類。休絕句，茲亦絕句，謂治要在此〔註50〕。

按慈湖以今言「茲」多作指稱之用，故解作「左右之臣」，非語氣詞也，並謂「休」
「茲」各有爲句讀，義句皆與孔傳不同，是據今言解經，以明爲政得人之理也。

5、疑議經文

象山心學一脈，多就經文發揮義理，故於疑改經文之說甚鮮，然或因所用之學
說本有是論，或因義理敷衍有礙，亦不忌爲之；然視朱熹一系則鮮矣。

楊簡於經文致疑者有二。康誥首段四十八字，至「洪大誥治」，用蘇軾之說，疑
爲洛誥之錯簡；此承用東坡之說故也〔註51〕。

舜典舜命伯夷典禮曰「三禮」，孔傳云：「三禮，天地人之禮。」歷來說書者多
循用之。楊簡則疑之曰：

> 某疑三者五字之訛誤歟！按尚書多曰五禮：其巡狩修五禮；皋陶曰：
> 天敍有典·敕我五典惇哉，天秩有禮，自我五禮有庸哉，同寅協恭和衷哉。
> 五典之外，自有五禮，則吉凶賓軍嘉見諸周官者是歟！且古中文字非古者
> 不一：如汝，古必不加水，太必不加點，遜必不加辵；時日曷喪，本或作
> 害。……〔註52〕

按楊氏以爲尚書經文，古今有不同，復有異文如「割申勸寧王之德」作「周田觀文
王之德」，故經字訛誤，在所難免；遂據尚書文辭多作「五禮」，疑「三禮」本當爲
「五禮」，字形訛誤使然，猶春秋「已亥渡河」訛作「三豕渡河」也。故以吉凶賓軍
嘉禮解之，而不用孔傳之說。

（三）楊簡尚書學之義理

楊簡之學契合於象山，終身師事之，爲心學砥柱大將。故其說經，一以心學立
言，故其尚書之說解，每以心解之，此其一也。然楊簡之學，亦非空談心性，不事
敬持實學者，故其論治天下有最急者五，次急者八，是以有治務之論，此其二也。
茲析論之。

1、心學論

楊簡于富陽見陸象山，遂定心學爲宗，論經行事言政，莫不由之立言。其心學

〔註50〕見慈湖遺書卷八，頁38。
〔註51〕同註17。
〔註52〕見慈湖遺書卷八，頁8、9。

之論，蓋可以兩端言之：

（１）心即道、理、性

葉紹翁四朝見聞錄記慈湖之進學曰：

> 慈湖楊公簡參象山學，猶未大悟，忽讀孔叢子，至心之精神是謂聖一句，豁然頓解，自此酬酢門人，敘述碑記，講說經義，未嘗舍心以立說〔註53〕。

葉氏之記，誠非虛語。慈湖嘗論尚書曰：

> 箕子曰：思曰睿，睿作聖。孔子曰：心之精神是謂聖。孟子曰：仁，人心也。後世學者率求道於心外，不悟吾心之即道也。故易大傳曰：百姓日用而不知。子思亦曰：率性之謂道。殆不必言率也。性即心，心即道，道即聖，聖即睿；言其本謂之性，言其精神思慮謂之心，言其天下莫不共由於是謂之道；皆是物也。孩提皆知愛親，及長皆知敬兄；不學而能，不慮而知，非聖乎！人惟不自知，故昏故愚。孟子有存心養性之說，致學者多疑惑；心與性之為二，此孟子之疵〔註54〕。

楊簡由「心之精神是謂聖」一語之得，因成其全面心學之說，進而非子思「率性」，孟子「存心養性」之說，是信用心學立論，無所迴屈也。其說解尚書，莫不以此接之。若其解康誥「汝丕遠惟商耇成人，宅心知訓，別求聞由古先哲王，用康保民，弘于天」曰：

> 既使康叔學文王，又使學殷先哲王，又學商耇老成人。……於是又使弘大而學天。蓋三才之道，一而已矣，有一不與天相似，則必有未盡乎道；宅心之久，純粹精一，則能合乎天矣；蓋此心即道，故舜曰道心，文王不識不知，即無思無為之妙。孔子曰：夫孝，天之經也，地之義也，民之行也。又曰：禮本於天。又曰：禮本於太一；又曰：人者天地之心。又曰：心之精神是謂聖，變化云為，無方無體，如日月之光，初無思為而無所不照〔註55〕。

夫心既即道，即理，然則天、地、人三才本一道為當然也。又其解益稷十二章服曰：

> 象服十二章，以舜之聖，猶未盡明，命禹明之。禹所明，又不傳於後，後學何敢遽言。家語云：心服袞職。其義可明。人心即道，神明廣大，無所不通，日月星辰，皆光明，無思無為而無有不照，即此心之虛明，光宅

〔註53〕見前書補編頁17。
〔註54〕見前書卷八，頁31、32。
〔註55〕見五誥解卷一，頁4、5。

天下。山以象靜止不動而發生庶物；龍以象變化不測而霈澤博施。由是心
而發諸禮樂政事，煥乎其有文章，則華蟲似矣；清明澄澈，蕩蕩難名，即
水之難於形容，姑繡以藻，則水可見矣；火之火照，象此心之照用；宗廟
之彝尊，以其行道致孝；米以養人，而君心常患乎不博；粉以散之，則其
惠廣；及黼爲斧形，鐵黑而刃白，如此心之剛斷，柔而無剛，亦足召亂；
半白半黑者，即天時之秋冬，地之西北、二者之間，乃乾之次，合於天道，
非出於人爲；黻形相己相背，其色半黑半青，北黑東青，東北長位，萬物
之所終成始，是爲冬春之際，一歲之分，象此心之辨察，是是非非也。袞
職如此，豈可不心服之〔註56〕。

按楊氏解十二章服，可謂集穿鑿附會之大成矣，其中混用王安石新義之說，又以易
卦、五方、五色說之。所以然者，皆爲「心服袞職」一語，以成其心學之說也。

　　（2）無私意

　　夫心與天地、道理爲一，則心本無意、無私，始可合三才爲一，否則心之本然
失其眞矣。楊簡有「絕四記」一文，錢時撰行狀述其學曰：

　　　　人心自明，人心自靈；夫人皆有至明至靈，廣大聖智之性，微生意焉，
　　　　故蔽之有故然，故蔽之有故然，故蔽之有我焉；聖人不能以道與人，能去
　　　　人之蔽耳。如太虛未始不清明，去其雲氣則清明。是性人所自有，不求而
　　　　獲，不取而得，先生是以有絕四記〔註57〕。

慈湖之學，其功夫所在，端在無起意。是以其解經義，時就「無意」立論。若康誥
「宅心知訓」一句，慈湖曰：

　　　　宅心者，安乎本心；心既安而不起私意，則能知古人之訓旨矣。……
　　　　蓋人心本靜止而不動，喜怒哀樂，視聽言動，皆其變化，如鑑中生萬象，
　　　　而鑑無思爲。惟動乎私意，則至昏亂〔註58〕。

按慈湖以鑑鏡之虛靈喻人心之明靜，而情慾、行爲，皆所映之象耳，此與禪佛之說
甚近。其論帝堯「光宅天下」曰：

　　　　帝堯光宅天下之光，如日月之光，無思無爲，寂然不動，而自足以默
　　　　化天下之民。……堯之聰明文思，非出於人爲，非由於造作，耳不蔽於聲
　　　　而自聰，目不蔽於色而自明，聰自無所不聞，明自無所不聞，明自無所不
　　　　見，使胸中微有意、有我，則外物必得而蔽之；惟其無意無我，故虛故明，

〔註56〕見慈湖遺書卷八，頁 25、26。
〔註57〕見前書後附。
〔註58〕見五誥解卷一，頁 4。

故不得而蔽，故無所不通〔註59〕。

葉紹翁四朝見聞錄嘗比較朱熹、楊簡二氏之異同曰：

> 考亭先生解大學誠意章曰：意者心之所發也，實其心之所發，欲一於
> 善而毋自欺也，一有私欲實乎其中，而爲善去惡或有未實，則心爲所累，
> 雖欲勉強以正之，亦不可得；故正心者必誠其意。慈湖楊氏讀論語，有毋
> 意之說，以爲夫子本欲毋意，而大學乃欲誠意，深疑大學出於子思之自爲，
> 非夫子之本旨，此朱、陸之學所以分也〔註60〕。

朱子強調「誠意」，蓋私意可去而心不可無，而意出於心，故意亦不可盡去，然則正
心誠意以去其私曲，以復心之本然大公之性，即「毋意」之義；而慈湖則以爲「毋
意」即「無意」，心本清明，意皆虛幻之象，故必無之然後心復其清明也；故慈湖應
接門人，著撰碑誌，解釋經義，上奏論治，無非以「去意」爲慮也。

2、政治論

眞德秀跋慈湖訓語後曰：「至於言道以本心爲正，言德以眞心爲主，則其論至平
實，既與談空說妙者不同。而於當世之務，討論區畫，若指諸掌，又非脫略事爲者
也〔註61〕。」可見慈湖雖主心學之說，然非空談妙理而無實學者也。是以有「治務
論」。

（1）君心無私意論

慈湖心學之說，以無意爲功夫，冀復吾心清明之本然；其論治亦然。蓋君心無
意，復其天地同一之本然，則視之能明，聽之能聰，不爲物蔽，以之爲治，何難之
有。慈湖論舜典「咨女二十有二人，欽哉，惟時亮天功」曰：

> 夫舜所以咨命四岳、九官、十二牧者，熟不曰皆人爲之功，而舜諭之
> 曰欽哉惟時亮天功。……是天也，非一付之自然而不爲也，盡欽竭力，惟
> 無入於意，苟動於意，即私即偏而非道心；禮樂刑政，一入於人爲，則違
> 道違天，即可致患。……曾子曰：皞皞者，純白無意象，即此天也。伊尹
> 與湯，咸有一德者，天德也。文王不識不知，順帝之則者，此也；小心翼
> 翼者，此也。此心不動則不放逸，不慢易，不私不偏，日用純純，動靜無
> 二道，三才無道〔註62〕。

慈湖君心無私意之說，不惟用以說經，亦實踐於對君奏議箚子之中。嘉定三年，慈

〔註59〕見慈湖遺書卷八，頁27、28。
〔註60〕見前書補編頁16。
〔註61〕見前書卷十八，頁29。
〔註62〕見前書卷八，頁10、11。

湖首奏曰：

> 舜曰道心，明心即道；孔子曰：心之精神是謂聖；孟子曰：仁，人心
> 也；此心虛明無體，廣大無際，日用云爲，無非變化。故易曰變化云爲，
> 虛明泛應，如日月之光，無思無爲而萬物畢照。陛下已自有此大道，又聖
> 性澹然，無所好嗜，宜清明，舉無失策，而猶有禍變云云者，臣恐意或微
> 動，如雲氣之興，故日月之光有不照之處。舜禹相告，猶以精一爲難，願
> 陛下兢兢業業，無起意，則自然知柔知剛，知賢知不肖，洞見治亂之機，
> 常清常明，可以消天災，弭禍亂〔註63〕。

可見慈湖之學說，非獨爲說經、修身而已，亦推而及爲政之事，且付諸奏議之中，
爲政治論之基石也。

（2）擇賢久任

論語記夫子之言曰「舉直錯諸枉，能使枉者直」，夫任用賢人以輔政，乃爲治不
易之理也。尚書堯之疇咨，文王之五人，周公之立政，皆可見也。慈湖論治，力主
擇賢久任之說。慈湖遺書記曾汲古與慈湖論尚書立政篇「常伯、常任、準人、綴衣、
虎賁」，以爲說者不同。楊簡曰：

> 伯，長也，謂六官之長及三公，當常久其任，故曰常伯；其次在王左
> 右常任事之人曰常任〔註64〕。

按孔傳釋「常伯、常任」曰：「常所長事，常所委任」，乃時時咨詢責任之意，非長
久之義也。而慈湖以「長久」解「常」，與孔傳意不同，蓋以成其一己之論也。尚書
舜典「三載考績，三考黜陟幽明」，所以三考者，亦有久任以見其人言與功之合否，
所謂「敷奏以言，明試以功」是也。楊氏特標此義，並以解「常伯、常任」，亦有心
爲之耳。不獨此也，楊簡解舜典「柔遠能邇，惇德允元，而難任人，蠻夷率服」曰：

> 民苟無食，雖有常性，饑困迫之，必至斁喪，故舜先食。……其次又
> 能難於任人。以堯朝而有共工驩兜，以四岳而猶薦鯀，人之難知此。孟子
> 曰：左右皆曰賢，未可也；諸大夫皆曰賢，未可也；國人皆曰賢，然後察
> 之，見賢焉然後用之，如此任人，必得其賢，……禹曰：安女止，惟幾惟
> 康，其弼直。……弼直即難於任人。……又曰：庶明勵翼，即任人，故曰：
> 邇可遠，在茲。言乎致治之道在此不在彼也，在邇不在遠也，此萬世不可
> 易之通論，論治者無能越之。子思論治天下國家，亦以修身爲先，尊賢次

之；後儒亦曰：王者之道，在修身任賢而已〔註65〕。

按孔傳解「難任人」曰：「任、佞；難，拒也；佞人斥遠之，則忠信昭於四夷。」馬永卿嬾眞子記元祐貢舉事業曰：

> 元祐中，東坡知貢舉日，並行詩賦、經義，書題中出：而難任人，蠻夷率服。注云：任，佞也，難者拒之使不得進也；難任人則忠信昭而四夷服。東坡習大科日，曾作忠信昭而四夷服論。而新經與注意同。當時舉子謂東坡故與金陵異說，以難於任人，則得賢者，故四夷服。及東坡見說，怒曰：舉子至不識字，輒以難（去聲）爲難（平聲）。盡黜之，惟作難（去聲）字者皆得〔註66〕。

考東坡「忠信昭而四夷服論」，今不見於集中，未知其中所論如何。然東坡書傳意與孔傳無異，王安石說亦與孔傳同，讀難爲去聲。應試士子以東坡與介甫異說之故，遂讀爲平聲，解作「難於任人，則得賢者」；可見此說早於北宋已有之，且或爲東坡早年之說。楊簡以「難於任人」爲說，即讀難爲平聲也。楊氏此解，蓋亦以遷就「擇賢」之說，苟有便於己說，則皆納爲己用也。

楊慈湖「擇賢久任」之說，亦於其奏議轉對中見之。行狀中記引其嘉定元年輪對曰：

> ……重以今歲旱蝗，郡守不肯蠲稅，害民弊政，不可勝紀，此不擇賢之故也。……得賢則公庫無公取竊取之盜，財不可勝用矣；此又不擇賢之故也。……臣自知學以來，熟思治務，惟有一策：每路擇一賢監司，使監司各辟本路郡守，守辟縣令，守令各辟其屬，先於本貫人，本貫無人，乃及外邑；既得賢，必久任，擇賢久任，則百事成；不擇賢久任，則百事廢；擇賢久任，則社稷安；不擇賢久任則社稷危。宰執臺諫知社稷安危在此，共堅守此，不以親故私情敗國家公義，辟非其人，并罪舉主；此令一下，人知仕進之路，悉本行實，不用虛文；舍僞從實，吏姦頓掃，民悅財豐矣〔註67〕。

而慈湖所謂爲治之最急者五其首謹擇左右大臣、近臣、小臣，二曰擇賢久任中外之官〔註68〕。據此則見慈湖學說，果非空談妙理，乃其有見於行事者也。

總觀慈湖說尙書之義，非爲明書義而說之，乃取尙書之文以足成吾說也，至不

〔註65〕見前書卷八，頁7、8。
〔註66〕見嬾眞子卷一，頁3。
〔註67〕見慈湖遺書卷十八，頁11。
〔註68〕見前書卷十八，頁26。

惜一切以心學爲之說，又改經文音讀以遷就己論，分明承陸象山「六經皆我註腳」之法也。

（四）楊簡對尚書之新解

慈湖以己意解經，借經以成己說，故勇於作爲新解。其新解之特異者，例舉如次：

1、大禹謨「正德、利用、厚生」

孔傳解「三事」曰：「正德以率下，利用以阜財，厚生以養民；三者和，所謂善政。」是三事者，孔傳以爲三事並列，與六府并而成九功。慈湖則不然，曰：

> 唐虞之際，六府以養民，三事以教民；秦漢而降，不復聞三事之教矣。大禹謨具言正德、利用、厚生爲三事，而解者已不知其說。利用言器用之便利，厚生言養生，凡民切身日用之事，無越斯二者而皆有正德焉。如茅茨瓦器諫造，漆器權量均一之類，是利用之有正德也；老者衣帛食肉，頒白不負載於道路之類，是厚生之有正德也。生民日用，非利用則厚生，非厚生則利用，今也咸有正德，則斯民耳目之所見，手足之所用，心思之所關，無非正德之事，不知其所以然而默化於德矣〔註69〕。

楊氏以爲三事非並列之三事，乃正德寓於利用厚生之中，以利用、厚生見正德之所在。故以爲晏子謂「民生厚而用利，於是乎正德以福之」爲稍不失禹謨之旨，以申叔時曰「民生厚而德正，用利而事節」則失旨矣〔註70〕。

楊簡易傳說乾卦，亦引此「三德」之說立論。曰：

> 唐虞之三事，曰正德，曰利用，曰厚生。厚生者養生之事，利用者器用於人爲利，是二者皆有正德焉。……卜筮者，民之利用，聖人繫之辭，因明人之道心，是謂正德，人心即道，故舜曰道心〔註71〕。

楊簡之所以特標正德爲重者，蓋正德即道心，利用厚生以正德爲先，廣業以崇德爲本，知崇禮卑，故正德爲重也。

2、召誥「顧畏于民碞」

孔傳解之曰：「碞，僭也；又當顧畏於下民僭差禮義。」是「民碞」者，民之碞也。楊簡解之曰：

> 用顧畏于民碞者，民愚而神，撫我則后，虐我則讎，可畏如碞險〔註72〕。

〔註69〕見前書卷八，頁16、17。
〔註70〕參見前註文後。
〔註71〕見楊氏易傳卷一，頁2、3。
〔註72〕見五誥解卷三，頁5。

慈湖解「民喦」爲民險而可畏，即載舟覆舟之意也，與孔傳不同。考說文品部曰：「喦，多言也。以品相連。春秋傳曰：次于喦北，讀與聶同。」而說文石部曰：「喦，礹喦也，从石品。周書曰：畏于民喦，讀與巖同。」蔡傳云：「喦，險也。……小民雖至微而至可畏，正當不敢張於敬德，用顧畏於民之喦險可也。」董鼎則曰：「愚謂和小民今休矣，猶欲王汲汲於畏民喦者，民之喦險可畏，常伏於太和盛美之中。恃其已和且美，而不顧慮以畏之，則福兮禍伏，險孰大焉。故莊生曰：人心險於山川。不敢後用宜缺之。」

屈萬里尚書集釋於召誥「民喦」下注云：「喦，困學紀聞卷二云：說文：顧畏于民喦，多言也。……俞氏群經平議，則主困學紀聞之說，以爲本篇喦字應做品，乃多言之意，茲從其說。」王氏、俞氏、屈氏之說較可信。然可見楊簡之說，出於說文，而影響及蔡氏。

3、召誥「式勿替有殷歷年」

孔傳曰：「勿用廢有殷歷年，庶幾兼之。」孔傳文中，於「式」字無解。楊簡則曰：

> 又勿替有殷歷年之數。式，又也，更也。仲虺之誥云：式商受命。盤庚云：式敷民德。君奭云：我式克至于今日休。……其義皆又也，更也。車有較有式，車之前，上一橫木曰較，下一橫木曰式，平時手撫較，致敬則手至式；式第二橫木，故有再義，即又也，更也〔註73〕。

按「式」字訓「又」「更」，前此未聞之也。式爲車前橫木，撫持之以致敬焉，其義見於武成「式商容之閭」，楊氏復引而伸之，乃附會己意解之也。

4、洛誥「公無困哉」

孔傳解此曰：「公必留，無去以困我哉。」則困者，使成王困無助而困阻也。楊氏說之曰：

> 公無困哉，漢書作公無困我，言公毋以我而告困也。困者倦勤于事之意〔註74〕。

楊氏解「困」義，乃指周公倦勤之意，此與上文孔傳「予其明農」老退之意。楊氏解「明農」曰「辨明篤切〔註75〕」無告老退位之意，反於「無困」發此意，亦與孔傳意不相遠矣，皆以告老解召誥也。

〔註73〕見前書卷三，頁7、8。
〔註74〕見前書卷四，頁1。
〔註75〕見前書卷四，頁7。

（四）楊簡尚書學之影響及評價

楊簡解尚書，本我註六經為之，故所解義，多與書本義不合。然其解經，博觀約取，不主一家，不忌古今，凡於我有便者，皆可取焉；自為體系，誠一家之言也。

象山於六經，無專注解釋之作，而楊簡為陸門高弟，且於六經有專著，於象山之門，其影響於經義者甚鉅。若尚書之解，除以心學解經之外，則多取蘇軾書傳，呂東萊書說為主；而象山門人後學之於尚書，多用蘇、呂之言，慈湖之力也歟！

方桐江送家自昭晉孫自菴慈湖山長序云：

> 四明志謂慈湖師象山，自為一家之學，施之政事，人笑其迂，而信益篤；此兩自字，乃慈湖以自為是，以自為高，不顧�笑云者。王尚書應麟云伯厚嘗語予曰：朱文公之學行於天下而不行於四明，陸象山之學行於四明而不行於天下。此言亦復有味〔註76〕。

可見慈湖之學承象山而大發揚之。象山之學於四明者，慈湖之力也〔註77〕。

四庫提要謂「推本於心學。又當字說盛行之後，喜穿鑿字義，為新奇之論，措辭亦迂曲委重，未能暢所欲言」，所評誠是也。

第二節　袁　燮

一、生平事略

袁燮，字和叔，慶元府鄞縣人。生有異質，不好嬉戲，惟喜觀水；乳母置盆水其前，則玩視終日。夜臥常醒然達旦。少長，嘗讀東都黨錮傳，慨然以名節自期。乾道二年，入太學，時陸九齡為學錄，同里沈煥、楊簡、舒璘，亦皆在學，朝夕以道義相切磋。後遇陸九淵於都城，象山即指本心洞徹通貫，遂師事之。又嘗從呂祖謙遊，所得益富。淳熙七年中上舍選，八年登進士第，授江陰尉。寧宗即位，為太學正。是時黨錮禁興，朱熹、趙汝愚等名公相繼罷去，燮亦以論去國。久之，再召，入對以為國君長存念忠臣之心，何憂國之不治。為國子祭酒，延見諸生，必迪以反躬切己忠信篤實為道本，每言人心與天地一本，精思以得之，就業以守之，則與天地相似。聞者竦然有得，士氣益振。為禮部侍郎；史彌遠主和議，燮與同鄉相好與之力爭，被論罷。後知溫州，進直學士奉祠以卒，年八十一，時嘉定十有七年八月也。賜謚正獻。生時以絜名齋，學者稱之曰絜齋先生而不以爵氏。著有絜齋家塾書

〔註76〕見慈湖遺書新增附錄頁3。
〔註77〕宋元學案七十四慈湖學案附錄，引陳北溪答陳師復書曰：「浙間年來象山之學甚旺，由其門人楊、袁貴顯，據要津唱之。」可見慈湖之力在焉。

鈔十二卷，絜齋毛詩經筵講義二十四卷，絜齋集二十四卷〔註78〕。

二、尚書學之著述與著錄

　　袁燮尚書學之著述，有絜齋家塾書鈔一書。宋志作十卷。經義考云未見；然引陳振孫書錄解題及王應麟困學紀聞之語，以見其書實擅名於宋末；并加按語云：「是書葉文莊編菉竹堂目尚存〔註79〕」。然歷來諸家說尚書者，罕聞引證，故知傳本亦稀，殆有失傳之危。今本書鈔，乃四庫全書輯自永樂大典者也。四庫提要云：

　　　　今聖代博採遺編，珍笈祕文，罔不畢出，而竟未睹是書之名，則其佚久矣。謹從永樂大典所載，採輯編次，俾復還舊觀，以篇帙稍繁，釐爲一十二卷〔註80〕。

是其書宋志云十卷而今本作十二卷也。又「絜齋」，宋史作潔齋，楊簡撰其墓誌作「絜齋」，眞德秀撰其行狀作「潔齋」，故經義考命其書曰：「潔齋家塾書鈔」。按全祖望於宋元學案云：

　　　　絜齋之言有繩矩，東發先我言之矣，述絜齋學案〔註81〕。

考大學第十章有「是以君子有絜矩之道」一句，「絜齋」之名，當從此而來。黃震東發言有繩矩，蓋即從大學而來；故作「絜齋」爲長。王梓材云：

　　　　又案絜齋一作潔齋。潔，經典多作絜，省文〔註82〕。

其說可取。故其書名當作「絜齋家塾書鈔」。

　　陳振孫解題云：「其子喬、崇謙錄其家庭所聞，至君奭而止〔註83〕。」其子袁甫序絜齋家塾書鈔云：

　　　　甫自幼洎長，侍先君子側，平旦集諸生及諸子危坐說書，夜再講率至二鼓，無倦客。……是編爲伯兄手鈔，雖非全書，然發揮本心，大旨具在。伯兄名喬〔註84〕。

四庫提要亦用陳振孫之說。以袁甫序觀之，袁燮居家講書，殆是事實；然錄之者是否袁喬一人，則有可疑；或諸生各有所記，而喬總其成者，如時瀾之增修東萊書說，

〔註78〕參見宋史卷四百頁8袁燮本傳；慈湖遺書補編頁6～9楊簡所撰〈故龍圖閣學士袁公墓誌〉；宋元學案卷七五絜齋學案，總頁1429；四庫提要；絜齋集中〈象山先生文集序〉及附錄之袁甫撰絜齋集後序〉。
〔註79〕參見經義考卷八三，頁1。
〔註80〕見絜齋家塾書鈔前載。以下簡稱「書鈔」。
〔註81〕見宋元學案卷七五，總頁1429。
〔註82〕同前註。
〔註83〕見直齋書錄解題卷二，頁9。
〔註84〕見其書前附載。

林畊之補足林之奇之尚書全解者也﹝註85﹞。抑又有疑難者焉，考諸書鈔內說書之文，有非出於家塾說書之口吻者。若說命中「惟治亂在庶官，官不及私昵，惟其能，爵罔及惡德，惟其賢」一段下，論爲政治亂之理，並引唐史以明之曰：

> 歷觀古今治亂之變，莫不於此乎決焉。明皇開元之治，幾於貞觀，其所用者，姚崇、宋璟也。及天寶之亂，至於播遷，其所用者則李林甫、楊國忠也。故崔群以爲人皆以天寶十四年安祿山反爲亂之始；臣獨以爲開元二十四年，罷張九齡相，專任李林甫，此理亂之所由分也。蓋不必天下大亂方謂之亂，用非其人，則禍亂之端已兆矣﹝註86﹞。

此段曰「臣以爲」一語，分明非家庭講學所應有之辭，乃經筵傳講之語。考諸袁燮絜齋毛詩經筵講義，每以「臣聞」作起首之語；可見絜齋家塾書鈔，並非純粹家庭所講者。以理推之，蓋袁喬整頓諸生所錄，又掇集袁燮經筵所講以補足之，故有如此之詞；全書唯此一見，或轉鈔之時，多已刪潤改削，而獨遺此條未改耳。且書鈔中說書之文，有極典雅若經筵講義、朝廷奏章者，有極俚俗若白話語錄者，亦可見是書之非純然家庭書之鈔錄而已，必有袁喬整理補綴之功在焉。陳振孫之說，未必全符其本來面目。

今本十二卷絜齋家塾書鈔，乃輯自永樂大典，亦至君奭而止；而其中大典原即短缺者，則無從摭輯矣。故今本書鈔中，缺五子之歌、胤征、湯誓、仲虺之誥、伊訓、梓材六篇；且其中既有諸篇，亦間有闕者焉。

又考王應麟困學紀聞嘗引絜齋之書說兩條，與書鈔義同而辭異﹝註87﹞，蓋王氏摭引絜齋之說也。而元王天與尚書纂傳引袁氏絜齋同條，文辭與王應麟同﹝註88﹞，則纂傳乃轉引自困學紀聞；然則王天與時絜齋書鈔已罕見，故王天與所引唯轉引自困學紀聞歟！

三、袁燮之尚書學

袁燮絜齋家塾書鈔，既爲未竟之書，亦非手著，難窺袁氏尚書學之全貌；且經浸佚，又失數篇，益增其難。今就十二卷之書，以見其大略焉：

（一）袁燮尚書學之淵源

袁燮之學，見於今者，唯毛詩及尚書二經有說。毛詩則有經筵講義，尚書即家

﹝註85﹞均見其書前附載之序文。
﹝註86﹞見書鈔卷七，頁14、15。
﹝註87﹞參見困學紀聞卷二，總頁116。所引之文，相當於書鈔卷二，頁9及頁4、41。
﹝註88﹞參見王天與尚書纂傳卷二上，頁12。

塾書鈔也。然燮於朝廷奏對，亦每引尚書之文立言。墓誌銘記其經筵之事曰：

> 其在經筵，勤啓沃，謂陛下不邇聲色，祗畏天戒，此時之心，即諒陰
> 三年之心。先帝改容敬聽〔註89〕。

可見袁燮用功於尚書亦云深矣。茲考論其尚書學之淵源，厥有如下三端：

1、思想契合於象山

袁燮於太學時，嘗受教於陸九齡，其後則師事陸九淵。袁燮嘗自述其事象山之事曰：

> 燮識先生于行都，親博約者屢矣。或竟日以至夜分，未嘗見其有昏怠
> 之色，表裏清明，神采照映，得諸觀感，鄙吝已消，矧復警策之言，字字
> 切己歟〔註90〕！

而其子袁甫云：

> 又言見象山先生，讀康誥，有所感悟，反己切責，若無所容；讀呂刑，
> 嘆曰：從肺腑中流出。嗚虖！至哉！先君子之學，源自象山，明白光粹，
> 無一瑕疵，可謂不失本心矣〔註91〕。

袁燮之學，出於象山，殆無可疑。陸象山之學，在究其本心，而此本心即天地之理，萬物之道，故其視六經皆注我者也；我者，我之本心也。然象山陸氏於尚書無成說，象山全書中僅有片段論及尚書者，亦皆以此「本心」立論。袁燮承象山之學，說書亦主「本心」。表甫序曰：

> 平旦集諸生及諸子危坐，說書，夜再講率至二鼓，無倦容。謂學問大
> 旨在明本心；吾之本心即古聖之心，即天地之心，即天下萬世之心；彼昏
> 不知，如夢如醉，一日豁然清明，洞徹聖人即我，我即聖人。舜號泣旻天，
> 負罪引慝，祗見瞽瞍；禹荒度土功，三過家門，呱呱弗子，道心精一，曾
> 何間斷。自古大聖同此一心，箕子論皇極，無偏黨，自蕩蕩，無黨偏，自
> 平平，無反側，自正直，是之謂極，是之謂本心。太甲顛覆典刑，痛自怨
> 艾，克終允德；成王遭家多難，執書感泣，天雨反風，本心一昏，迷惑如
> 彼，本心一復，光明如此。先君諷誦再三，聞者流涕〔註92〕。

可知袁燮講書之時，必據「本心」立論，是其思想源出象山也。若書鈔中論皋陶謨之「九德」曰：

〔註89〕見慈湖遺書補編頁8。
〔註90〕見絜齋集卷八，頁3。
〔註91〕見書鈔前附袁甫原序。
〔註92〕同前註。

德之爲言得我心之所本然者是也。書曰：惟皇上帝降衷于下民。民受
天地之中以生，所謂命也。天之所以爲天，中而已矣。天得此中而爲天，
人得此中而爲人。天以此中降之於人，人受此中而生焉，故曰中也者，天
下之大本；大本者，人心也；人心者，中也。人之本心，固至中而不偏。……
後世如荀子所謂治氣養心之術，匡衡所謂治性之道，與皋陶所謂九德，大
要相似，而究竟不同；荀、匡之言，皆是外面說，皋陶之論，自人本心上
說來，蓋有異矣〔註93〕。

其論「九德」，以爲我心之本然，一若天地之中，無偏無頗，皆由本心而言，視荀、
匡以外力襲之者，不可同日而語矣。此說天下大本即人心，即我本心，不假外求，
直承象山之說而來者也。

2、攝取於東萊書說

真德秀爲袁燮撰行狀云：

東萊呂成公，接中原文獻之正傳；公從之遊，所得益富；永嘉陳公傅
良，明舊章，達四變，公與從容考訂，細大靡遺〔註94〕。

是袁燮嘗受學於呂東萊，並從遊東萊高弟陳傅良，是其亦受東萊之學也。夫東萊書
說，朱熹稱之以爲極高，然亦以爲「傷於巧」，一往解去，無所疑難，發揮義理，辯
析無礙；是以蔡沈爲書傳，除承師說外，取於東萊者獨多。絜齋書鈔之中，引用東
萊之說者有之，若微子之命「撫民以寬」，袁燮曰：

撫民以寬一句，當從東萊之說，雖曰商人尊而不親，先罰而後賞，若
少過於尊嚴；然一代治體，畢竟寬大，蓋立國之體未有不寬者也。彼其少
過於尊嚴，雖與周家之忠厚不相似，然大略依舊，只是寬。所謂寬，非曰
委靡不振，只是一箇寬大，仲虺稱湯自說克寬克仁，彰信兆民，蓋可見矣
〔註95〕。

其論商尚嚴先罰，不失其寬大治體，即本諸東萊書說而來。雖然，絜齋之於東萊之
說，評議者亦不少，若禹貢揚州「厥土惟塗泥，厥田惟下下，厥賦下上上錯」，絜齋
曰：

東萊呂氏曰：禹正當水患初平之時，人工未盡修，地力未盡闢，制爲
貢賦之定法，雖人眾地闢，賦不加多；其言信美矣，然亦恐未必如此；若
後來人眾地闢，所出者既多，從而少增之，亦奚不可。然禹當時所定，大

〔註93〕見書鈔卷三，頁 11、12。
〔註94〕見宋元學案卷七五絜齋學案，總頁 143 引。
〔註95〕見書鈔卷十，頁 27。

抵皆輕，田下下而賦下上上錯，蓋厥土塗泥，則其土宜稻，故田雖低而賦
自稍勝〔註96〕。

東萊以爲禹貢所言爲定法不可變，絜齋以爲可變；東萊以爲賦貢不因地闊人眾而加，
絜齋以爲可加，皆與東萊不同。又絜齋論召誥「太保乃以庶邦冢君出取幣」曰：

> 東萊以爲周公欲歸，召公取天下諸侯贄見幣物，獻之周公，與召公之
> 戒，一併轉達于王。其說信美矣，然以禮觀之，亦恐未必然。……觀東萊
> 之意，蓋謂序書只言成王在豐，使召公先相宅，不曾在洛；然不可如此論。
> 當時孔子序書，豈能一一具載，亦只舉其大綱爾〔註97〕。

此皆明引東萊之說而評之者。然就全書考之，絜齋襲用東萊書說者甚多。若東萊每
據經文以論議後世史事，以見今日爲政之得失，施政之參考，絜齋書鈔，幾每條皆
有後世如何、如何之言。若說命中「不惟逸豫，惟以亂民」，絜齋論之曰：

> 後世人主初未嘗知其職分之所在，群焉而居，任其自安自危，自生自
> 死，所以使之飽食煖衣，養生喪死而無憾者，既闕焉不備，而其教之者，
> 則視古尤大異焉。周公酒誥一篇，禁民群飲，其嚴如此，後世則崇臺觀，
> 飾倡優，導之淫欲，勸之沈湎，自上至下，惟以財賦爲急，日朘月削，凡
> 可以刻剝者，不遺餘力，所謂亂民之事，全然錯了；此無他，不知吾之職
> 分在此而已〔註98〕。

此絜齋據經文而論議後世爲政者之弊也；若此者甚多。

東萊善於體味經文辭氣，時就一字一辭立論，以爲皆有義理可說，此所謂「巧」
者也。絜齋書鈔，用此法極多若大禹謨序云「皋陶矢厥謨，禹成厥功，帝舜申之」，
絜齋論之曰：

> 申，重也。皋陶所以能矢厥謨，禹所以能成厥功，皆緣是有一帝舜在
> 上。……及謨已矢矣，功已成矣，帝舜之心猶不已焉，故謂之申；申者，
> 重複不已之意，聖人只是一箇不已處，便是聖人。唐虞之道，天也；維天
> 之命，於穆不已；唐虞之道所以極盛，亦惟不已而已。欲觀帝舜申之處，
> 合三篇觀之，便可見。益稷帝曰：來禹，汝亦昌言。直至終篇，猶是皋陶
> 賡歌；此可見其申之處。三篇本合而爲一，所以孔子序書，將此二句并敘
> 三篇，到底方才見得。當子細看箇申字〔註99〕。

〔註96〕見書鈔卷四，頁18。
〔註97〕見書鈔卷十一，頁6。
〔註98〕見書鈔卷七，頁1。
〔註99〕見書鈔卷二，頁1、2。

夫一「申」字，既可就義理言「不已處」，又可就文章言三篇合一處，更可言孔子敘書之義，可謂無所不可用之矣，此法之用，視東萊猶有過之者也。

東萊書說，時就尚書經文中語氣辭立言。絜齋亦時加仿效。若洪範「王乃言曰」、「箕子乃言曰」之「乃」字，東萊以爲「武王不敢輕其言，又嗟歎以發之」，「武王不敢輕言，箕子不敢輕說，兩云乃言，洪範大體可見〔註100〕」；絜齋之言曰：

> 此事甚重，武王不敢輕問，故謂之王乃言曰；箕子不敢輕答，故謂之箕子乃言曰。乃之一字，愼重之意也〔註101〕。

其說其法，皆出於東萊無疑矣。

3、博採前輩之說

絜齋既承象山心學之說，以我之本心爲鵠，六經皆爲我用，故凡有助我本心之言，皆取用無礙。絜齋書鈔中稱名引用前儒之說甚夥，若引伊川者六條，邵雍一條，程明道一條，謝上蔡一條，薛季宣一條，楊龜山一條，王安石二條，蘇軾八條，張九成兩條；其中於東坡八條中，引用評之者六條，用之者兩條；於張九成則評之者一條，另一條止存其說耳。

就其稱名引用者論之，其中可觀者二：其一爲絜齋師象山，象山之學，與伊洛異途，而絜齋說書，不忌伊川一門之說，此可見絜齋之取材廣博，凡有用者，皆爲我用，無所避忌。其二爲引蘇軾之說最多，評之最力；此蓋因東萊書說本即多因於東坡，故東坡之說見引於其論說之中；然絜齋之評，多就東坡疑經改經處攻之，可見絜齋於疑改經文之說，棄之不暇，而於東坡得力之論，則未必皆一概摒棄。東坡書傳中，發議論之最有名者，無名胤征、顧命、文侯之命三篇，然此三篇絜齋之說，不可得見，蓋書鈔止於君奭，顧命、文侯之命兩篇不可得見；而胤征一篇，以永樂大典缺失不存，是以亦如不可得見，至可惜也。雖然，亦有蛛絲馬跡見焉。考絜齋毛詩經筵講義，於黍離篇云：

> 成王之營洛邑，取夫朝貢之道里均，有時會諸侯于此，其實仍居鎬京爾。平王懲幽王之禍，畏犬戎之彊，徙于東都，而宗周，遂不復。……平王惟不自彊，所以迄不能復西都之盛〔註102〕。

又揚之水篇下論曰：

> （平王）父讎當復而不能復，母家不當戍而戍之，顛倒錯亂如此，安在其爲剛德乎！嗚呼！居九五之尊位，億兆之上，賞慶刑威，莫不在我，

〔註100〕見增修東萊書說卷十七，頁2、3。
〔註101〕見書鈔卷九，頁2。
〔註102〕見其書卷三，頁17、18。

而柔弱如悠揚之水，亦可憐也。君天下者三復是詩，盍亦勵精求治，自強
不息，而深以平王之柔弱爲戒哉〔註103〕！

此言平王柔弱，不能復西都之盛，不能復幽王之讎，與東坡言平王之無志，周室不
可復之言相同。可見袁燮之論，取於東坡之說者甚深，不可以爲評議者不少，而指
爲不用東坡之說也。

書鈔中明引王安石者二，皆爲批評之論，所採用者，唯酒誥「矧惟若疇，圻父
薄違，農父若保，宏父定辟」一句之句讀耳。

書鈔中亦有未稱名引用，而實爲先輩之成說者，若歐陽修之泰誓論，胡瑗之洪
範口義，胡宏之皇王大紀，史浩之尙書講義，林之奇之尙書全解，蔡沈之書集傳等。

（二）袁燮治尙書之方法

袁燮傳象山之學，攝東萊之說，一以本心立論，又巧爲辭說，發揮義理。其治
尙書之法，大略可指者有下列數端：

1、堅守本經，不加疑改

袁燮說書，遵從本經，於齟齬難通，前儒疑改之處，皆一一爲之疏解，可謂守
之篤矣。疑經改經，自劉敞以來，凡說書者，無或無之，迨吳棫、朱熹出，其說更
盛；而絜齋身在斯世，而守經不移，亦絕異於當時者也。是以其引蘇東坡之疑經改
經說，皆一一評駁。若洪範庶徵「曰王省惟歲」一段，東坡以爲乃五紀之文，錯簡
於此；而絜齋則云：

> 王省惟歲以下，亦是庶徵。在天者與在人者元只一般，非庶徵乎！後
> 世見其與上不類，遂移而附於五紀，此甚不然，不知亦只庶徵也〔註104〕。

此反對以「王省惟歲」一段爲錯簡之說也。又康誥自首至「洪大誥治」一段，東坡
以爲洛誥錯簡。絜齋則曰：

> 此一段說者多以爲脫簡，其實不然。此事正與封康叔一事脈絡相貫，
> 當時雖命康叔而心在洛邑，商之民既遷于此，而吾於是乎命焉，不特告康
> 叔，亦使商民聞之，曉然知上意所在。周公之意，正是如此；則作書者正
> 當敘此一段，如何是脫簡乎〔註105〕！

可見絜齋反對改經。通觀書鈔全書，無疑經改經之說，乃篤守尙書本經者也。

2、議評安國，不守傳注

〔註103〕見其書卷三，頁19。
〔註104〕見書鈔卷九，頁33。
〔註105〕見書鈔卷十，頁31。

　　絜齋雖篤守經文，不主疑改之說，然於孔傳，則每多評議之辭。若堯典「安安」一詞，絜齋曰：

> 安安者，安而又安也。謂之安其所當安，卻無甚意味。仁者安仁，或安而行之，恭而安；古人多說這安字，德盛仁熟，終日周旋，不出於規矩準繩之内，而無一毫辛苦勉強之意，夫是之謂安。一安字不足盡之，故又加一安字〔註106〕。

袁燮爲求義理之發揚，因評孔傳之無意味也。又若高宗肜日序「有飛雉升鼎耳而雊」，絜齋曰：

> 注家以爲雊于耳者，以其不聰之故。此説失之拘，要由于廟中無人。任其事，所以飛雉得入；蓋天以此警高宗，其意若曰一念簡忽，宗廟之禮，必有不備，所以野處之物，得升鼎耳；雉雊之升鼎，高宗此心之所致也〔註107〕。

此所謂「注家」者，即孔傳也。而絜齋之說，則出於史浩講義者也。

3、廣納諸說，不拘一家

　　絜齋說書，不守一家之學，凡有益於我者，皆取用之。嘗言爲學之法曰：

> 君子之道，無所不取，則智益明，德益崇，以臨其民，則恢然有餘裕矣。求之不廣，用之易竭，無以深得乎民心，又豈能爲俊偉光明之事業乎！周公之稱康叔……必欲其無所不取，非獨一端而止，以商周爲未足，而及于古先哲王，則所求者愈廣矣〔註108〕。

治民之事無所不取，治學何獨不然。故絜齋說書，於前輩之說，多所吸納以爲己用。

4、發揮字義，以明義理

　　絜齋攝取於東萊者，在擅長發揮字義，即據經文之一字一詞，以申說義理功夫。書鈔中此類極多。若堯典「瞽子，父頑母嚚象傲，克諧」，絜齋曰：

> 諧之一字，最要看；大抵處天倫之間，使齟不得，須是由細密工夫，在裏面調停諧和，工夫既到，自然感格；蓋處父子兄弟間，與外面事不同；外面做事。果決有才力者，皆能爲之；父子兄弟之間，所有果決才力都使不著；舜在頑嚚傲弟之間，此心不敢有一毫放逸。只看諧之一字，是多少工夫。……觀諧之一事，想見舜處頑嚚之間，所謂下氣怡色柔聲，所謂和氣愉色惋容，無所不用其至。……此心不特舜有之，人皆有之……此正是

〔註106〕見書鈔卷一，頁3。
〔註107〕見書鈔卷七，頁32。
〔註108〕見絜齋集卷七，頁37〈書贈蔣宰〉。

人秉彝之良心。……後來外物汨之，是以良心昏塞，舜之所以爲聖，只是
不失其良心而已，故曰大人者不失其赤子之心者也〔註 109〕。

一箇「諧」字，說裡說外，下而爲行事工夫，上而爲天賦良心，皆就此一諧字發揮
出來，眞可謂善於鋪陳義理矣。

5、援據古誼，以證今務

絜齋書鈔，每據經文義理而論後世史事，此法林之奇，呂祖謙亦甚有得。絜齋
講尚書，不獨論後史，其至屢屢論及有宋當時之政治得失。若益稷十二章服論「絺
繡」曰：

絺繡者，在夏則會于絺，在冬則繡也。絺，葛之至精者，冬裘夏葛，
天地常理，若使夏間亦服繡，豈人情也哉。本朝嘗欲復大裘之制，竟以不
便於暑而議寢；是未知古者絺繡之義也〔註 110〕。

此據尚書解義之不明，評議朝廷議服之制度有誤也。又禹貢兗州「九河既道」，絜齋
因論宋代治河之事曰：

本朝都汴，正在黃河之中，爲害尤甚，日夜理會，無非是河；自既失
中原，不理會河而河患遂息；雖無九河而卻有九河之實，無他，任其衝突
而不與之爭故耳〔註 111〕。

此因九河可殺黃河之勢，而論治河之法，不在隄防整治，而在任其自然衝突，疏爲
諸流派，不與之爭，此即禹貢「九河既道」之義也。

袁甫爲其父絜齋集文，撰爲後序曰：

入侍經幄，講讀從容，每援古誼，以證時務，啓沃之功良多，訓誘後
進，開明本心，一言一字，的切昭明，聞者感動。

此可見絜齋書說，要亦在據古論今，非徒嗷嗷喋喋於口舌之間者也。

（三）袁燮與楊簡於尚書學之比較

絜齋袁燮與慈湖楊簡，同爲象山門人，有功於陸學，號稱高弟。陳北溪嘗曰：「浙
間年來象山之學甚旺，由其門人有楊、袁貴顯，據要津唱之〔註 112〕。」然袁、楊二
人，其得於象山而自有其發展之路向，車同而軌異；全祖望謂：「慈湖之與絜齋，不
可連類而語。慈湖泛濫夾雜，而絜齋之言有繩矩〔註 113〕。」其言誠是也。今以二者

〔註 109〕見書鈔卷一，頁 12、13。
〔註 110〕見書鈔卷三，頁 36。
〔註 111〕見書鈔卷四，頁 8。
〔註 112〕見宋元學案卷七四慈湖學案，總頁 144 引陳北溪答陳師復書之言。
〔註 113〕見宋元學案卷七五絜齋學案，總頁 1429。

尚書之學觀之，足見其異處，厥有下述三端：

1、心學主張之異

楊簡言「心」，直指本然；心既本有，不假外求，此心發顯，自然光明，與天地、道理爲一。故其言心主靜而不放不動；其言曰：「放心之戒，果爲要害；此心微動，百過隨之，此心不動，常一常明〔註114〕。」心既本然如此，則全其心之本然，端在「無意」；其言曰：「堯之聰明，非出於人爲，非出於造作，……使胸中微有意有我，則外物得以蔽之；推其無意無我，故虛故明，故不得而蔽，故無所不通〔註115〕。」是其說直指本心，以「無意」爲工夫。

袁絜齋則不然。雖亦主本心之說，然不廢修爲工夫，蓋人之所以爲人，雖受天地之中道以生，而氣質有異。其論皋陶謨「九德」曰：

> 大抵人之性雖一，而人之氣稟各有不同。夫受天地之中以生，此性安有二；然其稟山川之氣，與夫時日之殊，則氣質不能無偏〔註116〕。

夫人既有氣質之偏，則不能無工夫以修治，使之不墮於物欲之域。絜齋解皋陶謨「愼厥修身，思永」曰：

> 修身之道，必貴乎謹，戰戰兢兢，如臨深淵，如履薄冰，此所謂謹也。
> 修者如衣破則補之，器壞則修之；人有此身，要須當修治，去其惡而長其善，補其闕而歸於全，是非致謹不能。身不可不修，必則無待於修〔註117〕。

又其大禹謨「儆戒無虞」曰：

> 堯之聖神文武，先原是儆戒中來。儆戒不怠，行之也久，習之也熟，所謂聖神文武已在是矣〔註118〕。

可見絜齋之學，除亦指本心即天、即理、即道外，尙不廢修治工夫；其工夫在乎「不已」。其說大禹謨「耄期倦于勤」曰：

> 勤之一字，不可輕看。……益緣此心不可一念不存兢兢業業，一日二日，要須常常兢業，造次必於是，顚沛必於是，人一能之己百之，人十能之己千之，是之謂勤，勤則其德日進；聖人之所以爲聖人，勤而已矣〔註119〕。

然所勤不已者何？曰「防」。其說皋陶謨「無教逸欲有邦」曰：

〔註114〕見慈湖遺書卷八，頁21。
〔註115〕見前書卷八，頁27、28。
〔註116〕見書鈔卷一，頁52。
〔註117〕見書鈔卷三，頁3。
〔註118〕見書鈔卷二，頁12。
〔註119〕見書鈔卷二，頁2。

有逸欲之心，則此心便不清明，一有此念，何所不至。人之一身，皆
是血氣，血氣驟而爲形體，而耳目之官又不思，所以易得爲物所誘而溺於
逸欲。古人於此防閑甚嚴〔註120〕。

總上所述，絜齋雖承象山之學，以本心之說爲宗，然於修治之工夫，甚爲著重，與
楊簡「無意」之說不同。故全祖望論袁、楊之異曰：

文元之教，不如正獻之密；蓋槐堂論學之宗旨，以發明本心爲入門，
而非其全力。正獻之言有曰：學貴自得，心明則本立；是其入門也。又曰：
精思以得之，兢業以守之；是其全力也〔註121〕。

文元之學，先儒論之多矣，或疑發明本心，陸氏但以爲入門，而文元
遂以爲究竟。……特當時學者沈溺於章句之學，而不知所以自拔，故爲本
心之說以提醒之，蓋誠欲導其迷途而使之悟，而非謂此一悟之外，更无餘
也〔註122〕。

全祖望雖爲楊簡辯護，謂其言論乃有所爲而爲，然亦可見袁、楊二家心學之說，所
以異同者也。

2、對疑經改經態度之異

義理學者解說經典，蓋大分二途：一以改易經文，遷就己說，朱熹、王柏諸家
是也；一以義理學說包容經文，橫說豎說，無所不通者，陸象山一系學者及呂祖謙
是也。前者勇於疑改，後者善爲援引發揮。楊簡解尚書，亦有疑改之說〔註123〕；袁
燮解尚書，則未見有疑改之論。是楊氏近前者，袁氏守後者；此亦袁、楊之異。

3、對異派學者態度之異

陸象山嘗曰：「元晦似伊川，欽夫似明道；伊川蔽錮深，明道卻疏通〔註124〕。」
是象山之於伊川，不甚喜其說。陳北溪淳曰：「慈湖纔見伊川語，便怒形於色〔註125〕。」
是楊慈湖之學，視乃師尤加厲。而袁燮則不然。袁氏解說書義，旁徵博引，不問流
派，有用於我者，靡不收用；故書鈔之中，引伊川者六，謝上蔡者一，楊龜山者一，
皆伊川及其傳人；可見袁燮之學，其兼容之度，視楊簡爲寬大也。

（四）袁燮尚書之新說

〔註120〕見書鈔卷三，頁18。
〔註121〕見宋元學案卷七五絜齋學案，總頁1431。
〔註122〕見前書卷七四慈湖學案，總頁145。
〔註123〕參見本論文楊簡一節。
〔註124〕見象山全集卷三四，頁14。
〔註125〕同註112。

　　袁氏說書，既本心學爲宗，復博採諸家之說，容涵廣裕，左右逢源，發揚義理，無所滯礙；然成說之中，亦有未盡如意者，則創爲新解以說之。

1、舜典「分北三苗」

　　孔傳曰：「三苗幽闇，君臣善否，分北流之，不合相從，善惡明。」正義曰：「分謂別，北謂背。」歷來學者，多遵其說。釋文云：「北，如字，又音佩。」雖有二音，而義則無別。絜齋則曰：

> 北讀作南北之北，三苗國在南，是今重湖之地，所以有洞庭、彭蠡之湖，蓋依其險阻，易以爲亂。舜分其民，處於此焉，前既遷其君，今則遷其民，此最是一箇教人之法。……大抵北方土厚水深，南方土薄水淺；故北方之人多沉厚，南方之人多輕揚。舜所以分三苗於北者，蓋桑麻沃野之地，雖欲爲亂，亦不可得〔註126〕。

絜齋以「北方」之義解「北」，謂分苗民於北方，使山川之氣教化遷移其民之習。蓋絜齋既以爲人之性無異，而因山川地理時日而有氣質之偏，故欲救教之，則必視其病之所在；今苗民習南方水土而負險輕揚，則遷之北方，其習自降，此乃舜所以教民救失之意也。其說雖新，究非尚書之本旨。三國志虞翻傳注引翻別傳，述虞氏之說曰：「分北三苗，北古別字。言北猶別也。」清惠棟九經古義云：

> 分北三苗，北讀爲別，古北字從二人，別字從重八。〔字形〕北〔字形〕別，字相似，固誤入北。說文於八字部曰：〔字形〕別也，孝經說曰：上下有別。又〔字形〕部曰：〔字形〕古文別。許君學于賈逵，傳古文尚書，必得其實〔註127〕。

惠棟以文字、詁訓之學，證成虞翻之說，其論可信可採。孔傳以「分」爲「別」，以「北」爲「背」，其說與虞翻相近，義說亦可通，蓋「北」爲「背」之初文，亦有分別之義。而絜齋以「北方」說「北」，以爲「最是一箇教人之法」，乃想當然爾之論也。

2、召誥「旅王若公」

　　孔傳解「旅王若公」一句曰：「陳王所宣順周公之事。」正義辯召公所以賜周公幣曰：「召公不得賜周公，知召公既以幣入，乃稱成王命以賜周公；於時政在周公，成王未得賜周公也，但召公見周公功成作邑，將反王政，欲尊王而顯周公，故稱成王之命以賜周公〔註128〕。」其下並引鄭玄、王肅之言以爲證。正義之意，在欲彰洛誥之「復子明辟」之義，以見周公本無私心於王位，故於此先下伏筆也。絜齋之說則不然，其言曰：

〔註126〕見書鈔卷一，頁 56、57。
〔註127〕見漢京版皇清經解冊十九總頁 14396 上。
〔註128〕見正義卷十五，頁 5。

旅王若公，庭實旅王之旅也。陳列幣帛以旅王，併及周公焉。夫旅王而及公，分明待周公以王者之禮；蓋當時周、召雖一等是大臣，然周公事體自別，觀其朝諸侯於明堂之位，抱成王以朝諸侯，與夫朕復子明辟，惟周公誕保文武受命七年；當時攝政七年，分明有王者之象，所以流言有不利於孺子等語；若使形迹無可疑，安得如此説。只觀號爲周公，便可見；周，國號也，不敢以爲一國之公而係之以周，明其爲天下之公也。是旅王而及公，蓋與王者敵體矣〔註129〕。

絜齋訓「旅」曰「庭實旅百」之旅，乃用東坡之説；而説「若」字則不用孔傳之訓「順」，別以「敵體」爲解，則是訓「若」爲「相似」之義也，故其申言周公之攝政七年，有王者之象；周公既有王者之象且掌政，而成王雖爲王而不及政事，故此陳戒於王必併及敵體之周公也。此訓「若」爲「如」「似」之義，或有取於王安石洪範「雨若」「暘若」之「若」，訓「如」也。

絜齋此説，非比尋常。蓋自漢儒、孔傳以來，説者徒見成王幼沖，遂疑周公攝政，稱王而令天下，遂使王莽之徒，竊以爲藉口，行篡奪之事也。故後世諸儒，往復辯論，費盡多少脣舌，以説周公未攝位，無如王者之事。至王安石三經新義出，倡言「復子明辟」之「復」乃「復逆」之復，乃復命於成王也，非復政於成王；周公既非復政，則成王必無失政之事。此説一出，宋代學者群起用之，蓋此説能盡洗周公之嫌故也；故王應麟謂「荊公謂周公得卜，復命於成王，漢儒居攝還政之説，於是一洗矣〔註130〕」。而絜齋於洛誥「復子明辟」下，不用王安石之説，並力主攝政之説，以爲本無取天下之心，不必曲爲回護〔註131〕；而於此則又宣揚周公有與王敵體之説，不嫌於後世藉口之慮，與當時風氣悖道而馳，亦可謂執之強固矣。蓋袁氏主本心之義，周公既無取天下之心，則其心自明，外物流言，無能污垢，故不必刻意強言以辯護也。

四、袁燮尚書學之評價及影響

袁燮書鈔，爲其子袁喬所錄，袁甫刻諸象山書院，且其書既非全帙，流傳亦止於四明一帶。王應麟嘗云：「朱文公之學行於天下而不行於四明，陸象山之學行於四明而不行於天下〔註132〕。」可以見之。且象山之學，本即直指本心爲務，經典説義，

〔註129〕見書鈔卷十一，頁17、18。
〔註130〕見困學紀聞卷二，總頁164。
〔註131〕參見書鈔卷十，頁31。
〔註132〕見慈湖遺書新增附錄頁3，方桐江〈送家自昭晉孫自菴慈湖山長序〉引。

本爲依傍之物耳，故象山一脈，讀經注經者少〔註133〕。故絜齋是書，歷來學者鮮少引證。唯王應麟困學紀聞嘗引絜齋大禹謨「儆戒無虞」及「七旬有苗格」兩條〔註134〕，而元朝王天與尚書纂傳亦引其「七旬有苗格」之說〔註135〕。王應麟爲四明人，學亦與陸象山有淵源，其有所引及，自非意外；王天與纂傳，雖近蔡沈而不主一家，別錄旁流以相參考，故偶然引用耳。其後書鈔浸佚矣。

四庫提要評其書曰：

> 燮之學出陸九淵，是偏大旨在於發明本心，反覆引伸，頗能暢其師說；而于帝王治迹，尤參酌古今，一一標準其要領。王應麟發明洛閩之學，多與金谿殊軌，然於燮解儆戒無虞諸條，採入困學紀聞中，蓋其理至足，則異趣者亦不能易也。

此評大致不差，唯王應麟之所以引絜齋之說，非唯其理可取，地望、學派淵源亦有相關，非所謂「異趣」者也。

全祖望謂楊簡之說，因有見於當時學者陷溺功利，沈錮詞章，積重難返，必以提醒爲要，故其說偏重而不自知；而其諸弟子不能善用之，反使泛濫洋溢，直如異端，而并楊簡之說而誣之。然使其有如袁燮絜齋之教論，則必無此流弊也〔註136〕。言下之意，袁絜齋之學，視楊簡爲勝也。

今本絜齋家塾書鈔，前附「御題袁燮絜齋家塾書鈔」一詩，云書鈔「議論持醇正，興亡鑑古今；致危惟戒逸，勝怠莫如欽；惜未聯全璧，幸仍揀碎金；流斯失法度，先已獲予心」，盛稱袁氏「儆戒無虞」之說〔註137〕」。蓋乾隆欲借其說以文飾其逸遊之事爾，與王應麟之引用，不可同日而語也。

第三節　錢　時

一、生平事略

錢時，字子是，淳安人。慈湖楊簡之高弟也；讀書不爲世儒之習，以易冠漕司。既而絕意科舉，究竟理學；江東提刑袁甫建象山書院，招之主講席，學者興起。其學大抵發明人心，指摘痛快，聞者皆有得焉。丞相喬行簡薦之，授祕閣校勘。召守

〔註133〕參見註112陳淳書中之言。
〔註134〕見其書卷二，頁116、117。
〔註135〕見其書卷三上，頁12。
〔註136〕參見宋元學案卷七五絜齋學案，總頁1431引全謝山城南書院記。
〔註137〕參見書鈔前附載。其下有御題案語可參。

臣以其所著書來上。未幾出佐游東倉幕。召入史館檢閱，求去；以江東帥屬歸。人稱融堂先生。所著有周易釋傳，尚書演義，學詩管見，四書管見，春秋大旨，兩漢筆記，獨阜集，冠昏記，百行冠冕集〔註138〕。

二、尚書學之著作及著錄

錢時尚書之作，宋史本傳云有「尚書演義」；喬行簡進書箚子中，有「尚書啓蒙」一書，其末列有「家塾尚書演義」。此三名當是一書之異名，非別有啓蒙之作也。經義考稱其書曰「尚書演義」，與本傳同，而永樂大典則稱曰「融堂書解〔註139〕」；四庫提要云：「疑爲晚年刪削更定之本。」今其書無可校勘，未知其原本如何，提要之說，蓋臆測之辭耳。今其已非原來之舊；提要述其大略云：

> 此書向尠傳本，故黃震日鈔，明胡廣等書經大全，俱未徵引其說。朱彝尊經義考亦云未見。今據永樂大典中散見各韻者，依經文前後次第，裒掇編輯；中惟伊訓、梓材、秦誓三篇全佚，說命、呂刑亦間有闕文，餘皆篇帙完善〔註140〕。

今其書在四庫之中，沿用永樂大典之名曰「融堂書解」。

知嚴州萬一薦準尚書省箚子，列錢時家塾尚書演義三十冊，未言其卷數〔註141〕。經義考云「八卷」，並加案語曰：「葉氏菉竹堂目載有是書〔註142〕。」所謂八卷之數，或出於菉竹堂目歟！今本輯自永樂大典，分釐作二十卷，蓋本之正義也。

三、錢時之尚書學

錢時之著作，見於今日者，惟兩漢筆記及輯自永樂大典之融堂書解而已；欲觀錢時之經學，捨融堂書解而莫由。錢時撰其師楊慈湖行狀曰：

> 孔氏遺書，不從言語上得，本心本聖，無體無方，虛明變化，無非妙用。斯道也，堯以之安安，舜以之無爲，禹以之行其所無事，湯以之懋昭，文王以之順帝則，武王之訪洪範，周公以之師保萬民。孔子以之爲刪爲定爲繫；爲筆削褒貶〔註143〕。

〔註138〕參見宋史卷四百七，頁15 楊簡傳下附錢時傳。宋元學案卷七四慈湖學案錢時條，總頁147。融堂書解前附喬行簡薦箚子。宋人傳記資料索引冊五，頁462。

〔註139〕參見四庫提要所云。提要見於融堂書解前附。

〔註140〕同前註。

〔註141〕參見融堂書解前附。

〔註142〕見卷八三，頁4。

〔註143〕見慈湖遺書卷十八，頁24、25。

其所述者，均在尚書一經所包籠之中，可見其學術根於尚書為深也。象山無尚書之著作，楊簡止於五誥之解，至錢時則為全書敷演義理矣。茲述其尚書之學。

（一）錢時尚書學之淵源

錢時師承慈湖楊簡之學，上接象山之緒，而發揮義理心學，旁採先儒前輩，復時加己見推理以為說，此錢氏尚書學之大略也。分陳如次：

1、發揚慈湖師門之學

融堂書解二十卷中，採用諸家之說，或評議他說者不少，然明白稱名引用者僅四條，而楊簡之說佔其二，稱之曰「先師」。其不稱名而實用師說者，全書無處不在，皆心學以為基準也。

錢時解堯典「帝曰疇咨若時登庸」曰：

> 時，是也。先師謂上古未有道之名，惟言時，不言道。言順是者我登用之也〔註144〕。

按考楊簡之說，見於慈湖遺書中。其言曰：

> 尚書率以時為是，蓋古語也。堯典上無所承，忽曰誰乎嗟哉，有誰順是者乎，吾將登用之，蓋時即道也。……唐虞君臣朝夕之所謀謨經營，無出此道。是猶此，故當時相與詔誥，惟曰時，猶曰此也；時即道之異名〔註145〕。

夫時之訓是，孔傳已然；然指時之即道，楊慈湖之前無有言之者，以為古無道之名而言時者，乃慈湖一家之言；錢氏於此，直承用師門之說也。又尚書湯誥「惟皇上帝，降衷于下民，若有恒性」一節，錢氏曰：

> 降衷之義，先師論之備矣〔註146〕。

今考慈湖之遺著，無有論及「降衷」之義者，或當時有之而今佚矣。

慈湖之學，得力於孔叢子「心之精神是謂聖」一語。故其說尚書之論，數引此語立論，錢時說書，亦有引用。其解洪範五事之疇「睿作聖」曰：

> 睿至于作聖，而六通四闢，純德孔明也。孔子曰：心之精神是謂聖。
> 本心自聖，本無所不通，顧何事于作哉〔註147〕！

考楊簡於論洪範曰：

> 箕子曰：思曰睿，睿作聖。孔子曰：心之精神是謂聖。……性即心，

〔註144〕見融堂書解卷一，頁8。
〔註145〕見慈湖遺書卷八，頁12、13。
〔註146〕見融堂書解卷五，頁8。
〔註147〕見前書卷十，頁7。

心即道，道即聖，聖即睿，言其本謂之性，言其精神思慮謂之心，言其天
下莫不共由於是謂之道〔註148〕。

此分明直用楊簡之說而不嫌襲取也。其他若「六宗」之解用王安石，酒誥之句讀「圻
父」「宏父」「農父」，亦用王安石說，與楊簡同，皆可見錢時承傳慈湖師門之說也。

2、旁採諸家而多用呂東萊之說

楊簡之學，於尚書止於五誥解，其他篇章，亦止於訓課諸生徒時所講，瑣碎斷
續，未成體統以窺全豹；錢時承楊簡之說，必復資於諸儒別派之說。四庫提要云：

唐人解經，多墨守注疏；宋儒始好出新說，每不免于穿鑿支離。時所
解如羲和曠職，則本諸蘇軾；康叔封衛在成王時，則仍用孔安國傳；康王
之誥，則兼采張九成書說。信能擇善而從，不專主一家之學者〔註149〕。

考夫融堂書解，除兩明引楊簡之說外，其他多稱「或曰」、「說者」，其指名稱引者，
餘張九成一條，唐孔穎達一條耳。其稱名引用者，皆為書解所採用之說。至於未稱
名而暗用他說，考諸其書，亦不在少數：有程頤、王安石、劉敞、蘇軾、林之奇、
薛季宣、呂祖謙諸家，其中暗用呂祖謙者為最多，而於蘇軾之說者則評之最烈。

楊簡之尚書學，所引前輩諸家，獨鍾蘇軾、呂祖謙〔註150〕，錢時之說多同呂祖
謙者，殆非偶然；至於評蘇軾者甚烈，蓋多指蘇氏疑經改經之論而言，至於胤征、
康王之誥、文侯之命諸篇，亦與蘇軾同調也。

錢時雖未明稱呂東萊，而暗用其說者獨多。若舜典一篇之末，錢時論之曰：

舜在位凡五十載，其間設施，宜不一端，史官卻只敘其即位之初，命
官之詳，與夫考課之法，直是陟方乃死，更不他及；于此可見舜五十年之
規模，都定于命官一日之頃；自後只考課黜陟而已，無他事也。舜恭己無
為而治，其是之謂歟〔註151〕！

考東萊於舜典之末，亦有論之曰：

舜自初即位，至陟方乃死，凡五十載。今舜典一篇，載舜即位一年之
事，若不能盡五十年之治；蓋舜之治天下，自始立規摹，後之號令紀綱，
非無變易，而皆自此出也。史官載其一年而略其餘，規模一定，四十九年
之事，皆枝葉流派也；此最作史之妙，又見人君為治之要〔註152〕。

〔註148〕見慈湖遺書卷八，頁31。
〔註149〕同註138。
〔註150〕參見本論文楊簡一章。
〔註151〕見融堂書解卷一，頁26。
〔註152〕見增修東萊書說卷二，頁18。

可見錢氏之說，分明襲用呂東萊者也。又說命下「台小子舊學于甘盤，既乃遯于荒野，入宅於河」一節，錢氏曰：

> 或曰甘盤舊學，方有端緒，曷爲不究竟而遽遯耶？曰：此甘盤所以深有力于高宗；方爲王子，而篤志就學，天資眞敏，不患其不好進，而患其太銳大迫耳。若只相守，專倚師資，終不甚力；一旦遠遯，使之皇皇有求而弗獲，庶其思之深，念之切，而有脫然感悟之路耳，此甘盤造化之妙用也〔註153〕。

呂祖謙於此有論之曰：

> 趨向定於甘盤，乃小成也。……大抵人之爲學，未知味之時而失其師，視之若輕，既知味之後而失其師則如中流之失楫，方飢而奪之食，方渴而奪之飲。……自甘盤言之，何爲於高宗之學未成而棄去？此甘盤之所以爲深挽高宗於有成也；使甘盤常在左右，則高宗之心有所倚，不復有進步之機，惟翻然引去，高宗皇皇，則其進步乃有過人數十等者〔註154〕。

考甘盤、高宗之事孔傳謂遯者爲高宗，至蘇軾、林之奇始易其說，以爲遯者爲甘盤，然未之論甘盤何以遯也；呂祖謙始倡甘盤有爲而遯之說，以爲乃挽高宗於大成之教意。錢氏之說，即用呂東萊之言而略加修改者也。

尙書說義之外，於治經之法，錢氏亦多吸收東萊之法而爲之。東萊說書，喜用孔子春秋褒貶之意解經，又多謂玩繹體味經文，而每謂經文之意有若「春風和氣」，且每就一詞一字發揮義理論說〔註155〕；凡此錢時皆一一用之；可見錢時尙書之學，除直承慈湖楊簡之說外，旁採呂祖謙之說爲多也。

（二）錢時治尚書之觀念及方法

錢時說尙書，除發明心學，主本心即道，天人相應之說，與楊簡同外，其說書不守孔傳，主以孔子春秋褒貶之法說書，出於楊簡學說範圍之外。茲述其治尙書之觀念及方法：

1、不守孔傳注疏之說

融堂書解之中，每引先儒之說而批評之，所謂「先儒」，不徒批孔傳注疏，然以孔傳爲多。若太甲上「先王昧爽丕顯，坐以待旦」，錢時解曰：

> 丕顯，先儒以爲大顯其德，未安。聖人純德孔明，無時不顯，何晝何

〔註153〕見融堂書解卷八，頁7。
〔註154〕見增修東萊書說卷十三，頁1、2。
〔註155〕參見本論文呂祖謙一章中。

> 夜，何蚤何莫，必日出而大顯其德，豈昧爽之先，有不大顯乎！丕顯，天
> 大明也；旦，日出也；言湯自天未明以至大明，常坐待日出，急急求賢，
> 以啟迪其後人也〔註156〕。

此稱「先儒」者，其實乃孔傳也。孔傳曰：「言先王昧明思大明其德，坐以待旦而行
之。」錢時以爲如孔傳之說，則其德有間斷矣，然聖人之德，必不如是，故解此非
指德而言，乃指求賢之渴望也。又其論多士「惟三月，周公初於新邑洛」曰：

> 惟三月，即營洛之三月。先儒見洛誥末書十二月事，遂謂此是次年三
> 月。殆不然。洛誥所書十二月，乃史氏後來紀述，以備一書之首尾，非十
> 二月後方有多士之誥也〔註157〕。

按孔傳曰：「周公致政，明年三月，始于新邑洛，用王命告商王之眾士。」可見此評
「先儒」者，亦批孔傳而言。

2、信孔子作書序，且有一字褒貶之義

孔子序書之說，自漢已然。史記孔子世家云：「（孔子）序書傳，上紀唐虞之際，
下至秦繆，編次其事。」漢書藝文志曰：「書之所起遠矣，至孔子纂焉，上斷於堯，
下訖於秦，凡百篇，而爲之序，言其作意。」故自漢以下，學者皆無疑；迨宋諸儒，
始起疑序廢序改序之議，然學者信序者仍多。

錢氏解書，一以書序之意爲準，蓋彼既以序作於孔子，孔子之聖，褒貶筆削，
施於六經皆然，書序正孔子序斷尙書之意所存者，故解尙書之義，捨序莫由也。錢
氏論「帝告」「釐沃」序云：

> 帝告實商書之首，後世以湯誓爲第一，失其次矣。今書雖亡，只當以
> 序爲正〔註158〕。

按帝告，釐沃上篇，陸德明釋文云舊解是夏書；馬融、鄭玄以爲商書。孔穎達正義
謂經亡序存，文無所托，不可以無經之序爲卷之首，故附此卷之末。鄭康成注大傳，
以帝告冠湯誓之前。錢時此說，蓋因鄭玄之說而來，而序文既曰「湯始居亳，從先
王居，作帝告、釐沃」，是其文之次當在湯誓、湯征之前，爲商書之首，而不當附夏
書之末也，故曰「當以序爲正」。雖然，今本融堂書解乃輯逸之本，無法窺其原貌，
然其既云「當以」，是未改定之辭，故其原本當亦未使之置商書之首也。

錢氏解書，於書序尤著力。錢氏於「九共」序下云：

> 愚痛念古書百篇，而不存者四十有二；今幸先聖之序，發明經旨，粲

〔註156〕見融堂書解卷八，頁2。
〔註157〕見前書卷十五，頁2。
〔註158〕見前書卷四，頁11。

然具在，書雖亡而義猶未泯也。篇名湮沒不著，而學者視之，幾若贅疣，
豈不甚可惜哉！愚故表而出之，以備百篇之義〔註159〕。

書序既為孔子發明經旨之所在，是以解說經文，一以序意為準。若甘誓書序下，錢
氏論之曰：

　　史記曰：有扈氏，禹之後，啓立，有扈氏不服，故伐之。觀大戰之情
　　狀，必有素謀，必有憑持，必有黨與，必非倉卒苟為抗逆之計。孔子序書，
　　書戰而不書大，所以微寓意于君臣之大分。不曰有扈何罪，不曰夏王，不
　　曰征而獨曰啓與有扈大戰于甘之野，春秋責賢者備，其旨深矣〔註160〕。

錢氏以書序止曰「戰于甘之野」，而經文曰「大戰」，乃孔子所削，以寓意于君臣之
大分，此若春秋筆削褒貶之意也。

　錢時說胤征，採蘇東坡書傳「羲和忠夏」「羿、胤亂叛」之說，蓋亦因於書序之
義也。其言曰：

　　孔子序書，獨曰胤征之，不書王命，何哉？明非王命也。蓋羲和世為
　　大臣，羿一旦因民弗忍，直據都邑，距太康于外，而立仲康，遂專國政。
　　觀後來篡逆之事，則其包藏禍心，必非一日。羲和違棄厥司，徑往封邑，
　　日從事于酒，殆不止為酣飲而已，若止是酣飲，執而罪之，甚易辨者，安
　　用張皇征討，而有殲厥渠魁，脅從罔治之誓耶！竊謂羲和不平于羿，當時
　　必有相與共起而謀之者，惜乎忠君之志未明，而失職之罪先著，羿遂得以
　　為之辭焉。然則胤之往征也，實羿命之，非仲康之命也。故孔子首書湎淫
　　以正羲和失職之罪，不書王命以著賊羿無君之惡。春秋作而亂臣賊子懼，
　　可于是乎見之矣〔註161〕。

按錢時以為書序止言「胤往征之」，不言王命，可見乃孔子春秋褒貶之義，以見往征
之命，乃出於羿而不出於仲康也。據上述諸條，可知錢時信書序乃孔子所作，而其
中含春秋筆削褒貶之義，故解書義一準於序，而不惜大違於孔傳之說也。

　錢氏於書序言有誤者，惟有一條，即泰誓上「惟十有一年，武王伐殷」之十一
年。錢時曰：

　　序云十有一年，經云十有三年，當是序誤。一月即十三年正月〔註162〕。

按錢時所謂誤者，非文義有誤，乃文字筆劃有誤，以三為一也。此誤字之說，程頤、

〔註159〕見前書卷一，頁26。
〔註160〕見前書卷四，頁1。
〔註161〕見前書卷四，頁6。
〔註162〕見前書卷九，頁1。

林之奇、朱熹皆有說，以爲當作十三年，除泰誓經文作十三年之外，洪範篇亦有武王十三年訪箕子之事，故以十三年爲正。孔傳以爲十一年不誤，遂衍十一年觀兵孟津，退而示弱之說；錢時以爲十一年乃十三年之誤，故不採孔傳觀兵之論；此亦因序而說經文之證也。

3、玩繹文辭脈絡，體味語意氣象

融堂解書之法，多效呂東萊之術，析文章，體氣象，尋脈絡，味辭氣者，皆是也。若其解仲虺之誥，分仲虺之言爲三節，每節各有主旨。又其論多方，自「嗚呼！王若曰：誥爾多方」至「乃惟爾自速辜」一段曰：

> 此節承上文極言商之所以亡，周之所以興，發揮今日誥告多方之意也；然當分三截看。自非天庸釋，至天惟降時喪，是言夏商之末，得罪天者如此，須看兩箇非字與三箇惟字相應；自惟聖罔念至尹爾多方，是言天非迫遽亡商而興周，須待子孫而罔可，求爾多方而罔堪，然後乃昪我周王者如此，須看罔可堪與克堪字相應；自今我曷敢至自速辜，是言爾等何不如此而乃反如此，我今日所以誥告者如此，須看三箇爾曷不與四箇爾乃字相應。……〔註163〕

此分析經文爲若干節段，而析論其每段節之大意，進而言某字某詞之相應，段落之間之關係；此所謂析文章也。

錢時論盤庚上曰：

> 想見遷都之議一興，眾口呶呶，失職曠位，全無紀律，盤庚猶反覆警告，雖曰明正法度，而終無忿疾之心，終能委曲以濟事。嗚呼！三代王者之氣象，所以終非後世所可及歟〔註164〕！

按此說首出於東坡書傳，以爲盤庚教民不以斧斤而以言勸，乃盤庚之仁；呂祖謙用之，而錢氏進以言王者氣象也。錢時論微子之命曰：

> 愚于此重感成王方黜殷命，殺武庚，而命微子，自常情而言，宜盛陳其家之反側變故以爲儆戒，而乃略無一語及此，寬平易直，讀之藹然如在春風和氣中〔註165〕。

按此說實出於呂祖謙。東萊嘗論微子之命曰：

> 今觀惟休一辭，緩而不迫，如在春風和氣中者，太抵人心之工夫不可迫切，微子以恪謹克恭之素，成王既戒之以謹乃服命，又戒之以欽哉，義

〔註163〕見其書卷十六，頁7、8。
〔註164〕見前書卷七，頁6。
〔註165〕見前書卷十二，頁2。

已森嚴，……故告之惟休，從容涵養之意也。雖然，成王黜殷命，殺武庚，
非小變也；王室震動，宗社幾危，以周公東征，尚必二年而後罪人斯得，
其爲禍甚至，其成功甚艱矣。今觀微子一篇，曾無一語及此，怡然氣象和
平如常時，見君子所過者化；封微子，賢者封之耳；殺武庚，叛者殺之耳
〔註166〕。

所謂「氣象」，所謂「春風和氣」，皆呂氏所常語，錢時之說，蓋採於東萊者多矣。
此所謂體氣象也。

　　融堂論舜繼堯與禹繼舜曰：

　　　　禹祗承于帝，即舜重華協于帝，但祗承比重華差有輕重，此帝王之間

　　也。玩味而自得之〔註167〕。

錢時以爲堯、舜乃二帝，禹、湯、周文武爲三王，帝之與王，氣象稍別有差等，然
此非言語所能盡，要之說者指其處而學者自玩味而得之也。此所謂玩味辭氣者也。

4、對疑經改經之態度

　　楊簡之尚書學，主於疑改，故多用蘇軾之說。錢時則不然。舉凡前儒所云可疑
可改者，皆一一爲之辯護，甚至武成篇，正義亦已有疑辭，而錢氏以爲非。其言曰：

　　　　自王若曰而下，辭無間隔，皆武王之言，所謂識其政事也；而先儒不

　　察，受命于周以前，乃史官所記事節，而王若曰以下，皆述武王所告群后

　　之言，但見前者丁未、庚戌等日，而癸亥、甲子之事，反見于後，遂疑錯

　　簡，文不相屬，未免以意更次之，不得謂之審矣〔註168〕。

錢時據書序曰：「識其政事」，以言自「王若曰」以下皆識政事之事，故不可以日期
干支逆亂而疑之，蓋前後之文不可併言之也。由是於武成無可疑者。

　　武成之外，於益稷篇「夔曰於予擊石拊石，百獸率舞」十二字，有錯簡之說，
然以爲未敢輕議。於洪範庶徵下「王省惟歲」一段，以爲有脫簡之說者非是；蓋
「歲月日」之時，正乃上文「曰時」之時，前後正相應，無所謂錯脫者〔註169〕。
又康誥首段至「洪大誥治」止，蘇軾以爲本洛誥之文，編簡脫誤，故廁入康誥中；
錢時以爲不然，其說謂此四十八字與洛誥下文事節全不相屬，反觀於康誥，則十
二日遣使告卜于君，十四、十五奏告天地，十六日乃初基作邑，頑民之遷，至此

〔註166〕見增修東萊書說卷十九，頁16。
〔註167〕見融堂書解卷二，頁2。
〔註168〕見前書卷九，頁1。
〔註169〕論益稷篇十二字脫簡者，參見前書卷二，頁24。論洪範「王省惟歲」一段，參見同
　　　　書卷十，頁16。

已有定論，然後卻以殷餘民封康叔耳；故謂此四十八字當仍爲康誥之文〔註170〕。可見錢氏於疑改之說，一概不取。今所見融堂書解之有疑者，獨泰誓序「十一年」耳，前已論之矣。

（三）錢時尚書說之新解

錢時既信書序之說，且以筆削褒貶說之，故凡有可爲之調停發揮者，皆採納吸收，至於無可資取之時，亦不嫌於以情推斷，創爲新說也。至於發明心學亦然。茲舉其大者見例。

1、舜典「輯五瑞，既月乃日，觀四岳群牧，班瑞于群后」

孔傳解此節曰：「舜歛公侯伯子男之瑞，圭璧，盡以正月中，乃日日見四岳及九州牧監，還五瑞於諸侯，與之正始。」是舜所見者，諸侯亦在其中矣。錢氏以爲不然。其言曰：

> 止言群牧者，豈群牧來觀而諸侯不皆至歟！觀班瑞于群后可見。若諸侯皆至，自當併言侯牧，不應獨言群牧；而下文班瑞，卻言群后也。況五瑞諸侯所執以見天子者，今未觀群牧，先輯五瑞，則是但歛而歸之上，非諸侯執之以至明矣〔註171〕。

錢氏於下文「肆覲東后」下復謂「觀肆覲東后之文，則上文群牧來觀之時，非是諸侯皆至」，義更明白。其說與傳疏及諸說皆不同。

2、禹貢導水「三江」之說

禹貢三江，說者紛紜，莫有定指，至蘇軾創爲味別之說，益增附會。禹貢導水，有北江、中江而無南江之名。錢時以爲本無三江，北江、中江，即長江、漢水之異名耳。其言曰：

> 曷爲有北江、中江之名乎？蓋江淮河漢，水之尤大者，與渭洛之八河不同，而渭洛之名遂泯；此言導漢與下文導江，是各記兩江之始末，兩江雖合爲一，而每一條下，各記入海以要其水之所歸，所以不得不著北江、中江之名以別之。然謂之爲北江，爲中江，亦必是古有此名。愚至此深知禹所以表北江、中江之名者，專爲記江漢兩大江之始末而設；不然則其他水固有自南而入彭蠡者，曷爲不著其名而謂之南江乎！正其源流事體非江漢之比，所以無此稱謂〔註172〕。

〔註170〕參見同書卷十二，頁 6、7。
〔註171〕參見前書卷一，頁 12。
〔註172〕見前書卷三，頁 13、14。

錢氏以為北江、中江，即漢水、長江，因二者各有源委，體勢相敵，故雖合流，而自成體系，故必有以別之，故謂之北江、中江耳。

3、金縢「周公請代武王死」說

錢時論此云：

> 愚觀祝辭至此，因考武王已八十餘歲，周公豈不知死生有命；且以身代死之事，前此所未聞，何其辭懇到激切如此；縱武王死，實命如何便墜，先王如何便無所依歸也？是蓋有說。武王九十三歲而後崩，成王方十三，則是時成王之已生與否，固未可知耳。管叔、蔡叔、周公親兄弟也，豈不熟識其為人；商民之未易化服，亦周公所深知也；武王尚在，四方知所敬畏，以待嗣子之壯，則庶幾其可保；國本未立，遽以疾終，群小相挺，環視而起，則周之事勢何如哉！又十餘年後，武王方死，猶未免三監及淮夷叛，則周公此日代死之論，豈得已也〔註173〕！

錢時以為周公代武王死，其辭之所以懇切者，蓋武王若死，周之基本動搖難挽也。其說以為成王或尚未生，即武王尚未有子嗣，故後繼無人也。此說前人所未言者也。

4、召誥「旅王若公」

按孔傳解之曰：「陳王所宜順周公之事。」錢時以為「旅王若公」即「旅王及公」也。其說曰：

> 禮諸侯朝王于廟，既畢出復束帛加璧入享，謂之幣；既致于王畢，復奉束帛以請覿，大夫之私相見也，亦謂之幣。周公攝政，與常禮不同，故特先告之，而又與王同時並旅；然必旅王而後及公者，是君臣之大分也〔註174〕。

錢時據禮制以為旅王而及周公，與大夫私覿之意同，然周公究非常臣，故禮有異也。

5、蔡仲之命「囚蔡叔於郭鄰，以車七乘，降霍叔于庶人，三年不齒」

孔傳云：「囚謂制其出入；郭鄰，中國之外地名；從車七乘，言少。」其意謂七乘之車，乃供蔡叔之用。錢氏不以為然。其曰：

> 金縢謂管叔及其群弟乃流言于國，是管叔為主，實首惡也，故就商誅之也。蔡叔次之，故止于囚。霍叔又次之，故以車七乘降于庶人，不得齒宗盟之列三年，後方封霍侯。先儒往往將以車七乘屬上文，不特文義未安，而事理亦甚易見；郭鄰之囚，得不死耳，豈復資之以車；囚者車而降，庶

〔註173〕見前書卷十一，頁6、7。
〔註174〕見前書卷十三，頁11。

人者反不車耶〔註175〕！

以事理言之，錢氏之見，實較孔傳爲高明。

6、對經文難易之解釋

尚書五十八篇，就文章而言，有難易兩體；林之奇以爲因伏生齊人，晁錯受書時，以意屬讀，故今文二十八篇皆詰屈聱牙；古文出於孔壁，乃經文之原本，故平易；有以爲今文多告百姓之辭，當時語言與後世不同，故今文難，古文多奏議朝廷誥文，故平易；朱熹則以爲同爲一人之作，何以有難有易，且伏生所記偏難，而出於孔壁中者偏易，復以先秦典籍所載引經文，與伏生所傳多無異，而與出於孔壁者不同，故深致疑難。

錢時於經文難易，亦有一說；其論大誥曰：

> 篇內王曰，皆周公以王命誥，史述當時之語，潤色成文，故謂之王若曰也。此後如大誥、康誥、酒誥、梓材、召誥、洛誥、多士、君奭、多方之文，獨聱牙，與盤庚無異；若謂皆周公所作，則無逸、立政、微子、蔡仲之命等篇，又何其平易也；以此知大誥諸書，乃史氏所記，當時秉筆者適爲此文體，故特不同耳。本朝歐、宋二公同修唐史，其立言斬斬不類，是烏足怪哉〔註176〕！

按錢時以爲尚書經文有出於史官所記者，如堯典、舜典有出於作者之筆，若禹貢是也。融堂書解中，每以史官所記之經文與書序之言對較，以言孔子筆削褒貶之義。故錢時解釋經文有難有易，據史官記錄之文筆而言，記者不同，故文風辭語有異，一如歐陽修、宋祁同修唐史，而文風迥異也。

錢時此說，有大可議者：若經文有出於史官所記，記者不同，文辭語氣，體格繁簡容有不同，然朝廷記錄之體，當有定式，必不至於難易差異如許之大也；且史官之文，當屬平順華美之辭，而非聱牙難懂之語；綜觀尚書經文，自大禹謨至君牙、冏命，凡所謂出孔壁者，皆平易如出一手，若如錢時所言，則各朝史官所記，又何以相似如此；此與錢氏之說正相反也。可見錢氏之說，不足爲據，僅一家之說耳。

四、錢時尚書學之影響及評價

錢時承象山一脈，受學於慈湖，主心學之傳；夫心學一派，出於六經註我之意，故於諸經本不甚著力爲解義；觀象山無甚經解，楊簡則稍增之，至錢時而愈益細密矣。黃宗羲嘗論之曰：

〔註175〕見前書卷十六，頁1、2。
〔註176〕見前書卷十一，頁9。

　　象山說顏子克己之學，非如常人克去一切忿懥利害之私，蓋欲於意念
所起處，將來克去；故慈湖以不起意爲宗，是師門之的傳也。……但慈湖
工夫入細，不能如象山一切經傳有所未得處，便硬說鬪倒，此又學象山而
過者也〔註177〕。

楊簡學象山，工夫入細，其意即援經文而說義，斟酌於經文之間矣。錢時之學楊簡，
何獨不然。楊簡止爲五誥解，且解義之時，鮮有引用諸家之言，一以己意所向解之，
於他說亦多置而不問，不加評斷是非，大有吾說定則定矣之慨。至錢時書解，不獨
通經皆解，敷陳義理，而每引前儒之說，可取者採爲己用，異我者指而評駁；復分
析文章，爲字詞作解，論文章難易之體格，校書序、史錄之異同；凡此者視楊簡益
形細密；換言之，其說義依附援據經文之程度愈深矣。若以之比乎伊洛一脈，則近
於林之奇、呂祖謙一支；而融堂書解中，引呂祖謙、林之奇之說，亦果然爲最多也。
於錢時融堂書解，可見象山一派於經文治學態度之轉變軌迹。推而論之，其繼錢時
者，則當必入於考眞僞，辯文義，進而疑經、改經矣，與朱熹之後有王柏、金履祥、
許謙等同也。此融堂書解可觀者一事也。

　　宋元學案於錢時下附錄云：

　　　　趙寶峰示子弟曰：錢某小人，行己著書，趨時悖道，罔眾干名，乃斯
　　　文中所當誅斥；史臣乃贅某於道統之後，未知其似是而非。（補）〔註178〕

王梓材案云：「是說與本傳相背，謝山蓋以爲然。故於石坡書院記亦有微辭云〔註
179〕。」按趙寶峰所評，不知其所指爲何；若以道統之立場言之，或有之。喬行簡
薦錢時箚子嘗曰：

　　　　見其（錢時）氣負才識，尤通世務，自田里之休戚利病，當世之是非
　　　得失，莫不詳究而熟知之。

或以其切入世務之深故，遂有「趨時悖道，罔眾干名」之譏也。四庫提要評其書解
曰：

　　　　至以泰誓爲告西岐師旅，牧誓爲告遠方諸侯，自抒心得，未嘗依傍前
　　　人；又謂武成本無脫簡，中述武王告師之辭，後爲史臣紀事之體，康誥首
　　　節以周公初基，定爲未營洛邑，封康叔以撫頑民，不當移置于洛誥，尤爲
　　　卓然有見，不惑于同時諸儒之曲說，其取材博而精，其樹義新而確，蓋宋

〔註177〕見宋元學案七十四，總頁144。
〔註178〕見前註書卷，總頁148。
〔註179〕見前註書卷，總頁149。

人經解中僅見之書也〔註180〕。

按四庫提要之評，專取錢說之同於孔傳者而言，而未見其指評孔傳之夥，蓋孔傳之說，說尚書者莫能外之，唯視取之者或多或寡而已。而自抒心得，創爲新解，此眞錢氏之面目，蓋義理學者所共由之途也。提要之譽，有以偏蓋全，掩蔽事實之嫌。

象山一門尚書之學，後世皆鮮引用，或因其流傳拘限於四明一地之故歟！楊簡之說，錢時引之；袁燮之說、王應麟、元代王天與引之；錢時之說，未見引於後世；提要云：「此書向尟傳本，故黃震日鈔，明胡廣等書經大全俱未徵引其說。」殆是事實。宋元學案列融堂家學及門人有子錢樞，從子錢允文，門人洪揚祖、夏希賢、呂人龍，皆無尚書之著作〔註181〕，足見融堂之尚書學，後繼乏人矣。

〔註180〕同註138。
〔註181〕參見宋元學案卷七四慈湖學案，總頁142。